아비담마 강설 1

『아비담맛타상가하』
제1장 마음

Namo tassa bhagavato arahato sammāsambuddhassa.

Namo tassa bhagavato arahato sammāsambuddhassa.

Namo tassa bhagavato arahato sammāsambuddhassa.

아라한이며 정등각자이신 거룩한 세존께 예경 올립니다.

아라한이며 정등각자이신 거룩한 세존께 예경 올립니다.

아라한이며 정등각자이신 거룩한 세존께 예경 올립니다.

차 례

약어 | 15

역자 일러두기 | 18

발간사 | 19

편역자 서문 | 22

제1강

아비담마의 의미 | 27

아비담마의 시작 | 28

아비담마를 최초로 설하시다 | 28

자세하게 설하시다 | 30

간략하게 설하시다 | 31

지나치게 간략하거나 지나치게 자세하지 않게 설하시다 | 32

박쥐였던 500명 | 33

3가지 방법으로 인간 세상과 천상 세상을 하나로 | 34

아비담마 7권 | 35

보충 야마까의 내용 | 37

제2강

서시 §1 | 44

책의 제목 | 46

보충 의미와 소리 | 46

보충 한 번에 3가지 | 47

절대 성품 4가지 §2 | 48

절대 성품의 의미 | 50

마음 | 53

보충 교학만 아니라 실천도 | 54

제3강

부처님께서 출현하시지 않았다면 | 59

마음의 첫 번째 단어분석 | 62

마음의 두 번째 단어분석 | 64

마음의 세 번째 단어분석 | 65

마음의 네 번째 단어분석 | 66

절대 성품의 특질 | 66

마음의 특질 | 71

제4강

마음부수 | 76

물질 | 79

열반 | 82

제5강

진리 2가지 | 91
관습적 진리 | 91
절대적 진리 | 93
거짓말과 전도 | 94

제6강

4가지 진리와 절대 성품 | 102
제1장 마음 | 104
탄생지로 구분한 마음 §3 | 104
1. 욕계 마음들 | 106
1) 불선 마음들 | 107
탐욕뿌리 마음들 §4 | 107
탐욕뿌리 마음들의 분류 | 110
탐욕뿌리 마음들이 생겨나는 모습 | 115
탐욕에 대한 보충설명 | 117

제7강

성냄뿌리 마음들 §5 | 123
근심과 적의 | 124
성냄뿌리 마음들이 일어나는 모습 | 125
근심과 적의의 구별 | 126
성냄의 토대 | 126

성냄을 제거하는 방법 | 128
성냄의 허물 | 129
성냄과 자살 | 129
불선 마음들의 원인 | 133

제8강

어리석음뿌리 마음들 §6 | 136
의심과 결합한 마음 | 137
들뜸과 결합한 마음 | 141
어리석음뿌리 마음들의 원인 | 141
불선 마음들이 일어나는 원인 | 143
힘이 센 마음들 | 146
알고 범하는 행위와 모르고 범하는 행위 | 148
세상의 결정과 법의 결정 | 149
'함께하는'과 '결합한' | 150
불선 마음들 요약 §7 §8 | 151
불선 마음들의 분류 | 152
도표 1 불선 마음들 헤아리기 | 154

제9강

탐욕뿌리 마음들의 원인 | 158
성냄뿌리 마음들의 원인 | 159
어리석음뿌리 마음들의 원인 | 160

불선 마음들의 원인 | 160
불선법의 특질 | 165

제10강

어리석음뿌리 마음들과 형성의 유무 | 170
마음기울임 | 174
탐욕과 성냄과 어리석음 | 175
탐욕없음과 성냄없음과 어리석음없음 | 177
2) 원인 없는 마음들 | 178
불선 과보 마음들 §9 | 179
원인 없는 선 과보 마음들 §10 | 181

제11강

의미 설명 | 189
느낌의 결합 | 190
다섯 의식 쌍과 다섯 대상 | 191
다섯 의식과 위빳사나 | 193
개인 12종류 | 195

제12강

원인 없는 작용 마음들 §11 | 200
오문전향 마음 | 201

맘문전향 마음 | 201
전향 둘 | 202
즐거움과 함께하는 미소 짓는 마음 | 203
웃음 6가지 | 203
미소를 일으키는 마음들 | 204
부처님의 미소 | 205
숙명통지에 따른 미소 | 206
일체지에 따른 미소 | 207
천안통지에 따른 미소 | 209
원인 없는 마음들 요약 §12 §13 | 211
원인 없는 마음들 헤아리기 | 213
도표 2 원인 없는 마음들 헤아리기 | 215

제13강

아름답지 않은 마음들 | 218
아름답지 않은 마음들 헤아리기 | 220
도표 3 아름답지 않은 마음들 헤아리기기 | 222
아름다운 마음들 §14 | 223
3) 욕계 아름다운 마음들 | 224
욕계 선 마음들 §15 | 225
지혜 | 227
지혜와 결합한 마음들의 조건 | 229

제14강

욕계 선 마음들의 예 | 236
원인 있는 욕계 과보 마음들 §16 | 238
도와 과를 방해하는 장애 6가지 | 241

제15강

꾸살라의 의미 1 | 248
꾸살라의 의미 2 | 249
꾸살라의 의미 3 | 250
꾸살라의 의미 4 | 251

제16강

원인 있는 욕계 작용 마음들 §17 | 265
욕계 아름다운 마음들 요약 §18 | 271
욕계 아름다운 마음들의 분류 §19 | 272
도표 4 욕계 아름다운 마음들 헤아리기 | 278
욕계 마음들 요약 §20 | 278
도표 5 욕계 마음들 헤아리기 | 279
업과 관련한 욕계 선 마음 4종류 | 281

제17강

욕계 마음들 복습 | 289
2. 색계 마음들 | 290
색계 선 마음들 §21 | 290
선정의 의미 | 292
색계 선정의 증득 | 294
몰입의 의미 | 295
선정 구성요소 | 296
선정 구성요소와 장애 | 298
도표 6 선정 구성요소와 장애 | 298

제18강

연기와 색계 선정 | 304
색계 과보 마음들 §22 | 305
색계 작용 마음들 §23 | 307
색계 마음들 요약 §24 §25 | 310
보충 수행의 장애 | 315
3. 무색계 마음들 | 317
무색계 선 마음들 | 317
공무변처 | 319
식무변처 | 319
무소유처 | 320
비상비비상처 | 320

무색계 과보 마음들 §27 | 320
무색계 작용 마음들 §28 | 322
무색계 마음들 요약 §29 §30 | 324
무색계 선정만으로 만족하지 마라 | 327

제19강

고귀한 마음들 헤아리기 | 332
도표 7 고귀한 마음들 헤아리기 | 333
보충 증득 | 334
도표 8 무색계 마음의 대상 | 336
보충 선정과 신통 | 337
무색계에 태어나는 모습 | 338
무상유정천에 태어나는 모습 | 339
다시 떨어질 수 있다 | 340

제20강

세간 마음들 헤아리기 | 346
도표 9 세간 마음들 헤아리기 | 347
4. 출세간 마음들 | 348
출세간 선 마음들 §31 | 348
도의 의미 | 350
도 마음이 4가지인 이유 | 351
수다원도 마음 | 351

사다함도 마음 | 359
아나함도 마음 | 360
아라한도 마음 | 361
출세간 과 마음들 §32 | 362
과보 마음의 차이 | 364
성자의 종류 | 365
수다원의 3종류 | 365

제21강

사다함의 5종류 | 378
아나함의 5종류 | 380
출세간 마음들 요약 §33 §34 | 383
출세간 마음에는 작용 마음이 없다 | 386
5. 마음의 간단분류와 상세분류 | 388
간략한 마음의 종류별 분류 §35 | 388
도표 10 간략한 마음의 종류별 분류 | 389
간략한 마음의 탄생지별 분류 §36 | 389
도표 11 간략한 마음의 탄생지별 분류 | 391
마음의 간단분류와 상세분류 §37 | 391
상세한 마음 121가지 §38-1 | 392
수다원도 마음들 §38-2 | 392
윗단계 도 마음들 §39 | 395
과 마음 20가지 §40 | 395
상세한 출세간 마음들 요약 §41 | 397

도표 12 출세간 마음의 상세분류 | 398
출세간 마음들 헤아리기 | 399
세간 · 출세간 선정 마음들 헤아리기 | 405
세간 · 출세간 선정 마음들 합계 §42 | 405

제22강

수다원 24종류 | 410
사다함 12종류 | 412
아나함 48종류 | 413
아라한 12종류 | 415
성자 108종류 | 416
성자 7종류 | 416
도표 13 성자 7종류 | 418
성자 12종류 | 419
성자 146종류 | 419
성자비방업 | 420
선 · 과보의 상설과 상세한 마음들 | 426
마음 전체 헤아리기 | 427
도표 14 마음 전체 헤아리기 | 430
도표 15 마음 전체 간략하게 89가지 | 431
도표 16 마음 전체 상세하게 121가지 | 432
마음 장의 결어 | 433

부 록

번역술어 해설 | 436
보충 설명 | 441
빠알리어에 대해 | 455
아비담마는 부처님의 직설이다 | 457

편역자 후기 | 460
참고문헌 | 464
번역술어 | 468
찾아보기 | 476

약어

A. Aṅguttara Nikāya 앙굿따라 니까야 增支部

AA. Aṅguttara Nikāya Aṭṭhakathā 앙굿따라 니까야 주석서

AbṬ. Abhidhānappadāpikāṭīkā(빠알리어 사전해설서)

Ap. Apadāna 아빠다나 譬喩經

Ah. Abhidhammatthasaṅgaha 아비담맛타상가하

AhBṬ. Saṅgaha Bhāsāṭīka 상가하 바사띠까(아비담맛타상가하 집론서)

AhDṬ. Abhidhammattha Dīpakakyan 아비담맛타 디빠까짠 (아비담맛타상가하 해설론)

AhPdṬ. Paramattha Dīpanī 빠라맛타 디빠니(아비담맛타상가하 해설서)

AhSṬ. Paramattha Saṁkhei Ṭīkā 빠라맛타 상케이 띠까 (아비담맛타상가하 요약 복주서)

AhVṬ. Abhidhammattha Vibhāvinī Ṭīkā = Ṭīkā kyo 아비담맛타 위바위니 띠까 = 띠까 쬬 (아비담맛타상가하 분석 복주서)

Be 삼장의 VRI 간행 미얀마 제6차 결집본

CMA A Comprehensive Manual of Abhidhamma(아비담맛타상가하 영역)

D. Dīgha Nikāya 디가 니까야 長部

DA.	Dīgha Nikāya Aṭṭhakathā 디가 니까야 주석서
Dhp.	Dhammapada 담마빠다 法句經
DhpA.	Dhammapada Aṭṭhakathā 담마빠다 주석서
Dhs.	Dhammasaṅgaṇi 담마상가니 法集論
DhsA.	Dhammasaṅgaṇi Aṭṭhakathā = Aṭṭhasālinī 담마상가니 주석서
DhsAnṬ.	Dhammasaṅgaṇi Anuṭīkā 담마상가니 복복주서
DhsMṬ.	Dhammasaṅgaṇi Mūlaṭīkā 담마상가니 근본복주서
It.	Itivuttaka 이띠웃따까 如是語說
J.	Jātaka 자따까 本生譚
JA.	Jātaka Aṭṭhakathā 자따까 주석서
Khp.	Khuddhakapāṭha 쿳다까빠타 小誦經
KhpA.	Khuddhakapāṭha Aṭṭhakathā 쿳다까빠타 주석서
M.	Majjhima Nikāya 맛지마 니까야 中部
MA.	Majjhima Nikāya Aṭṭhakathā 맛지마 니까야 주석서
Mil.	Milindapañha 밀린다빤하 彌蘭陀王問經
Nd2.	Cūla Niddesa 쭐라 닛데사 小義釋
PaA.	Pañcapakaraṇa Aṭṭhakathā 빤짜빠까라나 주석서
PaMṬ.	Pañcapakaraṇa Mūlaṭīkā 빤짜빠까라나 근본복주서
Pm.	Paramatthamañjūsā = Visuddhimagga Mahāṭīkā = Mahāṭīkā 위숫디막가 마하띠까(청정도론 대복주서)
PsA.	Paṭisambhidāmagga Aṭṭhakathā 빠띠삼비다막가 주석서

PTS	Pāli Text Society
Pug.	Puggalapaññatti 뿍갈라빤냣띠 人施設論
PugA.	Puggalapaññatti Aṭṭhakathā 뿍갈라빤냣띠 주석서
S.	Saṁyutta Nikāya 상윳따 니까야 相應部
SA.	Saṁyutta Nikāya Aṭṭhakathā 상윳따 니까야 주석서
SdṬ.	Sāratthadīpanī Ṭikā 사랏타디빠니 띠까(율장 복주서) 要義燈釋
SnA.	Suttanipāta Aṭṭhakathā 숫따니빠따 주석서
Thag.	Theragāthā 테라가타 長老偈
Ud.	Udāna 우다나 感興語
UdA.	Udāna Aṭṭhakathā 우다나 주석서
Vbh.	Vibhaṅga 위방가 分別論
VbhA.	Vibhaṅga Aṭṭhakathā 위방가 주석서
VbhMṬ.	Vibhaṅga Mūḷaṭīkā 위방가 근본복주서
Vin.	Vinaya Piṭaka 위나야 삐따까 律藏
Vis.	Visuddhimagga 위숫디막가 淸淨道論

역자 일러두기

1. 본문에 인용된 빠알리 문헌은 모두 제6차 결집본이다.
2. S.ii.123은 제6차 결집본 『상윳따 니까야』 제2권 123쪽을 뜻하고, S22:100은 『상윳따 니까야』 22상윳따의 100번째 경을 뜻한다. M81은 『맛지마 니까야』의 81번째 경을 뜻한다. J540은 『자따까』 540번째 일화를, Dhp.20은 『담마빠다』 20번째 게송을, Thag.61은 『테라가타』 61번째 게송을 뜻한다. Ah.2§48은 『아비담맛타 상가하』 제2장 48번째 단락을 뜻한다.
3. 대역할 때 한 단어의 여러 의미는 쌍반점 ';'으로 표시했다. 원저자의 보충 설명은 겹화살 괄호 '《 》', 역자의 보충 설명은 소괄호 '( )', 관찰할 때 명칭은 홑화살 괄호 '〈 〉'로 표시했다.
4. 강설자인 우 소다나 사야도의 주석은 ㉯으로 표시했고, 표시가 없는 것은 역자의 주석이다.
5. 빠알리어는 정체로 표기했고, 영문은 이탤릭체로 표기했다. 미얀마어는 영어로 표기한 후 이탤릭체로 표기했다.
6. 약어에 전체 빠알리어가 제시된 문헌은 본문에 따로 빠알리어를 표기하지 않았다.
7. 미얀마어로 된 참고문헌은 영어의 이탤릭체로 표기한 뒤 그 의미를 이어서 소괄호 안에 표기했다. 저자도 영어의 이탤릭체로만 표기했다.
8. 반복 인용된 문헌은 처음에만 저자를 표기하고 두 번째부터는 책의 제목만 표기했다.
9. 인용문과 게송은 들여쓰기 했다.
10. 복수형 표기와 관련해 '마음'은 추상명사여서 복수형 표기가 허용되지 않지만 아비담마 내용의 특성상 문맥에 따라 복수형을 사용했다. 숫자와 함께 제시된 경우는 단수로 표현했다.
11. 숫자 표기와 관련해 아비담마 내용의 특성상 숫자가 분명해야 하는 경우가 많아 '~가지'는 통일해서 '2가지' 등 숫자로 통일했다. 단, 직접 인용문에서는 가독성을 고려해서 '세 가지' 등으로 표기했고, 문맥에 따라 세 원인, 세 종류 등으로 표기했다.

발간사

위빳사나 수행방법을 전하기 위해 범라 스님의 초청으로 2002년 3월 한국에 처음 발을 내디딘 지 벌써 19년이 지났습니다. 그 후 부처님의 교법 전승이라는 승가의 의무에 따라 법문을 하고 수행지도를 하면서 지내다가 2008년 5월부터 한국마하시선원에서 아비담마 강의를 시작하게 됐습니다. 그동안 법문을 들어온 여러 참사람들, 그리고 한국어 말과 글로 정성껏 바르게 옮겨준 우 담마간다 스님의 노력 덕분에 지금까지 강의를 계속해 오고 있고, 이번에 책으로까지 출판된다는 소식을 들었습니다. 한국에서 지내 온 시간이 스쳐 지나가면서 기쁘기도 하고, 결실 하나를 맺게 되어 보람도 느낍니다. 청법의 선업을 일으킨 참사람들과 우 담마간다 스님에게 사두를 외칩니다.

아비담마와 관련된 내용은 본문에 자세하게 설명돼 있으니 여기서는 독자들이 꼭 알았으면 하는 내용 두 가지를 강조하고자 합니다.

먼저 아비담마라는 명칭이 의미하는 바를 잘 이해하면 좋겠습니다. 부처님의 가르침은 위나야 삐따까vinayapiṭaka·律藏, 숫딴따 삐따까suttantapiṭaka·經藏, 아비담마 삐따까abhidhammapiṭaka·論藏라는 띠삐따까tipiṭaka·三藏로 나눌 수 있습니다. 그중 위나야는 "어떤 허물을 범하면 어떤 범계에 해당된다. 어떻게 출죄出罪해야 한다"라는 등으로 제자들에게 삼가야 할 허물과 따라야 할 의무를 권위로 엄밀하게 제정하신 '권위설법āṇādesanā'입니다. 숫딴따는 제도가능한 중생들의 근기에 따라 적당한 표현, 쉽게 이해할 수 있는 표현을 사용해서 설하신 '표현설법vohāradesanā'입니다. 아비담마는 위나야 같은 권위설법도, 숫딴따 같은 표현설법도 아닙니다. 아비담마는 절대 성품 법을 일체지로 남김없이 광범위하게 설하신 '절대 성품 설법paramatthadesanā'입니다.

달리 설명하자면 위나야는 범계가 생겨났을 때 그 범계에 따라 제정하신 '허물에 따른 가르침yathāparādhasāsana'입니다. 숫딴따는 중생들의 습성과 성향에 따라 설하신 '적절함에 따른 가르침yathānulomasāsana'입니다. 아비담마는 이러한 가르침이 아니라 다섯 무더기, 물질 · 정신 무더기에 대해 나라고 집착하는 자만집착, 나의 것이라고 집착하는 갈애집착, 자아라고 집착하는 사견집착을 제거하도록 물질과 정신의 고유성품법만을, 그 고유성품법에 따라 설하신 '법에 따른 가르침yathādhammasāsana'입니다.

본문에 설명돼 있는 바와 같이 아비담마abhidhamma는 '아비abhi'와 '담마dhamma'가 결합된 단어입니다. '아비'라는 단어는 '수승한, 특별한, 공경받을 만한, 적당한' 등의 여러 의미가 있는데 여기서는 '수승한, 특별한'이란 의미를 나타냅니다. '담마'라는 단어는 '고유성품, 받아 지녀야 할 성전, 통찰지, 근거' 등의 여러 의미가 있는데 여기서는 '받아 지녀야 할 성전'이란 의미를 나타냅니다. 따라서 '아비담마'란 '더 수승하고 특별한 성전'이라는 뜻입니다. 숫딴따담마suttantadhamma와 아비담마abhidhamma라는 두 가지 담마 중 아비담마가 숫딴따담마보다 더 수승하고 특별하기 때문에 아비담마라고 불립니다.

두 번째로 "아비담마는 부처님의 직설이다"라는 내용을 잘 새기면 좋겠습니다. 어떤 사람들은 "부처님께서 아비담마를 설했다고 직접 언급한 곳이 없다. 결집에 포함된 문헌에도 없다. 위나야와 숫딴따와 같은 서문이 없다"라는 등을 근거로 아비담마가 부처님의 직설이 아니라고 주장합니다. 이러한 주장은 주석서가 싱할리어에서 빠알리어로 재편찬되는 5세기 전부터 있었습니다.

하지만 아비담마를 언제 어디서 처음 숙고하셨는지, 언제 어디서 누구에게 처음 설하셨는지 등에 대한 자세한 설명이 테라와다 여러 문헌, 특히 위나야와 숫딴따에 그 근거가 되는 여러 구절과 경도 많이 있습니다.(자세한 내용은 부록 참조) 그러니 아비담마가 부처님의 직설이 아니라고 주장하는 허물을 범하지 않기를 바랍니다.

아비담마는 매우 수승한 법문이라 바르게 알기 어렵습니다. 이 사실을 명심해서 가볍게 여기지 말고 정진과 새김과 지혜로 열심히 배우고 익히길 바랍니다. 그리고 아비담마라는 어렵고 높은 가르침을 배우고 안다고 자만하지 않도록, 또한 세간의 표현을 중시해야 하는 영역에까지 아비담마를 적용해서 극단에 빠지지 않도록 조심하기 바랍니다. 마지막으로 당부하고 싶은 것은 단지 배우는 것에 그치지 말고 그 가르침의 참맛을 직접 경험해서 알 수 있도록 위빳사나 수행도 열심히 노력하길 바랍니다.

아비담마의 가르침으로
절대성품법을 알기를.
더 나아가 위빳사나 수행으로
절대성품법과 열반을 직접 맛보기를.

한국마하시 우 소다나U Sodhana
불기 2565년 서기 2021년 5월
한국마하시선원과 호두마을에서

편역자 서문

지난 20여 년간 여러 스님과 학자들의 노력으로 빠알리어 문헌이 한국어로 번역됐습니다. 그중에는 심오한 내용이 담긴 아비담마 문헌도 포함돼 있습니다.

이번 아비담마 강설 책을 펴내면서 기존에 출간된 여러 아비담마 번역서에 사용된 빠알리어 한글 역술어를 되도록 많이 반영하려고 했습니다. 그러나 한문으로 간략하게 표현돼 의미가 잘 드러나지 않거나, 한글로만 표현돼 어색하거나 지나치게 늘어지는 경우에는 몇 가지 새로운 역술어를 시도했습니다.

So dhammaṁ deseti … sātthaṁ sabyañjanaṁ.(D.i.58)
그분은 의미도 갖추고 표현도 갖춘 가르침을 설하신다.

부처님의 가르침은 표현과 의미를 구족한 가르침입니다. 그리고 부처님께서 사용하신 빠알리어는 단어 하나만 익히는 것으로도 여러 생에 많은 이익을 줄 정도로 중요한 언어입니다. 그래서 독자 여러분이 한글 역술어만 보고도 어떤 빠알리어 단어인지 가늠할 수 있고, 같은 한글 표현이면 원문에도 같은 빠알리어로 표현됐음을 알 수 있도록 특별히 빠알리어 번역에 힘썼습니다.

또한 가급적이면 한글 사용을 원칙으로 하되, 용어 번역이 지나치게 길어지면 이미 많이 사용되거나 빠알리어와 일대일 대응에 적합한 단어일 경우에 한해 한자어 번역도 수용했습니다.

한국에서 빠알리어 문헌이 번역된 시간은 그리 길지 않습니다. 다양한 역술어가 제시되다 보면 '열반'이나 '삼매' 등의 용어처럼 대중이 잘 선택할 것입니다.

독자 여러분이 본서를 공부하는 데 도움이 되고자 본서에 사용된 중요 역술어를 다음과 같이 미리 소개합니다.[1]

빠알리어	본서/불방일	초기불전연구원	한국빠알리 성전협회
kusala	선	유익한	착하고 건전한
akusala	불선	해로운	악하고 불건전한
abyākata	비확정	결정할 수 없는 것	중립적
dhamma	법, 가르침	법, 현상, 성질	가르침, 사실, 현상, 원리
saṅkhāra	형성	형성된 것, 심리현상들, [업]형성, 자극	형성
bhavaṅga	존재요인	존재지속심	존재지속의 고리
paramattha	절대 성품	궁극적 실재	궁극적 의미
saṁvega	경각심	절박감	외경
mano	맘	마노	정신
sukha	행복(한)	행복, 즐거움	행복
somanassa	즐거움	기쁨	만족
dukkha	괴로움, 고통	괴로움, 고통	괴로움, 고통
domanassa	근심	불만족	불만
upekkhā	평온	평온	평정
sikkhā	수련	공부지음	배움
sekkha	수련자	유학	학인
asekkha	완수자	무학	무학
hiri	부끄러움	양심	부끄러움을 앎
ottappa	두려움	수치심	창피함을 앎

1 초기불전연구원의 역술어는 대림스님 · 각묵스님 옮김, 『아비담마 길라잡이』 전2권(2017, 전정판)을, 한국빠알리성전협회의 역술어는 전재성 역주, 『청정도론-비쑷디막가』를 참조했다. 본서에서 역술어를 선택한 이유는 본서 부록 pp.436~440 참조.

제1강

2008년 5월 20일

『아비담맛타상가하』라는 문헌을 바탕으로 아비담마 강의를 시작하겠습니다. 먼저 아비담마를 공부하면 어떤 이익을 얻을 수 있는지 『빠라맛타 상케이짠』의[2] 결어를 통해 살펴보겠습니다.

마음, 마음부수, 일반항목, 인식과정, 물질, 조건의 장 등 여섯 장은 『아비담마 삐따까abhidhammapiṭaka · 論藏』 7권을 요약한 장이다.

탄생지, 범주, 수행주제의 장 등 세 장은 『숫딴따 삐따까suttantapiṭaka · 經藏』도[3] 요약한 장이다.

이 책의 아홉 장을 모두 파악한 이들이라면 두 삐따까를 간략하게 이해했다고 할 수 있다. 그러한 이들은 현생에서 깨달음을 얻을 수 있는 법의 기초를 갖춘 것이다. 현생에서 깨달음을 얻지 못하더라도 다음에 태어날 천상에서 깨달음을 얻을 것이다. 고따마 부처님의 교법에서 깨달음을 얻지 못한다면 불법이 사라진 어느 시기에 벽지불이 되어 깨달음을 얻을 것이다. 그래도 깨달음을 얻지 못한다면 다음에 출현할 부처님의 교법에서 지혜제일, 신통제일, 두타제일 등 명성이 자자한 상수제자나 대제자로서 깨달음을 얻을 것이다.[4]

2 빠알리어를 모르는 미얀마 일반인들을 위해 레디 사야도가 『아비담맛타상가하』의 내용을 미얀마어 게송으로 만들고 다시 간략하게 설명한 책이다.

3 『아비담마 삐따까』뿐만 아니라 『숫딴따 삐따까』도 요약한 장이라는 뜻이다.

4 *Ledi Sayadaw*, 『*Paramattha Saṁkheikyan*(아비담맛타상가하 요약집)』, p.283.

이 내용은 근거 없는 말이 아닙니다. 주석서를 의지해서 레디 사야도가 장담한 것입니다.[5] 그러니 '그럴 수도 있겠지'라는 정도가 아니라 "『아비담맛타상가하』를 열심히 배우고 익히면 아비담마와 숫딴따를 함께 갖출 수 있다. 그러면 그것을 바탕으로 현생에서 깨달음을 얻거나, 내생에 천상에 태어나 깨달음을 얻거나, 그렇지 않으면 벽지불이 되거나, 다른 부처님의 교법에서 4가지 분석지paṭisambhidāñāṇa · 無碍解와 6가지 신통지abhiññā를[6] 구족하고 특별한 덕목을 갖춰 제일칭호를 받는 상수제자나 대제자까지 될 수 있다'라고 확신을 가지고 열심히 정진하시기 바랍니다.

아비담마의 의미

부처님께서 45안거 내내 설하신 가르침은 해탈의 맛으로는 한 가지, 법과 율로는 2가지, 삼장으로는 3가지, 니까야로는 5가지, 구성요소로는 9가지, 법 무더기로는 8만4천 가지로 나눌 수 있습니다.

그중 법과 율로 나눌 때 법에는 숫딴따담마suttantadhamma와 아비담마abhidhamma라는 2가지가 있습니다. 아비담마의 '아비abhi'란 '높고 거룩한'이라는 뜻이고 '담마dhamma'란 '법'이라는 뜻입니다. 이 둘을 합해서 '아비담마abhidhamma'라고 부릅니다. 어떤 법보다 높고 거룩한가 하면 숫딴따담마보다 높고 거룩합니다. 그래서 아비담마라고 부릅니다.

우선 가르치는 방법으로 높고 거룩합니다. 숫딴따담마를 설하실 때

5 『디가 니까야』「마하사띠빳타나숫따」의 주석 중 '오가며 실천하기gatapaccāgatika'에 대한 내용을 참고했다고 한다. 마하시 사야도 지음, 비구 일창 담마간다 옮김, 『마하사띠빳타나숫따 대역』, p.120 참조.

6 4가지 분석지와 6가지 신통지는 본서 부록 pp.450~451 참조.

부처님께서는 숫딴따 분석방법suttanta bhājanīyanaya이라는 하나의 방법으로만 설하셨습니다. 그러나 아비담마를 설하실 때는 숫딴따 분석방법과 아비담마 분석방법abhidhamma bhājanīyanaya과 문답 방법paṇhāpucchā-kanaya 등 다양한 방법으로 설하셨습니다.

또한 법 무더기로도 높고 거룩합니다. 위나야 삐따까vinayapiṭaka·律藏에는 2만1천 가지 법 무더기가 있습니다. 숫딴따 삐따까에도 2만1천 가지 법 무더기가 있습니다. 그러나 아비담마 삐따까에는 4만2천 가지 법 무더기가 있습니다.

이처럼 숫딴따담마보다 가르치는 방법과 법 무더기 숫자로도 높고 거룩하기 때문에 아비담마라고 부릅니다.

아비담마의 시작

부처님께서는 정등각자가 되시고 네 번째 일주일ratanāgara sattāha을 보배궁전에서 지내셨습니다. 그때 ① 담마상가니Dhammasaṅgaṇī, ② 위방가Vibhaṇga, ③ 다뚜까타Dhātukathā, ④ 뿍갈라빤냣띠Puggalapaññatti, ⑤ 까타왓투Kathāvatthu, ⑥ 야마까Yamaka, ⑦ 빳타나Paṭṭhāna라는 아비담마 7권을[7] 숙고하셨습니다. 아직 직접 대중에게 설하신 것은 아니고 혼자서 일체지로 사유하고 반조하신 것입니다.

아비담마를 최초로 설하시다

이어서 부처님께서는 첫 안거를 미가다야Migadāya에서 보내신 후 2~4안거를 라자가하Rājagaha의 웰루와나Veḷuvana에서 보내셨습니다.

7 간략한 소개는 본서 pp.35~37 참조.

5안거는 웨살리Vesālī, 6안거는 마꿀라Makula 산에서 각각 보내셨습니다. 그 뒤 7안거를 도리천에서 보내시면서, 모든 부처님마다 과거에 설하셨던 아비담마의 가르침을 금생의 모친이었던 산뚯시따Santussita 천신을 선두로 일만 우주에서 앞다퉈 들으러 온 천신과 범천들에게 안거 3개월 내내 밤낮을 가리지 않고 계속 설하셨습니다.

이렇게 부처님께서 계속 설하실 때 '잘 알지 못하는 마음'이라고 할 수 있는 존재요인 마음bhavaṅga citta은[8] 적게 생겨나고, '잘 아는 마음'이라고 할 만한 인식과정 마음vīthi citta은 많이 생겨나기 때문에 매우 빠르게 설하실 수 있습니다. 원하는 대로 마음이 매우 빠르게 일어나기 때문에 혀나 입술도 원하는 대로 매우 빠르고 섬세하게 움직입니다. 마음과 혀 등의 도움으로 매우 빠르게 설하신다고 해서 천신이나 범천들이 듣기에 분명하지 않고 이해되지 않는 것은 한 글자, 한 구절도 없었습니다. 전부 분명하고 명확하게 이해할 수 있었습니다. 부처님께서 설하시는 소리는 듣기에 좋고 일관되고 부드럽고 명확해서 아무리 들어도 질리지 않았습니다.

부처님의 말씀이 얼마나 빠른지에 대해 『사랏타 디빠니』라는 율장 복주서는 다음과 같이 설명합니다. 당시 세상에는 101개의 민족이 있었습니다. 그중에서 가장 혀 놀림이 빠르고 말을 빨리 할 수 있는 민족의 사람이 한 구절을 말하는 동안 아난다 존자는 8구절을 말할 수 있었고, 아난다 존자가 한 구절을 말하는 동안 부처님께서는 16구절을 말씀

8 한 생의 제일 첫 번째 마음을 재생연결 마음이라고 한다. 그 뒤 인식과정과 인식과정 사이에도 마음의 연속이 끊어지지 않도록 재생연결 마음과 같은 마음이 계속 생겨나면서 존재를 유지시켜 준다. 그렇게 존재가 유지되는 데 중요한 요소, 즉 요인이기 때문에 그 마음을 존재요인 마음이라고 한다. 그 생의 제일 마지막 마음인 죽음 마음도 이 재생연결 마음, 존재요인 마음과 동일한 마음이다. 『아비담맛타상가하』 제3~5장 참조.

하실 수 있었다고 합니다. 그러면 가장 빠르게 말하는 보통 사람이 한 구절을 말하는 동안 부처님께서는 128구절을 말씀하실 수 있는 셈입니다.(SdṬ.i.30)

부처님께서 말씀을 빠르게 하실 수 있는 이유는 다음과 같은 네 가지 장점에 근거합니다. ① 혀가 매우 넓고 얇고 부드럽습니다. ② 입술이 매우 미세하게 닿습니다. ③ 말씀하시는 데 실수와 장애가 없습니다. ④ 존재요인 마음이 빠릅니다. 즉 존재요인 마음이 적게 일어납니다.(SdṬ.i.31)

부처님께서 이렇게 혀가 부드럽고 빨리 말씀하실 수 있는 것은 바라밀을 닦는 오랜 세월 동안 거짓말과 이간하는 말과 거친 말과 쓸데없는 말 등의 나쁜 말을 하시지 않고, 정직한 말, 화해시키는 말 등만을 하셨기 때문입니다. 그러한 선업의 힘으로 말을 빨리 하실 수 있었습니다. 헤어져 있는 가족들을 서로 만나게 해주는 선업도 여기에 포함됩니다. 이렇게 빠르게 말씀하시는 힘으로 도리천에서 안거를 나는 3개월 내내 아비담마 7권을 한 번도 쉬지 않고 밤낮으로 자세하게 설하신 것입니다.

자세하게 설하시다

부처님께서 아비담마를 천상세계에서 자세하게 설하신 데는 여러 이유가 있습니다. 먼저 현생의 모친에게 감사함을 전하기 위해서입니다. 둘째, 부모의 은혜를 중생들에게 이해시키기 위해서입니다. 셋째, 아비담마의 가르침을 하나도 남김없이 처음부터 끝까지 완벽하게 설하기 위해서입니다. 넷째, 그렇게 처음부터 끝까지 완벽하게 설해야 법문을 듣는 천신과 범천 등의 대중이 특별한 이익과 결과를 얻을 수 있기 때문입니다. 다섯째, 아비담마 가르침이 광범위하고 의미가 심오하다는 사실을 알리기 위해서입니다. 여섯째, 인간 세상의 시간으로 3개월이나 걸려야 다 설할 수 있는 이 아비담마의 가르침은 보통 사람의 자세로는 설하거나 들을 수 없기 때문입니다.[9] 이러한 여러 이유로 부처님들마다 아비담마의 자세한 법문은 도리천에서 설하셨습니다. 이렇게 도리천에서 설하신 방법을 '자세한 방법vitthāra naya, 상설'이라고 부릅니다. 설하지 않고 남겨두거나 같은 성품을 묶어서 설명하거나 '이 정도로 알면 됐다'라면서 건너뛰거나 하지 않고 남김없이 세세한 것 하나까지 빠뜨리지 않고 모든 법을 자세하게 설하신 방법입니다.

간략하게 설하시다

부처님께서는 인간의 몸을 가지셨기 때문에 인간의 자세로, 인간의 시간에 따라 공양을 드셔야만 몸의 건강이 유지됩니다. 그래서 도리천에서 아비담마의 가르침을 끊임없이 설하시다가 탁발시간이 되면 부처님과 똑같은 모습과 음성을 가진 분신을 만들어 '이곳에서 이 정도의 법까지 이러한 방법으로 설하기를'이라고 결의해 설하게 하셨습니다. 그리고 부처님께서는 발우와 가사를 지니고 히말라야의 아노땃따Anotatta 호수로 가서 목욕한 뒤 웃따라꾸루Uttarakuru로 탁발을 나가셨습니다. 그 뒤 다시 아노땃따 호수로 돌아와 강 근처에서 공양한 후 휴식을 취하기 위해 오후에는 히말라야의 전단나무 숲으로 가셨습니다.

그때 사리뿟따 존자가 그 전단나무 숲으로 가서 부처님께 크고 작은

9 ㉤법문을 듣는 이가 사람이라면 3개월 내내 중간에 밥도 먹지 않고 용변도 보지 않고 잠도 자지 않고 듣지 못한다. 반면에 인간 세상의 시간으로 3개월은 도리천 시간으로는 매우 짧은 시간이다. 인간 세상의 100년이 도리천의 하루이기 때문에 인간 세상의 3개월은 약 3.6분 정도이다. 매우 짧은 시간이기 때문에 도리천 천신들은 이 자세한 법문을 들을 수 있다.

여러 의무를 행한 뒤 6가지 허물이 없는 곳에[10] 앉았습니다. 그러면 부처님께서 "사리뿟따여, 나 여래는 이 정도의 법을 이 정도로 설했느니라"라고 말씀하셨습니다. 이 방법이 바로 아비담마를 간략하게 설하신 방법입니다. 지혜제일이라는 칭호를 가진 사리뿟따 존자는 부처님께서 설하신 간략한 아비담마의 가르침을 4가지 분석지를 통해 자세하게 분석해서 알 수 있었습니다. 둑의 기슭에서 큰 바다를 가리켰을 때 그 가리키는 대로 따라가 보면 바다 전체를 볼 수 있는 것과 마찬가지로 부처님께서 "이러이러한 것을 설했느니라"라고 간략하게만 말씀하셨어도 사리뿟따 존자는 큰 지혜를 갖췄기 때문에 아비담마 가르침의 방법과 내용 전부를 알 수 있었습니다. 이렇게 인간 세상의 전단나무 숲에서 사리뿟따 존자에게 설하신 방법을 '간략한 방법saṅkhepa naya, 약설'이라고 부릅니다.

지나치게 간략하거나 지나치게 자세하지 않게 설하시다

부처님께서 이렇게 아비담마의 가르침을 도리천에서는 끊임없이 자세한 방법으로 설하셨고, 인간 세상의 전단나무 숲에서는 하루에 한 번씩 간략한 방법으로 설하셨습니다. 사리뿟따 존자도 전단나무 숲에서 부처님께 간략한 방법으로 배운 아비담마의 가르침을 제자 500명에게 자세한 방법과 간략한 방법을 정리해서 너무 자세하지도 않고 너무 간략하지도 않게 가르쳤습니다. 그리고 다음날 전단나무 숲에 가서 부처님께 자신이 가르친 지나치게 자세하거나 지나치게 간략하지 않은 방

10 허물이 있는 여섯 자리란 너무 먼 곳, 너무 가까운 곳, 앉은 쪽에서 상대방 쪽으로 바람이 부는 곳, 높은 곳, 정면, 뒷면이다. 너무 멀면 말하는 이가 소리를 크게 내야 한다. 너무 가까우면 몸이 부딪힐 수 있다. 앉은 쪽에서 상대방으로 바람이 부는 곳에 앉으면 몸의 나쁜 냄새가 상대방을 괴롭힐 수 있다. 높은 곳에 앉는 것은 공손하지 못하다. 너무 정면이면 눈을 직접 마주칠 수 있기 때문에 공손하지 못하다. 뒤에 앉으면 상대방이 보려 할 때 고개를 돌려야 한다.(DA.ii.74)

법을 검증받기 위해 다시 말씀드렸고, 부처님께서는 그것을 듣고 검증하고 인정해 주셨습니다. 부처님께서 검증하고 인정해 주셨기 때문에 너무 자세하지도 않고 너무 간략하지도 않은 방법도 부처님께서 설하신 방법이라고 이해해야 합니다.[11] 이 방법을 '너무 자세하지도 않고 너무 간략하지도 않은 방법nātivitthāra nātisaṅkhepa naya'이라고 부릅니다.

박쥐였던 500명

사리뿟따 존자의 제자 500명은 고따마 부처님의 교단에서 아비담마 가르침을 제일 먼저 듣고 배울 기회를 얻은 특별한 이들이었습니다. 그것은 다음과 같은 과거 선업 덕분이었습니다.

깟사빠Kassapa 부처님 당시에 그들은 같은 동굴에서 지내던 500마리 박쥐였습니다. 그때 아비담마를 수지한 두 비구가 매일 그 동굴에서 아비담마 내용을 암송했고, 박쥐들은 그 소리를 들었습니다. '선법kusala dhamma', '무더기khandha', '감각장소āyatana', '요소dhātu', '진리sacca' 등의 소리를 듣고, 비록 그 의미는 알지 못했지만 '좋은 소리구나. 듣기에 좋은 소리구나'라고는 알았습니다. 아비담마 가르침의 소리를 들을 때마다 마음이 행복했습니다. 그렇게 지내다가 행복한 마음으로 아비담마 가르침의 소리를 업 표상으로 삼아 죽은 뒤 그 500마리 박쥐 모두 같은 업의 결과를 받아 도리천 천상세계에 천신으로 태어났습니다.

선업의 결과로 아비담마 가르침의 소리가 업 표상이 되어 깟사빠 부처님과 고따마 부처님 사이 내내 사악도에 떨어지지 않고 천상에만 계

11 ㉻이와 비슷한 예로 『상윳따 니까야』의 「데와따 상윳따Devatā saṁyutta」에서 일부 천신이 부처님께 자신의 견해를 밝혔을 때 부처님께서 인정하신 내용이 나온다. 이것도 부처님의 가르침이라고 알아야 한다.

속해서 태어났고, 고따마 부처님께서 출현하셨을 때 사왓티의 좋은 가문에서 500명의 자제로 태어났습니다.

그리고 부처님께서 일곱 번째 안거를 나기 위해 도리천으로 향하시기 전, 깐다Kaṇḍa라는 공원에 심어놓은 망고나무 아래에서 대중들에게 쌍신변yamakapāṭihāriya을 보이며 외도들을 제압하실 때 그 모습을 보고 비구가 됐습니다. 깟사빠 부처님 당시에 아비담마 가르침의 소리를 들었던 선업의 결과로 고따마 부처님 때 제일 먼저 아비담마 가르침을 배우고 듣게 되어 특별한 법을 얻을 수 있었습니다.

3가지 방법으로 인간 세상과 천상 세상을 하나로

이렇게 아비담마라는 거룩한 가르침은 자세한 방법, 간략한 방법, 지나치게 자세하지도 않고 지나치게 간략하지도 않은 방법으로 천상 세상과 인간 세상에서 하나로 생겨났습니다. 자세한 방법과 간략한 방법은 부처님 스스로 설하셨고, 너무 자세하지도 않고 너무 간략하지도 않은 방법은 사리뿟따 존자가 설했습니다. 하지만 부처님께서 가르치신 방법에 근거해서 설하고 가르쳤기 때문에, 그리고 부처님께 다시 아뢰어 검증을 받았기 때문에 지나치게 자세하지도 않고 지나치게 간략하지도 않은 가르침도 부처님께서 설하신 방법이라고 알아야 합니다.

아비담마 가르침은 정등각의 지혜sammāsambodhi ñāṇa에 의해서만 생겨날 수 있습니다. 벽지불이나 제자들의 지혜 영역이 아닙니다. 부처님을 떠나서 어떤 다른 이가 책으로 배우거나 연구해서 설할 수 없습니다.

요약하자면 부처님께서는 일곱 번째 안거가 시작되는 B.C.582년[12]

12 서기 1956년 음력 4월 보름날을 불기 2,500년이 시작하는 날로 헤아려서 산출된 연도다. 자세한 내용은 비구 일창 담마간다 지음, 『부처님을 만나다』 p.146 주223 참조.

음력 6월 보름날부터 안거가 끝날 때까지 3개월 동안 아비담마의 가르침을 자세하게, 간략하게, 지나치게 자세하지도 않고 지나치게 간략하지도 않은 방법으로 천상 세상과 인간 세상에서 한번에 설하셨습니다.[13]

아비담마 7권

이렇게 설하신 아비담마는 모두 7권입니다.

① 담마상가니Dhammasaṅganī

빠라맛타 절대 성품 법들을 2개조, 3개조 등으로 분석해서 설하신 문헌입니다. 예를 들어 절대 성품 법들은 대상을 가지는 것과 가지지 않는 것의 2가지로 나눌 수 있습니다. 마음과 마음부수들은 대상을 가지는 법이고 물질과 열반은 대상을 가질 수 없는 법입니다. 3개조로는 선법과 불선법과 비확정법으로 나눌 수도 있습니다.

② 위방가Vibhaṅga

『담마상가니』에서 2개조나 3개조로 집론한 절대 성품 법들을 무더기나 감각장소 등 18가지 주제로 다시 자세하게 분석해서 설하신 문헌입니다. 『위방가』의 특별한 점 하나는 아비담마임에도 불구하고 숫딴따 분석방법suttanta bhājanīyanaya으로 인간 세상의 사람들도 이해할 수 있도록 설하셨다는 점입니다. 여기에 아비담마 분석방법abhidhamma bhājanīyanaya과 문답 방법paṇhāpucchākanaya으로까지 분석해서 설하셨습니다.

③ 다뚜까타Dhātukathā

절대 성품 법들이 『위방가』에서 설하셨던 무더기나 감각장소 등에 포함되는지의 여부를 교리문답 형식을 빌려 설하신 문헌입니다.

13 아비담마가 부처님의 친설이라는 사실에 대한 근거는 본서 부록 pp.457~459 참조.

④ 뿍갈라빤냣띠Puggalapaññatti

위의 세 문헌만 설하면 '절대 성품만 존재하는가? 개념은 존재하지 않는가?'라는 의심이 생기거나, '절대 성품만 존재한다. 개념은 쓸모없다'라는 극단으로 치우칠 수 있습니다. 그래서 특별히 개인이라는 개념법들을 설하신 문헌입니다.

⑤ 까타왓투Kathāvatthu

위의 네 문헌을 통해 알게 된 절대적 진리와 관습적 진리의[14] 의미를 어떻게 올바로 취해야 할지를 문답을 통해 설하신 내용입니다. 다른 여러 종파의 주장에 대한 견해도 나옵니다. 부처님께서는 나중에 마하 목갈리뿟따 띳사Mahāmoggaliputta Tissa 존자가 이교도들에게 자세하게 설할 것을 알고 계셨기 때문에 개요 정도만 설하셨습니다. 이후 제3차 결집에서 마하목갈리뿟따 띳사 존자가 당시 이교도들을 제압하기 위해서 자세하게 설명한 것이 지금의 까타왓투입니다.

⑥ 야마까Yamaka

『까타왓투』까지 설하시자 물질과 정신이라는 형성 세상, 개인과 중생이라는 중생 세상은 분명해졌습니다. 하지만 천신과 범천들은 31탄생지 모두를 볼 수 있기 때문에 '탄생지라는 공간 세상과 물질 · 정신이라는 형성 세상, 사람과 천신과 범천이라는 중생 세상은 전혀 관련이 없는가? 천신과 범천들은 그냥 존재하는 것인가? 탄생지라는 것은 존재하지 않는가?'라는 의혹이 일어날까 염려해 무더기와 감각장소와 요소라는 형성 세상, 개인이라는 중생 세상, 탄생지라는 공간 세상을[15]

---

14 절대적 진리와 관습적 진리에 대해서는 본서 p.91 참조.

15 3가지 세상에 대해서는 본서 p.106 참조.

연결해서 밝힌 『야마까』를 부처님께서는 스스로 분신을 만들어서 질문하게 하고 대답하는 형식으로 여섯 번째로 설하셨습니다.

⑦ 빳타나Paṭṭhāna

하지만 앞서 설한 물질과 정신, 무더기들은 무엇 때문에 생겨났는지, 창조주 때문에 생겨났는지, 선업과 불선업 때문에 생겨났는지, 저절로 생겨났는지 등의 질문은 아직 그대로 남아 있습니다. 이러한 질문들에 대한 의문점을 해소하기 위해 부처님께서는 마지막 일곱 번째로 『빳타나』에서 물질과 정신이 생겨나는 조건을 24가지로 설하셨습니다.[16]

야마까의 내용

『야마까』 중에 「인드리야 야마까Indriya yamaka(기능의 쌍)」의 내용 하나를 소개하겠습니다.

질문1 여성 물질이 생기고 있는 이에게 남성 물질이 생기고 있는가?

대답1 아니다.

질문2 여성 물질이 생겼던 이에게 남성 물질이 생겼는가?

대답2 그렇다.

16 아비담마 7권의 내용과 보충 내용은 제4강에서 이곳으로 옮겨 편집했다. *Saya U Kyothwe*, 『*Mañjūsakapaṭṭhān*(만주사까 빳타나)』, pp.ta~pa.(미얀마에서는 본문 앞의 내용들에 가나다 순으로 페이지를 표시한다.) 특히 『빳타나』에 대한 자세한 내용은 비구 일창 담마간다 편역, 『빳타나-조건의 개요와 상설』, pp.9~20 참조.

질문3 여성 물질이 앞으로 생길 이에게 남성 물질이 앞으로 생길 것인가?

대답3 어떤 이는 여성의 몸으로 어느 생에 태어나서 (아라한도에 이르러) 완전열반에 들 것이다. 그러한 여인에게 (완전열반에 들기 전에) 여성 물질이 생길 것이다. 하지만 (완전열반에 들어 그 다음 생이 존재하지 않기 때문에) 남성 물질은 생기지 않을 것이다. 그 (아라한이 되어 완전열반에 들 여성) 이외의 다른 이에게는 여성 물질이 생길 것이고, 남성 물질도 생길 것이다.

이 「인드리야 야마까」에서는 여성 물질과 남성 물질에 관해 과거와 현재와 미래에 걸쳐 문답하고 있습니다. 의미를 다시 설명하면 다음과 같습니다.

문답1 "현재 여성인(여성 물질이 생기고 있는) 이에게 남성 물질이 생기고 있는가?"라는 질문에는 "아니다"라고 대답해야 합니다. 여성 물질이 생기고 있는 이에게 남성 물질이 생기고 있을 수는 없습니다.

문답2 "과거에 여성이었던(여성 물질이 생겼던) 이에게 과거에 남성 물질이 생겼는가?"라는 질문에는 시작을 알 수 없는 과거로부터 헤아릴 수 없는 수많은 생을 윤회하면서 때로는 여성, 때로는 남성이었기 때문에 생겼던 적이 있다고 대답해야 합니다.

문답3 “미래에 여성일(여성 물질이 생길) 이에게 미래에 남성 물질이 생길 것인가?”라는 질문에는 일방적으로 대답하면 안 됩니다. 여성으로서 수행을 하여 아라한이 되어 완전열반에 들 여성에게는 완전열반에 들기 전에는 여성 물질이 생길 것이지만, 여성으로서 완전열반에 든 후에는 다시 태어나지 않으므로 다시 남성 물질이 생기지 않을 것이라고 대답할 수 있습니다. 하지만 그렇게 아라한이 되어 마지막 완전열반에 들 아라한 여성을 제외한 다른 이는 아직 생이 끝나지 않았으므로 (무명과 갈애가 제거되지 않았기 때문에) 여성으로도 태어날 것이고, 남성으로도 태어날 것입니다.

이것은 매우 흥미로운 주제입니다. 비슷하게 흥미로운 내용이 『야마까』에 설해져 있습니다.

참고로 이 내용은 여성과 남성에 대한 아비담마의 설명입니다. 경전에는 남성이 다시 남성으로 태어나거나, 여성이 남성으로 태어나는 방법에 관해 소개돼 있습니다. 남성이 남성으로 태어나고 싶다면 우선 오계 중 삿된 음행을 삼가는 계를 잘 지켜야 합니다. 몸과 말로 계를 잘 지켜야 합니다. 마음을 위빳사나 수행, 더러움 수행, 자애 수행과 같은 수행으로 잘 보호해야 합니다. 여성이 남성으로 태어나려면 제석천왕의 왕비들이 제석천왕을 보호하고 시봉하듯이 남편을 잘 받들어야 합니다.(JA.vii.132) 그리고 자신이 여성으로 태어난 것에 대해 만족하지 않고 여성의 몸으로 태어나는 것을 혐오해야 합니다. 마지막으로 보시나 지계 등 여러 선업을 행한 후 회향을 할 때 남성으로 태어나기를 서원해야 합니다.

제2강

2008년 5월 27일

제2강에서는 교학pariyatti을 왜 공부해야 하는지, 교학을 공부하는 목적에 관해 먼저 설명하겠습니다. 교학이란 부처님께서 설하신 경전, 그리고 경전에 대한 주석서, 주석서에 대한 설명인 복주서 등의 문헌을 말합니다. 그러한 교학을 배우는 데는 여러 목적이 있습니다. 그것을 크게 3가지로 나눌 수 있습니다.

첫 번째는 독사비유alagaddūpamā 교학입니다. 교학을 배워 지혜가 많은 이가 되어서 다른 이보다 돋보이기 위해, 다른 이를 이기기 위해, 다른 이보다 지적으로 더 낫다는 것을 보여주기 위해 교학을 배우는 것을 '독사비유 교학'이라고 합니다. 'alagadda'는 독사를 뜻합니다. 그것도 독성이 매우 강한 뱀입니다. 이 뱀에게 물리면 즉시, 혹은 몇 시간 안에 죽습니다. 'upamā'는 비유라는 뜻입니다. 교학을 배우는 것을 독사를 잘못 잡는 것에 비유했습니다. 뱀을 잡는 데 능숙하지 못한 이는 뱀의 꼬리를 잡습니다. 그러면 뱀은 몸을 비틀어 자신의 꼬리를 잡은 사람을 물어 버립니다. 결국 그 사람은 뱀에게 물려 죽습니다. 하지만 뱀을 잡는 데 능숙한 이는 뱀의 머리를 잡습니다. 그러면 뱀에게 물리지 않습니다. 이렇게 마치 뱀의 꼬리를 잡아서 뱀을 잡기는커녕 오히려 뱀에게 물려 죽는 것처럼 다른 사람을 이기기 위해, 다른 사람보다 자기가 더 낫다는 것을 보여주기 위해, 자기의 지혜가 더 출중하다고 자신을 돋보이기 위해 교학을 배우고 일부러 어려운 질문을 하고 상대방의 마음을 다치게 하고 상대방을 의기소침하게 하는 사람은 뱀의 꼬리를 잡는 사람과 같습니다. 그러한 목적으로 배우는 교학을 '독사비유 교학'이라고 합니다. 이러한 목적으로 교학을 배우면 자신에게도 이익이 없고 남에게도 이익이 없습니다. 나중에는 그 결과로 사악도에 태어나게 됩니다.

두 번째는 탈피목적nissaraṇattha 교학입니다. '탈피nissaraṇa · 脫皮'란 벗어나는 것을 말하고, 윤회의 고통에서 벗어나려는nissaraṇa 목적으로 attha 배우는 교학이 바로 '탈피목적 교학'입니다. 혹은 틀리지 않으려는 목적으로 배우는 교학을 뜻하기도 합니다. 계를 지키고 삼매를 닦고 위빳사나를 실천할 때 틀리지 않으려는 목적으로 배우는 교학입니다.

세 번째는 창고지기bhaṇḍāgārika 교학입니다. 'bhaṇḍāgārika'는 창고를 지키는 사람을 뜻합니다. 법의 창고를 지키기 위해 교학을 배우는 것이 '창고지기 교학'인데, 아라한들이 부처님의 교법이 오랫동안 유지되도록 교학을 배우는 것이 이에 해당합니다.

바른 목적으로 공부해야 바르게 알고, 바르게 알아야 바르게 수행하고, 바르게 수행해야 바른 법을 증득할 수 있기 때문에 배우는 목적이 매우 중요합니다.

여러분은 부처님의 수승한 교법인 아비담마를 배울 때 첫 번째인 독사비유 교학이 되지 않도록 조심해야 합니다. 두 번째인 탈피목적 교학이 되도록 배워야 합니다. 계를 올바르게 수지하기 위해, 사마타 수행을 올바르게 닦기 위해, 위빳사나 수행을 올바르게 실천하기 위해 교학을 배워야 합니다. 세 번째인 창고지기 교학은 아라한들에게만 해당되니 걱정할 필요가 없습니다. 하지만 여러분이 아비담마를 배우고 익히면 아비담마 교학이 유지되는 데 도움을 줄 것입니다.

또 하나 주의를 드리고 싶은 것은, 아비담마를 계속 배우다 보면 다른 이들은 모르는 여러 심오한 법을 알 수도 있습니다. 그러한 법들을 아직 그 내용을 배우지 않은 이들에게 일부러 질문해서 '나는 당신보다 더 많이 안다'라고 으스대지 않도록, 단지 수행을 바르게 하기 위해, 윤회에서 벗어나기 위한 목적으로 아비담마를 배우기를 특별히 당부합니다.

이제 첫 번째 구절부터 설명하겠습니다.

서시

『아비담맛타상가하』의 저자인 아누룻다Anuruddha 존자는 (12세기 이전) 책을 서술하기 전에 먼저 서문에 해당하는 내용을 게송으로 표현했습니다.

1 Sammāsambuddhamatulaṁ,
Sasaddhammagaṇuttamaṁ;
Abhivādiya bhāsissaṁ,
Abhidhammatthasaṅgahaṁ.

해석

비교할 이가 없는 정등각자께
정법과 함께 거룩한 모임에도
예경 올린 뒤에 설하려 하네,
아비담맛타상가하라는 이 책을.

대역

Ahaṁ나는 sasaddhammaṁ정법과 함께; 교학과 실천과 통찰이라는 3가지 정법과 함께[17] saganuttamaṁ거룩

17 ㉲법의 덕목을 나타낸 구절이다. 교학pariyatti은 성전과 주석서, 복주서의 가르침이다. 실천patipatti은 계와 두타행, 삼매, 통찰지 등의 수행이다. 통찰paṭivedha은 도와 과, 열반이다.

한 모임과 함께; 거룩한 성자들의 모임과 함께[18] atulaṁ 같음이 없으신; 계와 삼매와 통찰지의 덕목으로 비교해서 어느 누구도 같은 이가 없는 sammāsambuddhaṁ정등각자께; 형성된 법과 형성되지 않은 법으로 구별되는 매우 미묘한 법들을 틀림없이 바르게 스스로의 지혜로 깨달으신 정등각자 부처님께[19] (abhivandāmi)예경 올리네; 장애를 없애고 훌륭한 책이 되도록 특별히 칭송하고 예경 올리네. abhivādiya예경 올리고 나서 abhidhammatthasaṅgahaṁ아비담맛타상가하를; 아비담마의 가르침이라는 매우 광범위한 내용을 요약했기 때문에 『아비담맛타상가하』라고 불리는 이 해설서를 bhāsissaṁ 설하려 하네.[20]

게송 §1이 『아비담맛타상가하』를 시작하는 서시입니다. 이 서시는 앞부분 '예경'과 뒷부분 '서원'이라는 두 단락으로 이루어져 있습니다. 『아비담맛타상가하』라는 이 책을 저술하기 전에 여러 장애가 생기지 않도록, 또한 훌륭하게 저술하도록 부처님과 가르침, 승가라는 삼보에 먼저 예경한 뒤에 내용을 서술해 나가겠다고 서원하는 내용입니다.

18 ㉯승가의 덕목을 나타낸 구절이다. 성자로서의 승가는 대표방법으로 설한 것이고 일반 범부로서의 승가도 포함된다고 알아야 한다.

19 ㉯'sammā 바르게', 'sam 스스로, 누구의 도움을 받지 않고, 누구의 설법도 듣지 않고 스스로의 지혜로', 'buddha 사성제의 진리를 깨달으신 분'이란 뜻이다.

20 이하 『아비담맛타상가하』 원문의 대역은 *Pathama Bākarā Sayadaw*, 『*Abhidhammatthasaṅgahapāṭha Nissaya*(아비담맛타상가하 대역)』를 참조했다.

책의 제목

『아비담맛타상가하Abhidhammatthasaṅgaha』라는 책 제목은 'abhi', 'dhamma', 'attha', 'saṅgaha'라는 단어 4개로 구성돼 있습니다. 'abhi'는 '매우 특별하고 옳은', 'dhamma'는 '법', 'attha'는 '의미나 내용', 'saṅgaha'는 '요약'을 뜻합니다. 종합하면 『아비담맛타상가하』는 '매우 특별하고 옳은 법들의 의미와 내용을 요약한 책'이라는 뜻입니다.

의미와 소리

'앗타attha'와 대응하는 말로 '삿다sadda'가 있습니다. '앗타'가 의미나 내용이라면 '삿다'는 소리나 음성, 말 자체를 뜻합니다. 예를 들어 '사람'이라는 말이 있습니다. 아직 '사람'이라는 개념을 모르는 어린아이는 '사람'이라는 소리를 들었을 때 소리만 들을 뿐 의미를 모릅니다. 그때의 소리를 '삿다'라고 합니다. 반면, '앗타'는 사람이라는 어떤 형체나 의미, 뜻을 포함합니다. 누군가 '개'라고 소리를 내면 주변 사람들은 먼저 그 소리를 듣습니다. 그것이 소리로서의 '삿다'입니다. 하지만 개라는 소리를 들으면 듣는 동시에 마음에 개의 모습 등 여러 가지가 떠오릅니다. 이것이 의미로서의 '앗타'입니다. 마찬가지로 '남자'라고 했을 때의 소리, '여자'라고 했을 때의 소리가 있고 그 소리를 듣고 마음에 떠오르는 의미나 내용이 있습니다. 이렇게 '앗타'는 의미나 내용을 뜻합니다. 그럼 '삿다'라는 단어를 들었을 때 왜 즉시 마음에 그 의미가 떠오를까요? '앗타'에 매우 능숙하고 지금까지 그렇게 즉시 '의미'를 떠올리며 살아왔기 때문입니다. 〈들림,

들림〉이라고 관찰하며 살아오지 않았기 때문에 의미만 추구하는 마음에 길들여져 즉시 의미를 떠올리는 마음이 일어납니다.

이 '아비담맛타상가하'라는 단어로 ① 책의 이름, ② '아비담마의 자세한 내용을 요약한 책이다'라는 책의 내용, ③ '어떠한 형식으로 서술하겠다'라는 책의 서술방향이라는 3가지를 보였습니다.

한 번에 3가지

하나의 단어로 3가지 의미를 나타내는 것과 관련해 『자따까』의 일화를 소개하겠습니다.

부처님께서 수완나사마Suvaṇṇasāma라는 보살이었을 때입니다. 아버지는 두꿀라Dukūla라는 출가 수행자, 어머니는 빠리까Pārikā였는데 두 사람 모두 앞을 보지 못했습니다. 어느 날, 수완나사마는 그 나라의 왕 삘리약카Piliyakkha가 쏜 화살에 맞아 의식을 잃었습니다. 제석천왕이 그 사실을 알고 수완나사마의 부모에게 가서 다음과 같이 물었습니다.

"당신들의 아들이 의식을 잃었다. 아들이 다시 살아나는 것과 당신들이 다시 볼 수 있는 것, 값비싼 황금그릇, 이 세 가지 중 무엇을 원하는가?"

그러자 그 부부는 "아들이 황금그릇을 든 모습을 보고 싶습니다"라고 말했습니다. 즉 그 부부는 지혜의 말로 3가지 소원을 한꺼번에 드러낸 것입니다.(J540)

혹은 'abhidhammatthasaṅgahaṁ'이라는 단어에서 'abhidhamma'를 통해 『담마상가니』, 『위방가』, 『다뚜까타』, 『뿍갈라빤냣띠』, 『까타왓투』, 『야마까』, 『빳타나』라는 아비담마 7권을 취해야 합니다. 'abhidhammattha'를 통해 마음, 마음부수, 물질, 열반, 개념[21] 등의 법을 취해야 합니다. 'abhidhammatthasaṅgaha'를 통해 『아비담맛타상가하』라는 책의 이름을 취해야 합니다.

또한 'dhamma'라는 단어에서는 4가지 도, 4가지 과, 열반, 교학이라는 10가지 법을 취해야 합니다. 4가지 도와 열반은 엄밀한 의미의 'dhamma'이고, 4가지 과와 교학은 방편으로서의 'dhamma'입니다. 왜냐하면 과는 도의 자연스러운 결과이고, 교학은 빠알리어 성전과 주석서aṭṭhakathā, 복주서ṭīkā를 의미하기 때문입니다.[22]

절대 성품 4가지

서시에 이어 이 책에서 설명할 절대 성품 4가지를 먼저 전체적으로 제시했습니다.

2 Tattha vuttābhidhammatthā, catudhā paramatthato;
Cittaṁ cetasikaṁ rūpaṁ, nibbānamiti sabbathā.

---

21 개념paññatti은 고유성질sabhāva은 아니지만 지혜로 수지되기 때문에dhārīyati 법dhamma이라고 한다.(Pm.i.347)

22 법dhamma은 경장 주석서에서는 교학, 진리 등 10가지 의미로, 논장 주석서에서는 "고유성질을 가지는 것" 등 3가지 의미로 설명됐다. 자세한 내용은 『아비담마 길라잡이』 제1권, pp.36~37 참조.

해 석

그곳에서 모든 방면으로 설하신
아비담마의 성품은
절대 성품으로만 네 종류이니
마음과 마음부수, 물질과 열반이네.

대 역

Tattha그곳에서; 그 아비담마 7권에서 sabbathā=sabbena pakārena모든 곳에서; 모든 방면으로; 선 등으로, 무더기 등으로 모든 방면으로 tathāgatehi여래들께서; 부처님들께서 vuttā설하신 abhidhammatthā아비담마의 성품들은; 아비담마 7권에서 설하신 성품들은 paramatthato절대 성품으로만; paramatthato=paramatthavaseneva틀리지 않아 거룩한 성품을 통해서만; paramatthato=paramatthavaseneva거룩한 일체지의 대상으로만; paramatthato=paramatthavaseneva관습과 개념을 놔두고, 관습과 개념에서 따로 분리해 오직 절대 성품으로만 cittaṁ마음과; 의식 무더기와 cetasikaṁ마음부수와; 느낌 등의 3가지 무더기와 rūpaṁ물질과; 근본 물질과 파생 물질로 나누어지는 물질 무더기와 nibbānaṁ열반; 도와 과의 대상인, 형성되지 않은 법, iti=iminā pabhedena이렇게; 이러한 종류로 catudhā=catūhi ākārehi4가지가; 4가지 양상으로 ṭhītā존재한다.

게송 §2는 빠라맛타(이하 절대 성품) 4가지에 대한 요약입니다. "paramatthato"라는 구절은 '빤냣띠(이하 개념)가 아니라 절대 성품으로 말하자면'이라는 뜻입니다. "catudhā"는 '4가지로'를 의미합니다. 그래서 "절대 성품으로 말하면 4가지가 있다"라는 뜻입니다. "sabbathā"는 '모두를 말하자면'이라는 뜻입니다. '모두를 말하자면 마음, 마음부수, 물질, 열반이라는 4가지 절대 성품 법이 있다'는 뜻입니다. 개념은 헤아릴 수 없을 정도로 많지만 절대 성품은 모두 4가지로 말할 수 있습니다.

절대 성품의 의미

절대 성품의 의미를 먼저 『아비담맛타 위바위니 띠까』를 통해 알아보겠습니다.

Paramo uttamo aviparīto attho paramattho. (AhVṬ.73)

대 역

Paramo uttamo수승하고 거룩한 aviparīto틀리지 않은[23] attho의미가; 성품이 paramattho빠라맛타이다; 절대 성품이다; 거룩한 의미와 성품이다; 옳은 의미와 성품이다.

틀리고 그릇된 의미와 성품을 수승하고 거룩하다고 말하지 않습니다. 올바른 의미와 성품만을 수승하고 거룩하다고 말할 수 있습니다. 마음, 마음부수, 물질, 열반이라는 의미와 성품 4가지는 틀리지 않고

23 미얀마어로 '변하지 않는'이라고도 번역할 수 있으나 마하시 사야도에 의하면 여기서는 '틀리지 않은'이라고 해석해야 더욱 적절하다. 마하시 사야도 지음, 비구 일창 담마간다 역, 『위빳사나 수행방법론』 제1권, pp .268~270 참조.

그릇되지 않고 옳기만 하므로 거룩한 의미와 성품, 즉 빠라맛타 법, 절대 성품 법이라고 부를 수 있다는 뜻입니다.

『까타왓투 앗타까타Kathāvatthu aṭṭhakathā』에서는 다음과 같이 설명했습니다.

Paramo uttamo attapaccakkho attho paramattho.[24]

대 역

Paramo uttamo수승하고 거룩하고 attapaccakkho스스로 직접 알 수 있는 attho의미가; 성품이 paramattho빠라맛타이다; 절대 성품이다; 거룩한 의미와 성품이다; 스스로 직접 알 수 있는 의미와 성품이다.

소문 등을 통해 알게 되는 성품은 옳은 것도 있고 틀린 것도 있습니다. 그러므로 그러한 성품은 '빠라맛타', 수승한 성품이라고 할 수 없습니다. 스스로 직접 알 수 있는 성품은 틀리는 일이 없습니다. 항상 옳기만 합니다. 그러므로 스스로 경험해서 직접 알 수 있는 마음, 마음부수, 물질, 열반이라는 성품 4가지는 거룩한 의미와 성품, 즉 빠라맛타 법, 절대 성품 법이라고 할 수 있습니다.[25]

절대 성품, 즉 빠라맛타와 대비되는 것이 빤냣띠앗타입니다. 사람, 천신, 범천 등의 생명 있는 중생들과 물, 땅, 숲, 산, 집, 절 등 생명 없

24 정확하게 이렇게 표현된 구절은 CST4본에서는 찾을 수 없다. "Attapaccakkho pana paramatthoti"라고 표현된 문헌이 있다.(PaMṬ.49)

25 『위빳사나 수행방법론』 제1권, p.251.

는 것들을 '빤냣띠앗타paññattiattha, 개념 성품'이라고 합니다. 이전에 사람들이 정해 놓은 의미에 따라서 생겨났기 때문에 '삼무띠앗타sammutiattha, 관습적 성품'이라고도 합니다.

생명 있는 것으로 사람이나 말, 코끼리, 호랑이, 뱀, 개구리 등과 생명 없는 것으로 돌, 나무, 풀, 책상, 흙, 물 등은 빤냣띠 법이고 그것들에는 실체라고 할 만한 것이 없습니다. 거기서 핵심만 추출하면, 즉 실제로 존재하는 것을 뽑아내면 이러한 4가지 절대 성품 법만 나온다고 이해하면 됩니다.

예를 들어 '사람'은 개념입니다. 사람을 머리카락, 털, 손발톱, 이빨, 피부 등 32가지로 다 나누면 '사람'이라는 것은 존재하지 않습니다. 이것이 바로 개념입니다. 또 콩팥을 따로 떼어 놓았다고 합시다. 그러면 우리는 그것을 콩팥이라고 알 것입니다. 하지만 그것을 다시 완전히 해부하면 더 이상 '콩팥'이라고 부르지 못합니다. 그래서 '콩팥'도 하나의 개념입니다. 머리카락을 만지면 무엇을 알게 됩니까? 단단하고 미끈하고 거칠고 뻣뻣한 성품을 알게 됩니다. 머리카락을 계속 잘게 자르다 보면 어느새 형체나 '머리카락'이라는 명칭은 없어집니다. 그래서 '머리카락'도 하나의 개념입니다.

이렇게 어떤 형체나 명칭이 아니라 분명하게 존재하는 성품, 직접 알 수 있는 성품, 그래서 항상 옳은 성품을 절대 성품이라고 합니다. 그 절대 성품에는 마음, 마음부수, 물질, 열반이라는 네 종류가 있습니다.[26]

26 원래 강의에 포함된 물질묶음에 대한 내용은 생략했다.

마음

4가지 절대 성품 중 첫 번째는 마음citta입니다. 먼저 '마음citta'이라는 단어에 담긴 의미는 다음과 같습니다.

Ārammaṇaṁ cintetī ti cittaṁ, vijānātī ti attho. (AhVṬ.74; DhsA.106)

대 역

Yaṁ viññaṇaṁ그 의식은 ārammaṇaṁ대상을 cinteti생각한다; 안다. iti 그래서 cittaṁ찟따이다; 마음이다. vijānāti다르게 안다; 인식saññā이나 통찰지paññā가 아는 모습과 다르게 안다. iti attho이러한 의미이다.

대상을 아는 것이 마음입니다. 여기서 대상이란 6가지, 즉 형색, 소리, 냄새, 맛, 감촉, 법이라는 대상입니다. 그런 대상을 알기 때문에 마음이라고 합니다. 여러분은 여러 모양을 구별할 수 있습니다. 이 모양과 저 모양은 다르다고 알 수 있습니다. 그렇게 모양을 알고, 소리를 알고, 냄새를 알고, 맛을 알고, 감촉을 알고, 생각을 압니다. 그런 여러 대상을 잘 알기 때문에 마음, '찟따'라고 합니다. 이렇게 마음을 뜻하는 빠알리어 '찟따citta'는 '생각하다, 알다'라는 의미의 '찐떼띠cinteti'에서 파생된 단어입니다.

다르게 표현하면 대상을 즐기는 것이 마음입니다. 마음의 대상을 '아람마나ārammaṇa'라고 하는데 이 단어에는 '즐기는 곳'이라는 의미가 담겨 있습니다.[27] 즐기는 주체는 마음, 그 마음이 즐기는 장소는 대상입니다. 이렇게 대상을 아는 성품, 대상을 즐기는 성품이 마음입니다.

---

27 Cittacetasikāni āgantvā ramanti etthāti ārammaṇaṁ. (AhPdṬ.133)

대 역

Ettha그것에; 그 6가지 대상에 cittacetasikāni마음과 마음부수들이 āgantvā와서 ramanti즐긴다. iti tasmā그래서; 마음과 마음부수들이 즐기는 곳이어서 ārammaṇaṁ대상이라고 부른다.

교학만 아니라 실천도

부처님 당시에 두 분의 도반스님이 있었습니다. 보통 스님들은 출가해서 5년 정도는 계율을 충분히 익힌 뒤 교학을 먼저 배우고 수행을 할지, 수행부터 할지 선택하게 됩니다. 한 스님은 교학을 먼저 배우기로 선택해서 나중에 삼장법사까지 됐습니다. 다른 스님은 부처님께 수행주제를 받고 열심히 수행해서 아라한이 됐습니다. 아라한이 된 스님에게도 수행을 배우는 제자가 500명 있었고, 삼장법사가 된 스님에게도 교학을 배우는 제자가 500명 있었습니다. 아라한 스님은 안거가 끝난 후 제자 500명을 10명씩 차례대로 부처님께 수행보고를 하도록 보냈습니다. 그리고 도반의 안부도 알아보도록 했습니다. 그렇게 10명씩 500명의 제자가 삼장법사 스님께 안부를 전했습니다. 그러자 삼장법사 스님의 마음에 비합리적 마음기울임ayonisomanasikara, 즉 올바르지 않은 마음기울임이 일어났습니다.

'이 스님이 자신의 제자가 많은 것을 자랑하려고 이렇게 제자들을 보내는구나. 나중에 오거든 경전에 관해 어려운 질문을 해서 부끄럽게 만들어야겠다.'

모든 제자가 부처님을 만난 뒤 아라한 스님도 부처님을 찾아뵙고 도반스님에게 갔습니다. 그때 도반스님은 아라한 스님에게 창피를 주려고 계획하고 있었습니다. 마침 부처님께서 그 사실을 아셨습니다. 법문을 시작할 때 언급했듯이 '독사비유alagaddūpamā 교학', 뱀을 잡는 데 능숙하지 못한 이가 뱀의 꼬리를 잡아 큰 위험을 겪는 것처럼, 그런 목적으로 아라한에게 질문을 하게 되면 아주 큰 허물이 생겨납니다. 금생에서 아무리 수행을 해도 도와 과, 열반을 얻지 못할 뿐만 아니라 죽은 뒤 지옥에 떨어지기도 합니다. 부처님께서는 이 사실을 아시고 삼장법사 스님이 잘못을 저지르지 않도록 즉시 아라한 스님에게 질문을 하려는 그 자리에 나타나셨습니다. 그리고는 삼장법사 스님에게 부처님께서 직접 질문을 하셨습니다. 부처님께서 여러 가지 교학에 관한 것을 물어보셨고 삼장법사 스님은 어려운 내용도 모두 대답했습니다. 하지만 교학에 관한 질문이 끝나고 실천 수행에 관한 질문, 직접 실천해서 증득해야만 대답할 수 있는 것에 관해 질문하시자 삼장법사 스님은 하나도 대답하지 못했습니다. 실천에 관한 같은 질문을 이어서 아라한 스님에게 질문하시자 아라한 스님은 방금 먹은 음식을 설명하듯이 아주 자세하게 대답했습니다. 그러자 부처님께서는 "사두"라고 외치며 칭찬하셨습니다.

교학을 배워서 뽐내지 않도록, 교학과 실천 2가지 모두 갖추도록 노력해야 합니다.(Dhp.20 일화)

제3강

2008년 6월 3일

아비담마를 공부하면 다음과 같은 4가지 좋은 이익, 좋은 결과를 얻을 수 있습니다. 첫 번째는 위빳사나 지혜의 첫 번째 단계인 정신 · 물질구별의 지혜, 즉 물질과 정신을 분명하게 구별할 수 있는 지혜의 튼튼한 기초를 얻을 수 있습니다. '지혜'에는 3가지가 있습니다. 들어서 아는 지혜와 생각해서 아는 지혜와 수행해서 아는 지혜입니다. 아비담마 강의를 통해 물질, 정신 등에 대해 들어서 아는 지혜, 생각해서 아는 지혜가 생겨나면 그러한 2가지 지혜는 나중에 수행을 통해 실제로 생겨나는 지혜의 든든하고 굳건한 바탕이 됩니다. 더 빨리 생겨나도록, 더 자세하게 알도록, 더 많이 알도록 도움을 줍니다.

두 번째는 눈 먼 범부에서 훌륭한 범부로 바꾸어줍니다. 범부에는 두 종류가 있습니다. 진리를 모르는 어리석은 범부인 '눈 먼 범부'가 하나이고, 진리나 가르침을 잘 아는 '훌륭한 범부'가 또 하나입니다. 아비담마를 배우면 눈 먼 범부에서 훌륭한 범부로 바뀝니다. '눈'이라면 일반적인 신체적 눈도 있고 지혜의 눈도 있습니다. 신체적인 눈이 있어야 여러 가지 보고 싶은 것을 마음대로 볼 수 있듯이 지혜의 눈이 있어야 여러 대상이나 법들을 구별해서 즉시 원인과 결과, 혹은 바른 성품 등을 올바르게 알 수 있습니다. 눈 먼 범부란 '나라고 할 만한 것은 없다. 물질과 정신밖에 없다. 물질과 정신으로만 이루어져 있다'라거나 '무더기, 감각장소, 요소, 진리, 연기' 등에 관해 들어보지도 못했고 이해도 못하는 이를 말합니다. 이렇게 지혜의 눈이 멀었기 때문에, 지혜의 눈이 없기 때문에 '눈 먼 범부'라고 하는 것입니다. 반대로 훌륭한 범부란 '무더기, 감각장소, 요소, 진리, 연기'라거나 '마음, 마음부수, 물질, 열반' 등에 관해 들어보기도 했고 바르게 이해하는 이를 말합니다. 아비담마를 공부하면 눈 먼 범부에서 훌륭한 범부로 나아갈 수 있습니다.

세 번째는 4가지 분석지도 얻게 해 줍니다. 아라한에도 여러 종류가 있습니다. 신통이 전혀 없는 아라한, 3가지 신통을 가진 아라한, 6가지 신통을 가진 아라한 등이 있는데 그중에서도 4가지 분석지를 갖춘 아라한이 제일 수승합니다. 아비담마를 배우면 나중에 4가지 분석지까지 갖춘 아라한이 되는 기초가 생깁니다.

네 번째는 다른 교리나 종교, 철학 등의 가르침을 들었을 때 혹은 불교 내에서 부처님의 여러 가르침을 들었을 때 아비담마를 듣지 않은 사람보다 더 잘 이해하고 분석할 수 있는 이익이 생깁니다.

누가 "무슨 목적으로 아비담마 강의를 듣는가? 아비담마를 공부해서 무슨 이익이 있는가? 돈이 나오는가, 쌀이 나오는가? 왜 그런 쓸데없는 일을 하는가?"라고 묻는다면 "아비담마를 공부하면 이러이러한 좋은 결과가 있다"라고 확실하게 대답할 수 있도록 아비담마의 이러한 이익도 잘 알고 공부하시길 바랍니다.

부처님께서 출현하시지 않았다면

제2강에서 절대 성품에 마음, 마음부수, 물질, 열반이라는 4가지가 있다고 설명했습니다. 만약 부처님께서 이 세상에 출현하시지 않았다면 찟따citta, 쩨따시까cetasika, 루빠rūpa, 닙바나nibbāna, 아야따나āyatana, 다뚜dhātu 등과 같은 명칭을 들을 수도, 알 수도 없습니다. 그런 성품을 모르기 때문에 그 성품에 어울리는 명칭조차 붙일 수 없습니다. 비유하자면 전기가 없던 시절, 밤에 달이 없으면 아무것도 보이지 않습니다. 달빛이 있어야 보입니다. 낮이라도 해가 가려져 있으면 사물이 보이지 않습니다. 해가 드러나야 볼 수 있는 것과 마찬가지입니다.

Buddhacande anuppanne, buddhādicce anūggate.
Tesaṁ sabhāgadhammānaṁ, nāmamattaṁ nanāyati. (Vin.v.156)

해 석

부처님이란 달이 드러나지 않는다면
부처님이란 해가 떠오르지 않는다면
각각의 성품 가진 그러한 법들의
명칭조차 전혀 알려지지 않는다네.

'부처님께서 출현하시지 않는다면 고유성질sabhāva을 가진 법(이하 고유성질 법)들의 명칭조차 이 세상에 드러나지 않는다'는 뜻입니다. 고유성질 법이 드러나지 않는다면 무엇이 드러나겠습니까? 여자라거나 남자라거나 사람이라거나 중생이라는 등 부처님이 아니어도 일반 사람들이 서로 의사소통을 위해 만들어내는, 실제로는 존재하지 않는 개념만 드러납니다. 부처님을 제외하고 그 누구도 고유성질 법들의 명칭을 붙일 수 없습니다.

이와 관련해서 먼저 2가지 의미attha, 성품을 알아야 합니다. 하나는 고유성질 의미sabhāvacita attha입니다. 이것은 다른 어느 것으로 바뀌지 않고 자신의 고유성질로 분명하게 존재하기 때문에 '고유성질 의미'라고 말합니다. 마음, 마음부수, 물질, 열반이라는 절대 성품 법들이 여기에 해당합니다. 다른 하나는 '조작 의미parikappacita attha'입니다.[28] 이것은 절대 성품으로는 존재하지 않고 생각해서 만들어낸 법들입니다. 사람들이 의사소통할 때 쓰고 있는 여자, 남자, 집, 나무, 절, 땅, 하늘, 사람 등의 용어들은 모두 각각의 고유성질이 있는 것이 아니라 단지 의사소통을 위해 만들어낸 표현이기 때문에 '조작 의미'라고 표현합니다.

예를 들어 '여자'라거나 '남자'라는 용어는 언제 세상에 등장했을까요? 부처님께서 출현하시고 난 다음일까요, 아니면 그 전일까요? 『디가 니까야』「악간냐숫따Aggaññasutta(세기경)」에 보면 세상에 처음 해와 달이 떠오른다는 내용이 나오고(D.iii.70)[29] 이와 관련해서 『위숫디막가』에 그렇게 떠오르는 해를 'sūriya'라고, 달을 'canda'라고 이름 붙이는 모습이 나옵니다.(Vis.ii.47)[30] 부처님께서 출현하시기 전에 이런 용어들이 생겨난 것입니다. 마찬가지로 '여자', '남자' 등의 표현도 사람들이 붙였을 것입니다. 실제로는 '고유성질 의미'밖에 없는데 사람들이 의사소통을 하기 위해 조작 의미를 만들어낸 것입니다. 이렇게 세상에 분명히 자기의 성품으로 존재한다고 말할 수 있는 것은 고유성질 의미밖에 없다는 사실을 알아야 합니다. 조작 의미는 실제로 분명하게 존재하는 것이 아니라 사람들이 의사소통을 하려고 만들어낸 의미입니다.

이해를 돕기 위해 또 다른 비유를 들어 보겠습니다. 남자가 여자의 손을 잡았을 때 남자는 여자의 손을 잡았습니까, 감촉이라는 물질을 잡았습니까? 실제로 잡은 것은 여자의 손을 잡은 것이 아니고 손이라고

28 parikappa를 '어떤 일을 사실인 듯이 꾸며 만든다'라는 의미를 살려 '조작'으로 번역했다.

29 각묵스님 옮김, 『디가 니까야』, 제1권, 164.

30 대림스님 옮김, 『청정도론』, 제2권, 367.

명칭 붙여진 감촉 대상을 잡은 것입니다. 감촉이라는 것은 분명하게 존재하는 성품이기 때문에 그것을 고유성질 의미라고 말하는 것입니다. 하지만 이러한 사실을 들어보지 못했거나, 들어보았더라도 위빳사나 관찰을 하지 않았다면 실제로 잡고 있는 것은 감촉 물질일 뿐인데 '여자의 손'을 잡고 있다고 인식이 전도되기 때문에 갈애가 생겨납니다.

마음의 첫 번째 단어분석

제2강에서 마음을 왜 'citta'라고 이름 붙였는지에 대해 "대상을 알기cinteti 때문에 찟따citta라고 한다"라고 설명했습니다. 여기서 대상은 형색 · 소리 · 냄새 · 맛 · 감촉 · 법이라는 6가지입니다. 여섯 대상을 알기 때문에 마음이라고 합니다.

그런데 '안다'는 것에도 인식saññā으로 아는 것, 통찰지paññā로 아는 것, 의식viññāṇa으로 아는 것 등 3가지가 있습니다. 이 3가지는 각각 아는 모습이 다릅니다.

- 틀린 것이든 옳은 것이든 인식하는 것 정도로만 아는 것이 인식saññā으로 아는 것입니다.
- 틀린 것을 전혀 따르지 않고 오직 옳은 것에 따라 꿰뚫어 아는 것이 통찰지paññā로 아는 것입니다.
- 어느 대상 하나를 취해 가지는 정도로 아는 것이 의식viññāṇa으로 아는 것입니다.(AhBṬ.13)

눈을 감고 자신의 집을 생각해 보십시오. 바로 집이 마음에 떠오를 것입니다. 집이 여기로 왔습니까, 아니면 마음이 집으로 갔습니까? 마음이 집이란 대상을 가지고 온 것입니다. 마음은 대상을 취합니다. 대상을 가지고 와서, 취해서 아는 것이 바로 마음이 아는 것입니다.

예를 들어 황금동전이 있다고 합시다. 돈을 모르는 어린 아이는 그것을 보고 '이것은 노란색이다. 동그랗다' 정도로만 알지 '이것은 황금이다. 이것의 가치는 십만 원쯤 된다'라고 알지는 못합니다. 일반 성인이라면 '이것은 황금동전이다. 이것을 팔면 얼마의 돈을 받을 것이다. 그 돈으로 어디에 사용할 수 있다'라는 정도로 압니다. 반면에 금세공사가 보면 진짜 금인지 가짜 금인지도 알 수 있고, 금의 순도도 알 수 있고 가격도 정확하게 알 수 있습니다. 이와 같이 인식으로 아는 것은 어린아이가 아는 것에, 의식으로 아는 것은 일반 성인이 아는 것에, 통찰지로 아는 것은 금세공사가 아는 것에 비유할 수 있습니다.(Vis.ii.66)

원래 주제로 돌아가서 '대상을 단지 아는 정도가 마음이다'라는 의미를 조금 더 살펴보겠습니다. 여러분 앞에 있는 책을 한번 보십시오. 깊이 숙고하거나 생각하지 말고 그냥 보기만 해 보십시오. 그렇게 단지 보고만 있었지만 다른 사람이 여러분에게 무엇을 보고 있었는지 묻는다면 "단지 무엇을 보고만 있었다"라고 대답하지 않고 "책을 보고 있었다"라고 말할 것입니다. 이전에 보았던 것을 "책이다"라고 알게 하는 것, 이것이 바로 인식의 역할입니다. 조금 전 점심 때 먹은 음식을 떠올려 말할 수 있게 하는 역할도 마찬가지입니다. 반면, 밥을 먹을 당시에 음식을 보고, 맛을 보아 아는 그 자체, 그것이 바로 의식의 역할입니다. '된장국을 먹고 있다. 콩자반을 먹고 있다'라거나 '된장국을 먹었다. 콩자반을 먹었다'라고 생각하게 하는 것은 인식의 역할입니다. 볼 때만 아니라 들을 때, 맡을 때, 맛보아 알 때, 닿을 때 등에서 마음의 역할은 단지 그대로 아는 것입니다. 소리를 단지 듣고, 냄새를 단지 맡는 것 등입니다. 거기서 더 나아가 이름을 붙이고, 형태를 기억하고, 누가 물었을 때 무엇이라고 대답할 수 있게 하는 것, 그렇게 아는 것은 인식이 아는 것입니다. 통찰지로 아는 것은 단지 물질 덩어리일 뿐이라고, 무상하고 괴로움이고 무아라고 꿰뚫어서 아는 것, 위빳사나 지혜 단계에 따라 아는 것입니다. 마음속에 일어나는 탐욕, 성냄, 어리석음, 질투, 인색 등을 일어나는 대로 구분해서 확실하게 아는 것, 위빳사나 수행을 통해 꿰뚫어 아는 것이 바로 통찰지를 통해 아는 것입니다. 번뇌를 제거해서 아는 것입니다.

지금까지 마음의 첫 번째 해석인 '대상을 안다. 그래서 마음이다'라는 내용을 살펴봤습니다.

마음의 두 번째 단어분석

Cintenti etenāti cittaṁ. (AhVṬ.74; AhPdṬ.19)

대 역

Etena이 법에 의해서 sampayuttadhammā결합된 법들이 cintenti안다. iti그래서 taṁ그 법을 cittaṁ마음이라고 말한다.

"마음에 의해서 결합된 법들이 안다", "알고 생각하는 것의 원인이다"라는 뜻입니다. 이것은 '마음은 대상을 취하는 것에 있어서 앞서 가고 기반이 되는 법이다. 그래서 접촉이나 느낌 등 결합된 법들은 그 마음을 의지해서 대상을 취하고 안다'라는 의미입니다. 즉 마음의 힘에 의해서만 결합된 법들이 대상을 알 수 있고 생각할 수 있다는 말입니다.[31]

31 ㉯마음 자체도 대상 없이는 일어날 수 없다. 마음은 대상을 취하기 때문에 일어난다. 대상이 없으면 마음은 전혀 일어날 수 없다. 보이는 대상인 형색이 있기 때문에 보아 아는 마음인 눈 의식이 생겨난다. 눈 의식이 생겨나는 데는 다른 조건들도 있다. 대상인 형색 외에 눈 감성물질, 빛, 마음기울임도 있어야 눈 의식이 생겨난다. 여기서 마음기울임이라는 조건을 설명하자면 어떤 사람이 자기 앞을 지나갔을 때 어떤 사람이 지나간 것은 알지만 누가 지나갔는지는 잘 모를 때가 있다. 이것은 주의를 기울여서 보지 않았기 때문에, 즉 마음기울임이 없었기 때문이다.

마음의 세 번째 단어분석

Cintanamattaṁ cittaṁ. (AhVṬ.74)

대 역

Cintanamattaṁ생각하는 것 자체가; 아는 것 그 자체가 cittaṁ마음이다.

"대상을 아는 성품, 생각하는 성품, 바로 그것이 마음이다"라는 뜻입니다.

이렇게 마음을 3가지로 설명하는 이유가 있습니다. 일부 자아교리를 가진 외도는 "영혼이나 자아, 진아眞我가 안다"라고 주장했습니다. 이러한 주장에 대해 "아는 주체는 마음이다"라는 것을 알리기 위한 내용이 마음의 첫 번째 단어분석입니다. 어떤 외도는 "영혼이 있기 때문에, 영혼에 의해서 안다"라고 주장했고, 그러한 주장에 대해 "마음이 있기 때문에, 마음에 의해서 안다"라고 두 번째 단어분석을 설명했습니다. "아는 것 자체가 마음이다"라는 것은 마음의 성품을 직접 설명한 것입니다. 첫 번째와 두 번째 단어분석은 외도들이 그런 식으로 생각하기 때문에 그들의 사견을 제거해 주기 위한 것이고, 실제로 마음은 세 번째 단어분석처럼 다른 어떤 것이 아니라 아는 성품일 뿐입니다. 아는 것 그 자체가 마음입니다.[32]

---

32 ㉯모든 절대 성품 법들은 작용 자체만으로 존재한다. 그러한 절대 성품 법들에는 모양이나 모습, 형태라는 것이 없다. 자신의 힘만으로는 생겨날 수 없고, 생겨나게 하는 원인과 함께해야만 생겨난다. 그리고 한 순간만 존재할 수 있다. 다른 어떤 것의 원함에 따를 수 있는 성품도 아니다. 조건에 따라 일어나고 조건이 없어지면 사라지는 무아법anattadhamma일 뿐이다.

마음의 네 번째 단어분석

Cittīkarotīti cittaṁ. (AhSṬ.6)

대 역

Cittīkaroti다양하도록 만든다. iti=tasmā그래서 cittaṁ마음이다.

『상윳따 니까야』「갓둘라숫따Gaddulasutta(가죽 끈 경)」에서 부처님께서는 "행실도行實圖라는 그림은 매우 다양하다. 마음은 그 행실도보다 더욱 다양하다. … 축생들은 매우 다양하다. 마음은 축생들보다 더욱 다양하다"라고 설하셨습니다.(S.ii.123/S22:100)[33] 그림이 다양한 것은 그림을 그리는 화가의 마음이 다양하기 때문입니다. 중생이 다양한 것은 각 중생의 마음이 다양하기 때문입니다. 마음이 다양하면 갈애도 다양합니다. 갈애가 다양하면 업이 다양합니다. 업이 다양하면 태어남이 다양합니다. 태어남이 다양하기 때문에 중생들이 다양합니다.(AhSṬ.6)

절대 성품의 특질

마음을 더 자세하게 살펴보기 전에 절대 성품의 특질에[34] 대해 알아야 할 필요가 있습니다. 절대 성품은 형체가 없기 때문에 알기 힘듭니다. 예를 들어 '아는 성품이 마음이다'라는 정도로는 마음이 어떠한 것인지 일반 사람들은 알기 힘듭니다. 위빳사나 수행을 하지 않고 그냥 알기란 참으로 힘듭니다. 이렇게 알기 힘든 절대 성품은 특성 등의 4가지 측면을 통해 관찰해서 알 수 있습니다.

33 각묵스님 옮김, 『상윳따 니까야』, 제3권, p.406 주365, 주366 참조.

34 절대 성품의 특성, 역할, 나타남, 가까운 원인이라는 특별한 성질을 '특성 등 4가지lakkhaṇādi catukka'라고 한다. 이를 줄여서 '특질'이라고 표현했다.

첫 번째는 특성lakkhaṇa을 통해 알 수 있습니다.

Tesaṁ tesaṁ dhammānaṁ sabhāvo vā sāmaññaṁ vā lakkhaṇaṁ nāma. (DhsA.105)

대 역

Tesaṁ tesaṁ dhammānaṁ각각 법들의; 각각 절대 성품 법들의 sāmaññaṁ vā공통성질이나; 다른 법들과 공통적으로 가지는 성품이나 sabhāvo vā고유성질을; 자신만이 가지는 성질을 lakkhaṇaṁ nāma특성이라고 한다.

특성에는 2가지가 있습니다. 다른 법들과 공통적으로 가지는 공통성질특성sāmañña lakkhaṇa(이하 공통특성)과 자신만이 가지는 고유성질특성sabhāva lakkhaṇa(이하 고유특성)입니다.[35]

먼저 공통특성이란 다른 법들과 공유하는 특성입니다.

Samānānaṁ bhāvo sāmaññaṁ. (Padarūpasiddhi, 237)

대 역

Samānānaṁ같은 것의; 다른 것들과 같은 법들의 bhāvo존재가; 생겨남이 samaññaṁ공통됨이다; 공통성질이다.

모든 절대 성품 법이 공통적으로 가지고 있는 무상 · 고 · 무아의 특성, 혹은 모든 물질과 관련된 'ruppanalakkhaṇa 무너지는 특성', 모든

35 고유성질특성을 줄여서 고유특성이라고 한다. 본서 p.68 참조.

정신과 관련된 'namanalakkhaṇa 지향하는 특성'이 여기에 해당합니다.

물질도 무상하고 괴로움이고 무아입니다. 정신도 무상하고 괴로움이고 무아입니다. 이렇게 무상하고 괴로움이고 무아라는 특성은 물질과 정신 둘 모두와 관련되기 때문에 모든 법과 관계되는 공통특성입니다.

그리고 물질 28가지가 지니는 '상반되는 법들과 만나면 무너진다. 변한다'라는 '무너지는 특성, 변하는 특성'은 모든 물질과 관련된 공통특성입니다. 마음과 마음부수인 모든 정신법은 어떤 대상을 만나면 그 쪽으로 향하고 구부러지고 나아갑니다. 정신법의 이러한 '지향하는 특성, 기우는 특성'은 모든 정신과 관련된 공통특성입니다.

반면에 고유특성은 자신만이 지니는 특성입니다.

Sassa bhāvo sabhāvo. (AbṬ.135)

대 역

Sassa각각 자신의 bhāvo존재가; 성품이 sabhāvo고유성질이다.

예를 들어 대상을 취하는 것, 대상을 아는 것은 마음만의 특성입니다. 다른 법과는 관련되지 않습니다. 그래서 대상을 취하는 성품은 마음의 고유특성입니다.(ārammaṇavigānana lakkhaṇa) 접촉하는 성품은 접촉과만 관련되고 다른 법과는 관련되지 않습니다. 그래서 접촉하는 성품은 접촉의 고유특성입니다.(phusana lakkhaṇa) 느끼는 성품도 느낌과만 관련되기 때문에 느낌의 고유특성입니다.(anubhavana lakkhaṇa)

고유특성 · 공통특성과 관련해서 특별히 주의해야 할 점이 있습니다. 위빳사나 수행을 할 때 제일 먼저 관찰해야 하는 대상은 공통특성이 아니라 각각의 법이 지닌 고유특성이라는 사실입니다. 이것을 확실하게 기억해 놓아야 합니다. 무상과 괴로움과 무아를 먼저 관찰하는 것이 아니라 각각의 법이 지닌 고유특성을 먼저 관찰해야 합니다.

예전에 '생-멸, 생-멸'이라고 마음으로 되새기며 관찰하는 수행자가 있었습니다. "무엇이 생겨나고 무엇이 소멸합니까?"라는 물음에 그것은 모르고 단지 '생-멸, 생-멸'이라고 관찰한다고 대답했습니다. 그 수행자는 무엇이 일어나고 무엇이 사라지는지도 모르면서 수행하고 있었습니다. 그렇게 수행해서는 안 됩니다. 각각의 법의 고유특성을 먼저 관찰하고 그것을 잘 알게 되면, 저절로 공통특성인 무상과 괴로움과 무아도 알게 됩니다. 따라서 수행자는 물질과 정신의 고유특성을 먼저 관찰한 후 공통특성을 관찰해야 합니다. 이렇게 절대 성품을 아는 방법의 첫 번째가 특성으로 아는 것입니다.

두 번째는 역할rasa을 통해 알 수 있습니다.

Kiccaṁ vā sampatti vā raso nāma. (DhsA.105)

대 역

Tassa그 법들의: 그 절대 성품 법들의 kiccaṁ vā작용 또는 sampatti vā성취가; 원인을 갖추어서 구족하게 하는 것을 raso역할이라고 nāma한다.

역할rasa에는 절대 성품 법들이 행하는 작용이라는 '작용으로서의 역할'과 원인을 갖추어서 생겨나는 모습이라는 '성취로서의 역할' 두 종류가 있습니다. 그중 어떤 법들은 작용으로서의 역할이 분명하고, 어떤 법들은 성취로서의 역할이 분명합니다.

세 번째는 나타남paccupaṭṭhāna을 통해 알 수 있습니다.

Upaṭṭhānākāro vā phalaṁ vā paccupaṭṭhānaṁ nāma. (DhsA.105)

대 역

Phalaṁ vā결과, 또는 upaṭṭhānākāro vā드러나는 양상을; 수행자의 지혜에 드러나는 모습을 paccupaṭṭhāna나타남이라고 nāma한다.

나타남에도 '결과로서 나타남'과 '지혜에 나타남' 2가지가 있습니다. 그중 결과로서 나타남이란 작용으로서의 역할로 인해 얻어지는 결과입니다. 비유하자면 하나의 작용이 행해지면 그 작용 때문에 어떤 결과 하나가 얻어지는 것과 같습니다. 지혜에 나타남이란 그 법을 생각했을 때 수행자의 지혜에 드러나는 모습을 말합니다.

네 번째는 가까운 원인padaṭṭhāna을 통해 알 수 있습니다.

Āsannakāraṇaṁ padaṭṭhānaṁ nāma. (DhsA.105)

대 역

Yaṁ āsannakāraṇaṁ어떤 가까운 이유가 atthi있다. taṁ그것을 padaṭṭhānaṁ nāma가까운 원인이라고 한다.

원인에는 먼 것과 가까운 것 두 종류가 있습니다. 그중 어떤 법이 생겨나게 하는 가까운 원인을 'padaṭṭhāna'라고 합니다. 예를 들어 사람이 살아가는 데 밥은 가까운 원인이고 벼는 먼 원입니다. 절대 성품은 가까운 원인이 있어야만 드러나지 가까운 원인이 없으면 드러나지 않습니다.

마음의 특질

이제 마음의 특성과 역할과 나타남과 가까운 원인을 간략하게 살펴보겠습니다.

Vijānanalakkhaṇaṁ cittaṁ, pubbaṅgamarasaṁ, sandahanapaccupaṭṭhānaṁ, nāmarūpapadaṭṭhānaṁ. (DhsA.155)

대 역

Cittaṁ마음은 vijānanalakkhaṇaṁ식별하는 특성이 있다; 인식이나 통찰지와 다르게 대상을 식별해서 아는 특성이 있다. pubbaṅgamarasaṁ앞서가는 역할이 있다. tathā그리고 sandahanapaccupaṭṭhānaṁ연속된 것으로 나타난다; 끊임없이 다음 마음, 다음 마음과 계속 결합된 법이라고 수행자의 지혜에 드러난다. nāmarūpapadaṭṭhānaṁ정신과 물질이 가까운 원인이다; 결합된 마음부수와 토대인 물질이 가까운 원인이다.

마음이 지금 있습니까? 그 마음이 있다는 것을 어떻게 압니까? 마음을 아는 첫 번째 방법은 대상을 안다는 특성을 통해 아는 것입니다. 부풂과 꺼짐을 관찰할 때 〈부푼다, 꺼진다〉로 명칭을 붙이는 것은 인식이 아는 것과 관련됩니다. 반면에 부풀 때의 팽팽함이나 꺼질 때의 홀쭉함 등을 아는 것은 의식, 즉 마음이 성품 그대로 아는 것입니다. 이렇게 '대상을 안다'라고 아는 것이 바로 특성을 통해 아는 것입니다.

'앞서가는 역할'에는 실제로 앞서가는 것, 즉 먼저 생기는 것으로서 앞서가는 것purecārika pubbaṅgama과 기본으로서 앞서가는 것padhāna pubbaṅgama 두 종류가 있습니다. 마음은 실제로 앞서가는 것은 아닙니다. 결합된 여러 마음부수가 대상을 취할 때 기본이 되는 것으로 앞서가는 역할padhāna pubbaṅgama을 완수합니다. "mano pubbaṅgamā dhammā 마음은 법들에 앞서간다"라는 『담마빠다』 게송도 이러한 의미입니다.(Dhp.1)

'연속됨이라고 나타남'은 틈이 없는anantara 조건이나 빈틈없는samanantara 조건 등의 힘을 통해[36] 다음 마음, 다음 마음이 끊어지지 않고 계속해서 연결된 법들이라고 수행자의 지혜에 드러나는 것을 말합니다.

'물질과 정신이라는 가까운 원인'이란 물질과 정신이 존재하지 않으면 마음이 존재할 수 없으므로, 결합된 마음부수라는 정신과 의지하는 심장토대 등의 물질이 마음을 생기게 하는 가까운 원인이라는 뜻입니다. 결합된 마음부수가 없으면, 또는 마음부수가 각각의 작용을 하지 않으면 마음 혼자서는 역할을 할 수 없습니다. 무색계에는 물질이 없기 때문에 심장 등의 물질도 없고 물질이 가까운 원인이 될 수 없습니다. 하지만 대부분 세상에서 심장토대 등의 물질을 가까운 원인으로 삼기 때문에 '대부분 방법'이라는 표현 방법에 따라 '물질과 정신이라는 가까운 원인'이라고 표현합니다.

36 『아비담맛타상가하』 제8장; 『빳타나-조건의 개요와 상설』, pp.44~71 참조.

제4강

2008년 6월 10일

제3강 앞부분에서 언급한 "아비담마를 공부하면 위빳사나 지혜의 기초를 얻을 수 있다"라는 내용과 관련해 일화 하나를 소개하겠습니다.

깟사빠Kassapa 부처님 당시에 스님들이 숲에서 아비담마 가르침 중 「아야따나 위방가Āyatana vibhaṅga(감각장소 분석)」를 "눈 감각장소cakkhāyatana, 귀 감각장소sotāyatana, 형색 감각장소rūpāyatana"라는 등으로 독송하고 있었습니다. 그때 옆에 있던 구렁이 한 마리가 비록 그 의미는 이해하지 못하지만 'āyatana라는 소리가 매우 좋구나'라고 생각하며 귀 기울여 듣고 있었습니다. 구렁이는 독송 소리에 마음을 잘 기울인 공덕으로 죽은 뒤 천상에 태어났고, 그다음에는 인간 세상에 남자로 태어났습니다. 이름은 자나사나Janasāna였습니다. 그는 부처님 교단이 아닌 나체 외도로 먼저 출가했습니다.

당시에 담마Dhammā라는 왕비가 이 자나사나 유행자에게 귀의했습니다. 담마 왕비가 훗날 아소까Asoka 대왕이 될 아이를 임신했을 때 그녀에게 다섯 가지 열망이 생겼습니다. 담마 왕비는 그 열망이 어떤 결과를 암시하는지 자나사나에게 물었습니다. 자나사나는 아이가 장차 왕이 될 것이라는 등 열망이 암시하는 결과에 대해 자세히 설명해 주었습니다. 왕비는 그대로 된다면 그를 왕궁으로 초청하겠다고 약속했습니다.

나중에 아소까 대왕이 이 사실을 알고 자나사나를 왕궁으로 초청했습니다. 자나사나는 왕궁으로 오는 도중 숲에서 스님 한 분을 보게 됐습니다. 그 스님은 앗사굿따Assagutta라는 이름의 아라한 성자로 항상 자애와 함께 머물렀기 때문에 스님 주위에 코끼리, 말, 사자 등 여러 짐승이 함께 살았지만 서로 잡아먹거나 다투지 않고 잘 어울려 지냈습니다. 그런 모습을 본 자나사나는 스님께 다가가 인사를 드린 후 호랑이, 사자, 코끼리, 말 등의 짐승들을 가리키며 "스님, 이것들은 무엇입니까?"라고 여쭈었습니다.

이에 스님은 자나사나가 법문을 들은 적이 있는지, 바라밀이 있는지 그의 전생을 숙고해 보았고, 그가 과거 깟사빠 부처님 당시 구렁이였던 생에서 스님들이 독송하는 'āyatana'라는 소리를 들어본 적이 있음을 알게 됐습니다. 그래서 "이것들은 무엇입니까?"라는 질문에 "이것은 '감각장소āyatana'입니다"라고 대답해 주었습니다.

'감각장소āyatana'라는 소리를 듣자마자 나체 상태였던 자나사나 유행자에게 즉시 부끄러움과 두려움이 생겨났습니다. 그는 자기의 부끄러운 모습을 감추기 위해서 쪼그려 앉았습니다. 스님은 자나사나의 몸을 가사로 덮어주었습니다.

자나사나는 "스님, 저는 부처님의 교단으로 출가하고 싶습니다. 출가시켜 주십시오"라고 청했고, 비구가 됐습니다. 앗사굿따 스님은 자나사나에게 감각장소, 즉 눈, 귀, 코, 혀, 몸, 마음과 형색, 소리, 냄새, 맛, 감촉, 법과 관련해서 관찰하는 방법을 가르쳐주었고, 그것에 따라서 열심히 수행한 자나사나 비구는 머지않아 아라한이 됐습니다.

이 일화는 자나사나라는 유행자가 과거 구렁이의 생에서 단지 'āyatana'라는 소리를 들은 정도의 청법만으로도 매우 큰 이익을 얻었다는 사실, 그래서 바라밀이 구족돼 부처님의 가르침이 있는 다음 생에 'āyatana'라는 소리를 들었을 때 이전에 들었던 'āyatana'라는 소리가 바탕과 원인이 돼서 위빳사나 지혜가 빨리 향상됐다는 것을 말해 줍니다.[37]

37 우 소다나 사야도의『통나무 비유경 법문』에서 인용했다. 자세한 내용은 우 소다나 사야도 법문, 비구 일창 담마간다 옮김,『통나무 비유경』, pp.52~59 참조.

마음부수

제3강에서 마음의 특성과 역할, 나타남과 가까운 원인에 대해 설명했습니다. 이번 강의에서는 절대 성품 4가지 중 마음부수cetasika에 대해 설명하겠습니다.[38]

Cetasibhavanti cetasikaṁ. (Anudīpanīpāṭha, 39)

대 역

Cetasi마음에서 bhavaṁ생겨난다. iti그래서 cetasikaṁ마음부수라고 한다.

마음에서 생겨나는 여러 성품, 즉 접촉하는 성품인 접촉, 느끼는 성품인 느낌 등의 성품을 마음부수라고 한다는 의미입니다. "cetasibhavaṁ 마음에서 생겨난다"라고 했기 때문에 '마음은 마음부수가 생겨나는 장소ṭhāna ādhāra이고, 마음부수는 그 마음에서 머무는 것ṭhānī ādheyya'이라고 잘못 생각할 수 있습니다. 마음은 마음부수가 생겨나는 장소가 아닙니다. 마음부수가 마음이란 장소에서 생겨나서 머물고 있는 것도 아닙니다. 접촉이나 느낌 등의 마음부수가 대상과 접촉하거나 대상을 느낄 때 기본으로 선행하는 마음이 생겨나지 않으면 자신도 생겨나지 못하기 때문에 마음과 결합해야만 마음부수가 생겨난다는 의미입니다.

예를 들어 시장에서 물건을 사려고 이리저리 둘러본다고 합시다. 그렇게 둘러볼 때 보는 것 자체는 눈 의식, 보아 아는 마음입니다. 그 보

38 대상으로 지향하는 성품이 있는 법을 정신이라고 한다. 여기에는 마음과 마음부수가 있다. 열반도 정신에 포함시키기도 한다. 마음은 대상을 아는 성품, 마음부수는 마음과 결합한 여러 정신작용이다. 본서 p.85 참조.

아 아는 마음은 대상을 보아 아는 단지 그 역할만 합니다. 좋은 물건을 보면 원하고 사고 싶어하는 역할, 좋지 않은 물건을 보면 싫어하는 역할을 하는 것은 마음부수입니다. 마음은 단지 그 대상을 아는 것, 보아 아는 역할밖에 하지 않습니다. 좋아하고 싫어하는 등의 역할을 하는 것은 마음부수입니다. 눈, 귀, 코, 혀, 몸, 마음으로 형색, 소리, 냄새, 맛, 감촉, 법을 보고 듣고 냄새 맡고 맛보고 닿고 생각할 때 먼저 생겨나는 단지 보는 마음, 단지 듣는 마음 등은 탐욕이나 성냄에 물들지 않고 그냥 보는 것, 듣는 것이기 때문에 아주 깨끗합니다. 이렇게 단지 보고 듣는 것 등에는 좋아함이나 싫어함이 없습니다. 반면 원하는 대상을 보았을 때 좋아하는 것, 원하지 않는 대상을 보았을 때 화내는 것, 다른 사람이 잘되는 것을 보았을 때 질투하는 것, 자신의 재물을 나누는 것에 인색한 것, 믿어야 할 만한 대상을 믿는 것, 이러한 것들이 마음부수이고, 이 마음부수는 마음에 수반해서만 일어납니다. "마음에서 생겨나기 때문에 마음부수다"라는 해석은 이런 뜻입니다.

또 다른 해석은 다음과 같습니다.

Cetasi niyuttanti cetasikaṁ. (PsA.ii.116)

대 역

Cetasi마음에 niyuttaṁ항상 결합된다. iti그래서 cetasikaṁ마음부수라고 한다.

마음과 항상 결합해서, 마음을 의지해서 머무는 접촉, 느낌 등의 성품들을 마음부수라고 한다는 뜻입니다.

마음부수란 마음에서 생겨나는 여러 정신 현상을 말합니다. 마음과 결합돼 생겨납니다. 마음에 항상 의지해서 생겨납니다. 특히 『아비담맛타상가하』 제2장에서도 자세하게 설명하겠지만, 마음과 같이 생겨나고 같이 사라지고 의지하는 토대도 같고 대상도 같습니다. 이것이 마음부수의 4가지 특성입니다.

생멸의대生滅依對 사동일四同一 심소네요건

'생生'으로 생겨나는 것을, '멸滅'로 사라지는 것을, '의依'로 의지하는 토대를, '대對'로 대상을 표현했습니다. 이 '4가지四'가 '동일同一'한 것이 마음부수라는 '심소'가 지닌 4가지 특성이라는 뜻입니다.

그러면 마음과 마음부수가 어떻게 다른지 비유로 설명하겠습니다. 붉은색, 노란색, 파란색, 녹색 등 여러 색의 물감을 물에 풀어서 옷감에 그림을 그립니다. 그때 옷감에 물감이 퍼져서 붙어있는 것은 물이 작용한 것이고, 붉은색, 노란색, 파란색, 녹색 등 여러 색이 드러나는 것은 각각의 색이 작용한 것입니다. 이 비유에서 그림을 그리는 천은 대상과 같고, 물은 마음과 같습니다. 여러 색의 물감은 마음부수와 같습니다. 여러 물감이 물을 의지해서 여러 색이 드러나도록 장식하는 것처럼, 마음부수도 마음을 의지해서 탐욕, 성냄, 질투, 인색, 믿음, 지혜 등의 여러 성품이 생겨나도록 장식합니다. 그렇게 마음에 의지해서 마음을 장식하는 52가지 마음부수에 대해서는 『아비담맛타상가하』 제2장 '마음부수의 장'에서 설할 것입니다.[39]

39 본서 부록 pp.441~444 참조.

물질

절대 성품 중 세 번째는 물질입니다. 이에 대해 간략하게 설명하겠습니다.

Ruppatīti rūpaṁ. (D.ii.71)

대역

Yaṁ어떤 법은 (sītuṇhādi virodhipaccayehi)추위와 더위 등 반대되는 조건에 의해 ruppati무너진다; (sītuṇhādi virodhipaccayehi)추위와 더위 등 반대되는 조건이 ruppati무너지게 한다. iti그래서 rūpaṁ 물질이라고 한다.

추위나 더위 등 반대되는 조건과 만났을 때 변하고 무너지는 성품을 가진 것을 물질이라고 한다는 뜻입니다. 성전에 따르면 "추위나 더위 등"에서 "~등"이라는 말에는 모기, 파리, 바람, 열기, 뱀, 지네, 벌레 등과 접촉하는 것 등의 위험이 포함됩니다.[40]

물질법은 정신법보다 오래 지속됩니다. 그래서 물질법이 머무는 동안 추위나 더위 등 무너지게 하는 조건과 만나고 결합합니다. 그러한 반대되는 조건과 결합했을 때 이전의 물질 연속과는 다르게 변하여 다음의 물질 연속이 생겨납니다. 이렇게 물질의 연속이 변하는 것을 무너

40 Ruppatīti kho, bhikkhave, tasmā rūpanti vuccati. Kena ruppati? Sītenapi ruppati, uṇhenapi ruppati, jighacchāyapi ruppati, pipāsāyapi ruppati, ḍaṁsamakasavātātapasarīsapasamphassenapi ruppati.(D.ii.71)

해석

비구들이여, 무너진다. 그래서 물질이라고 부른다. 무엇으로 무너지는가? 추위에 의해서도 무너진다. 더위에 의해서도 무너진다. 갈증에 의해서도 무너진다. 허기에 의해서도 무너진다. 모기와 등에와 바람과 뱀과 접촉하는 것에 의해서도 무너진다.

짐ruppana의 성품이라고 합니다.

『칸다 위방가 띠까』에서는 "vikārāpatti ca sītādisannipāte visadisarūpuppattiyeva '변함에 다다름'이라는 것은 추위 등 반대되는 것과 만났을 때, 앞의 물질 연속과 다른 다음의 물질 연속이 생겨나는 것이다"라고 언급했습니다.(VbhMṬ.5)

물질은 항상 어떤 원인이 있어서 일어납니다. 『아비담맛타상가하』 제6장에서 "kammaṁ cittaṁ utu āhāro ceti cattāri rūpasamuṭṭhānāni nāma 업, 마음, 온도, 음식, 이 4가지를 물질의 일어남이라고 한다"라고 물질이 일어나는 원인 4가지를 밝히고 있습니다.(Ah.41) 또한 4가지 원인 중 어느 것이 사라지면 물질도 소멸됩니다.

업 때문에 물질이 변하는 모습은 부처님 당시 띳사Tissa 비구를 통해 알 수 있습니다. 띳사 비구는 출가하기 전에는 아무런 병이 없었습니다. 그러나 출가하고 어느 정도 시간이 지나자 몸에 종기가 생겨 진물과 고름이 흘러내렸습니다. 부처님께서는 그 이유를 다음과 같이 설명하셨습니다. 과거 생에 띳사 비구는 새를 잡는 사냥꾼이었습니다. 그런데 잡아 놓은 새들이 자꾸 달아나자 달아나지 못하도록 잡자마자 다리를 꺾어 놓고는 다른 사람에게 팔거나 자신이 먹었습니다. 어느 날 비구 한 분이 탁발을 왔을 때 그렇게 잡은 새로 공양을 올리면서 "스님께서 얻은 법을 저도 똑같이 얻게 되기를"이라고 서원했습니다. 띳사 비구의 몸에 종기가 생겨 진물과 고름이 흐르는 등 물질의 변화가 생긴 것은 그렇게 과거 생에 새들을 잡아 괴롭히고 죽인 불선업 때문이었습니다.(Dhp.41 일화)

또 다른 예로는 소레이야Soreyya 장자가 있습니다. 어느 날 장자는 목욕을 하러 갔다가, 목욕을 한 뒤 가사를 고쳐 두르는 마하깟짜야나

Mahākaccayana 존자를 보았습니다. 마하깟짜야나 존자의 몸이 황금같이 아름답게 빛났고, 그 모습을 본 장자는 '내 아내가 저분처럼 아름다웠으면. 저분이 내 아내였으면'이라고 생각했습니다. 그렇게 생각하자마자 소레이야 장자는 남성에서 여성으로 변해버렸습니다. 이것은 현생의 불선업 때문에 현생에서 즉시 업을 받은 것입니다. 마하깟짜야나 존자는 아라한이었기 때문에 그러한 생각 자체가 큰 불선업이 되어 바로 과보를 준 것입니다. 그렇게 여성으로 바뀌어 다른 곳으로 떠났고 다시 결혼을 해서 두 명의 아들을 낳았습니다. 그에게는 이전에 남성이었을 때 전부인과 낳은 아들 두 명도 있었습니다. 그러한 불선업의 경우 허물을 범한 스님께 직접 용서를 구하고 스님이 용서하면 없어지기도 합니다. 친구의 도움으로 그는 마하깟짜야나 존자에게 용서를 구했고, 존자는 용서해 주었습니다. 그러자 다시 남성으로 돌아왔습니다. 남성으로 돌아오자 세속 생활의 두려움, 허망함을 느껴 출가해서 수행하여 아라한이 됐습니다. 이러한 경우가 업으로 인해 물질이 변하는 경우입니다.(Dhp.43 일화)

마음 때문에 물질이 변하는 경우는 분명합니다. 좋아하는 어떤 것을 보면 눈이 커지거나 가슴이 두근거립니다. 이것은 탐욕으로 인해 생기는 물질의 변화입니다. 화가 나면 얼굴이 붉어지고 몸이 뜨거워지고 숨이 가빠집니다. 이것은 성냄으로 인해 생기는 물질의 변화입니다. 마음 때문에 생기는 물질의 변화는 이렇게 분명하게 알 수 있습니다.

온도 때문에 변하는 경우도 분명합니다. 얼굴이 흰 사람도 적도 지방에 가면 검게 그을립니다. 독사에 물려서 몸이 변하는 것도 온도 때문입니다. 이와 관련해 우빠세나Upasena 존자의 일화가 있습니다. 우빠세나 존자가 동굴에 앉아 있을 때 매우 독해서 닿기만 해도 치명적인 뱀이 존자에게 떨어졌습니다. 하지만 존자는 '동굴 안에서 죽지 않기를'이라고 서원했기 때문에 다른 스님들의 도움으로 침상에 누운 채 굴 밖으로 나갈 수 있었습니다. 나가자마자 존자는 몸이 산산이 가루로 흩어지며 입적했다고 합니다.(S35:69) 이렇게 독사에 물려 죽는 것도 온도에 의한 물질의 변화입니다. 오래 앉아 있어서 몸이 뻐근하고 더운 것도 몸속 온도의 변화로 뜨거워지는 것입니다.

마지막으로 음식 때문에 변하는 경우도 분명합니다. 밥을 잘 먹으면 안색이 좋아지고 살이 찝니다. 잘 먹지 못하면 마르고 창백해집니다. 이런 것이 음식 때문에 물질이 변하는 모습입니다.

열반

절대 성품 4가지 중 마지막은 열반입니다.

Vānato nikkhantanti nibbānaṁ. (DA.ii.56)

대 역

Vānato얽힘으로부터; 갈애로부터 nikkhantaṁ벗어났다. iti그래서 nibbānaṁ열반이다.

세간법처럼 갈애의 대상이 되지 않고, 갈애의 영역으로부터 벗어난 법이 열반이라는 뜻입니다.

그렇다면 도의 마음이나 과의 마음도 갈애의 대상이 아니기 때문에 열반이라고 할 수 있을까요? 이와 관련해 『바사띠까』의 문답 내용을 살펴보겠습니다.

질문 갈애의 대상이 되지 않아서 열반이라고 한다면 (4가지 도, 4가지 과라는) 출세간 마음과 그것과 결합한 마음부수들도 갈애의 대상이 되지 않으므로 열반이라고 부를 수 있는 것 아닌가?

대답 열반이라는 말은 갈애의 영역에서 벗어난 형성되지 않은asaṅkhata 요소를 분명히 지칭하는 말이므로 출세간 마음과 마음부수들을 열반이라고 부를 수 없다.(AhBṬ.22)

자세하게 설명하자면 출세간 마음은 갈애의 대상이 아니지만, 그 마음이 의지하는 장소(maggaṭṭha, phalaṭṭha), 즉 도와 과를 증득한 사람은 갈애의 대상이 될 수 있습니다. 아라한인 웁빨라완나Uppalavaṇṇā 비구니에게 난다Nanda라는 바라문 학도가 품은 갈애를 생각해 보십시오.(Dhp.69 일화) 이렇게 (그러한 출세간 마음이 생겨나고 있는 장소로서) 사람은 갈애의 영역에서 벗어나지 않고 남아있기 때문에 출세간 마음도 갈애의 영역에서 완전히 벗어났다고 할 수 없습니다. 그래서 출세간 마음과 그것과 결합한 마음부수를 열반이라고 부를 수 없습니다.

이어서 열반의 특질 4가지를 살펴보겠습니다.

Santilakkhaṇaṁ nibbānaṁ, accutaṁ rasaṁ, animittapaccupaṭṭhānaṁ, padaṭṭhānaṁ natthi. (VbhA.79)

대역

Nibbānaṁ열반은 santilakkhaṇaṁ적정함이라는 특성이 있다. accutaṁ rasaṁ죽음없음이라는 역할이 있다. animittapaccupaṭṭhānaṁ표상없음으로 나타난다. padaṭṭhānaṁ natthi가까운 원인은 없다.

여기서 열반의 가까운 원인이 없다는 내용은 아직 도와 과를 얻지 못한 수행자와는 별로 관련이 없습니다. 그래서 마하시 사야도는 열반의 특질을 다음과 같이 게송으로 표현했습니다.

명색생멸 적정하네 끝남죽음 전혀없네
형체표상 안드러나 열반에 도달안다네

게송의 의미는 분명합니다. '명색名色', 즉 정신과 물질의 '생멸'이 사라져 적정한 것이 열반의 특성입니다. 끝남이나 죽음이 없게 하는 것이 열반의 역할입니다. 형체나 표상이 없는 것으로 열반은 드러납니다. 이러한 열반의 특질은 직접 수행해서 열반에 도달해야 알 수 있습니다.

열반의 가까운 원인은 없습니다. 열반은 형성되지 않은 법, 조건 지워지지 않은 법이기 때문입니다. 조건이 있다면 형성된 법이고, 생멸할 것입니다.

여기서 "보시를 행하면서 '열반에 이르기를'이라고 서원하는 것을 통해서, 혹은 계와 위빳사나 수행을 실천해서 지혜가 계속 향상되는 것을 통해서 열반을 증득한다. 그런데 왜 이런 것들은 원인이 아닌가?"라고 질문할 수 있습니다. 이러한 것들은 가까운 원인이 아니라 먼 원인입니다. 예를 들어 성제자들의 경우 생멸이 거듭되는 형성법들에서 벗어나 행복을 누리고 싶어합니다. 성제자들에게는 보고, 듣고, 닿는 등에서 생멸하고 있는 물질과 정신이 무상한 것이고, 괴로움이고, 무아인 것으로 드러나기 때문에 그런 것에서 잠시나마 벗어날 수 있는 때가 바로 열반을 대상으로 할 때입니다. 그 열반은 정신과 물질의 생멸이 소멸된 성품이기 때문에 성자들은 자주 자신이 증득한 과의 삼매에 입정합니다. 그렇게 고요함과 행복을 누린 다음에 그것에서 나온 즉시 자신이 경험했던 열반의 가까운 원인이 무엇인지 반조를 해도 찾을 수 없습니다. 가까운 원인이 없기 때문입니다.

절대 성품 법들을 모두 물질과 정신으로 나눈다면 물질과 정신의 생멸이 사라진 성품인 열반은 어디에 속할까요?

마음과 마음부수는 확실하게 정신이라 할 수 있습니다. 열반도 정신에 포함시킵니다. 하지만 마음과 마음부수를 정신이라고 하는 것과 열반을 정신이라고 하는 것은 의미가 다릅니다. 먼저 '정신'이라는 같은 용어를 쓴 것은 대상을 나타내고 지시한다는 의미로 동일하기 때문입니다. '정신'이라고 번역한 빠알리어 '나마nāma'에는 '명칭'이라는 뜻도 있습니다. 명색이라고 표현할 때 '명'이 바로 명칭의 번역입니다. 이렇게 어떤 성품을 명칭으로 나타낸 것이라는 의미로는 열반도 '정신'이라고 말할 수 있다는 뜻입니다.

하지만 다른 점이 있습니다. 마음과 마음부수는 대상으로 향합니다. 마음과 마음부수는 형색이나 소리 등 대상 쪽으로 구부러지고 도달합니다. 이러한 의미로 마음과 마음부수를 '나마nāma', 즉 정신이라고 합니다. 열반은 어떤 것을 대상으로 취하지 않습니다. 오히려 자신이 도의 마음이나 과의 마음이라는 출세간 마음의 대상이 됩니다.

레디 사야도는 다음과 같이 설명했습니다.

> "열반을 '나마nāma', 즉 정신법이라고 말하는 것은 마음과 마음부수를 나마라고 하는 것과 같은 의미가 아니다. 그렇다 하더라도 열반이 물질처럼 볼 수 있고, 취할 수 있고, 헤아릴 수 있는 것도 아니다. 어떤 명칭을 가지고, 어떤 명칭에 의지해서 그 성품을 알 수 있기 때문에, 직접 보거나 만져서는 알 수 없고, 명

칭이나 이름을 붙여서만 알 수 있기 때문에 나마라고 부른다."[41]

물질은 보거나 닿는 등으로 알 수 있지만 마음은 꺼내서 보여주고 만지게 할 수가 없습니다. 명칭으로만 드러납니다. 열반도 그와 같기 때문에 '명칭'이라는 뜻도 지닌 '정신'에 포함시키는 것입니다. 열반을 뜻하는 빠알리어 닙바나nibbāna는 '없다'를 뜻하는 '니'와 '갈애'를 뜻하는 '와나'가 결합된 단어입니다. 따라서 갈애가 없는 어떤 성품이 열반이라고 마음으로 알게 하므로, 대상으로 알게 하므로 열반을 '나마, 정신법'이라고 말하는 것입니다.

다시 설명하자면 같은 정신법이기는 하지만 마음과 마음부수는 대상을 취하고 대상으로 향하는 반면, 열반은 자신이 마음과 마음부수의 대상이 된다는 차이가 있습니다. '정신과 물질의 생멸이 사라진, 정신과 물질이 소멸한 어떤 성품이 열반이다'라고 명칭을 붙여 알게 하므로 '나마'라고 합니다. 다르게 표현하면 '번뇌 윤전과 업 윤전과 과보 윤전이라는 윤회윤전의 세 바퀴가 모두 사라진 성품이 열반이다'라고 명칭을 붙여 알게 하므로 위빳사나와 관련해 설명하자면 '관찰되는 대상과 관찰하는 마음 2가지 모두가 적정해진 성품, 그것이 열반이다'라고 명칭을 붙여 알게 하므로 '나마nāma'라고 합니다.[42]

41 *Ledi Sayadaw*, 『*Nibbānapucchāvisajjanā*(열반에 관한 문답)』 p.18.

42 정신으로 번역한 '나마'라는 용어에 '명칭'이라는 뜻도 있다는 점에 유의하면 된다.

제5강

2008년 6월 17일

여러분은 지금 아비담마를 공부하고 있습니다. 무엇을 위해 공부하고 있습니까? 지혜를 더 높이, 더 크게 증진하기 위해서입니다. 부처님께서는 지혜를 증진하기 위한 요인을 7가지로 설하셨습니다.

첫째는 질문을 하는 것입니다. 자신이 모르는 것을 감추지 말고 아는 사람한테 물어야 합니다. 묻는 것은 불선업도 아니고 부끄러워할 필요도 없습니다. 그런데 묻는 것에도 여러 목적이 있습니다. 모르는 것을 알고 싶어서 물을 수도 있습니다. 자신이 아는 것이 다른 사람이 아는 것과 같은지 다른지 비교하기 위해서 묻는 경우도 있습니다. 자신은 아는데 상대방은 모를 것이라 생각해서 어려운 질문으로 상대를 곤란하게 하려고 질문하는 경우도 있습니다. 이런 의도로 질문해서는 안 됩니다. 혹은 나는 알고 있지만 상대방은 모른다는 것을 알고 일부러 물어서, 그가 스스로 모른다는 사실을 깨닫게 해주려고 묻는 경우도 있습니다. 부처님께서 질문하시는 것은 몰라서 묻는 경우는 당연히 없습니다. 비교하기 위해서 묻는 경우도 없습니다. 부처님께서는 질문 받는 사람이 스스로 대답해서 알도록, 그리고 모르는 것을 알려주시고 답변해 주시기 위해 질문하십니다. 이렇게 지혜를 증진하기 위해 모르는 것을 스승이나 그것을 아는 사람에게 물어야 합니다. 묻는 것, 배우는 것, 공부하는 것이 같이 이루어져야 합니다.

둘째는 토대가 깨끗해야 합니다. 내부 토대로는 자신의 몸이나 손톱 등이 깨끗해야 하고 외부 토대로는 자신의 방, 집, 처소가 깨끗해야 합니다. 거기에는 옷의 청결도 포함됩니다. 그래야 지혜가 증진됩니다.

셋째는 다섯 기능이 균형을 이루어야 합니다. 믿음과 통찰지, 정진과 삼매가 균형을 이루어야 합니다. 새김은 아무리 많아도 지나치지 않습니다. 많을수록 좋습니다. 항상 필요합니다. 항상 모자랍니다. 이렇게 다섯 기능이 서로 균형을 이루어야 지혜가 증진됩니다. 이것은 세간과 출세간 모두에 해당합니다.

넷째는 지혜가 없는 사람을 멀리해야 합니다. 어리석은 사람과 가까이 하지 않는 것이 지혜를 증진하는 원인 중에 하나입니다. 지혜 없는 사람과 같이 지내면 똑같이 지혜 없는 사람이 됩니다.

다섯째는 지혜 있는 사람과 가까이 지내야 합니다. 같이 지낸다는 것은 그냥 같이 자고 밥 먹고 하는 것이 아니라, 같이 지내면서 질문하고 배우면서 지내는 것을 말합니다. 그래야 지혜가 증진됩니다. 국을 뜨거나 반찬을 집는 숟가락이나 젓가락은 그 음식의 맛을 알지 못합니다. 마찬가지로 지혜 없는 사람이 지혜 있는 사람과 함께 생활하면서도 아무것도 묻지 않고 같이 먹고 자는 데만 시간을 보낸다면 숟가락이나 젓가락이 음식의 맛을 모르는 것과 같이 지혜가 늘어날 수 없습니다. 세수나 목욕을 자주 하듯이 지혜 있는 사람이 있는 곳에 자주 가서 묻고 배워야 합니다.

여섯째는 배운 것에 대해서 자주 돌이켜 숙고해야 합니다. "1+1=2"와 같이 너무 쉬운 것을 반조하는 것은 쉽고 금방 끝나기 때문에 지혜가 크게 늘어나지 않습니다. 어렵고 깊고 오묘한 것에 대해 거듭 생각하고 숙고할 때 지혜가 증진됩니다. 부처님의 일체지로 설한 최상의 진리인 아비담마의 가르침은 매우 어렵고 심오합니다. 오랜 기간 10가지 바라밀을 3가지 단계로[43] 닦아서 증득한 정등각자의 지혜로 설하신

43 10가지 바라밀과 3가지 단계는 『부처님을 만나다』, pp. 76~78 참조.

내용이라 어려운 것이 당연합니다. 보기에도 얕아 보이고 실제로도 얕은 물, 보기에도 깊어 보이고 실제로도 깊은 물, 보기에는 얕아 보이나 실제로는 깊은 물, 보기에는 깊어 보이나 실제로는 얕은 물, 이러한 네 종류의 물에 비유한다면 아비담마는 보기에도 깊어 보이고 실제로도 깊은 물과 같습니다. 그렇게 매우 어려운 아비담마를 믿음을 가지고 열심히 노력하고 애쓰면서 공부하면 지혜가 증진됩니다. 아비담마를 배우기 전에는, 미얀마 속담으로 말하자면 "애들과 개들도 아는" '사람, 남자, 여자, 중생'이라는 정도로만 알고 있었습니다. 하지만 아비담마를 공부하면 부처님께서 드러내셔야만 알 수 있는 '물질, 정신, 마음, 마음부수' 등의 가르침을 듣고 숙고하고 반조하기 때문에 지혜가 늘어납니다. 혹은 과거에 선업을 행하면서 '부처님의 가르침이 존재할 때 사람으로 태어나서 이러한 법을 듣기를'이라고 서원을 세운 바라밀이 있어야 아비담마 법문을 듣고 배울 수 있습니다. 그러니 과거 선업 덕분에 들을 수 있는 이 아비담마 법문 내용을 잘 숙고해야 합니다.

마지막 일곱째는 지혜를 증진시키는 데 항상 마음을 기울여야 합니다. 쥐가 쥐구멍에서 나오는 이유는 먹잇감을 찾기 위해서입니다. 먹잇감을 찾기 위해 이리저리 돌아다닙니다. 그렇게 쥐처럼 지혜를 찾기 위해, 증진시키기 위해 마음을 기울여 찾아다녀야 합니다.(DA. ii.376)[44]

44 「마하사띠빳타나숫따 주석서」에서 법 간택 깨달음 구성요소가 생겨나게 하는 원인으로 소개돼 있다.

진리 2가지

틀리지 않고 옳은 것을 '진리sacca'라고 부릅니다. 진리에는 ① 관습적 진리sammuti sacca와 ② 절대적 진리paramattha sacca라는[45] 2가지가 있습니다. 이 2가지를 비교해서 잘 알아야 합니다.

관습적 진리

먼저 '관습적 진리'란 세상 사람들의 동의에 따라, 세상에서 부르는 명칭으로 결정된 진리를 말합니다. 자아atta, 영혼jīva, 중생satta, 개인puggala, 남자, 여자, 머리, 몸, 손, 발, 머리카락, 털, 손발톱, 이빨, 피부, 살, 힘줄, 뼈 등 사람이나 중생과 관련된 용어와 개념, 또는 중생과 관련되지 않은 나무, 넝쿨, 덤불, 집, 절, 침대, 침상, 숲, 산, 바다 등의 용어와 개념을 세속적 관습lokasammuti, 관습적 진리라고 말합니다.

이런 관습적 진리는 마음, 접촉, 느낌, 땅 요소, 물 요소 등 절대 성품의 명칭이 아닙니다. 형체saṇṭhāna 개념, 즉 형체나 모양을 통해 생겨나는 개념(산, 남자 등), 또는 상속santati 개념, 즉 연속된 흐름을 하나로 생각해서 생겨나는 개념(촛불, 강물 등)의 명칭입니다. 예를 들자면 갓난아이가 한 달, 두 달, 일 년, 몇 년이 지나 모습이 변해도 같은 아이로 인식합니다. 그렇게 어떤 흐름의 연속을 뭉뚱그려서 한 존재로, 하나의 개념으로 생각하는 것입니다. 다른 예를 들면 시간은 실제로는 순간순간의 연속일 뿐입니다. 그러나 자정부터 낮 열두 시까지의 시간을 뭉뚱그려서 오전이라고 하고, 또 그 이후 자정까지의 시간을 오후

45 'paramattha'를 앞에서 '절대 성품'으로 번역했기 때문에 'paramattha sacca'를 '절대 성품 진리'라고 번역해야 하나 '관습적 진리'라는 대응하는 표현에 따라 sacca와 함께할 때는 간략하게 '절대적 진리'라고 번역했다.

라고 하는 것이 상속 개념입니다. 제일 분명한 비유는 강입니다. 흐르는 강물을 볼 때 그냥 하나의 강이라고 생각합니다. 그러나 실제로 한 지점을 보면 있던 물이 계속 머무는 것이 아니라 계속해서 새로운 물이 흘러와서 지나가 버립니다. 그렇게 연속해서 물이 흘러 지나가고 있지만 자세히 살펴보지 않아서 그 연속된 흐름을 그냥 하나의 강으로 생각하는 것이 상속 개념입니다. 또한 촛불은 실제로는 순간순간 연소해서 불꽃이 일어나고 있는 것인데 그것을 모르고 보면 하나의 불꽃이 계속해서 있는 것처럼 보입니다. 그런 순간순간 연속된 흐름을 뭉뚱그려서 하나의 촛불이라고 생각합니다.

세속적 관습으로 명칭 붙여진 대상의 성품들은 절대 성품으로 분명히 존재하는 법들이 아닙니다. 형체 개념이나 상속 개념일 뿐입니다.

이렇게 세속적 관습이라는 명칭과 그 성품은 세상에서 관습적으로 붙여 놓은 것으로 절대 성품으로는 얻을 수 없는 개념일 뿐입니다. 개념일 뿐이기 때문에 '세속적 관습lokasammuti'이라고 하는 것입니다. 비유하자면 '석녀石女[46]가 낳은 아들'이라는 말은 있지만 실제로 석녀가 낳은 아들은 존재하지는 않는 것과 마찬가지입니다.

그렇다면 세속적 관습으로 만들어 놓은 개념을 왜 진리sacca라고 부를까요? "중생이 있다. 개인이 있다. 사람이 있다. 남자가 있다. 여자가 있다. 천신이 있다. 나무가 있다. 숲이 있다. 산이 있다"라는 등으로 세상 사람들이 부르고 말하는 것에 따라서 사용하고 말하면 거짓말이 아닙니다. 사실을 말하는 것입니다. 그래서 '진리'라고 합니다. 말하는 사람도 진실을 말하는 사람이라고 합니다. 왜냐하면 그렇게 말한다고

46 선천적으로 임신하지 못하는 여자.

해서 다른 사람을 혼동시킨다든지 스스로 거짓말을 범하지는 않기 때문입니다.

따라서 관습적 진리를 말할 때는 절대 성품과 섞이지 않고, 세상 사람들이 말하고 부르는 것에 따라서만 말해야 합니다. 그러한 관습적 진리는 그것과 관계된 곳에서는 많은 이익을 줍니다. 보살들도 그러한 관습적 진리를 사용해서 깨달음을 성취했습니다. 보시나 계, 사마타 수행은 관습적 진리가 적용되는 영역입니다.

관습적 진리의 힘은 큽니다. 부모와 그 밖의 다른 사람은 '사람'으로서는 모두 동일합니다. 하지만 부모가 아닌 다른 사람들을 죽였을 때 어머니나 아버지를 죽였다고 말하지 않습니다. 모친살해업mātughātakamma이나 부친살해업pitughātakamma은 다음 생에 틀림없이 무간지옥에 태어나게 하므로 일반 '사람'을 죽이는 업과 '부모'를 죽이는 업은 엄연히 다릅니다. 이렇게 관습적 진리가 중요한 영향을 끼치는 경우가 있습니다. 선업과 불선업을 구분해서 설명하고, 그 결과의 차이를 나타내는 것은 관습적 진리로 설명해야 합니다. 관습적 진리에 따라 결과도 차이가 나기 때문에 관습적 진리는 중요하지 않다고 가볍게 여기거나 소홀히 해서는 안 됩니다.

절대적 진리

성품으로 분명한 진리를 절대적 진리paramattha sacca라고 합니다. 왜 '절대적paramattha'이라고 부르는가 하면 성품으로 분명하게 존재하고, 그보다 더 미묘하고 심오한 성품은 없기 때문입니다. 성품으로 분명하게 존재하는 법들이란 마음, 마음부수, 물질, 열반, 무더기, 감각장소, 요소 등입니다.

Sabhāvato vijjamānaṭṭhena tato uttaritarassa atthassa abhavato paramattho nāma.[47]

대 역

Sabhāvato고유성질로 vijjamānaṭṭhena분명하게 존재하는 의미이기 때문에 tato그 법들보다 uttaritarassa더 높은 atthassa의미들이; 법들이 abhāvato없기 때문에 paramattho nama빠라맛타라고 이름한다.

'빠라맛타', 즉 절대 성품으로 확실한 진리란 무엇일까요? "대상을 생각하고 아는 마음이 있다. 접촉하는 접촉이 있다. 느끼는 느낌이 있다. 딱딱한 땅 요소가 있다. 결합하는 물 요소가 있다. 적정한 성품인 열반이 있다"라는 등으로 각각의 법에 분명히 존재하는 성품에 따라서 말하는 것은 사실에 어긋나지 않습니다. 이렇게 말하는 사람도 바른말을 하는 사람이고, 이렇게 말해진 것도 바른 말입니다. 왜냐하면 인식의 전도, 마음의 전도, 견해의 전도와 관련되지 않으며 옳은 성품이기 때문입니다.

거짓말과 전도

관습적 진리는 거짓말과 반대입니다. 절대적 진리는 전도와 반대입니다.

47 제6차 결집본에는 없다.

Sammutisaccaṁ musāvādapaṭipakkhaṁ, paramatthasaccaṁ vipallāsapaṭipakkhaṁ.[48]

대 역

Sammutisaccaṁ관습적 진리는 musāvādapaṭipakkhaṁ거짓말과 반대다. paramatthasaccaṁ절대적 진리는 vipallāsapaṭipakkhaṁ전도와 반대다.

• **관습적 진리의 반대는 거짓말**　성품으로 옳든지 옳지 않든지, 사견이든지 정견이든지 관습적 진리의 측면에서는 "자아atta가 있다. 영혼jīva이 있다. 개인이 있다. 중생이 있다. 남자가 있다. 여자가 있다"라고 말하는 이에게 거짓말은 성립되지 않습니다. 왜냐하면 어떤 사람을 속이면서 거짓말을 하는 것이 아니기 때문입니다. 하지만 전도vipallāsa는 생겨납니다. 왜냐하면 자아나 영혼 등이라고 할 만한 것이 아닌 성품법일 뿐인데 자아나 영혼 등으로 취해 말하기 때문입니다.

절대적 진리의 측면에서 "자아가 없다. 영혼이 없다. 중생이 없다. 개인이 없다. 남자가 없다. 여자가 없다. 성품법만이 있다. 그 성품법은 자아가 아니다. 무아인 법들일 뿐이다"라고 말하는 것은 거짓말도 아니고 전도도 생겨나지 않습니다.

• **절대적 진리의 반대는 전도**　그릇되고 왜곡된 것을 전도vipallāsa라고 합니다. 절대적 진리의 반대는 전도입니다.

48 제6차 결집본에는 없다.

Viparītato asanaṁ upagamanaṁ vipallāso.[49]

대 역

Viparītato그릇된 것으로 asanaṁ upagamanaṁ가까이 가는 것, 즉 도달하는 것을 vipallāso전도라고 한다.

전도에는 4가지가 있습니다.

① 무상anicca을 영원nicca으로 생각하는 것

② 괴로움dukkha을 행복sukha으로 생각하는 것

③ 무아anatta를 자아atta로 생각하는 것

④ 깨끗하지 않은 것asubha을 깨끗한 것subha으로 생각하는 것

이러한 4가지 전도를 인식과 마음과 견해라는 3가지 전도와 조합하면 모두 12가지 전도가 있습니다.

인식이 그릇된 것을 인식의 전도saññā vipallāsa라고 합니다.

아는 것이 그릇된 것을 마음의 전도citta vipallāsa라고 합니다.

견해가 그릇된 것을 견해의 전도diṭṭhi vipallāsa라고 합니다.

"전도는 어디에서, 즉 무엇을 대상으로 왜곡되는가?"라고 묻는다면 물질과 정신에서, 물질과 정신을 대상으로 인식과 마음과 견해가 왜곡된다고 대답할 수 있습니다.

생겨나고 사라지는 절대 성품일 뿐인 물질법과 정신법을 그대로 유지되는 어떤 중생이라고, 개인이라고 취하는 것을 '항상하지 않은 것을 항상하다고 취하여 전도된 것'이라고 합니다. 왜냐하면 중생이나 개인이라는 것은 명칭만 존재하지 실제로 존재하는 법이 아니기 때문입니

49 제6차 결집본에는 없다. Viparītavasena āsanaṁ upagamanaṁ pavattanaṁvā vipallāso. (AhPdṬ.447)

다. 실제로 존재하지 않고 명칭일 뿐인 법들에는 무너지고 사라지는 성품이 없습니다. 사람이나 중생이라고 거머쥔 그 존재도 어느 생에 입태하는 한순간에 생깁니다. 그 생의 마지막에는 한순간에 죽습니다. 하지만 '어떤 중생이 이전 생에서 와서 입태하여 머문다. 죽으면 다음 생으로 건너간다'라고 생각합니다. 그러므로 물질법과 정신법을 사람이나 중생으로 취하여 지니는 것을 '항상하지 않은 것을 항상하다고 취하여 전도된 것'이라고 합니다. 이렇게 물질법과 정신법은 항상한 성품이 없습니다. 무상합니다. 순간순간 생겨서는 순간순간 사라져 버립니다. 중생에게는 영원한 성품이 없습니다. 그렇게 생멸하는 물질과 정신일 뿐인 것을 계속 유지되는 중생이라고 취하여 지니면 성품으로 반대가 되어 버리기 때문에 전도라고 합니다.

물질과 정신은 생성과 소멸로 핍박받기 때문에 행복이 아니라 괴로움일 뿐입니다. 그렇게 괴로움의 진리dukkha sacca에 포함되는 물질과 정신을 '좋은 것이다. 사랑스러운 것이다. 집착할 만한 것이다. 행복한 것이다'라고 거머쥐는 것을 '괴로운 것을 행복한 것이라고 거머쥐는 전도'라고 합니다. '더러운 것을 깨끗한 것이라고 거머쥐는 전도'라고도 합니다.

중생이라는 것은 명칭으로만 존재합니다. 성품으로 분명히 존재하는 것이 아닙니다. 이러한 물질법과 정신법을 중생이라는 실체, 자아, 영혼이라고 만들어 거머쥐는 것을 '무아인 것을 자아라고 거머쥐는 전도'라고 합니다.

'남자가 눈으로 형색을 본다'라는 구절에서 보는 것은 눈 의식일 뿐입니다. 그 눈 의식은 형색을 대상으로 합니다. 형색은 형색 감각장소라는 성품법일 뿐입니다. 사람을, 중생을, 어떤 개인을 본 것이 아닙니다. 사실은 형색을 본 것일 뿐인데 그다음의 여러 마음을 통해 중생이라고 생각합니다. 남자, 머리, 얼굴, 발이라고 생각합니다. 나무라고, 기차라고, 집이라고, 절이라고 생각합니다. 이것은 '보는 것dassana에 기반한 마음의 전도'라고 합니다. 또한 전도에는 듣는 것savana, 먹는 것sāyana, 접촉하는 것phusana에 기반한 마음의 전도 등 여러 가지가 있습니다.

어떤 것을 본 뒤 어떠한 것으로 인식해 둡니다. 인식은 그러한 것으로 항상 집착합니다. 다음에 잊어버리지 않게 합니다. 모르지 않게 합니다. 이것이 '인식의 전도'입니다.

그렇게 어떠한 것으로 인식이 항상 집착해 놓은 중생, 사람 등에 대해 '자아가 있다. 영혼이 있다. 그러한 자아나 영혼은 이러한 성품이 있다'라고 견지합니다.[50] 이것이 '견해의 전도'입니다.

이 3가지 전도 중 인식의 전도가 중생들에게 분명하므로 경전에서는 인식의 전도를 제일 먼저 설하셨습니다. 하지만 인식의 전도는 보통 마음의 전도 다음에 생겨납니다.

전도는 무명avijjā을 기반으로 합니다. 4가지 진리를 사실대로 바르게 알지 못하기 때문에 전도가 생겨납니다. 전도 중에 인식의 전도와 마음의 전도 2가지는 세간 선업 마음이 일어날 때도 생겨납니다.[51] 그러한 전도법들 때문에 갈애와 사견과 자만이라는 사량확산papañca, 즉 윤회를 확대시키는 법들이 생겨납니다.

---

50 '견지堅持하다'란 '어떤 견해나 입장 따위를 굳게 지니거나 지키다'라는 뜻이다.

51 세간의 선업 마음이 일어날 때는 사견과 결합하지 않기 때문에 견해의 전도는 일어나지 않는다. 하지만 더러움을 깨끗하다고 거머쥐는 인식의 전도와 마음의 전도는 아나함도가 제거하고, 괴로움을 행복하다고 거머쥐는 인식의 전도와 마음의 전도는 아라한도가 제거하기 때문에 아라한이 아니면 인식의 전도와 마음의 전도는 세간 선업 마음이라도 포함돼 일어난다.

절대적 진리의 입장에서 반조해 보면 그러한 전도법들이 잘못되고 그릇된 것을 분명하게 구별해서 알 수 있습니다. 그렇게 분명하게 구별해서 알 수 있어야 그 전도법들을 제거할 수 있습니다.[52]

마음의 전도가 생겨나는 모습을 보충해서 설명하겠습니다. 사람이 어떤 대상을 보았을 때 여러 단계를 거칩니다. 그때 보아서 아는 마음이라는 눈 의식은 단지 형색이라는 대상을 볼 뿐입니다. 그다음에 다시[53] 맘 의식manoviññāṇa으로[54] '사람을 본다. 중생을 본다. 남자를 본다. 여자를 본다'라고 생각합니다. 그렇게 형색일 뿐인 것을 마음으로 알 때 '남자를 본다. 여자를 본다'라는 등으로 잘못 아는 것을 마음의 전도라고 합니다. 처음 대상을 접해서 눈 의식이 형색 대상을 볼 때는 남자라거나 여자라는 개념은 아직 생기지 않았습니다. 그때는 절대 성품 법으로 분명히 존재하는 형색만을 본 것입니다. 이것을 수행과 관련해 설명하면 수행 중 어떤 대상을 보았을 때 〈봄, 봄〉이라고 관찰할 때는 다른 전도가 포함돼 있지 않고 눈 의식이 단지 절대 성품으로서의 형색만을 새기고 있는 것입니다. 이때는 '남자를 본다. 여자를 본다'라는 등으로 아는 것은 포함돼 있지 않습니다. 인식과정이 계속 진행되면 눈 문cakkhudvāra을[55] 넘어서 맘 문manodvāra에서 일어납니다.[56] 맘 문에서는

52 *Ledi Sayadaw*, 『*Sāsanavisodhanī*(교법청정론)』 제2권, pp.40~44.

53 눈 문에서 눈 의식으로 형색 대상을 보는 인식과정 뒤에 맘 문에서 생기는 인식과정을 뜻한다. 눈 문 인식과정과 맘 문 인식과정은 본서 부록 pp.445~446 참조.

54 맘 의식으로 번역한 이유에 대해서는 본서 부록 p.439 참조.

55 '눈의 문'이라고 하면 '눈에 소속된 문'이라고 오해할 만한 소지가 있다. 한문으로 '眼門'으로 번역하는 것도 분명하지 않다. 그래서 앞문, 뒷문에서 원용해 '눈 문'이라고 번역했다.

56 'mano'를 맘으로 번역했고, 'manodvāra'를 '맘 문'으로 번역했다. 자세한 설명은 본서 부록 pp.438~439 참조.

[57] '남자를 본다, 여자를 본다'라는 등으로 알아 버립니다. 형색이라는 절대 성품은 개념화된 남자나 사람과 같지 않습니다. 서로 다른 법입니다. 이렇게 절대적 진리로 분명하게 존재하는 형색을 사람이라거나 남자라는 등으로 잘못 아는 것을 마음의 전도라고 합니다. 반대로 사람을 형색이라고 알아도 마음의 전도입니다. 사람이나 남자 등은 형색이 아니고 형색은 사람이나 남자 등이 아닙니다. 사람이나 남자 등은 개념법이고 형색은 절대 성품 법이어서 서로 같다고 할 수 없기 때문입니다. 서로 같다고 할 수 없는 법을 같다고 하면 전도된 것입니다. 그리고 사람이나 남자라는 형색은 변하지만 사람이나 남자라는 개념은 변하지 않습니다.

57 보는 것과 관련된 인식과정에서는 맘 문에서 일어나는 두 번째 인식과정에 형체가, 세 번째 인식과정에 명칭이 드러난다.

제6강

2008년 6월 24일

경전을 배울 때 학인들이 따라야 할 방법에 8가지가 있습니다.

수찌뿌바 위리식다 이여덟로 화환엮어 매일장식해

첫째, '수'는 '수네야suṇeyya'로 법문을 귀 기울여 잘 들어야 합니다.

둘째, '찌'는 '찐떼야cinteyya'로 법문을 듣고 나서 잘 이해하도록 그 의미를 생각해야 합니다.

셋째, '뿌'는 '뿟체야puccheyya'로 잘 모르거나 궁금한 것은 질문해야 합니다. 여기에는 스승과 함께 토론하는 것도 포함됩니다.

넷째, '바'는 '바네야bhaṇeyya'로 자기 귀에 들리도록 소리 내어 독송해야 합니다.

다섯째, '위'는 '위쩨야viceyya'로 배운 것에 대해 더욱더 깊게 숙고하고 반조해야 합니다.

여섯째, '리'는 '리케야likheyya'로 배우고 독송하는 것을 써야 합니다. 미얀마 속담에 "글 한 자가 백 마디 말과 같다"는 말이 있습니다.

일곱째, '식'은 '식케야sikkheyya'로 독송과 필사를 반복해야 합니다.

여덟째, '다'는 '다레야dhareyya'로 외워야 합니다. 어디서나 바로 독송할 수 있을 정도로 능숙해야 합니다.

이러한 방법으로 공부하면 어떤 것이든 능숙해질 것입니다.

4가지 진리와 절대 성품

앞에서 빠라맛타, 즉 절대 성품에는 마음, 마음부수, 물질, 열반이라는 4가지가 있다고 설명했습니다. 그런데 이 절대 성품은 알아야 하고知,

제거해야 하고除, 실현해야 하고實, 수행해야 하는修 네 가지 작용으로도 분명합니다. 부처님의 교법sāsana에서 해야 할 일은 '지제실수知除實修' 4가지입니다.

① 괴로움의 진리dukkha sacca는 구분해서 알아야 합니다. 이것을 '구분 작용pariññā kicca'이라고 합니다. 여기에는 무더기, 감각장소, 요소 등이 포함되며 줄여서 말하면 정신과 물질입니다. 앞에서 언급한 절대 성품 4가지 중 마음과 마음부수와 물질이 여기에 해당합니다. 열반은 괴로움의 진리가 아닙니다.

② 생겨남의 진리samudaya sacca는 남김없이 제거해야 합니다. 이것을 '제거 작용pahātabba kicca'이라고 합니다. 여기에는 갈애taṇhā가 해당되며 법체로는 탐욕lobha입니다. 요즘 많은 사람이 괴로워서 자살한다고 들었습니다. 그것은 아마도 물질과 정신을 제거하면 괴로움이 없어진다고 생각하기 때문일 것입니다. 그러나 물질과 정신은 알아야 할 법이지 제거해야 할 법이 아닙니다. 갈애를 제거해야 괴로움이 사라질 수 있습니다.

③ 소멸의 진리nirodha sacca는 스스로 실현해야 합니다. 이것을 '실현 작용sacchikaraṇa kicca'이라고 합니다. 실현해야 할 것은 바로 열반입니다.

④ 도의 진리magga sacca는 수행해야 합니다. 계발해야 합니다. 이것을 '수행 작용bhāvanā kicca'이라고 합니다. 팔정도가 바로 계발해야 하는 법입니다.

이것이 부처님의 교법에서 증대시키도록 노력해야 할 일, 작용 4가지입니다.

이러한 4가지 진리는 언제나 어디서나 누구에게나 때와 장소, 사람에 관계없이 항상 옳기 때문에 진리sacca입니다. 항상 굳건하게 존재하는 진리입니다. 이렇게 항상 존재하지만 부처님께서 출현하시지 않으면 중생들은 알지 못합니다. 모르기 때문에 4가지 진리를 각각 알고, 제거하고, 실현하고, 수행하는 일을 실천할 수 없습니다. 부처님께서 출현하셔야만 4가지 진리가 드러나서 중생들이 알 수 있고, 4가지 일을 할 수 있습니다.

제1장 마음

4가지 절대 성품 중 마음에 대해 자세하게 살펴보겠습니다.

탄생지로 구분한 마음

3 Tattha cittaṁ tāva catubbidhaṁ hoti kāmāvacaraṁ rūpāvacaraṁ arūpāvacaraṁ lokuttarañceti.

해 석

그중에서 먼저 마음은 욕계와 색계와 무색계와 출세간으로 네 종류가 있다.

대 역

Tattha=tesu yathā uddiṭṭhesu catūsu abhidhammatthesu거기서; 그렇게 간략하게 나타낸, 아비담마에서 설해진 4가지 의미 중 tāva먼저 (mayā내가 uddiṭṭhaṁ간략하게 설명한) cittaṁ마음은 kāmāvacarañca[58]욕계인 것과; 욕계 마음과 rūpāvacarañca색계인 것과; 색계 마음과 arūpāvacarañca무색계인 것과; 무색계 마음과 lokuttarañca출세간인

58 대역에서는 의미가 분명하도록 '~도'의 의미가 있는 'ca'를 결합해서 나타냈다.

것; 출세간 마음, iti=iminā pabhedena이렇게; 이렇게 종류로 구분하면 catubbidhaṁ네 종류가 hoti있다.

마음은 법체로는 하나이지만 주로 일어나는 곳인 탄생지bhūmi에[59] 따라 4가지로 나눕니다.

① 욕계kāmāvacara 마음

② 색계rūpāvacara 마음

③ 무색계arūpāvacara 마음

④ 출세간lokuttarā 마음[60]

이 순서대로 설해진 이유는 욕계 마음보다 색계 마음이, 색계 마음보다 무색계 마음이, 무색계 마음보다 출세간 마음이 더 수승하기 때문입니다. 저열하고 중간 정도로 수승하고 매우 수승한 차례대로 설해졌습니다.

4가지 탄생지의 마음을 갈애taṇhā에 따라 설명할 수도 있습니다.

① 감각욕망갈애kāmataṇhā가 자주 다니고avacarati 일어나는 곳을 욕계kāmāvacara라고 하고, 그 욕계에서 주로 생기는 마음을 욕계 마음kāmāvacara citta이라고 합니다. 욕계 탄생지에는 지옥, 축생, 아귀, 아수라 무리라는 사악도, 그리고 인간, 욕계 천상 6곳, 합쳐서 11곳이 있습니다. 이 강의를 듣는 여러분에게는 주로 욕계 마음이 일어납니다. 그 이유는 여러분이 사는 세상도 욕계 세상이고 여러분도 욕계 중생이고 대상도 욕계 대상이기 때문입니다.

---

59 31탄생지는 본서 부록 p.449 참조.

60 출세간은 탄생지는 아니지만 '탄생지에서 벗어난 성품'이라고 그 의미를 취해서 탄생지에 따른 구분에 포함됐다.

② 물질갈애rūpataṇhā가 자주 다니고 일어나는 곳을 색계rūpāvacara라고 합니다. 그 색계에 주로 생기는 마음을 색계 마음rūpāvacara citta이라고 합니다. 색계 탄생지에는 16곳이 있습니다. 그중에는 정신은 없고 물질만 존재하는 무상유정천이라는 탄생지도 있습니다.

③ 비물질갈애arūpataṇhā가 자주 다니고 일어나는 곳을 무색계arūpāvacara라고 합니다. 그 무색계에 주로 생기는 마음을 무색계 마음arūpāvacara citta이라고 합니다. 물질은 없고 정신만 존재하는 무색계 탄생지에는 4곳이 있습니다.

④ 이러한 3가지 갈애에서 벗어난 도와 과, 열반을 출세간lokuttarā이라고 합니다. 그러한 출세간에 포함되는 마음을 출세간 마음lokuttarā citta이라고 합니다. 파괴된다lujjati고 해서 세상loka이라고 하고(S.ii.278), 그러한 세상을 넘어섰기 때문에 출세간이라고 합니다. 또한 세상에는 중생 세상, 형성 세상, 공간 세상이라는 3가지가 있습니다. 사람, 축생, 욕계 천신(이하 천신)[61], 범천이라고 말하는 세상이 중생 세상입니다. 지옥과 땅과 도리천 등의 세상이 공간 세상입니다. 물질과 정신, 무더기 등이 형성 세상입니다. 이러한 3가지 세상을 벗어났기 때문에도 출세간 마음이라고 합니다.

1. 욕계 마음들

탄생지에 따라 나눈 4가지 마음 중 먼저 욕계 마음에는 54가지가 있습니다.

---

61 이하 욕계 천신을 천신이라고 줄여 말한다. 색계와 무색계 천신을 범천이라고 한다.

1) 불선 마음들

욕계 마음 54가지 중에서 불선 마음은 탐욕뿌리 마음 8가지, 성냄뿌리 마음 2가지, 어리석음뿌리 마음 2가지로 12가지입니다.

탐욕뿌리 마음들

4 Tattha katamaṁ kāmāvacaraṁ? Somanassasahagataṁ diṭṭhigatasampayuttaṁ asaṅkhārikamekaṁ, sasaṅkhārikamekaṁ, somanassasahagataṁ diṭṭhigatavippayuttaṁ asaṅkhārikamekaṁ, sasaṅkhārikamekaṁ, upekkhāsahagataṁ diṭṭhigatasampayuttaṁ asaṅkhārikamekaṁ, sasaṅkhārikamekaṁ, upekkhāsahagataṁ diṭṭhigatavippayuttaṁ asaṅkhārikamekaṁ, sasaṅkhārikamekanti imāni aṭṭhapi lobhasahagatacittāni nāma.

해 석

그중에서 무엇이 욕계인가? 즐거움과 함께하고 사견과 결합한 형성 없는 것이 하나, 형성 있는 것이[62] 하나, 즐거움과 함께하고 사견과 결합하지 않은 형성 없는 것이 하나, 형성 있는 것이 하나, 평온과 함께하고 사견과 결합한 형성 없는 것이 하나, 형성 있는 것이 하나, 평온과 함께하고 사견과 결합하지 않은 형성 없는 것이 하나, 형성 있는 것이 하나, 이렇게 8가지이기도 한 이 마음들은 '탐욕과 함께하는 마음들'이라고 한다.

62 'asaṅkhārika'를 '형성 없는'이라고, 'sasaṅkhārika'를 '형성 있는'이라고 번역했다. 'saṅkhāra'를 '형성'으로 번역한 이유는 본서 부록 p.437 참조.

대역

Tattha그중; 그 4가지 마음 중 katamaṁ어떤 것이; 어떤 마음이 kāmāvacaraṁ욕계인 것인가[63]; 욕계 마음인가? somanassasahagataṁ즐거움과 함께하고 diṭṭhigatasampayuttaṁ사견과 결합한 asaṅkhārikaṁ형성 없는; 자극받지 않은 cittaṁ마음이 ekaṁ하나, sasaṅkhārikaṁ형성 있는; 자극받은 cittaṁ마음도[64] ekaṁ하나, somanassasahagataṁ 즐거움과 함께하고 diṭṭhigatavippayuttaṁ사견과 결합하지 않은 asaṅkhārikaṁ형성 없는; 자극받지 않은 cittaṁ 마음도 ekaṁ하나, sasaṅkhārikaṁ형성 있는; 자극받은 cittaṁ마음도 ekaṁ하나, upekkhāsahagataṁ평온과 함께하고 diṭṭhigatasampayuttaṁ사견과 결합한 asaṅkhārikaṁ 형성 없는; 자극받지 않은 cittaṁ마음도 ekaṁ하나, sasaṅkhārikaṁ형성 있는; 자극받은 cittaṁ마음도 ekaṁ하나, upekkhāsahagataṁ평온과 함께하고 diṭṭhigatavippayuttaṁ사견과 결합하지 않은 asaṅkhārikaṁ형성 없는; 자극받지 않은 cittaṁ마음도 ekaṁ하나, sasaṅkhārikaṁ형성 있는; 자극받은 cittaṁ마음도 ekaṁ하나, iti=iminā pabhedena이렇게; 이렇게 종류로 구분하면 aṭṭhapi8가지이기도 한; 8종류인 imāni cittāni이 마음들은 lobhasahagatacittāni nāma honti'탐욕과 함께하는 마음들'이라고 한다.

---

63 대역 저본에서는 '욕계인 것이라고 하는가?'라고 번역했다.
64 '~도'에 해당하는 'ca'라는 단어가 없으나 대역 저본의 번역을 따랐다.

탐욕에 뿌리박은, 탐욕을 뿌리로 한 마음(이하 탐욕뿌리 마음)은 8가지입니다.

①즐거움과 함께하고 사견과 결합한 형성 없는 마음이 하나
②즐거움과 함께하고 사견과 결합한 형성 있는 마음이 하나
③즐거움과 함께하고 사견과 결합하지 않은 형성 없는 마음이 하나
④즐거움과 함께하고 사견과 결합하지 않은 형성 있는 마음이 하나
⑤평온과 함께하고 사견과 결합한 형성 없는 마음이 하나
⑥평온과 함께하고 사견과 결합한 형성 있는 마음이 하나
⑦평온과 함께하고 사견과 결합하지 않은 형성 없는 마음이 하나
⑧평온과 함께하고 사견과 결합하지 않은 형성 있는 마음이 하나

각 마음의 의미는 다음과 같습니다.

① 어떤 불선한 행위를 '잘못이 아니다'라는 사견을 가지고 좋아하고 즐기면서 스스로나 다른 이의 격려나 자극 없이 행할 때 생겨나는 탐욕의 마음.

② 어떤 불선한 행위를 '잘못이 아니다'라는 사견을 가지고 좋아하고 즐기면서 스스로나 다른 이가 격려하고 자극해서 행할 때 생겨나는 탐욕의 마음.

③ 어떤 불선한 행위를 '잘못이 아니다'라는 사견 없이 '잘못이다'라고 바르게 알면서도 좋아하고 즐기면서 스스로나 다른 이의 격려나 자극 없이 행할 때 생겨나는 탐욕의 마음.

④ 어떤 불선한 행위를 '잘못이 아니다'라는 사견 없이 '잘못이다'라고 바르게 알면서도 좋아하고 즐기면서 스스로나 다른 이가 격려하고 자극해서 행할 때 생겨나는 탐욕의 마음.

⑤ 어떤 불선한 행위를 '잘못이 아니다'라는 사견을 가지고 좋아하거나 즐기지 않으면서 스스로나 다른 이의 격려나 자극 없이 행할 때 생겨나는 탐욕의 마음.

⑥ 어떤 불선한 행위를 '잘못이 아니다'라는 사견을 가지고 좋아하거나 즐기지 않으면서 스스로나 다른 이가 격려하고 자극해서 행할 때 생겨나는 탐욕의 마음.

⑦ 어떤 불선한 행위를 '잘못이 아니다'라는 사견 없이 '잘못이다'라고 바르게 알면서도 좋아하거나 즐기지 않으면서 스스로나 다른 이의 격려나 자극 없이 행할 때 생겨나는 탐욕의 마음.

⑧ 어떤 불선한 행위를 '잘못이 아니다'라는 사견 없이 '잘못이다'라고 바르게 알면서도 좋아하거나 즐기지 않으면서 스스로나 다른 이가 격려하고 자극해서 행할 때 생겨나는 탐욕의 마음.

탐욕뿌리 마음들의 분류

이 8가지는 탐욕뿌리 마음으로는 하나이지만 즐거운 느낌과 함께하는지 평온한 느낌과 함께하는지의 여부, 사견과의 결합 여부, 형성의 유무에 따라 8가지 마음으로 나뉩니다.

• **느낌에 따른 분류** 느낌을 기준으로 한 두 종류는 즐거움과 함께하는somanassasahagata 마음과 평온과 함께하는upekkhāsahagata 마음입니다. 즐거운 느낌과 함께 일어나는 마음과 평온한 느낌과 함께 일어나는 마음입니다.

느낌에는 행복한 느낌과 괴로운 느낌과 괴롭지도 행복하지도 않은 느낌 3가지가 있습니다. 괴롭지도 행복하지도 않은 느낌을 평온한 느낌이라고도 합니다. 『인드리야 위방가Indriya Vibhaṅga(기능 분석)』에서는 5가지로 나누었습니다. 몸으로 느끼는 행복한 느낌을 행복, 몸으로 느끼는 괴로운 느낌을 고통, 마음으로 느끼는 행복한 느낌을 즐거움, 마음으로 느끼는 괴로운 느낌을 근심, 마지막이 중간의 느낌인 평온입니다. 행복한 느낌, 괴로운 느낌과 달리 평온한 느낌은 분명하지 않습니다. 예를 들어 전혀 모르는 사람이 앞에서 걸어올 때 좋아하거나 싫어할 만한 상황이 전혀 없이 지나칠 때가 있습니다. 그때 생겨나는 좋지도 싫지도 않은 무덤덤한 느낌이 평온한 느낌입니다.

• **사견에 따른 분류** 사견을 기준으로 한 두 종류는 사견과 결합한diṭṭhigatasampayutta 마음과 사견과 결합하지 않은diṭṭhigatavippayutta 마음입니다. 빠알리어 diṭṭhi는 보통 '견해'로 번역하지만 여기서는 사견micchādiṭṭhi을 말합니다. 여러 종류의 사견 중 10가지 악행 사견을 의미합니다.[65]

10가지 악행 사견은 다음과 같습니다.(A.i.271/A3:115)

① "Natthi dinnaṁ 보시는 없다."

이번 생에서 보시하는 것에 의해 다음 생에 좋은 결과를 얻는 것이 가능하지 않다는 견해입니다.

② "Natthi yiṭṭhaṁ 헌공은 없다."

여기서 헌공yiṭṭha이란 재산이 많은 이가 많은 재물로 보시하는 것을 말합니다. 그러한 헌공에 의해 다음 생에 좋은 결과를 얻는 것도 없다는 견해입니다.

---

65 사견에는 존재더미사견과 극단사견과 결정사견 등이 있다. 비구 일창 담마간다 지음, 『가르침을 배우다』, pp.218~221 참조.

③ "Natthi hutaṁ 선물은 없다."

선물을 주는 것, 손님을 환대하는 것 등의 작은 보시에 의한 좋은 결과도 없다는 견해입니다.

④ "Natthi sukaṭadukkaṭānaṁ kammānaṁ phalaṁ vipāko 선행과 악행이라는 업의 과보는 없다."

선행sucarita 10가지[66], 혹은 공덕행 토대puññakiriyāvatthu 10가지를[67] 선행업sukaṭakamma이라고 하고, 악행duccarita 10가지를 악행업dukkaṭakamma이라고 합니다. 이 업들이 영향을 줄 수 있는 결과phala나 계속해서 결과를 줄 수 있는 과보vipāka가 없다는 견해입니다.

⑤ "Natthi ayaṁ loko 이 세상은 없다."

"다른 생이 있어야 '이 생'이라고 부를 수 있을 것이나, 다른 생이 없으므로 '이 생'이라는 것도 없다. '생bhava'이라고 하는 것은 하나만 있다. 그 하나가 끝나면 다른 생이란 없다"라는 견해입니다.

⑥ "Natthi paro loko 저 세상은 없다."

"사람의 생 이외의 다른 생이 없다. 사람의 생 다음에 다른 어떤 생에 또다시 태어나는 일이 없다. 이 생이 끝나면 모든 것이 끝난다"라는 견해입니다. 다른 식으로는 "사악도나 욕계 천상이나 범천 세상이라는 다른 세상이 없다"라는 견해입니다. 혹은 "팔방의 모든 곳에 끝과 한계가 없는 우주cakkavāḷa가 없다"라는 견해입니다.

⑦ "Natthi mātā 어머니는 없다."

낳아준 어머니가 존재한다는 것은 알지라도 그 어머니에게 아들이

66 살생, 도둑질, 삿된 음행과 거짓말, 이간하는 말, 거친 말, 쓸데없는 말과 탐애, 분노, 사견을 삼가는 것.

67 보시, 지계, 수행, 공경, 소임, 회향, 회향기뻐함, 청법, 설법, 바른 견해.

나 딸로서의 의무를 다해 봉양하더라도 좋은 결과가 없고, 의무를 다하지 않더라도 잘못이 없다는 견해입니다.

⑧ "Natthi pitā 아버지는 없다."

아버지가 존재한다는 것은 알지라도 그 아버지에게 아들이나 딸로서의 의무를 다해 봉양하더라도 좋은 결과가 없고, 의무를 다하지 않더라도 잘못이 없다는 견해입니다.

⑨ "Natthi sattā opapātikā 화생하는 중생은 없다."

지옥이나 천상에서는 정신과 신체를 처음부터 완전하게 구족한 채 태어나기 때문에 그들을 '화생 중생'이라고 하는데 그러한 중생이 없다는 견해입니다. 혹은 태어난 생에서 죽으면 끝나기 때문에 다른 생에서 죽어서 이 생에서 태어날 수 있는 중생이란 없다는 견해로도 해석합니다.

⑩ "Natthi loke samaṇabrāhmaṇā samaggatā sammāpaṭipannā, ye imañcalokaṁ parañca lokaṁ sayaṁ abhiññā sacchikatvā pavedenti 이 세상과 저 세상을 스스로 특별한 지혜로 알고 실현하여 드러내는 바른 도를 구족한 사문 · 바라문은 없다."

이 생과 다음 생을 스스로 알고서, 즉 눈앞에 있는 것을 직접 보고 알듯이 특별한 법을 증득하고서 다른 이들도 알도록 설해 줄 수 있을 정도로 잘 수행한 사문이나 바라문이 이 세상에는 없다는 견해입니다. 부처님, 벽지불, 아라한, 성자, 잘 수행한 승가라는 존재는 없다고 말하는 것입니다. 혹은 일체지를 증득한 부처님은 없다고 말하는 것입니다.

이 사견 10가지의 반대가 정견, 바른 견해 10가지입니다. 여기에서는 '견해diṭṭhi'라고만 했지만 사견을 의미한다고 알아야 합니다.

이와 관련해서 경전의 가르침 하나를 소개하겠습니다. 악처에 확실히 떨어지는 사람 3종류가 있습니다.

Yo ca abrahmacārī brahmacāripaṭiñño, yo ca suddhaṁ brahmacariyaṁ carantaṁ amūlakena abrahmacariyena anuddhaṁseti, yo cāyaṁ evaṁvādī evaṁdiṭṭhi – 'natthi kāmesu doso'ti, so tāya kāmesu pātabyataṁ āpajjati. Ime kho, bhikkhave, tayo āpāyikā nerayikā idamappahāya. (A3:111)

해석

청정범행을 닦지 않으면서 청정범행을 닦는다고 자처하는 자, 깨끗한 청정범행을 닦는 자에 대해 근거 없이 청정범행을 닦는 자가 아니라고 힐난하는 자, 감각욕망에 빠져도 아무런 잘못이 없다는 주장과 견해를 가지고 실제로 감각욕망에 빠져있는 자, 비구들이여, 실로 이것이 이를 버리지 못해 악처에 떨어지고 지옥에 떨어지는 세 부류의 사람들이다.

이러한 세 종류의 사람은 각각의 저열한 법을 버리지 않는 한 확실히 악도에 떨어지고 지옥에 떨어진다고 부처님께서 말씀하셨습니다.

• **형성에 따른 분류** 형성을 기준으로도 두 종류로 나뉩니다. 여기서 '형성saṅkhāra'은 자극하고 격려하는 것입니다. 격려하는 것에는 몸으로 격려하는 것, 마음으로 격려하는 것이 있습니다. 그러한 자극이나 격려가 없이 생기는 마음을 '형성 없는 마음asaṅkhārika'이라고 하고 자극이나 격려가 있어야 생기는 마음을 '형성 있는 마음sasaṅkhārika'이라고 합니다. 형성 없는 마음이 형성 있는 마음보다 더 힘이 커서 더 큰 영향을 미칩니다.

탐욕뿌리 마음들이 생겨나는 모습

구체적인 예를 들어 탐욕뿌리 마음 8가지가 생겨나는 모습을 설명하겠습니다.

① 어떤 사람이 무엇을 바라는 탐욕을 뿌리로 하여 도둑질을 즐기면서 행한다고 합시다. 그는 '도둑질은 잘못된 것이다'라고 생각하지 않을 뿐만 아니라 스스로 대도大盜라고 자랑스럽게 여기기까지 합니다. 또한 어느 누구의 부추김도 없이 스스로 마음을 내어 열정적으로 행합니다. 그런 사람에게 탐욕뿌리, 즐거움과 함께하고 사견과 결합한 형성 없는 마음이 생겨납니다.

여기서 즐겁게 도둑질을 하는 것이 '즐거움과 함께하는' 것입니다. '도둑질은 잘못된 것이 아니다'라고 생각하는 것이 '사견과 결합한 것'입니다. 스스로 열정적으로 행하는 것이 '형성 없는 것'입니다. 이 3가지를 모아서 '탐욕뿌리, 즐거움과 함께하고 사견과 결합한 형성 없는 마음'이라고 한 것입니다.

마찬가지로 탐욕을 뿌리로 해서 살생, 도둑질, 삿된 음행, 거짓말, 음주 등 여러 불선업을 즐거운 마음으로 사견을 가지고 스스로 열정적으로 행하면 그때는 모두 '탐욕뿌리, 즐거움과 함께하고 사견과 결합한 형성 없는 마음'(탐욕뿌리 첫 번째 마음)이 생겨난다는 것을 지혜로 확장해서 알 수 있습니다.

② 탐욕을 뿌리로 하여 어떤 불선업을 즐거운 마음으로 '잘못이 없다'라는 잘못된 견해를 가지고 다른 사람의 부추김 때문에 행하는 사람에게는 '탐욕뿌리, 즐거움과 함께하고 사견과 결합한 형성 있는 마음'이 생겨납니다. 다른 사람이 부추겨서 행했기 때문에 '형성 있는' 마음입니다.

③ 탐욕을 뿌리로 하여 어떤 불선업을 즐거운 마음으로 행할 때 '잘못이 있다'라고 생각하며 인정은 하지만 스스로 열정적으로 행할 때는 즐거운 마음으로 행하므로 '즐거움과 함께하고', '잘못이 있다'라고 알고 받아들이므로 '사견과 결합하지 않은', 스스로 열정적으로 행하므로 '형성 없는' 마음이 생겨납니다. 그러므로 그 사람에게는 '탐욕뿌리, 즐거움과 함께하고 사견과 결합하지 않은 형성 없는 마음'이 생겨납니다.

④ 탐욕을 뿌리로 하여 어떤 불선업을 즐거운 마음으로 행할 때 '잘못이 있다'라고 생각하며 인정도 하고 다른 사람이 부추겨서 행한다면 그 사람에게는 '탐욕뿌리, 즐거움과 함께하고 사견과 결합하지 않은 형성 있는 마음'이 생겨납니다.

⑤ 탐욕을 뿌리로 하여 어떤 불선업을 즐거운 마음 없이 당연한 듯 무덤덤한 느낌으로, '잘못이 없다'라는 견해를 가지고 다른 이의 부추김 없이 행한다면 그 사람에게는 '탐욕뿌리, 평온과 함께하고 사견과 결합한 형성 없는 마음'이 생겨납니다.

⑥ 탐욕을 뿌리로 하여 어떤 불선업을 즐거운 마음 없이 당연한 듯 무덤덤한 느낌으로, '잘못이 없다'라는 견해를 가지고 다른 이가 부추겨서 행한다면 그 사람에게는 '탐욕뿌리, 평온과 함께하고 사견과 결합한 형성 있는 마음'이 생겨납니다.

⑦ 탐욕을 뿌리로 하여 어떤 불선업을 즐거운 마음 없이 당연한 듯 무덤덤한 느낌으로, '잘못이 있다'라고 생각하며 인정은 하지만 다른 이의 부추김 없이 행한다면 그 사람에게는 '탐욕뿌리, 평온과 함께하고 사견과 결합하지 않은 형성 없는 마음'이 생겨납니다.

⑧ 탐욕을 뿌리로 하여 어떤 불선업을 즐거운 마음 없이 당연한 듯 무덤덤한 느낌으로, '잘못이 있다'라고 생각하며 다른 이가 부추겨서

행한다면 그 사람에게는 '탐욕뿌리, 평온과 함께하고 사견과 결합하지 않은 형성 있는 마음'이 생겨납니다.

지금 설명한 탐욕뿌리 마음 8가지가 일어나는 모습을 잘 익힌 이라면 자신에게 탐욕뿌리 마음이 생겨날 때마다 '탐욕뿌리 마음 8가지 중 어떤 마음이 일어났다'라고 추측할 수 있을 것입니다. 사견과 결합한 불선업과 사견과 결합하지 않은 불선업 중에는 사견과 결합한 불선업이 더욱 잘못이 크고 두려워할 만합니다. 불교에 입문한 이라면 선업과 불선업, 그리고 선업의 좋은 결과와 불선업의 나쁜 결과에 대한 믿음이 있기 때문에 '사견 결합'이라는 큰 불선업이 생길 기회가 없습니다. 그러므로 '불교에 입문하여 정견을 지닌 이라면 사견과 결합한 큰 불선업에서 벗어날 수 있다. 부처님의 거룩한 가르침은 매우 감사할 만하다'라는 사실에 바르게 마음 기울여야 합니다.

탐욕에 대한 보충설명

탐욕뿌리 마음을 끝내기 전에 탐욕lobha에 대해 조금 더 설명하겠습니다. 아비담마에서는 탐욕lobha 마음부수로 표현됐지만, 성전에서는 갈애taṇhā, 애착rāga, 탐애abhijjhā, 취착upādāna 등의 용어로 표현됐습니다. 이러한 탐욕은 불선 범주[68] 중 누출āsava에도 포함되고, 장애nīvaraṇa, 번뇌kilesa, 족쇄saṁyojana에도 포함됩니다. 4가지 진리 중에는 생겨남의 진리에 해당합니다. 이렇게 표현은 다양하지만 법체로는 탐욕 마음부수일 뿐입니다.

68 『아비담맛타상가하』 제7장 참조.

이 세상에 아무리 많아도 충분하지 않은 것 3가지가 있습니다.

첫째는 불입니다. 불은 만족함이 없습니다. 땔감이 있으면 계속 타오릅니다.

둘째는 바다입니다. 바다로 아무리 많은 물이 흘러들더라도 많다고 더 받지 않는 경우는 없습니다.

셋째는 탐욕입니다. 탐욕이 많은 사람은 아무리 재산이 많아도 만족하는 법이 없습니다. 계속해서 재산을 모으려고 애를 씁니다. 그런 사람을 알려드리겠습니다. 집에 가서 거울을 들여다보십시오. 바로 그 거울에 탐욕으로 만족하지 않는 사람이 서 있을 것입니다. 사람들은 매일 눈을 떠서 감을 때까지 계속해서 눈으로 이것저것을 헤아릴 수 없이 많이 봅니다. 그런데 오늘 많이 보았으니 내일은 보지 않겠다고 합니까? 이번 달만, 올해만 보고 다음 달, 내년에는 보지 않겠다고 합니까? 그렇지 않습니다. 성전에서 눈도 바다라고 하셨습니다.(S35:229) 좋은 대상이든 나쁜 대상이든 모두 받아들입니다. 자신이 화를 내고 있는 대상조차도 눈으로 받아들입니다. 만족하지 않습니다. 좋아하는 사람은 말할 필요조차 없습니다. 만족을 모릅니다. 귀도 바다입니다. 매일 매일 듣습니다. 너무 많이 들었으니 더 듣지 않겠다고 만족하는 법이 없습니다. 마찬가지로 코도 바다, 혀도 바다, 몸도 바다, 마음도 바다라고 부처님께서 설하셨습니다. 이 6가지 바다를 매일 형색과 소리 등으로 채웁니다. 그런데 다 채울 수 있습니까? 만족할 수 있습니까? 왜 채우지 못합니까? 탐욕 때문입니다. 4가지 진리에서는 갈애라고 표현했습니다. 부처님께서는 바로 이 탐욕, 갈애가 다음 생을 계속해서 일으키게 하는 것이라고 「담마짝깝빠왓따나숫따(초전법륜경)」에서 설하셨습니다. 이와 관련된 스리랑카의 일화 하나를 소개하겠습니다.

스리랑카 한 마을에서 한 남자가 형수와 불륜을 저질렀습니다. 그 여인도 남편보다 시동생을 더 사랑해서 남편을 살해하도록 시동생을 부추겼습니다. 시동생은 처음에는 거절했지만, 결국에는 형을 죽이고 말았습니다.

형은 죽은 뒤 자신의 아내를 애착하는 갈애 때문에 그 집에 뱀으로 태어났습니다. 그 뱀은 전생의 아내에 대한 애착이 남아 있었기 때문에 자주 천장에서 아내의 몸 위로 떨어지곤 했습니다. 그녀는 그 뱀을 전 남편이라 생각하고서 다시 죽였습니다.

뱀의 생에서도 아내에 대한 애착이 없어지지 않은 그는 다시 그 집의 개로 태어났습니다. 그 개는 사랑하는 마음으로 그녀 뒤를 졸졸 따라다녔습니다. 그녀에게서 떨어지지 않았습니다. 숲에 갈 때도 따라갔습니다. 그런 모습을 보고 사람들은 그녀를 놀렸습니다. 그러자 그녀는 그 개도 죽였습니다.

개의 생에서도 사랑이 식지 않아 그는 그 집의 소로 다시 태어났습니다. 그 소도 그녀 뒤를 졸졸 따라다녔습니다. 그렇게 따라다니는 것을 보고서 사람들이 또 놀렸고, 그녀는 그 소도 죽였습니다. 그런데도 아내에 대한 애착은 사라지지 않았습니다. 그래서 소의 생에서 죽었을 때 바로 그 여인의 아들로 태어났습니다.

그때서야 이전 네 번의 생에서 그녀에게 살해됐던 것을 기억할 수 있는 숙명지jātissarañāṇa, 즉 생을 아는 지혜가 생겨나 원수 같은 어머니의 손조차 닿지 못하게 했습니다. "아들아, 아들아"하며 어머니가 손을 잡으려 하면 아이는 심하게 울었습니다. 나중에 할아버지가 그 이유를 물어 알게 됐고, 아이와 할아버지는 출가해서 수행하여 모두 아라한이 됐습니다. 그리고 더 이상 남아있는 갈애가 없기 때문에 다음 생,

다음 몸을 받지 않게 됐습니다.(AA.ii.189)[69]

그가 뱀으로, 개로, 소로 계속해서 태어나서 죽었던 것은 단순히 그 여인 때문이라고 말할 수는 없습니다. 그것은 그 여인에 대한 갈애, 탐욕, 집착 때문입니다. 그래서 갈애에 대해 '계속해서 다음 생을 일어나게 하는ponobhavika'이라고 수식어를 붙인 것입니다. 갈애는 4가지 진리 중 생겨남의 진리, 즉 괴로움을 생겨나게 하는 원인법입니다. 생겨남의 진리는 제거해야 하는 법입니다. 모아야 할 법이 아닙니다. 갈애는 증진시켜야 하는 법이 아니고 제거해야 하는 법이라고 확실히 알아야 합니다. 갈애는 생명 있는 것인 자신의 몸과 마음이나 남의 몸과 마음도 좋아하고, 생명 없는 것인 자동차나 집 등 모든 것을 좋아하고 갈망하는 성품입니다.

그럼 그중에서 무엇을 제일 사랑할까요? 자기 자신을 가장 좋아하고 사랑합니다.(Ud.5-1) 자기를 가장 좋아하고 사랑하기 때문에 자기에게 이익을 가져다주는 사람, 자기에게 이익을 가져다주는 재산, 물건도 좋아하는 것입니다. 그래서 경전에는 'taṇhādutiyo puriso 갈애는 두 번째 사람'이라는 표현이 있습니다.(It.201) 갈애는 윤회하는 내내 항상 따라다닌다는 의미입니다. 일반 사람들은 갈애를 적으로, 원수로 생각하지 않습니다. 앞의 스리랑카 일화에서 소년은 결국 갈애를 원수라고 알았기 때문에 윤회에서 벗어날 수 있었습니다. 하지만 일반 사람들은 갈애를 친구로 생각해서 계속 고통을 당합니다. 이렇게 원인법인 갈애로 인해 결과법인 괴로움이 계속 이어지고 있는 것입니다.[70]

69 마하시 사야도 법문, 비구 일창 담마간다 옮김, 『담마짝까 법문』, pp.311~313 참조.

70 제7강의 내용을 여기에 첨가했다.

제7강

2008년 7월 1일

아비담마를 배우는 것은 '배움이라는 무기suta āvudha'를 구하고 얻는 일입니다. 배움이라는 무기가 있어야 자신에게 일어나는 탐욕, 성냄, 어리석음, 질투, 인색 등 여러 불선법을 물리치고 제거할 수 있습니다. 비유하자면 험한 숲에 들어갈 때 큰 칼을 준비해서 가는 것과 마찬가지입니다. 그래야 앞길을 가로막는 가시덤불이나 덩굴도 잘라내고, 뱀이나 맹수와 마주쳐도 물리칠 수 있습니다. 지금 배우고 있는 아비담마는 일반적으로 보고 듣는 배움 정도가 아니라 부처님께서 직접 설하신 최상의 '법 무기'입니다. 지금까지의 강의로 어떠한 '아비담마 법 무기'가 생겼습니까? 절대 성품 4가지는 마음, 마음부수, 물질, 열반이라는 것, 마음은 탄생지에 따라 욕계 마음, 색계 마음, 무색계 마음, 출세간 마음이라는 4가지로 나뉜다는 것, 욕계 마음 중 탐욕뿌리 마음에는 8가지가 있다는 것 등의 무기가 생겼습니다.

이러한 아비담마 가르침을 단지 읽고 듣는 것에 그쳐서는 안 됩니다. 실제로 쓸 수 있어야 합니다. 무기 사용법만 읽어서는 안 되고 실제로 무기를 잘 사용해야 합니다. 아비담마라는 법 무기도 잘 사용해야 합니다. 그러면 탐욕뿌리 마음 8가지에 관한 법 무기는 어떻게 사용해야 할까요?

정신과 물질이 생겨날 때 즉시 관찰하는 것이 위빳사나 수행입니다. 위빳사나 수행을 할 때 이 아비담마 무기를 잘 사용해야 합니다. 부처님께서는 「마하사띠빳타나숫따Mahāsatipaṭṭhānasutta(새김확립 긴 경)」에서 "탐욕과 함께하는 마음은 탐욕과 함께하는 마음이라고 알아야 한다. 탐욕이 없는 마음은 탐욕이 없는 마음이라고 알아야 한다"라고 설하셨습니다.(D.ii.237) 이에 대해 주석서에서는 '탐욕과 함께하는 마음'이 바로 탐욕뿌리 마음 8가지라고 설명합니다.(DA.ii.366) 즐거운 느낌과 함께하거나 평온한 느낌과 함께하는 마음, 사견과 결합하거나 사견과 결합하지 않은 마음, 형성이 있거나 형성이 없는 마음의 조합으로 된 8가지 마음 중 하나가 탐욕과 함께한 마음입니다. 아비담마를 공부하면 '내가 원하는 것이 아니다. 탐욕뿌리 마음이 생겨난 것이다'라고 먼저 아비담마 법 무기를 통해 들어서 아는 지혜와 생각해서 아는 지혜로 배움을 갖추게 됩니다. 실제로 위빳사나 수행을 할 때 원하는 마음이 생겨나면 그러한 배움을 바탕으로 즉시 〈원함, 원함〉, 〈갈망함, 갈망함〉 등으로 관찰해야 합니다. 관찰해서 탐욕이 없어져 깨끗한 마음이 생겨나면 〈깨끗함, 깨끗함〉, 혹은 그 상태를 알고 있는 것이 분명하면 〈앎, 앎〉이라고 관찰해야 합니다. 가끔씩 관찰한 것과 앞서 배운 것을 결합해 반조하는 마음도 생겨날 수 있습니다. 그것도 〈반조함; 숙고함〉 등으로 관찰해야 합니다. 아비담마 강의를 듣지 않아 미리 알아두어야 할 내용을 모르면 관찰할 때 명칭을 붙이기 힘들 수 있습니다. 경험한 것을 거부할 수도 있습니다. 이렇게 아비담마라는 훌륭한 법 무기를 위빳사나 수행에 도움을 줄 수 있도록 잘 사용해야 합니다.

성냄뿌리 마음들

5 Domanassasahagataṁ paṭighasampayuttaṁ
asaṅkhārikamekaṁ, sasaṅkhārikamekanti imāni dvepi
paṭighasampayuttacittāni nāma.

해 석

근심과 함께하고 적의와 결합한 형성 없는 것이 하나, 형성 있는 것이 하나, 이렇게 2가지인 이 마음들은 '적의와 결합한 마음들'이라고 한다.

대역

Domanassasahagataṁ근심과 함께하고 paṭighasampayuttaṁ적의와 결합한 asaṅkhārikaṁ형성 없는; 자극받지 않은 cittaṁ마음이 ekaṁ하나, sasaṅkhārikaṁ형성 있는; 자극받은 cittaṁ마음도 ekaṁ하나, iti=iminā pabhedena 이렇게; 이렇게 종류로 구분하면 dvepi2가지이기도 한; 2종류이기도 한 imāni cittāni이 마음들은 paṭighasampayuttacittāni nāma honti'적의와 결합한 마음들'이라고 한다.

성냄에 뿌리박은, 성냄을 뿌리로 한 마음(이하 성냄뿌리 마음)은 2가지입니다.

① 정신적 괴로운 느낌인 근심과 함께하고 거친 성냄인 적의와 결합한 형성 없는 마음이 하나

② 정신적 괴로운 느낌인 근심과 함께하고 거친 성냄인 적의와 결합한 형성 있는 마음이 하나

근심과 적의

여기서 '근심domanassa'이란 원하지 않는 대상과 만났을 때 생겨나는 즐겁지 않고 행복하지 않은 느낌을 말합니다. '적의paṭigha'는 격렬하고 거친 화火입니다. 법체로는 성냄dosa입니다. 화의 특성은 거칠고 격렬해서 화가 나면 얼굴이나 귀, 코까지 붉어집니다. 눈을 부릅뜨는 것

으로 나타나기도 합니다. 거친 말을 하고 흉기를 휘두르기까지 합니다. 이렇게 적의라는 거칠고 잔인한 성품이 일어나면 얼굴이나 말, 몸의 행동까지 거칠어집니다.

성냄뿌리 마음들이 일어나는 모습

'근심과 함께하고 적의와 결합한 형성 없는 마음'이 일어나는 모습을 살펴보겠습니다. 예를 들어 아주 싫어하는 사람을 만났다고 합시다. 그러면 정신적으로 괴로운 느낌이 생겨납니다. 이것이 근심과 함께하는 성품입니다. 더 나아가 화가 일어나 그를 마음속으로 때리려고까지 합니다. 이것이 적의와 결합한 성품입니다.[71] 마음으로 다른 이를 해치려 하고 때리려 하는 등으로 화내는 것, 이것은 마음으로 행하는 잘못된 행위입니다. 입으로 욕을 하고 거친 말을 하는 것은 입으로 행하는 잘못된 행위입니다. 더 나아가 손으로 때리거나 흉기로 다치게 하는 것은 몸으로 행하는 잘못된 행위입니다. 이러한 잘못된 행위를, 다른 이의 자극이나 부추김 없이 스스로 행했다면, 이때는 성냄뿌리 첫 번째 마음인 '근심과 함께하고 적의와 결합한 형성 없는 마음'이 일어난 것입니다.

그렇지 않고 어떤 사람이 다른 사람에 대해 안 좋은 말을 하는 것을 듣고 그것에 자극받아서 화가 일어났다면, 이때는 성냄뿌리 두 번째 마음인 '근심과 함께하고 적의와 결합한 형성 있는 마음'이 일어난 것입니다.

---

71 ㉯다른 이를 죽이려고 하거나 재산이 무너지길 바라는 정도로 심해진 성품을 분노byāpada라고 한다. 법체로는 모두 성냄일 뿐이다.

근심과 적의의 구별

성냄뿌리 마음들에 포함된 근심domanassa과 적의paṭigha는 특성과 무더기khandha로 구별할 수 있습니다.

근심은 느낌vedanā 마음부수로, 원하지 않는aniṭṭha 대상을 느끼는 특성이 있어서 느낌 무더기vedanākkhandha에 포함됩니다.

적의는 성냄dosa 마음부수로, 거칠고 성낸다는 특성이 있어서 형성 무더기saṅkhārakkhandha에 포함됩니다.

성냄의 토대

적의와 관련해서 성냄이 생기는 원인을[72] 성전에서는 '원한의 토대āghātavatthu'라고 설명하고 있습니다. 여기서 원한āghāta이란 화내는 것을 말하고 법체로는 성냄입니다. '원한의 토대'에는 10가지가 있습니다.

①'이 사람이 나를 이전에 해롭게 했다'라고 화를 냅니다.

②'이 사람이 나를 지금 해롭게 하고 있다'라고 화를 냅니다.

③'이 사람이 나를 나중에 해롭게 할 것이다'라고 화를 냅니다.

④'이 사람이 내가 좋아하고 존경하는 사람을 이전에 해롭게 했다'라고 화를 냅니다.

⑤'이 사람이 내가 좋아하고 존경하는 사람을 지금 해롭게 하고 있다'라고 화를 냅니다.

⑥'이 사람이 내가 좋아하고 존경하는 사람을 나중에 해롭게 할 것이다'라고 화를 냅니다.

---

72 성냄뿌리 마음들이 일어나는 원인 4가지는 본서 p.159 참조.

⑦ '이 사람이 내가 싫어하는 사람을 이전에 이롭게 했다'라고 화를 냅니다.

⑧ '이 사람이 내가 싫어하는 사람을 지금 이롭게 하고 있다'라고 화를 냅니다.

⑨ '이 사람이 내가 싫어하는 사람을 나중에 이롭게 할 것이다'라고 화를 냅니다.

⑩ 화를 낼 만한 이유가 아닌 것에 화를 냅니다. 예를 들어 비가 많이 올 때는 '왜 이리 비가 많이 오는가'라고, 비가 오지 않을 때는 '왜 이리 비가 안 오는가'하고, 바람이 불지 않을 때는 '왜 이리 바람이 안 부는가'하고, 바람이 너무 많이 불 때는 '왜 이리 바람이 많이 부는가'하고, 햇볕이 너무 강할 때는 '왜 이리 햇볕이 강한가'하고, 햇볕이 비치지 않을 때는 '왜 해가 나지 않는가'하고, 낙엽이 너무 많이 떨어졌을 때는 '낙엽이 너무 많이 떨어져서 빗자루로 쓸지도 못할 정도다'라고, 바람이 너무 세게 불어서 가사를 잘 입지 못할 때는 '바람이 너무 많이 불어서 가사조차 제대로 입지 못하게 하는구나'라고, 우연히 그루터기에 걸려 넘어졌을 때는 '왜 그루터기가 하필이면 여기에 있는가'라고 화를 냅니다. 이런 경우는 화낼 만한 상황이 아닌데도 화를 내는 것이어서 '이유 없는 분노aṭṭhāna kopa'라고 말합니다.

이러한 원한의 토대 10가지가 성냄을 생기게 하는 가장 가까운 원인법입니다.(A10:80)

또 다른 방법으로 성냄이 일어나는 원인에는 2가지가 있습니다. 하나는 원하지 않는aniṭṭha 대상과 만나는 것이고 또 하나는 그 대상에 대해 올바르지 않게 마음을 기울이는 것입니다ayonisomanasikāra.(A2:11:7)

성냄을 제거하는 방법

이러한 원한의 토대 때문에 화가 일어났을 때 어떻게 화를 제거해야 할까요? 먼저 화가 일어나지 않도록 하는 것이 중요합니다. 그러기 위해서는 성냄의 반대인 성냄없음, 즉 자애를 닦아야 합니다. 자애를 많이 닦으면 화를 잘 내지 않게 됩니다. 적도 없어지고 위험도 없어집니다. 특히 여행을 갈 때 자기가 가려고 하는 방향, 자기가 가려고 하는 곳을 대상으로 '그곳에 있는 모든 존재, 사람과 천신, 보이거나 보이지 않는 모든 존재가 건강하고 행복하기를'이라고 자애를 계속 보내면 위험과 장애 없이 여행할 수 있습니다.

그런데도 화가 일어났다면 즉시 〈불편함, 불편함; 성냄, 성냄; 화냄, 화냄〉 등으로 관찰해서 제거해야 합니다.

위빳사나로 관찰해서 제거되지 않으면 자애수행으로 억압할 수도 있습니다. 먼저 존경하는 사람 등에게 자애를 보낸 뒤 화가 나는 대상에게 자애를 보내서 억압해야 합니다.

그래도 가라앉지 않으면 숙고해서 제거해야 합니다. 숙고하는 방법에는 여러 가지가 있습니다.[73] 그중 몇 가지만 소개하자면 먼저 성냄의 허물을 숙고하는 방법입니다. '화를 내면 용모가 추해지고 쉽게 잠들지 못하고 편안하게 잠을 자지 못하고 행운이 뒤따르지 않고 부와 명성이 따르지 않고 친구가 없고 화 때문에 나쁜 행위를 하면 죽어서 지옥에 태어난다'라고 숙고하면 화가 사그라지기도 합니다.[74] 혹은 화가 나는 사람을 대상으로 머리카락, 털, 손발톱, 이빨

---

73 자세하게는 『청정도론』 제2권, pp.143~159 참조. 간략하게는 『부처님을 만나다』, pp.325~329 참조.

74 대림스님 옮김, 『앙굿따라 니까야』 제4권, pp.479~485 참조.

[75], 피부 등 신체를 32부분으로 나누어서 숙고하는 방법이 있습니다. '그 사람의 머리카락에 화를 내는가? 털에 화를 내는가? 손톱에 화를 내는가?'라는 등으로 부분으로 나누어 숙고하면 화가 나는 대상이 분명하지 않게 돼 화가 사그라지기도 합니다.

성냄의 허물

화는 불과 같아서 매우 두려워할 만합니다. 욕계 천상에서는 화를 심하게 내면 바로 죽기도 합니다. 한때 사대왕천의 한 천신이 유희를 즐기러 천녀들을 거느리고 천상의 마차를 타고 나갔습니다. 다른 천신이 그 모습을 보고 우쭐거린다고 비아냥댔습니다. 그 말을 들은 천신이 "내가 행한 선업 때문에 내가 얻어서 누리는데 당신이 무슨 상관이오"라는 등으로 반박했고 두 천신의 대중이 울고 있는 사이에 서로 성냄이 지나쳐 모두 죽어버렸습니다. 천신의 부드러운 몸이 거친 성냄을 감당하지 못했기 때문입니다.[76]

성냄 때문에 죽게 되면 대부분 지옥에 태어납니다.(DhsA.171) 지옥에 태어난 뒤 다시 사람으로 태어나더라도 용모가 매우 추합니다. 반대로 화를 적게 내고 자애를 많이 닦은 이들은 태어나는 생마다 용모가 훌륭합니다.

성냄과 자살

자살은 성냄과 관련이 많습니다. 자살에는 두 종류가 있습니다. 몸이

75 이빨은 동물의 이를 표현하나 신체부분의 혐오감을 더욱 잘 드러내기 위해 여기서는 그대로 사용했다.

76 이러한 천신을 진노manopadosika 천신이라고 한다. 『가르침을 배우다』, pp.297~298 참조.

깨끗하지 않음을 숙고해서 자살하는 경우가 있고 화가 나서 자살하는 경우가 있습니다. 몸이 깨끗하지 않음을 숙고해서 자살하는 경우는 잘못이 없다고 부처님께서 말씀하셨습니다. 하지만 몸이 진실로는 깨끗하지 않은 것이고 즐길 만한 것이 아니라고 알 수 있는 사람은 드뭅니다. 지혜가 아주 예리한 사람에게만 몸이 깨끗하지 않은 것이라고 드러납니다. 반면 화 때문에 자살하는 경우에는 잘못이 있습니다.

과거에 사냥을 일삼은 500명이 지옥에 떨어졌다가 부처님 당시에 사람으로 태어나 비구가 됐습니다. 하지만 살생업의 힘이 남아 자살이나 타살로 죽게 될 것이 확실했습니다. 아라한 등의 성자라면 문제가 없지만 범부 비구인 경우엔 사악도에 떨어질 것을 부처님께서 아시고 그 비구들에게 더러움수행 주제를 주셨습니다. 그들이 자살하는 것을 막을 수는 없었지만 더러움을 관조하는 수행을 통해 범부 비구들은 악도에서 벗어나 천상에 태어났습니다.(SA.iii.298)[77]

왁깔리Vakkali 존자는 병으로 인한 고통 끝에 자결을 선택해 칼로 목을 그었고 그때 생겨난 고통스러운 느낌을 관찰해서 임종과 동시에 아라한이 됐습니다.(S22:87) 고디까Godhika 존자는 선정을 증득했으나 오래 머물지 못하고 계속 후퇴하자 자결을 선택했고 마찬가지로 그 순간에 관찰해서 아라한이 됐습니다.(S4:23) 예리한 지혜로 죽는 순간의 몸과 마음의 현상들을 관찰해서 아라한과를 증득함과 동시에 완전열반에 든 예입니다.

살생업이 성립하려면, 즉 다음 생에 악처에 태어날 정도로 무르익은 업인 업 궤도kammapatha에 오르려면 5가지 요건이 갖추어져야 합니다.

77 『가르침을 배우다』, p.143 참조.

첫째는 죽이려는 대상이 실제로 살아있는 중생일 것, 둘째는 그 중생을 중생이라고 알 것, 셋째는 죽이려는 의도가 있을 것, 넷째는 실제로 어떤 행위를 할 것, 다섯째는 실제로 죽을 것이라는 5가지입니다. 여기서 '살아 있는 중생일 것'이라는 조건을 구체적으로는 '자신을 제외한 다른 생명체일 것'이라고 해석해서 자살이 살생업에 해당되지 않는다고 설명한 복주서도 있습니다.[78]

그렇다 하더라도 부처님 가르침에 따르면 자살로 지옥에 떨어질 수 있습니다. 예를 들어 부처님 당시 웨살리Vesāli의 한 릿차위Licchavi 왕자는 너무나 화가 많아서 부모와 친척이 아무리 훈계하고 타일러도 말을 듣지 않고 계속 화를 내고 나쁜 일을 저질렀습니다. 결국 부모가 부처님을 모셔 왔습니다. 부처님께서는 "왕자여, 화를 많이 내면 부모도 친척도 친구도 모두 좋아하지 않는다. 아무리 장식을 하고 좋은 옷을 입어도 아름답게 보이지 않는다. 행복하고 편안하게 잠들지도 못한다. 잠을 잘 자지 못하고 고통스럽게 밤을 보낸다. 그렇게 화를 많이 내면 나중에는 다른 사람도 죽이고 다른 사람을 해치려고 하다가 결국에는 독을 마시거나 목을 매달거나 높은 곳에서 떨어져서 스스로를 죽인다. 그렇게 죽으면 지옥에 떨어질 수 있다"라고 설하셨습니다. 자살해서 지옥에 떨어질 수 있다는 내용이 분명합니다. 이것은 성냄으로 죽으면 지옥에 떨어질 수 있다는 앞서 언급한 내용과도 일치합니다.

미얀마에는 "자살하면 500생 동안 계속 자살한다"라는 말도 있습니다. 이것은 『자따까』에서 유래했습니다. 과거에 어떤 스승이 공덕을 지어서 죽은 이에게 회향하는 의미로 염소를 죽여 제물로 삼으려고 제자들

78 『가르침을 배우다』, p.143 참조.

에게 염소를 씻겨서 데려오라고 말했습니다. 제자들이 염소를 씻기려고 하니 염소가 갑자기 울다가 웃다가를 반복했습니다. 제자들이 염소에게 울다가 웃다가를 반복하는 이유를 묻자 나중에 스승이 와서 직접 물어보라고 말했습니다. 제자들은 스승에게 이 사실을 알렸고 스승이 염소에게 그 이유를 직접 물었습니다. 염소는 먼저 웃은 이유를 말했습니다.

"나도 오래 전에 당신처럼 유명한 스승이었습니다. 당신과 마찬가지로 친구가 죽어 헌공하기 위해 염소 한 마리를 죽인 적이 있습니다. 그 과보로 그 생에서 죽어 지옥에서 아주 오랫동안 고통 받은 뒤 그 다음에는 499생 동안 염소로만 태어나서 죽임을 당하기를 반복했습니다. 이번이 마지막 499번째이고 한 번만 더 죽으면 인간으로 태어날 수 있기에 그것을 알고 기뻐서 웃은 것입니다."

이어서 운 이유도 말했습니다.

"당신도 나를 이렇게 죽이면 지옥에 태어났다가 다시 축생으로 500생 동안 태어나서 목을 잘리는 고통을 당할 것을 생각하니 불쌍해서 운 것입니다."

이 말을 듣고 스승은 염소를 죽이지 않고 풀어주었습니다. 하지만 염소는 "당신이 나를 죽이지 않아도 언젠가는 죽을 것입니다"라고 말했습니다. 스승은 제자들에게 그 염소를 특별히 잘 보살펴 주도록 시켰습니다. 마침 그때 벼락이 바위를 내리쳤고, 부서진 바위 파편에 목이 잘려 염소는 죽었습니다.(J18)[79]

---

79 ㉲축생이 말을 했다는 사실을 믿지 않는 이도 있을 것이다. 우선 이 내용은 『자따까』에 있는 일화이다. 또한 미얀마에도 실화가 있었다고 한다. 어떤 사람이 다른 마을로 가려고 하는데 중간에 소 한 마리와 마주쳤다. 갑자기 "어디로 갑니까?"라는 소리가 들려서 주변을 둘러봐도 소밖에 없어 소를 보고 있는데, 소가 다시 "어디로 갑니까?"라고 물어 놀라서 집으로 다시 돌아왔다고 한다.

불선 마음들의 원인

지금까지 탐욕뿌리 마음들과 성냄뿌리 마음들을 설명했습니다. 앞으로 어리석음뿌리 마음들에 대해서도 배울 것입니다. 이러한 탐욕뿌리, 성냄뿌리, 어리석음뿌리의 불선 마음들은 다음과 같은 원인으로 생겨납니다.

첫째, 적당하지 않은 곳에서 지내는 것입니다appaṭirūpadesavāsa. 적당하지 않은 곳이란 참사람의 가르침이 없는 지역을 말합니다.

둘째, 참사람과[80] 함께하지 않는 것입니다asappurisūpanissaya. 저열한 이들과 어울리는 것입니다. 생선을 싼 종이에는 비린내가 배듯이 나쁜 사람과 어울리면 나쁜 마음이 물들어 일어납니다.

셋째, 이전에 행한 공덕이 없는 것입니다pubbe akatapuññatā. 이전 생에 행했던 선업이 없으면 현생에 불선 마음이 많이 일어날 뿐만 아니라 먹을 것, 입을 것, 재산도 적습니다. 지혜도 적어서 가르침을 배우기 힘듭니다. 용모도 추합니다. 또한 다른 이의 부림을 당해야 합니다.

넷째, 자신을 잘 두지 않는 것입니다attamicchāpaṇidhi. 몸과 마음으로 악행이 생겨나지 않도록 잘 다스리지 못하는 것을 말합니다.

다섯째, 비합리적 마음기울임입니다ayonisomanasikāra. 올바르지 않게 마음을 기울이는 것입니다.

불선 마음들을 생기게 하는 이러한 5가지 원인 중 제일 가까운 원인을 찾는다면 다섯째인 비합리적 마음기울임입니다. 비합리적 마음기울임이 많으면 일어나지 않은 불선 마음도 일어나고 일어난 불선 마음도 더욱 많아집니다.

80 참사람sappurisa이란 믿음, 부끄러움, 두려움, 배움, 정진, 새김, 통찰지를 갖춘 훌륭한 사람kalyāṇapurisa이다.(M110/M.iii.72) 전재성 역, 『비숫디막가』, p.76 참조.

혹은 다른 방법으로는 다음과 같이 3가지로 설명하기도 합니다.

Tīṇimāni bhikkhave akusalamūlāni, katamānī tīṇi? lobho akusalamūlaṁ, doso akusalamūlaṁ, moho akusalamūlaṁ. (A.i.202)

해 석

비구들이여, 불선 뿌리에 3가지가 있다. 그 3가지란 무엇인가? 탐욕이라는 불선 뿌리, 성냄이라는 불선 뿌리, 어리석음이라는 불선 뿌리다.

참고로 선 마음이 일어나게 하는 원인은 불선 마음이 일어나게 하는 원인의 반대입니다.

첫째, 적당한 장소에 사는 것입니다paṭirūpadesavāsa.

둘째, 참사람을 의지하는 것입니다sappurisūpanissaya.

셋째, 이전에 행한 공덕이 있는 것입니다pubbe katapuññatā.

넷째, 자신을 잘 두는 것입니다attasammāpaṇidhi.

다섯째, 합리적 마음기울임입니다yonisomanasikāra.

제8강

2008년 7월 8일

지금까지 불선 마음 12가지 중 탐욕뿌리 마음과 성냄뿌리 마음을 살펴봤습니다. 이제 어리석음에 뿌리박은, 어리석음을 뿌리로 한 마음(이하 어리석음뿌리 마음) 2가지를 설명하겠습니다.

어리석음뿌리 마음들

6 Upekkhāsahagataṁ vicikicchāsampayuttamekaṁ, upekkhāsahagataṁ uddhaccasampayuttamekanti imāni dvepi momūhacittāni nāma.

해 석

평온과 함께하고 의심과 결합한 것이 하나, 평온과 함께하고 들뜸과 결합한 것이 하나, 이렇게 2가지이기도 한 이 마음들은 '어리석음뿌리 마음들'이라고 한다.

대 역

Upekkhāsahagataṁ평온과 함께하고 vicikicchāsampayuttaṁ의심과 결합한 cittaṁ마음이 ekaṁ하나, upekkhāsahagataṁ평온과 함께하고 uddhaccasampayuttaṁ들뜸과 결합한 cittaṁ마음도 ekaṁ하나, iti이렇게 dvepi2가지이기도 한 imāni cittāni이 마음들은 momūhacittāni nāma honti'어리석음뿌리 마음들'이라고 한다.

어리석음뿌리 마음에는 2가지가 있습니다.

① 평온과 함께하고 의심과 결합한 마음이 하나

② 평온과 함께하고 들뜸과 결합한 마음이 하나

의심은 부처님과 가르침과 승가, 그리고 업과 업의 결과에 대해 의심하는 마음부수입니다. 들뜸은 여러 대상에 이리저리 산만하게 떠도는 마음부수입니다. 이 2가지 마음은 혼미한 성품인 어리석음에 뿌리 박은 마음이어서 느낌이 분명하지 않습니다. 그래서 평온한 느낌과 함께합니다.

의심과 결합한 마음

먼저 의심과 결합한 마음을 살펴보겠습니다. 의심vicikicchā에는 8가지가 있습니다.

Satthari kaṅkhati vicikicchati, dhamme kaṅkhati vicikicchati, saṅghe kaṅkhati vicikicchati, sikkhāya kaṅkhati vicikicchati, pubbante kaṅkhati vicikicchati, aparante kaṅkhati vicikicchati, pubbantāparante kaṅkhati vicikicchati, idappaccayatā paṭiccasamuppannesu dhammesu kaṅkhati vicikicchati. (Dhs.208)

대 역

Satthari kaṅkhati vicikicchati스승에 대해; 부처님에 대해 의심한다. dhamme kaṅkhati vicikicchati가르침에 대해 의심한다. saṅghe kaṅkhati vicikicchati승가에 대해 의심한다. sikkhāya kaṅkhati vicikicchati수련에 대해; 계와 삼매와 통찰지라는 3가지 수련三學에 대해 의심한다. pubbante kaṅkhati vicikicchati앞부분에 대해; 과거에 대해 의심한다. aparante kaṅkhati vicikicchati뒷부분에 대해; 미래에 대해 의심한다. pubbantāparante kaṅkhati vicikicchati앞부분과 뒷부

분 모두에 대해[81]; 현재에 대해 의심한다. idappaccayatā paṭiccasamuppannesu dhammesu kaṅkhati vicikicchati이것을 조건으로 조건생성된 법에 대해 의심한다.

요약하자면 ①~③ 삼보에 대한 의심, ④ 수련에 대한 의심, ⑤ 과거에 대한 의심, ⑥ 미래에 대한 의심, ⑦ 과거와 미래 모두에 대한 의심, 혹은 현재에 대한 의심, ⑧ 연기에 대한 의심이라는 8가지입니다.

① 부처님에 대해서는 '스승 없이 스스로 모든 번뇌를 제거하고 모든 법을 아시는, 일체지를 갖추신 정등각자 부처님이라는 분이 실제로 있는가? 그분이 진짜 부처님인가?'라는 등으로 의심합니다. 일반적으로 정등각자 부처님을 진짜 부처님이라고 믿을 수 있는 것은 심오하고도 방대한 삼장 가르침을 근거해서입니다. '이렇게 설한 분은 반드시 일체지를 얻으셨을 것이다'라고 믿을 수 있습니다. 또한 『자따까』에 소개된 여러 바라밀 행을 근거로 '이렇게 바라밀을 행하고 닦았다면 일체지를 얻을 만하다'라고 믿을 수 있습니다. 일례로 보살로서 마지막 생인 웻산따라Vessantara 왕자였을 때 5가지 버림pariccāga을 실천하는 모습을 설명해 드리겠습니다.[82]

첫째는 물질적 재산을 베푸는 것입니다. 보살이 4아승기와 10만 대겁 동안 보시바라밀을 행하시면서 베푼 재물을 한쪽에, 같은 기간 동안

81 어떤 이들은 앞부분에 대해서만 의심하고 어떤 이들은 뒷부분에 대해서만 의심하고 어떤 이들은 앞부분과 뒷부분 모두에 대해 의심하기 때문에 이 구절이 포함됐다.

82 ㉯참고로 버림cāga은 대상을 지정하지 않고 베푸는 것이고 보시dāna는 구체적인 대상에게 베푸는 것이다.

모든 중생이 보시한 재물을 다른 한쪽에 쌓아놓고 비교하면 보살 한 분이 보시한 재물이 모든 중생이 보시한 재물보다 더 많다고 합니다. 비교할 수조차 없을 정도라고 합니다. 둘째는 신체부분을 베푸는 것입니다. 팔, 다리, 눈 같은 몸의 일부분을 베푸는 것을 말합니다. 보살이 보시한 피는 사대양의 물보다 많고, 보살이 보시한 살은 온대지의 흙보다 많고, 보살이 보시한 머리를 쌓으면 수미산보다 높고, 보살이 보시한 눈은 밤하늘의 별보다 많다고 합니다.[83] 셋째는 자식을 베푸는 것입니다. 어떤 재물보다 더 애착하는 것이 자식인데, 그 자식조차 베푸셨습니다. 넷째는 아내를 베푸는 것이고, 다섯째는 목숨을 베푸는 것입니다.(DA.i.60) 무엇을 위해 이렇게까지 베풀었을까요? 일체지를 위해서입니다. 보살은 번뇌가 다한 아라한이 아닙니다. 따라서 탐욕도 남아있습니다. 아내나 자식도 일반인들과 마찬가지로 사랑합니다. 하지만 그렇게 소중한 아내나 자식, 자신의 목숨보다 일체지를 더 바랐기 때문에 주저 없이 버린 것입니다. 왜 일체지를 바랐을까요? 자기 스스로도 태어남과 늙음, 병듦, 죽음이라는 윤회의 고통에서 벗어나 열반을 증득하기 위해, 그리고 다른 많은 중생이 증득하도록 제도하기 위해서입니다. 이러한 내용을 토대로 정등각자 부처님이 진짜 부처님이라고 믿을 만합니다.

②가르침에 대한 의심은 도와 과, 열반이라는 법이 진짜 있는지, 그러한 도와 과, 열반이 진짜인지 의심하는 것입니다.

③승가에 대한 의심은 계와 삼매와 통찰지라는 3가지 수련三學을 실천해서 도와 과, 열반을 얻은 승가가 실제로 있는지 의심하는 것입니다.

---

83 『부처님을 만나다』, p.82 참조.

④ 3가지 수련에 대한 의심은 계와 삼매와 통찰지의 수련이 올바른 실천인지, 그러한 실천이 진짜 선업인지, 그것을 통해 선정이나 통찰지가 생겨나는지 의심하는 것입니다.

⑤ 과거에 대한 의심은 '과거에 나는 존재했는가. 과거에 나는 어떤 존재였는가'라는 등으로 의심하는 것입니다.

⑥ 미래에 대한 의심도 '미래에 나는 존재할 것인가. 미래의 나는 어떤 존재가 될 것인가'라는 등으로 의심하는 것입니다.

⑦ 과거와 미래 2가지 모두에 대해, 혹은 현재에 대해 의심하는 것은 앞에서 말한 과거에 대해 의심하는 모습, 미래에 대해 의심하는 모습, 그리고 '나는 지금 존재하는 것인가'라는 등으로 의심하는 것입니다.

⑧ 마지막으로 연기에 대한 의심은 '조건과 그것을 의지해서 일어나는 결과가 있다는 것이 사실인가'라는 등으로 의심하는 것입니다. 예를 들면 '무명을 조건으로 형성들이 있다고 한다. 그것이 진짜인가'라고 의심하는 것입니다. '선업이 있고 선업은 좋은 결과를 준다는 것은 진짜인가. 불선업이 있고 불선업은 나쁜 결과를 준다는 것은 진짜인가'라고 의심하는 것도 여기에 포함됩니다.

이러한 의심이 일어나는 원인은 첫째, 지혜로운 사람에게 자세히 묻지 않는 것입니다. 둘째, 자신의 지혜가 미치지 못하는 영역에서 어리석은 사유를 많이 하는 것입니다. 의심이 일어나면 그것을 알 만한, 지혜 있는 사람에게 물어봐야 합니다. 그러나 물어보지 않고 계속해서 사유하게 되면 의심이 늘어납니다.

성자의 첫 단계인 수다원에 이르면 이러한 의심이 완전히 없어집니다.

들뜸과 결합한 마음

어리석음뿌리 마음 2가지 중 다른 하나는 들뜸과 결합한 마음입니다. 들뜸은 마음이 산만하고 어수선한 것을 말합니다. 비유하자면 꿀에 모여 있는 벌들에게 돌을 던지면 사방팔방으로 흩어지는 것과 같습니다. 다르게 설명하면 법문을 듣는 중에 마음이 집 생각, 가족 생각 등으로 이리저리 떠도는 산만한 상태를 말합니다.

참고로 위빳사나 수행할 때 들뜬 상태가 되어 마음이 산만해지면 어떻게 새기고 관찰해야 할까요? 아비담마에서는 마음의 토대가 심장토대물질이라고 설명합니다. 심장 자체는 아니고 심장 속 피의 어떤 물질입니다.[84] 평상시 심장의 위치를 잘 생각해 놓았다가 심장이 있는 곳에 마음을 두고 〈생각함, 생각함; 망상함, 망상함; 들뜸, 들뜸〉이라고 명칭 붙이면서 새기면 됩니다.

들뜸은 어리석음이 많기 때문에 일어납니다. 또 고요하지 않은 사람과 같이 있으면 들뜸이 늘어납니다. 이런저런 주제로 계속해서 떠드는 사람과 같이 있으면 들뜸이 늘어납니다. 또한 자신의 이익과 남의 이익을 위해 아무런 일도 하지 않는 사람들에게 들뜸이 많이 생깁니다.

어리석음뿌리 마음들의 원인

어리석음뿌리 마음 2가지가 일어나는 원인은 다음과 같습니다.

① 어리석음에 뒤덮인 업으로 재생연결하는 것입니다.[85] 여기에는 선업을 행할 때 지혜 없이 행한 것도 포함됩니다. 예를 들어 아무것도

84 『아비담마 길라잡이』 제2권, pp.44~45 참조.

85 재생연결에 대해서는 『아비담맛타상가하』 제5장 참조.

모르는 어린아이가 어른들이 시켜서 스님께 보시를 할 때 아이는 그 행동이 선업이라는 것, 그 선업은 좋은 결과를 준다는 것을 모릅니다. 이처럼 지혜 없이 선업을 행하는 것이 과보를 줄 때 사람으로 태어나기는 하지만 어리석음뿌리 마음이 많이 일어나게 됩니다. 혹은 보시와 지계와 수행을 실천할 때 자의가 아니라 다른 사람을 따라 하는 선업의 결과로 태어날 때도 어리석음뿌리 마음이 많이 일어날 수 있습니다.[86]

②과거 생에 어리석음이 많았던 사람이나 축생이었던 이에게도 어리석음뿌리 마음이 많이 일어납니다. 특히 축생은 어리석음이 많습니다.

③대상에는 원하는 대상, 원하지 않는 대상, 원하지도 않고 싫어하지도 않는 대상의 3가지가 있습니다. 그중에서 원하지도 않고 싫어하지도 않는 중간의 대상과 만나면 어리석음뿌리 마음이 일어나기 쉽습니다.

참고로 원하는 대상 등은 대상 자체의 성품에 따라 나눠지기도 하지만 대상을 인식하는 이의 조작에[87] 따라 나눠지기도 합니다. 예를 들어 개의 시체는 그 자체 성품에 따라서는 원하지 않는 대상입니다. 하지만 독수리에게는 조작되어 원하는 대상이 됩니다. 부처님의 모습과 음성은 자체 성품에 따라서, 그리고 믿음이 있는 사람에게는 아주 원하는 대상입니다. 하지만 사견을 가진 외도나 다른 종교를 가진 사람들은 부처님을 보려고 하지 않고, 가르침을 듣고 싶어 하지도 않고, 부처님이란 소리조차 듣고 싶어하지 않습니다. 그 사람들에게는 부처님이라는 대상이 조작되어 원하지 않는 대상이 됩니다. 그렇다면 이렇게 자체 성품으로는 아주 원하는 대상인 부처님이 왜 외도들에게는 원하지 않는 대상으로 조

86 본서 p.283; 『아비담맛타상가하』 제5장 업과 업의 결과 참조.

87 본서 p.61 참조.

작될까요? 사견 때문입니다. 그러한 사견은 어리석음 때문에 생깁니다.

불선 마음들이 일어나는 원인

지금까지 불선 마음 12가지에 대해 살펴보았습니다. 이제 각각의 마음들이 일어나는 원인을 살펴보겠습니다.

• **즐거움과 함께하는 마음들의 원인** 제6강에서 탐욕뿌리 마음 8가지에 즐거움과 함께하는somanassasahagata 마음을 설명했습니다. 즐거운 느낌과 함께하는 마음들이 일어나는 원인에는 4가지가 있습니다.

① 즐거운 느낌과 함께하는 마음으로 재생연결

한 생의 씨앗과도 같은 재생연결 마음이 즐거운 느낌과 함께하기 때문에 나중에도 대상에 대해 즐거운 느낌이 생겨납니다.[88]

② 마음가짐이 진중하지 않음

어떤 일의 결과 등을 심각하게 생각하지 않고 쉽게 해버리는 사람들은 조금만 좋은 대상을 접해도 쉽게 즐거움이 생겨납니다. 조금만 나쁜 대상이라도 쉽게 싫어하는 경향이 있습니다.

③ 원하는 대상과 만남

원하는iṭṭha 대상에는 본성 자체로sabhāva 원하는 대상과 조작해서 parikappa 원하는 대상이라는 2가지가 있습니다. 이러한 원하는 대상 2가지 중 어느 하나와 접하는 것도 하나의 원인입니다.

④ 불행에서 벗어남byasana mutti

88 일부 스승들은 재생연결과 같은 마음이 존재요인 역할을 하고, 존재요인 마음은 인식과정의 사이나 깊은 잠에 들었을 때 연속해서 생겨나므로 전체 상속 내내 즐거움이 스며들기 때문이라고 한다.(AhBṬ.33)

불행byasana에는 친척의 불행ñāti byasana, 재산의 불행bhoga byasana, 질병의 불행roga byasana, 계의 불행sīla byasana, 견해의 불행diṭṭhi byasana이 있습니다.[89] 이러한 5가지 불행에서 벗어나는 것도 즐거운 느낌이 생겨나게 하는 원인입니다.(AhSṬ.23)

• **평온과 함께하는 마음들의 원인** 평온과 함께하는upekkhāsahagata 마음들이 일어나는 원인에도 4가지가 있습니다.

① 평온한 느낌과 함께하는 마음으로 재생연결

② 마음가짐이 진중함

③ 중간인majjhattā 대상과 만남

④ 5가지 불행이 없는 것(AhSṬ.24~25)

• **탐욕과 관련된 일화** 탐욕뿌리 마음과 관련해서 일화 하나를 소개하겠습니다. 옛날 어떤 나라의 왕에게 왕자는 한 명도 없고 매우 예쁜 공주만 한 명 있었다고 합니다. 왕은 어떤 재물도 소용없고 오직 대변의 맛을 자신에게 알려주는 사람과 공주를 결혼시키겠다고 공포했습니다. 많은 사람이 공주와 결혼하기 위해 대변을 직접 맛보고서 그 맛을 왕에게 알렸습니다. 어떤 사람은 쓰다고 했습니다. 왕이 그 이유를 물었지만, 쓴 이유는 대답하지 못했습니다. 어떤 사람은 달다고, 어떤 사람은 맵다고, 여러 가지로 대답했지만, 역시 그 이유를 명확하게 답하는 이는 없었습니다. 그러다가 마지막 사람이 "대변은 처음 따뜻할

89 친척이 죽는 것 등이 '친척의 불행'이다. 재산이 무너지는 것이 '재산의 불행'이다. 큰 병에 걸리는 것이 '질병의 불행'이다. 지키던 계가 무너지는 것이 '계의 불행'이다. 견지하고 있던 견해가 무너지는 것이 '견해의 불행'이다.

때는 단맛이 납니다"라고 대답했습니다.

그러자 왕이 물었습니다.

"따뜻할 때 직접 먹어서 알았는가?"

"아닙니다. 대변이 따뜻할 때는 파리들이 모여듭니다. 파리들은 원래 단맛을 좋아하고 단맛이 나는 곳에 몰려듭니다. 그래서 대변이 처음 따뜻할 때는 단맛이 난다고 알았습니다."

"그리고 이삼일 후에는 신맛이 납니다. 그때는 대변에 초파리들이 몰려드는데, 초파리들은 신맛을 좋아하기 때문입니다."

"햇볕과 바람에 열흘 정도 노출된 대변은 쓴맛이 납니다. 그때는 도마뱀들이 몰려드는데, 도마뱀들은 쓴맛을 좋아하기 때문입니다."

이렇게 지혜로 잘 관찰한 마지막 사람이 왕을 흡족하게 해서 공주와 결혼하게 됐습니다. 다른 사람들이 대변까지 마다하지 않고 먹은 것은 다른 이유가 아니라 공주를 원하는 탐욕 때문입니다. 탐욕의 힘이 얼마나 강한지 알려주는 일화입니다.

• **사견과 결합한 마음들의 원인** 사견과 결합한diṭṭhigata sampayutta 마음들이 일어나는 원인에는 5가지가 있습니다.

① 윤회하는 동안 계속해서 사견 잠재성향diṭṭhi ajjhāsaya이 포함됨

② 사견을 가진 사람들과 함께 함

③ 선한 법과 멀리함

④ 사견이 포함된 책이나 문헌을 많이 보고 생각하고 숙고함

⑤ 비합리적 마음기울임ayonisomanasikāra

사견과 결합하지 않은diṭṭhigata vippayutta 마음들이 일어나는 원인은 이 5가지의 반대입니다.(AhSṬ.24)

• **형성 없는 마음들의 원인** 형성 없는asaṅkharika 마음들, 즉 자극받지 않은 마음들이 일어나는 원인에는 6가지가 있습니다.

① 자극받지 않은 업의 결과인 형성 없는 재생연결 마음으로 태어남
② 몸과 마음이 튼튼하고 건강함
③ 추위와 더위 등을 잘 참음
④ 선한 이의 법을 행하는 일에서 좋은 결과나 이익을 보는 습관
⑤ 행하는 일에 능숙함, 또는 여러 일을 행하고 의무를 잘 수행하는 습관
⑥ 기후와 음식 등이 적합함(AhSṬ.27)

형성 있는sasaṅkharika 마음, 즉 자극받은 마음이 일어나는 원인은 이 6가지와 반대입니다.

힘이 센 마음들

여기서 "즐거움과 함께하는 마음과 평온과 함께하는 마음 중 어느 마음의 힘이 더 센가? 결과를 줄 때 더 큰 영향을 미치는 마음은 무엇인가?"라고 질문할 수 있습니다. "욕계에서는 즐거움과 함께하는 마음이, 색계와 무색계와 출세간에서는 평온과 함께하는 마음이 더 힘이 세다"라고 대답할 수 있습니다.(AhBṬ.36)[90]

---

90 욕계에서는 어떠한 일이든 즐겁고 행복하게 행해야 쉽게 성취된다. 과보를 주는 것을 살펴보더라도 보살들이 마지막 생에 재생연결할 때 원인 있는 욕계 과보 마음 중 첫 번째인 즐거움과 함께하고 지혜와 결합한 형성 없는 과보 마음으로 입태한다고 여러 문헌에서 언급하고 있다. 이 마음은 욕계 마음 중 제일 수승한 업이라고 할 수 있는 '3가지 원인의 수승한 업', 즉 욕계 선한 마음 중 첫 번째 마음인 즐거움과 함께하고 지혜와 결합한 마음의 과보다. Sabbepi sabbaññubodhisattā pacchimapaṭisandhiggahaṇe paṭhamena somanassasahagata–tihetuka–asaṅkhārika–mahāvipākacittena paṭisandhiṁ gaṇhanti(모든 일체지 보살들은 마지막 재생연결을 할 때 첫 번째인 즐거움과 함께하는 3가지 원인의 형성 없는 큰 과보 마음으로 재생연결을 한다).(DhsA.307; AhBṬ.36)

또한 사견과 결합한 마음과 사견과 결합하지 않은 마음 중에서는 사견과 결합한 마음이 더욱 힘이 셉니다. 뒤에 언급할 선한 마음에서도 지혜와 결합하지 않은 마음보다 지혜와 결합한 마음이 더욱 힘이 셉니다.

또한 형성 있는 마음보다 형성 없는 마음이 더욱 힘이 셉니다. 탐욕뿌리 마음으로 다른 이의 재산을 훔칠 때 가끔씩은 다른 이의 부추김 없이 적극적으로 훔칩니다. 그런 마음은 형성 없는asaṅkhārika 마음입니다. 가끔씩은 훔치려는 의욕이 없는데 다른 이가 시키거나 부추겨서, 혹은 훔치지 않을 수 없는 어떠한 이유 때문에 어쩔 수 없이 훔칩니다. 그런 마음은 형성 있는sasaṅkhārika 마음입니다.

여기서 주의할 점이 있습니다. 자극이나 부추김이 있다고 모두 형성 있는 마음이라고 하면 안 됩니다. 외부의 자극이나 격려가 없을 때는 마음이 움츠려 있다가 남이 시키거나 자극했을 때, 하고 싶지 않아도 어쩔 수 없이 하는 것만을 형성 있는 마음이라고 해야 합니다. 스스로가 적극적으로 '해야지'라고 생각하고 있는데 다른 이가 시켜서 일어나는 마음은 형성 있는 마음에 포함시켜서는 안 됩니다.

혹은 자주 행하던 것이라 습관처럼 굳어진 행위를 다른 이가 시켜서 하더라도 형성 있는 마음에 포함시키면 안 됩니다. 이와 관련해 "스님 먼저 가십시오"라는 속담을 소개하겠습니다. 어느 마을에 자신이 스승인 것처럼 지시하기를 좋아하는 사람이 있었습니다. 어느 날 마을에 장례식이 있었고, 장례식 도중에 그 사람이 졸았습니다. 주위 사람이 깨워도 일어나지 않자 그를 그대로 두고 장례식 행사를 마쳤습니다. 그런데 그가 잠에서 깨자마자 장례 행렬의 맨 처음에 스님부터 가는 관습대로 "스님 먼저 가십시오"라고 말했다고 합니다. 이것도 형성 없는 마음의 한 예입니다.

더 나아가 이전에 적극적으로 '하리라'라고 생각하고 있지는 않았지만 누가 와서 시키거나 격려했을 때 바로 일어나서 기꺼이 하는 것도 형성 없는 마음이라고 알아야 합니다. 혹은 누가 시키거나 격려해서 처음에는 소극적으로 어쩔 수 없이 하다가 뒤에 그 일의 이익을 알고서 적극적으로 계속하는 경우라면, 처음 시작할 때는 형성 있는 마음이 생겼을지라도 적극적으로 일을 행하고 있을 때는 형성 없는 마음이 일어난 것으로 알아야 합니다.(AhBṬ.37)

알고 범하는 행위와 모르고 범하는 행위

불선업을 행할 때 그 행위가 잘못된 것이라고 알고 행하는 것과 모르고 행하는 것은 차이가 있습니다. 전자는 사견과 결합하지 않은 마음, 후자는 사견과 결합한 마음으로 볼 수 있습니다. 사견을 가진 사람들은 그 행위가 잘못된 것임을 모르고, 즉 잘못이 없다고 생각하고 불선업을 행합니다. 예를 들어 어떤 사람들은 '소, 돼지, 닭과 같은 가축은 창조주가 우리를 위해 창조해 준 것이다. 따라서 가축을 아무리 많이 죽여도 우리에게는 잘못이 없다'라고 생각합니다. 그렇게 생각하고 살생한다면 잘못인 줄 모르고 행하는 것이고, 그 마음은 사견과 결합된 것입니다. 하지만 사견이 없는 사람들은 그것이 잘못인 줄 알면서 행합니다. 그러면 그 둘 중 어떤 것이 더 큰 과보를 줄까요? 사견과 결합한 마음, 즉 잘못인 줄도 모르고 행하는 불선업이 더 큰 과보를 줍니다. 『밀린다빤하』에 시뻘겋게 달구어진 쇠를 뜨겁지 않다고 생각하고 잡을 때는 확 잡기 때문에 더 많이 덴다는 비유가 나옵니다.(Mil.89) 반대로 사견이 없이, 잘못인지 알고 범하는 경우에는 그렇게 대담하게 잘못을 저지르지 못하기 때문에 과보도 더 작습니다. 달구어진 쇠가 뜨겁다는 것은 알지만 어쩔 수 없이 잡아야 하는 경우는 슬쩍 손만 댔다가 뗄 것입니다.

세상의 결정과 법의 결정

그런데 세상의 결정과 법의 결정은[91] 서로 다릅니다. 앞에서 설명했듯이 법dhamma의 측면에서는 잘못인 줄 모르고 행하면 더 큰 과보를 받지만 세상에서는 그것이 죄인 줄 모르고 행하면 고의성이 없다고 정상 참작이 되어 벌을 적게 받는 경우도 있습니다. 법의 측면에서는 그것이 죄인 줄 알고 행하면 모르고 행하는 것보다 과보가 적지만 세상에서는 알고 행하면 죄를 더 크게 받기도 합니다.

또한 허물이 있다는 것을 알거나 모르는 것이 아니라 행위 자체를 모르고 하는 경우도 있습니다. 예를 들어 뒷걸음치다가 개미를 죽이는 경우 등입니다. 이때 법의 측면에서 그러한 행위는 사악도에 태어나게 하는 과보를 주지 못합니다. 세상의 측면에서도 마찬가지로 고의로 한 것이 아니기 때문에 벌을 적게 받기도 합니다.[92]

---

91 여기서 세상의 결정은 이전에 언급한 관습적 진리의 입장을, 법의 결정은 절대적 진리의 입장을 뜻한다.

92 그렇다면 왕이 제정한 법령이나 부처님께서 제정하신 율령을 알면서 범하는 경우 세상의 법규에 따라 큰 죄가 되는 것은 무엇 때문인가? 알면서 범하는 경우는 법령이나 율령을 범하는 것뿐만 아니라 그것을 중시하지 않는, 불경不敬한 성냄 마음도 포함돼 있기 때문에 세상의 법규에 따라서는 죄가 크다. 또한 법령이나 율령을 이해하지 못하는 것도 사견이 아니다. 어떤 경우는 어리석음, 어떤 경우는 단지 모르는 정도일 뿐이다. 그래서 사견이 아니라 단지 알지 못해서 법령이나 율령을 범한 경우 법령을 제정한 왕이나 율령을 제정한 부처님에 대해 공경하지 않는 마음이 포함되지 않기 때문에 세상의 법규에 따라서도 그리 큰 허물이 없다. 윤회와 관련해서도 알면서 범한 사람만큼 죄가 크지 않다.(AhBṬ.36)

'함께하는'과 '결합한'

앞서 즐거움과 함께하는somanasassa sahagata 마음을 설명했습니다. 여기서 즐거움somanassa은 즐거운 느낌입니다. 마음은 느낌 외에도 접촉, 인식, 의도 등과 함께 일어나지만 느낌을 기준으로 분류해서 '즐거움과 함께하는'이라고 이름 붙인 것입니다. '함께하는sahagata'이란 느낌 외에도 여러 법이 섞여 있는 것을 말하지만, 그 법들을 서로 구별하기란 쉽지 않습니다. 네 개의 큰 강이 흘러 들어가는 인도의 바닷물을 맛보고서 '이것은 강가 강의 물, 이것은 야무나 강의 물, 이것은 아찌라와띠 강의 물, 이것은 사라부 강의 물이다'라고 구별하는 것이 매우 어렵듯이 함께하는 법들을 구분하는 것은 그보다 더 어렵습니다.(Mil.93) '결합한sampayutta' 것도 마찬가지입니다. 구별하기 힘들 정도로 섞여 있는 상태입니다. 흙과 물이 서로 섞인 것이 보이는 흙탕물처럼 결합된 정도가 아니고, 물과 소금을 구별하지 못하는 소금물처럼 결합된 것을 말합니다. 가르침에 따라 말하자면 서로 결합된 마음부수들은 같은 것을 대상으로 하고, 함께 일어나고, 함께 사라지고, 같은 토대를 가졌다는 의미에서 '결합했다'라는 표현을 씁니다.[93]

93 결합sampayutta이라는 단어는 'sam+pa+yutta'라고 분석할 수 있다. 'sam'은 같지 않은 법들이 고르게 포함됐다는 뜻이다. 마음이 일어날 때 여러 마음부수들이 적절하게 같이 일어나는 것을 의미한다. 'pa'는 다양하게 연결됐다는 뜻이다. 즉 마음과 마음부수들은 토대도 같고, 대상도 같고, 동시에 생겨나고, 동시에 사라진다는 이 4가지 점으로 다양하게 연결됐다는 것을 의미한다. 이렇게 다양하게 연결됐기 때문에 사실은 여러 법이 결합해서 생겨나는데 하나가 생겨난다고 생각한다. 『빳타나—조건의 개요와 상설』, p.137 주233 참조.

불선 마음들 요약

7 Iccevaṁ sabbathāpi dvādasākusalacittāni samattāni.

해 석

이와 같이 모든 방면으로도 12가지인 불선 마음들이 끝났다.

대 역

Iccevaṁ=iti evaṁ yathāvuttanayena이와 같이; 이렇게 설명한 방법에 따라 sabbathāpi모든 방면으로도; 느낌이나 결합 여부 등의 모든 방면으로도 dvādasa12가지인 akusalacittāni불선 마음들이 samattāni끝났다.

8 Aṭṭhadhā lobhamūlāni, dosamūlāni ca dvidhā.
Mohamūlāni ca dveti, dvādasākusalā siyuṁ.

해 석

탐욕뿌리들은 8가지고, 성냄뿌리들은 2가지다.
어리석음뿌리들도 2가지니, 불선 마음들은 12가지다.

대 역

Lobhamūlāni탐욕뿌리들은; 탐욕이라는 뿌리가 있는 cittāni마음들은 aṭṭhadhā8종류가 siyuṁ있고 dosamūlāni성냄뿌리들은; 성냄이라는 뿌리가 있는 cittāni ca마음들은 dvidhā2종류가 siyuṁ있고 mohamūlāni어리석음뿌리들은; 어리석음이라는 뿌리가 있는 cittāni ca마음들은 dve2가지가 siyuṁ있다. iti이렇게 akusalā=akusalabhūtāni불선인 것은; 불선인 마음은 dvādasa siyuṁ12가지다.

불선 마음 12가지에 탐욕뿌리 마음이 8가지, 성냄뿌리 마음이 2가지, 어리석음뿌리 마음이 2가지가 있다는 내용입니다. 여기서 '탐욕뿌리 마음', '성냄뿌리 마음', '어리석음뿌리 마음'이라고 '뿌리mūla'라는 단어를 사용했습니다. 이것은 나중에 언급할 원인hetu을 뜻합니다. 원인에는 탐욕lobha, 성냄dosa, 어리석음moha, 탐욕없음alobha, 성냄없음adosa, 어리석음없음amoha이라는 6가지가 있습니다. 탐욕뿌리 마음 8가지에는 탐욕과 어리석음이라는 2가지 원인, 성냄뿌리 마음 2가지에는 성냄과 어리석음이라는 2가지 원인, 어리석음뿌리 마음 2가지에는 어리석음이라는 1가지 원인만 있습니다. 이렇게 모든 불선 마음에는 어리석음이라는 원인이 항상 포함돼 있습니다.

불선 마음들의 분류

느낌에 따른 분류

느낌은 신체적으로 괴로운 느낌인 고통, 신체적으로 행복한 느낌인 행복, 정신적으로 괴로운 느낌인 근심, 정신적으로 행복한 느낌인 즐거움, 그리고 중간의 느낌인 평온, 이렇게 5가지로 나눌 수 있습니다.

- 고통과 함께하는 것 0가지 + 행복과 함께하는 것 0가지 + 즐거움과 함께하는 것 4가지 + 근심과 함께하는 것 2가지 + 평온과 함께하는 것 6가지 = 12가지

결합에 따른 분류

- 결합한 것 8가지 + 결합하지 않은 것 4가지 = 12가지

형성에 따른 분류

- 형성 있는 것 5가지 + 형성 없는 것 5가지* = 10가지
  (*어리석음뿌리 마음 2가지를 형성에서 벗어난 법으로 헤아려서 5가지입니다. 어리석음뿌리 마음을 형성 없는 마음에 포함시키면 7가지입니다.)[94]

뿌리에 따른 분류

여기서 뿌리는 원인을 말합니다. 탐욕, 성냄, 어리석음, 탐욕없음, 성냄없음, 어리석음없음이라는 6가지가 있다고 앞에서 설명했습니다. 앞의 3가지는 불선 원인, 뒤의 3가지는 선 원인입니다.

- 탐욕뿌리 8가지 + 성냄뿌리 2가지 + 어리석음뿌리 2가지 = 12가지

94 제10강에 자세한 설명이 나온다. 본서 p.170 참조.

| 도표1 | 불선 마음들 헤아리기

분류 / 마음	느낌			결합		형성		뿌리		
	즐거움	근심	평온	○	×	×	○	탐욕	성냄	어리석음
탐욕뿌리 8	✔			사견○		✔		1		
	✔			사견○			✔	1		
	✔				사견×	✔		1		
	✔				사견×		✔	1		
			✔	사견○		✔		1		
			✔	사견○			✔	1		
			✔		사견×	✔		1		
			✔		사견×		✔	1		
성냄뿌리 2		✔		적의○		✔			1	
		✔		적의○			✔		1	
어리석음뿌리 2			✔	의심○		#				1
			✔	들뜸○		#				1
12	4	2	6	8	4	5#	5	8	2	2*

어리석음 뿌리는 형성에서 벗어난 것으로, 헤아리지 않았다. 혹은 형성 없는 것으로 헤아리기도 한다.

* 어리석음은 탐욕뿌리 마음과 성냄뿌리 마음에도 포함되지만 마음을 헤아리기 위해 어리석음뿌리에만 표시했다.

제9강

2008년 7월 15일

아비담마 가르침은 법 성품 자체로도 심오하고, 생각하기에도 심오합니다. 마치 바다가 실제로도 깊고, 보기에도 깊어 보이는 것과 마찬가지입니다.[95] 이러한 아비담마 가르침은 부처님의 가르침이 여전히 전해져 오고 있는 시기에 사람으로 태어나 지혜도 갖추고 부처님의 가르침을 바른 견해로 받아들이고 믿는 여러 조건이 갖추어졌기 때문에 들을 수 있는 것입니다. 그러기에 부처님의 가르침, 그중에서도 제일 심오한 아비담마 가르침을 배울 수 있다는 것은 매우 다행한 일입니다. 하지만 주의해야 할 점이 있습니다. 앞에서도 언급한 바와 같이 아비담마를 배워 심오한 법을 다른 사람들보다 더 잘 알고 이해한다고, 다른 사람들보다 지혜가 더 높다고 자만이 생겨나게 해서는 안 됩니다. 일반 사람들은 물질적인 재산과 부가 많아서 자만이 생길 수도 있습니다. 일부는 용모가 훌륭해서 자만이 생길 수도 있습니다. 일부는 세상과 관련된 학식과 지식, 학위 등으로 자만이 생길 수도 있습니다. '나는 다른 이보다 재산이 더 많다. 나는 다른 이보다 용모가 더 훌륭하다'라는 등으로 다른 이와 비교하는 성품이 자만입니다. 성품으로는 모두 자만으로 같지만 재산은 직접 보고 즐길 수 있기 때문에 재산으로 인한 자만은 더욱 분명합니다. 용모로 인한 자만도 눈에 보이므로 분명하다고 말할 수 있습니다. 하지만 지식이나 지혜로 인한 자만은 눈에 보이지 않기 때문에 재산과 용모에 의한 자만보다는 덜 분명하다고

95 연기에 대한 비유에 나온다. Ekaṁ gambhīraṁ gambhīrāvabhāsaṁ hoti sinerupādakam-ahāsamudde udakaṁ viya(어떤 것은 깊기도 하고 깊게 보이기도 한다. 시네루 산발치의 물처럼). … Ayañhi gambhīro ceva gambhīrāvabhāso cāti(이 연기는 실로 깊기도 하고 깊게 보이기도 한다).(DA.ii.76)

말할 수 있습니다. 눈에 보이는 재산이나 용모에 의한 자만은 쉽게 알 수 있는데 반해 눈에 보이지 않는 지식에 의한 자만은 쉽게 보이지 않기 때문에 더욱 나쁜 것이라고도 할 수 있습니다.

이러한 위험을 경계하고 숙고하도록 일화 하나를 소개해 드리겠습니다. 부처님 당시에 어부 500명이 강에서 고기를 잡다가 황금색으로 빛나는 물고기 한 마리를 잡았습니다. 어부들은 그 물고기를 매우 귀중한 것으로 생각하고 꼬살라 왕에게 진상했고, 왕도 그 물고기에 대해 알고 싶어 부처님이 계시는 제따와나 정사로 가지고 갔습니다. 그런데 그 물고기가 입을 벌리자 정사 전체로 악취가 퍼졌습니다. 왕은 부처님께 "이 물고기는 황금빛으로 빛납니다. 그런데 입을 벌리면 온 정사 안에 퍼질 정도로 냄새가 고약합니다. 그 이유는 무엇입니까?"라고 여쭈었습니다. 그러자 부처님께서는 신통으로 먼저 부처님과 물고기가 나누는 대화를 사람들이 알아들을 수 있도록 하신 뒤 말씀하셨습니다.

"그대의 이름은 무엇인가?"

"제 이름은 까빨라Kapila입니다."

"그대는 왜 물고기로 태어났는가?"

"저는 과거 깟사빠 부처님 당시에 삼장을 수지하고 가르치던 삼장법사였습니다. 하지만 다른 스님들의 훈계나 가르침을 듣지 않고 '나는 삼장법사다. 지혜가 높다'는 생각으로 자만이 많이 생겨났습니다. 그래서 바른 법을 바르지 않은 법이라고 하고 바르지 않은 법을 바른 법이라고 하고, 율에 합당한 것을 율에 합당하지 않다고 하고 율에 합당하지 않은 것을 율에 합당하다고 하고, 옳은 것을 옳지 않다고 하고 옳지 않은 것을 옳다고 하면서 다른 스님들을 얕잡아 보고 우쭐거리며 깟사빠 부처님의 교법이 무너지는 것을 거들었습니다. 그런 불선업으로 죽어서 무간지옥에 태어났고 그 업이 다하지 않아 이번 생에 물고기로 태어났습니다. 과거에 삼장을 수지한 과보로 몸은 황금색으로 빛나지만 자만으로 저지른 불선업으로 입에서 심하게 악취가 납니다."

"그대는 당시에 혼자였는가?"

"아닙니다. 저에게는 어머니와 형, 여동생이 있었습니다. 형은 열심히 수행해서 아라한이 되어 완전열반에 들었습니다. 그러나 어머니와 여동생은 삼장법사를 아들, 오빠로 두었다는 자만이 심해 다른 선한 스님들을 비난한 과보로 무간지옥에 태어나 고통을 받고 있습니다."

"그대는 이번 생에서 죽으면 어떻게 될 것인가?"

"저는 이번 생에서 죽으면 다시 무간지옥에 태어나야 합니다."

까삘라 물고기는 이렇게 대답하고는 부끄러움에 휩싸여 가까운 벽을 들이받고는 죽어버렸습니다.(Dhp.334~337 일화)

이렇게 지식과 지혜가 높다고 자만이 생겨나면 악처에 윤회하는 고통을 겪을 수 있기 때문에 그렇게 되지 않도록 조심하고 경계해야 합니다.

탐욕뿌리 마음들의 원인

탐욕뿌리 마음 8가지가 일어나는 원인에는 4가지가 있습니다. (AhSṬ.27)

① 탐욕에 뿌리박은 업으로 인한 재생연결

② 탐욕lobha이나 애착rāga이 많이 일어나는 왕이나 대신, 거부장자, 천신 등의 생에서 죽어 태어남

③ 원하는 대상과 접함

④ 지내는 곳에서 '좋다. 즐길 만하다'라고 생각함

위빳사나 수행자의 경우에도 편안한 곳에서 관찰이 잘 될 때 그것을 좋아해 탐욕뿌리 마음이 일어날 수 있습니다. 좋아하면 〈좋아함, 좋아함〉이라고 관찰해야 합니다. 그렇게 관찰하지 못하고 수행이 잘 되는 것을 좋아하고 애착하면 더 높은 위빳사나 지혜로 나아가는 데 방해가 됩니다. 이것을 갈망nikanti이라고[96] 하고, 법체로는 탐욕입니다. 또 위빳사나 지혜가 향상되고, 대상도 잘 관찰할 수 있게 됐을 때 '다른 수행자보다 내가 더 수행을 잘해. 훌륭해'라는 자만이 일어날 수 있습니다. 앞에서 거듭 말했듯이 자만은 다른 사람과 자신을 비교하는 성품입니다. 그리고 수행 중 나타난 현상인 희열, 광명 등에 대해 '희열을 느끼는 것이 나다. 나에게 희열이 생겨났다'라는 등으로 고정된 어떤 실체로서의 '나'나 '자아'와 연관 지어 강하게 거머쥐는 것이 사견입니다. 위빳사나 수행은 이러한 갈애와 사견과 자만을 줄이고 제거하기 위해 하는 수행입니다. 오히려 증가시켜서는 안 됩니다. 관련된 현상이 생기면 즉시 관찰해서 그러한 마음이 일어나지 않도록 해야 하고, 또 일어난다면 즉시 관찰해야 합니다.

성냄뿌리 마음들의 원인

성냄뿌리 마음 2가지가 일어나는 원인에도 4가지가 있습니다. (AhSṬ.28)

① 성냄의 기질dosajjhāsayatā

② 마음가짐이 진중하지 않음

96 『위빳사나 수행방법론』 제2권, p.299 참조.

③ 배움이 적음

④ 원하지 않는 대상과 접함

레디 사야도는 성냄이 많이 일어나는 것은 이전 생에 성냄이 많은 지옥이나 아귀, 고양이, 호랑이, 개 등의 축생의 생에서 사람이 된 경우도 하나의 원인이라고 설명했습니다. 자신에게 위의 어떤 원인으로 성냄이 일어난다면 즉시 〈성냄, 성냄; 화냄, 화냄; 불편함, 불편함〉 등으로 관찰해야 합니다. 그래도 되지 않으면 '화를 내면 나에게만 불선업이 생겨난다'라는 등으로 숙고해야 합니다.[97] 혹은 다른 사람이 자신에게 화를 내고 있을 때 그 사람을 대상으로 하지 말고 '저렇게 화를 내는 것은 이러이러한 원인 때문이다'라고 원인을 반조하는 것도 합리적 마음기울임입니다. 화가 날 때 화를 내지 않고 올바르게 숙고하면 오히려 선업이 생겨납니다.

어리석음뿌리 마음들의 원인

제8강에서 어리석음뿌리 마음 2가지가 일어나는 원인을 이미 설명했습니다. 하지만 복습하는 의미로 다시 살펴보겠습니다.

① 어리석음에 뒤덮인 업으로 재생연결하는 것

② 과거 생에 어리석음이 많았던 사람이나 축생이었던 것

③ 원하지도 않고 싫어하지도 않는 중간의 대상과 만나는 것

불선 마음들의 원인

탐욕뿌리 마음들과 성냄뿌리 마음들과 어리석음뿌리 마음들은 모두

97 『청정도론』 제2권, pp.143~159 참조.

불선 마음들입니다. 불선 마음들이 일어나는 공통적인 근본원인은 비합리적 마음기울임, 즉 이치에 맞지 않게 마음을 기울이기 때문입니다. 혹은 불선 마음들이 일어나는 원인에는 제7강에서 언급했듯이 다음과 같은 5가지가 있습니다. 조금 더 자세하게 설명하겠습니다.

① 적당하지 않은 장소에 사는 것appaṭirūpadesavāsa

세속적으로 말하자면 돈을 벌고자 하는 사람에게는 돈을 벌 수 없는 곳이 적당하지 않은 장소입니다. 건강이 좋지 않은 사람에게는 병원, 의사, 약 등이 잘 갖추어지지 않은 곳이 적당하지 않은 장소입니다. 지식을 구하는 사람에게는 훌륭한 교육기관과 교사가 없는 곳이 적당하지 않은 장소입니다. 불선 마음들이 일어나는 원인과 관련해서는 바른 법을 듣고 배우고 실천하고자 하지만 그렇게 할 수 없는 장소에 살고 있다면 그곳이 적당하지 않은 장소입니다. 그런 곳에서는 자신을 훈계하고 지도하고 다스려 줄 사람을 만나지 못합니다. 그러면 마음을 다스리지 못하고 절제하지 못해 거칠어지고, 불선 마음들이 많이 생겨납니다.

② 참사람이 아닌 자를 의지하는 것asappurisūpanissaya

여기서 말하는 참사람이 아닌 자asappurisa, 달리 말하면 어리석은 자는 어떠한 사람일까요? 「발라빤디따숫따Bālapaṇḍitasutta(어리석은 자와 현명한 자 경)」에 의하면 나쁜 생각을 하고 나쁜 말을 하고 나쁜 행위를 하는 자가 어리석은 자입니다.(M129)

여기서 '나쁜 생각'이란 첫째, 자신이 가질 수 없거나 가져서는 안 되는 것, 가지면 옳지 않은 것을 원하고 바라고 억지로 가지려 하는 탐애abhijjhā의 생각, 둘째, 다른 사람의 재산이나 목숨 등을 무너뜨리려고 하는 분노byāpāda의 생각, 셋째, 사견micchādiṭṭhi의 생각입니다. 사견 중에서도 특히 '선업도 없고 악업도 없다. 선업의 좋은 결과도 없고 악업의 나쁜 결과도 없다'라고 생각하는 사견을 말합니다. 이 3가지 중 하나만 해당돼도 어리석은 사람, 저열한 사람, 참사람이 아닌 사람에 포함됩니다. '나쁜 말'이란 말로 행하는 불선업으로 거짓말, 이간하는 말, 거친 말, 쓸데없는 말이라는 4가지입니다. 이 4가지 중 한 가지 말이라도 행하면 어리석은 사람입니다. '나쁜 행위'란 몸으로 행하는 불선업으로 살생, 도둑질, 삿된 음행이라는 3가지입니다.

마음으로 3가지, 말로 4가지, 몸으로 3가지의 10가지를 불선업 10가지, 악행 10가지라고 합니다. 10가지 악행은 사악도로 이끄는 길입니다. 이 길을 따라가면 확실하게 악처에 태어납니다. 이 길은 저절로 없어지지 않습니다. 없애려면 반대의 길을 따라가야 합니다. 반대로 이 10가지를 하지 않는 것이 10가지 선업입니다. 10가지 선업은 인간 세상이나 천상 세상이라는 선처로 이끄는 길입니다. 더 나아가 열반에 이르는 길을 가고자 한다면 4가지 새김확립 위빳사나 수행을 해야 합니다. 그 길은 바로 팔정도입니다.

10가지 악행을 행하는 사람과 자주 만나고 지내는 것이 바로 불선 마음이 일어나는 원인 중 한 가지입니다. 이렇게 저열한 사람과 함께하는 것에도 4가지 종류가 있습니다. 몸은 함께하지만 마음은 함께하지 않는 것, 마음은 함께하지만 몸은 함께하지 않는 것, 몸도 마음도 함께하는 것, 몸도 마음도 함께하지 않는 것입니다. 만약 어쩔 수 없이 함께해야 하는 친구가 이 10가지 불선업 중 하나를 하고 있다면 몸은 함께하더라도 마음으로는 함께하지 말아야 합니다. 그 사람의 행위를 따라하지 말고, 동의하지 말고, 인정하지 말아야 합니다. 「망갈라숫따Maṅgalasutta(길상경)」의 첫 번째가 바로 원리악우遠離惡友

길상bāla asevanā maṅgala, 어리석은 사람과 함께하지 않는 길상입니다. 부처님께서 첫 번째로 말씀하셨다는 것은 그만큼 중요하기 때문입니다.

어리석은 사람과 함께해서 불선 마음이 일어난 경우로 아자따삿뚜Ajātasattu를 들 수 있습니다. 아자따삿뚜는 태자 시절에 저열한 자인 데와닷따Devadatta를 스승으로 모셨습니다. 데와닷따는 부왕인 빔비사라Bimbisāra 왕의 수명이 매우 길어 왕위를 물려받기 힘들 것이라며, 부왕을 죽여 왕이 되라고 아자따삿뚜를 나쁜 길로 이끌었습니다. 아자따삿뚜는 그 말을 따라 수다원이었던 빔비사라 왕을 시해했습니다. 그 과보로 다음 생에 원래는 무간지옥에 떨어져야 하지만 이후 부처님께 귀의하고 여러 선업을 행한 공덕으로 화탕지옥lohakumbhī에 태어났습니다.[98]

③ 이전에 행한 공덕이 없는 것pubbe akatapuññatā

이전 여러 생에서 행한 선업이 없어도 불선 마음들이 많이 일어납니다.

④ 자신을 그릇되게 두는 것attamicchāpaṇidhi

자신의 몸과 마음을 그릇되게, 바르지 않게 두어도 불선 마음들이 많이 일어납니다. '몸과 마음을 그릇되게 둔다'라는 것은 새김과 지혜로 잘 다스리지 않고 마음대로 행하는 것을 말합니다. 이렇게 몸과 마음을 새김과 지혜로 잘 간수하지 못해서, 잘 간수했으면 얻을 수 있었던 세간의 부와 행복, 출세간의 부와 행복을 얻지 못했던 부부의 일화를 소개하겠습니다.

98 『부처님을 만나다』, pp.434~435 참조.

부처님 당시, 바라나시Bārāṇasī에 8억 냥의 재산을 가진 거부장자가 있었습니다. 그에게는 마하다나Mahādhana라는 외아들이 있었는데, 아들이 힘들까 봐 어떠한 학문이나 기술도 가르치지 않았습니다. '8억 냥의 재산이면 평생 써도 충분할 것이다'라고 생각하고는 단지 춤추고 연주하는 것만 즐기도록 가르쳤습니다. 마찬가지로 바라나시에 8억 냥의 재산을 가진 거부장자에게 외동딸이 있었고 그도 딸이 힘들까 봐 어떠한 학문이나 기술도 가르치지 않았습니다. 두 장자는 자식들을 결혼시켰고, 부부는 양가로부터 각각 8억 냥씩, 16억 냥이나 되는 많은 재산을 상속받았습니다.

하지만 세속과 관련해서 재산을 관리하는 방법, 출세간과 관련해서 몸과 마음을 다스리는 방법을 배우지 못했기 때문에 나쁜 자들의 표적이 되어 술과 도박, 연회 등에 빠졌습니다. 나중에는 집까지 팔고 동냥 그릇을 들고 구걸하는 떠돌이 신세가 됐습니다.

어느 날, 비구들이 남긴 음식을 구걸하고 있는 그들을 보고 부처님께서는 "저들이 초년에 세간의 재산을 잘 간수하고 구했다면 이 바라나시에서 제일가는 부자가 됐을 것이다. 그렇지 않고 교단에 입문해서 수행을 열심히 했다면 장자는 아라한, 부인은 아나함이 됐을 것이다. 만약 중년에 그렇게 했다면 세간으로는 둘째가는 부자, 출세간으로는 아나함과 사다함이 됐을 것이다. 만약 노년에 그렇게 했다면 세간으로는 셋째가는 부자, 출세간으로는 사다함과 수다원이 됐을 것이다. 지금은 세간으로도 크게 잃어버렸고, 출세간으로도 크게 잃어버렸구나"라고 말씀하셨습니다. 이것은 바로 자신의 몸과 마음을 새김과 지혜 등 선한 법으로 잘 다스리지 못했기 때문에, 잘 두지 못했기 때문에 불선업은 늘어나고 선업은 줄어들어서 세간적인 재산도 얻지 못하고 출

세간의 재산도 얻지 못한 채 갈 곳이라고는 악처밖에 없는 신세가 된 일화입니다.[99]

⑤ 비합리적 마음기울임ayonisomanasikāra

이치에 맞지 않게, 올바르지 않게 마음 기울이는 것도 불선 마음을 일어나게 합니다. 앞에서도 언급했지만 비합리적 마음기울임은 불선 마음이 일어나는 데 가까운 원인, 근본 원인입니다.

참고로 불선 마음이 일어나는 원인 5가지의 반대가 선한 마음이 일어나는 원인 5가지입니다. 다시 소개하겠습니다.

① 적당한 장소에서 지내는 것paṭirūpadesavāsa

② 참사람을 의지하는 것sappurisūpanissaya

③ 이전에 행한 공덕이 있는 것pubbekatapuññatā

④ 자신을 바르게 두는 것attasammāpaṇidhi

⑤ 합리적 마음기울임yonisomanasikāra

불선법의 특질

지금까지 불선 마음들에 대해 살펴보았습니다. 이와 관련해서 불선

99 이어서 설하신 게송을 참고로 소개하면 다음과 같다.
Acaritvā brahmacariyaṁ, aladdā yobbane dhanaṁ;
Jiṇṇa koñjāva jhāyanti, khīṇamaccheva pallale.(Dhp.155)
해 석
젊었을 때 재산도 구하지 않고, 청정한 실천도 행하지 않고서
물고기도 없는 진흙연못에, 늙은 왜가리처럼 웅크리고 있다네.

Acaritvā brahmacariyaṁ, aladdā yobbane dhanaṁ;
Senti cāpātikhīṇāva, purāṇāni anutthunaṁ.(Dhp.156)
해 석
젊었을 때 재산도 구하지 않고, 청정한 실천도 행하지 않고서
내팽개쳐진 화살처럼, 지난날을 떠올리며 눈물짓고 있다네.

법의[100] 특질, 즉 특성과 역할과 나타남과 가까운 원인을 알아보겠습니다.

먼저 불선법은 'sāvajjadukkhavipākalakkhaṇaṁ', 허물이 있고 괴로운 과보를 주는 특성이 있습니다.(DhsAnṬ.125) 불선 마음의 잘못, 허물이라는 것은 무엇입니까? 예를 들어 화가 나면 속이 뜨거워지고 괴로운 느낌을 받습니다. 거기에서 더 나아가면 자기를 화나게 한 그 사람을 해치고 파괴하려는 마음이 일어납니다. 이것도 허물의 하나입니다. 그리고 마음으로 해치려고 하는 것을 넘어서서 말로 해치려고 하게 되고, 더 나아가면 몸의 행위로 해치려고 하게 됩니다. 그래서 불선업이 일어나면 스스로의 몸과 마음도 괴롭고 불편하고 다른 사람의 몸과 마음도 괴롭고 불편하게 만들기 때문에 그것이 바로 불선법의 허물이고, 이것이 불선법의 첫 번째 특징입니다. 여기서 그냥 마음으로 화가 난 상태에서 멈춘다면 악처로 떨어지게 하는 업은 되지 않습니다. 그러나 해치고 파괴하려는 마음을 먹거나, 말로 표현하거나, 몸으로 해치는 행동을 한다면 악처에 이르는 업이 됩니다. 따라서 화가 나지 않도록 미리 예방해야 하고, 화가 나더라도 그 상태에서 그치도록 노력해야 합니다. 반대로 선법은 허물이 없는 것이 특징입니다. 스스로의 몸과 마음의 고통, 다른 사람의 몸과 마음의 고통을 일으키지 않습니다. 불선법은 그러한 허물이 있기 때문에 현재 생에서나 다음 생에서나 스스로 또는 다른 사람의 몸과 마음에 고통의 결과를 가져오게 합니다. 그렇게 허물이 있고 고통을 가져다주는 것이 불선법의 특징입니다.

100 불선법에는 지금 언급하고 있는 불선 마음 12가지, 그리고 그것들과 결합한 마음부수 27가지가 포함된다. 불선 마음과 결합한 마음부수 27가지는 본서 부록 pp.441~442와 『아비담맛타 상가하』 제2장 참조.

불선법은 'anatthajananarasaṁ', 즉 불이익을 생겨나게 하는 역할을 합니다.(DhsAnṬ.125) 다르게 말하자면 불선법은 이익을 생겨나게 하지 않습니다. 더 나아가 이익이 생겨나는 것을 가로막습니다. 예를 들어 어리석음이 있는 사람에게는 삼보에 대한 믿음이 일어날 수 없습니다. "선법의 정반대kusalapaṭipakkha"라고도 합니다.(Pm.ii.264)

불선법은 'saṁkilesapaccupaṭṭhānaṁ', 즉 오염시키는 것으로 수행자의 지혜에 나타납니다.(DhsAnṬ.125) 비유하자면 물은 원래 깨끗하지만 여러 색의 물감을 섞으면 흐려집니다. 마찬가지로 원래 마음 자체는 깨끗하지만 그 마음에 불선 마음부수인 탐욕, 성냄, 질투, 인색, 사견, 자만, 후회, 들뜸, 어리석음 등이 함께하면 혼탁해집니다. 예를 들어 수행할 때 무엇을 원하는 감각욕망이 일어나면 수행이 잘 되지 않습니다. 마음이 관찰대상에 가지 않고 원하는 대상으로 달아납니다. 그것은 감각욕망이라는 번뇌가 여러분의 마음을 더럽혀서 새김과 삼매, 지혜가 무너졌기 때문입니다. 혼탁한 물에는 얼굴을 비춰도 잘 보이지 않듯이 오염된 마음에는 대상이 분명하게 드러나지 않습니다. 그때는 관찰대상의 고유특성도 드러나지 않고 무상과 괴로움과 무아라는 공통특성도 드러나지 않습니다. 특히 수행을 가로막고 방해하는 감각욕망, 분노, 해태 · 혼침, 들뜸 · 후회, 의심이라는 5가지를 장애nīvaraṇa라고 하고 이런 것들이 바로 마음을 더럽히는 것으로 수행자의 지혜에 나타납니다.

불선법은 'ayonisomanasikārapadaṭṭhānaṁ', 비합리적 마음기울임이 가까운 원인입니다.(DhsAnṬ.125) 비합리적 마음기울임은 앞에서도 언급했듯이 이치에 맞지 않게 마음 기울이는 것을 말합니다. 무상한 법을 영원하다고, 괴로움인 법을 행복이라고, 무아인 법을 자아라고, 더러운 법을 깨끗하다고 마음 기울이는 것입니다. 이 비합리적 마음기울임이 불선법의 가까운 원인입니다. 다시 말하면 비합리적 마음기울임이 생기면 아직 일어나지 않은 불선법은 일어나고, 이미 일어난 선법은 버려진다고 부처님께서 말씀하셨습니다.(A1:7:6) 일반적으로 원하지 않는 대상과 접했을 때 이치에 맞지 않게 마음 기울이면 불선 마음이 일어납니다. 하지만 그때도 이치에 맞게 마음 기울이면 선한 마음이 생겨날 수 있습니다. 예를 들어 노인이나 환자, 시체는 본래성품으로 원하지 않는 대상입니다. 하지만 노인이나 환자, 시체를 보았을 때 '나도 늙음과 병듦, 죽음에서 벗어날 수 없다. 더 늙기 전에, 병들기 전에, 죽기 전에 열심히 수행하리라'라고 이치에 맞게 마음 기울여서 선업이 생기도록 해야 합니다. 비합리적 마음기울임과 반대로 합리적 마음기울임yonisomanasikāra은 아직 일어나지 않은 선법은 일어나게 하고, 이미 일어난 불선법은 버려지게 합니다.(A1:7:6) 원하는 대상이든 원하지 않는 대상이든 비합리적 마음기울임은 일어나지 않게 하고 합리적 마음기울임은 일어나게 해서 선법을 많이 증장시키기를 바랍니다.

제10강

2008년 7월 22일

제8강에서 어리석음뿌리 마음으로 평온과 함께하고 의심과 결합한 마음 1가지, 평온과 함께하고 들뜸과 결합한 마음 1가지, 이렇게 2가지를 설명했습니다. 여기서 "불선 마음 12가지 중 탐욕뿌리 마음 8가지와 성냄뿌리 마음 2가지는 형성이 있는 것과 없는 것으로 구별한다. 그런데 어리석음뿌리 마음 2가지는 그렇게 구별하지 않는다. 그렇다면 어리석음뿌리 마음은 형성 있는sasaṅkhārika 마음인가, 형성 없는 asaṅkhārika 마음인가?"라고 질문할 수 있습니다.

어리석음뿌리 마음들과 형성의 유무

먼저 『띠까 쬬』에서는[101] 어리석음뿌리 마음 2가지는 각각의 고유성질로 예리한 것도 아니고 그렇다고 격려할 만한 것도 아니기 때문에 어리석음뿌리 마음에는 형성과 관련해서 구별이 없다고 설명했습니다.(AhVṬ.80)[102]

『바사띠까』에서도 "어리석음뿌리 마음 2가지는 형성 있는 마음도 아니고 형성 없는 마음도 아니다. 단지 평온과 함께하고 의심과 결합한 마음, 평온과 함께하고 들뜸과 결합한 마음일 뿐이다"라고 설명했습니다. 이어서 『담마상가니』에 탐욕뿌리 마음, 성냄뿌리 마음, 욕계 아

---

101 『아비담맛타상가하』에 대한 복주서의 하나인 『아비담맛타 위바위니 띠까Abhidhammattha vibhāvinī ṭīkā』의 다른 이름이다. 『아비담맛타 위바위니 띠까』라는 책이 더욱 유명해지기를 (*kyo* 쬬)'이라는 뜻이 담겨 있다고 한다.

102 Tatoyeva ca sabhāvatikkhatāya ussāhetabbatāya abhāvato saṅkhārabhedopi nesaṁ natthi.(AhVṬ.80) 해석은 *Ashin Janakā Bhivaṁsa*의 『*Ṭīkā kyo Nissaya*(띠까 쬬 대역)』, p.81을 참조했다.

름다운 마음을 설명할 때 뒤의 여러 마음을 '형성과 함께sasaṅkhārena' 라고 설하셨기 때문에 주석서의 스승들이 앞의 여러 마음을 형성 없는 asaṅkhārika 마음, 뒤의 여러 마음을 형성 있는sasaṅkhārika 마음이라고 설명했지만 어리석음뿌리 마음을 설하실 때는 형성saṅkhāra과 관련해서 어떠한 언급도 하시지 않았다는 사실을 근거로 들었습니다.(AhBṬ.47)

『바사띠까』에서는 이어서 "『아비담맛타상가하』의 제2장인 「마음부수의 장(불선 마음부수의 조합)」에서 탐욕뿌리 마음과 성냄뿌리 마음을 다룰 때는 형성 있는 것과 형성 없는 것으로 나누어 설명했으나 어리석음뿌리 마음을 다룰 때는 형성과 관련해서 어떠한 언급도 없다"라는 점도 언급한 뒤[103] 원래 형성 있는 마음과 형성 없는 마음은 약하고 강한 차이가 분명해야 그것을 의지해서 서로 구별해 형성 있고 형성 없다는 명칭이 생겨나는데 어리석음뿌리 마음에는 그러한 약하고 강한 구별을 발견할 수 없기 때문에 형성에서 벗어난 것이라고 설명했습니다. 마지막으로 『위숫디막가 마하띠까』의 "대상에 대해 헤매는 것과 산란한 것으로[104] 생겨나는 두 마음에 어찌 고유성질로 예리한 성품이나 격려할 만한 성품이 있겠는가? 따라서 어리석음뿌리 마음에는 형성과 관련된 구별이 없다"라는 구절을 인용했습니다.(AhBṬ.47~48)[105]

---

103 "그와 마찬가지로 형성 있는 5가지에서도 해태와 혼침으로 구별해 연결시켜야 한다." (Ah.14/Ah.2§48)
"또한 열의와 희열을 제외한 공통인 것들인 11가지와 불선 반드시들 4가지, 이렇게 15가지 법이 들뜸과 함께하는 마음에 결합한다."(Ah.14/Ah.2§49)
"의심과 함께하는 마음에서도 그와 마찬가지로 결심을 제외하고 의심과 함께 생겨나는 15가지 법을 모두 얻는다."(Ah.14/Ah.2§50)

104 헤매는 것은 의심을 나타내고 산란한 것은 들뜸을 나타낸다.

105 Ārammaṇe hi saṁsappanavasena, vikkhipanavasena ca pavattamānassa cittadvayassa kīdise kicce sabhāvatikkhatāya, ussāhetabbatāya vā bhavitabbaṁ, tasmā na tattha saṅkhārabhedo atthi.(Pm.ii.121) *Mahāsi Sayadaw,* 『*Visuddhimagga Mahāṭīkā Nissaya*(위숫디막가 마하띠까 대역)』에는 이 구절에 대한 특별한 언급이 없다.

이 견해에 대해 레디 사야도는 『빠라맛타 디빠니』에서 다음과 같이 설명했습니다.

"『띠까 쪼』에서 '각각의 고유성질로 예리한 것도 아니다'라는 구절을 통해 어리석음뿌리 마음이 형성 없는 마음이 아니라는 사실을 밝혔고, '격려할 만한 것이 아니다'라는 구절을 통해 형성 있는 마음도 아니라고 밝힌 뒤 어리석음뿌리 마음은 형성과 관련해서 벗어났다고 주장한다. 이것은 먼저 주석서와 일치하지 않는다. 『위방가』「빠띳짜사뭅빠다 위방가Paṭiccasamuppada Vibhaṅga(연기 분석)」의 주석에서 형성saṅkhāra에 따라 무명에 두 종류가 있다고 설명했다.(VbhA.129)[106] … 어리석음뿌리 마음의 어리석음이 만약 형성에서 벗어난 것이라면 어리석음은 무명과 법체로 동일하기 때문에 무명에는 세 종류가 있어야 하고 주석서에서 그렇게 언급해야 하지만 그렇지 않았다. … '고유성질로 예리하다'라는 것은 형성이 없이 원래 그대로 조건들의 힘을 통해서 생겨날 수 있는 것을 의미하는데, 이 어리석음뿌리 마음들도 그와 마찬가지로 생겨날 수 있기 때문에 '예리하지 않다'라고 말할 수 없다."(AhPdṬ.38)[107]

레디 사야도의 제자인 레디 빤디따 우 마웅 지*U maung Gyi*도 『빠라맛타 상케이 띠까』에서 다음과 같이 설명했습니다.

"어리석음뿌리 마음은 중생들의 본래성품이다. 어떤 격려나

106 Appaṭipattimicchāpaṭipattito duvidhā tathā saṅkhārāsaṅkhārato.(VbhA.129) (무명은) 알지 못하는 것과 잘못 아는 것으로 두 종류다. 그처럼 형성 있고 형성 없는 것으로도 두 종류다.

107 *Ledi Sayadaw*, 『*Paramatthadīpanī Myanmarpyan*(빠라맛타디빠니 미얀마 해석)』 제1권, pp.105~108 참조.

조력에 의해 생겨나게 할 수 있는 것이 아니다. 언제나 생겨나고 있는 존재요인 마음처럼 힘들지 않게, 쉽게 생겨나고 있다. 그래서 형성 없는 것이라고만 해야 한다. 형성 없는 마음이라는 사실이 분명하다. 그래서 어리석음뿌리 마음에 대해서는 형성의 유무를 밝히지 않았다고 기억해야 한다. 바로 그렇기 때문에 『담마상가니』에서도 앞의 여러 마음처럼 어리석음뿌리 마음에 대해 '형성과 함께sasaṅkhārena'라는 구절을 설하지 않으셨다."(AhSṬ.30)

『빠라맛타 상케이 띠까』의 내용을 정리하면 다음과 같습니다. 부처님께서 『담마상가니』에서 탐욕뿌리 마음이나 욕계 선 마음을 설하실 때 앞의 여러 마음에 대해 '형성 없이asaṅkhārena'라고 직접 설하시지 않으셨고 그 뒤의 여러 마음을 설하실 때만 '형성과 함께sasaṅkhārena'라고 설하셨습니다. 그렇지만 앞의 여러 마음도 자연성취avuttasiddhi[108] 방법에 따라 '형성 없는asaṅkhārika' 마음이라고 부를 수 있습니다. 어리석음뿌리 마음도 이 자연성취 방법에 따라 비록 성전에는 형성과 관련해서 아무런 언급이 없지만 형성 없는 마음이라고 해야 하며, 형성 있는 마음이라고 해서는 안 된다는 뜻입니다.

지금까지의 내용을 다음과 같이 결정하면 된다고 생각합니다. 어리석음은 선업을 선업이라고, 불선업을 불선업이라고 모르는 성품입니다. 또한 4가지 진리를 뒤덮어서 드러나지 않게 합니다. 12연기도 덮어버립니다. 정신법과 물질법도 있는 그대로 알지 못하게 합니다. 정신과 물질을 나누어 알 수도 없게 하고, 각각의 고유특성도 드러나지 않게

108 원래 의미는 '말하지 않아도 저절로 성취되는'이라는 뜻이다.

합니다. 무상과 괴로움과 무아의 공통특성도 덮어서 드러나지 않게 합니다. 어리석음은 이처럼 힘이 강합니다. 그래서 레디 사야도가 어리석음뿌리 마음을 형성 없는 마음이라고 설명했을 것입니다. 실제로도 형성 없는 마음은 형성 있는 마음보다 강합니다. 하지만 어리석음뿌리 마음들을 형성에 따라 나누어 헤아릴 때는 2가지 중 어느 곳에도 포함하지 말고 헤아려야 합니다.

마음기울임

불선 마음이 일어나는 근본 원인은 비합리적 마음기울임, 선 마음이 일어나는 근본 원인은 합리적 마음기울임이라고 앞에서 설명했습니다. 이와 관련해서 합리적 마음기울임과 비합리적 마음기울임이 함께 일어난 일화를 소개하겠습니다.

부처님 당시, 꼬삼비Kosambhi에 마간디야Māgaṇḍiya라는 바라문이 있었습니다. 아내도 마간디야였고 딸도 마간디야였습니다. 딸 마간디야가 매우 아름다워서 아버지 마간디야는 사위가 될 사람은 딸과 어울리게 용모도 훌륭하고 지혜도 출중한 사람이어야 한다고 생각했습니다. 많은 사람이 혼인을 청해왔지만 아버지 마간디야는 용모도 지혜도 마음에 들지 않아 계속해서 거절했습니다. 그러던 어느 날 부처님께서는 마간디야 부부가 법을 얻을 인연이 무르익었음을 아시고 꼬삼비로 탁발을 나가셨을 때 그 부부가 볼 수 있도록 선명한 발자국을 남기고 떠나셨습니다. 이 발자국을 발견한 남편 마간디야는 그 발자국이 보통 사람의 것이 아닌, 매우 위대하고 지혜가 높은 사람의 발자국일 것이라고 생각했습니다. 그리고 바로 그 사람만이 자기 딸의 남편, 자신의 사위가 될 수 있다고 생각했습니다. 그는 즉시 집으로 가서 사윗감을 찾아냈다며 부인과 딸에게 함께 만나보자고 했습니다. 마간디야 가족은 발자국이 있는 곳으로 갔고, 멀지 않은 곳에서 부처님을 발견했습니다. 마간디야는 부처님에게 자신의 딸과 혼인해 줄 것을 청했습니다. 그러자 부처님께서는 성도하기 전에 마라의 아름다운 세 딸이 찾아와 유혹했어도 그것을 물리쳤던 일을 말씀하셨습니다. 또한 더러운 오물로 가득 찬 인간의 몸을 지닌 당신의 딸과는 발로도 닿고 싶지 않다고 말씀하셨습니다. 그 말씀을 듣고 마간디야 부부는 몸에 대한 더러움을 관조하는 것을 바탕으로 위빳사나를 닦아 아나함까지 도달했습니다. 하지만 딸 마간디야는 자신의 몸을 깨끗하지 않다고 말씀하신 부처님에 대해 성냄을 일으키고 나중에 부처님에게 복수하겠다는 마음까지 먹었습니다. 똑같은 부처님의 말씀에 마간디야 부부는 합리적 마음기울임을 통해 선업이 증장돼 아나함까지 이르렀고, 딸 마간디야는 비합리적 마음기울임을 통해 불선업을 일으켜 부처님에게 원한을 가지는 반대의 결과를 가져왔습니다.(Dhp.21~23 일화)

탐욕과 성냄과 어리석음

앞에서 불선 마음들이 일어나는 여러 원인을 살펴보았습니다. 여기에 첨가해서 불선 마음이 일어나는 중요한 원인으로 탐욕lobha과 성냄dosa과 어리석음moha이라는 3가지가 있습니다. 제7강에서도 언급했지만 다시 이와 관련된 경을 소개하겠습니다.

Tīṇimāni, bhikkhave, akusalamūlāni. Katamāni tīṇi? Lobho akusalamūlaṁ, doso akusalamūlaṁ, moho akusalamūlaṁ. Yadapi, bhikkhave, lobho tadapi akusalamūlaṁ; yadapi luddho abhisaṅkharoti kāyena vācāya manasā tadapi akusalaṁ; yadapi luddho lobhena abhibhūto pariyādinnacitto parassa asatā dukkhaṁ uppādayati vadhena vā bandhanena vā jāniyā vā garahāya vā pabbājanāya vā balavamhi balattho itipi tadapi akusalaṁ. Itissame lobhajā lobhanidānā lobhasamudayā lobhapaccayā aneke pāpakā akusalā dhammā sambhavanti. (A.i.201/A3:69)

해 석

비구들이여, 불선의 뿌리에는 3가지가 있다. 그 3가지란 무엇인가? 탐욕이라는 불선의 뿌리, 성냄이라는 불선의 뿌리, 어리석음이라는 불선의 뿌리, 이러한 불선의 뿌리 3가지가 있다. 비구들이여, 탐욕도 불선의 뿌리다. 탐해서[109] 몸과 말과 마음으로 어떤 의도적 행위를 한다면 그것도 불선이다. 탐해서, 탐욕에 사로잡혀서, 마음이 완전히 고갈돼서[110] 다른 이를 부당하게 죽이거나 옭아매거나 몰락시키거나[111] 비방하거나 추방해서 고통을 야기한다면, 혹은 "나는 힘 있다. 나는 능력 있다"라고 말한다면[112] 그것도[113] 불선이다. 이렇게 그에게 탐욕에서 생겨난, 탐욕을 인연으로 한, 탐욕이라는 생겨남이[114] 있는, 탐욕이라는 조건이 있는 여러 가지 악하고 불선한 법이 일어난다.

109 '탐욕이 매우 커서'라는 뜻이다.
110 '선 마음이 완전히 고갈돼서'라는 뜻이다.
111 '재산을 잃게 만들거나'라는 뜻이다.
112 『*Aṅguttara Nikāya Pālito Nissaya*(앙굿따라 니까야 성전 대역)』 제1권, pp.458~460 참조.
113 '고통을 야기하는 것과 "나는 힘 있다"라는 등으로 말하는 것은'이라는 뜻이다.
114 '생겨나게 하는 원인이'라는 뜻이다.

성냄과 어리석음도 마찬가지입니다. '탐해서'라는 구절을 '화내서', '어리석어서'라는 표현으로, '탐욕에 사로잡혀서'라는 구절을 '성냄에 사로잡혀서', '어리석음에 사로잡혀서'라는 표현으로 대신하면 됩니다.

탐욕없음과 성냄없음과 어리석음없음

반대로 선 마음의 원인에는 탐욕없음alobha, 성냄없음adosa, 어리석음없음amoha이라는 3가지가 있습니다.

Tīṇimāni, bhikkhave, kusalamūlāni. Katamāni tīṇi? Alobho kusalamūlaṁ, adoso kusalamūlaṁ, amoho kusalamūlaṁ. Yadapi, bhikkhave, alobho tadapi kusalamūlaṁ; yadapi aluddho abhisaṅkharoti kāyena vācāya manasā tadapi kusalaṁ; yadapi aluddho lobhena anabhibhūto apariyādinnacitto na parassa asatā dukkhaṁ uppādayati vadhena vā bandhanena vā jāniyā vā garahāya vā pabbājanāya vā balavamhi balattho itipi tadapi kusalaṁ. Itissame alobhajā alobhanidānā alobhasamudayā alobhapaccayā aneke kusalā dhammā sambhavanti. (A.i.201/A3:69)

해 석

비구들이여, 선의 뿌리에는 3가지가 있다. 그 3가지란 무엇인가? 탐욕없음이라는 선의 뿌리, 성냄없음이라는 선의 뿌리, 어리석음없음이라는 선의 뿌리, 이러한 선의 뿌리 3가지가 있다. 비구들이여, 탐욕없음도 선의 뿌리다. 탐하지 않고 몸과 말과 마음으로 어떤 의도적 행위를 한다면 그것도 선이다. 탐하지 않고, 탐욕에 사로잡히지 않고, 마음이 완전히 고갈되지 않아서 다른 이를 부당하게 죽이거나 옭아매거나 몰락시키거나 비방하거나 추방해서 고통을 야기하지 않는다면, 혹은 "나는 힘 있다. 나는 능력 있다"라고 말하지 않는다면 그것도[115] 선이다. 이렇게 그에게 탐욕없음에서 생겨난, 탐욕없음을 인연으로 한, 탐욕없음이라는 생겨남이 있는, 탐욕없음이라는 조건이 있는 여러 가지 선한 법이 일어난다.

성냄없음과 어리석음없음도 '탐하지 않고', '탐욕에 사로잡히지 않고'라는 구절을 앞과 마찬가지로 바꾸면 됩니다.

예를 들어 보시의 경우, 재산을 아끼는 성품인 탐욕이라는 마음부수가 없어야, 재산을 아끼지 않는 성품인 탐욕없음이라는 마음부수가 있어야 행할 수 있습니다. 또한 보시 받는 사람에게 화를 내면 선업이 될 수 없습니다. 보시 받는 사람이 행복하고 건강하기를 바라는 자애, 즉 성냄없음을 원인으로 해서도 보시 선업이 구족됩니다. 또한 '보시하는 것은 선업이 아니다. 아무런 이익이 없다'라고 보시의 공덕을 모르는 어리석음이 있으면 보시를 할 수 없습니다. '보시를 행하면 이러한 좋은 결과가 있다. 행할 만한 것이다'라고 아는 바른 견해, 즉 어리석음없음이 있어야만 보시를 할 수 있습니다. 따라서 보시라는 선법도 탐욕없음, 성냄없음, 어리석음없음이라는 조건이 있어야 일어납니다.

2) 원인 없는 마음들

지금까지 불선 마음들에 대해 설명했습니다. 아누룻다 존자는 불선 마음들에 이어서 그러한 불선 마음들의 결과로 일어나는 마음들이 있

115 '고통을 야기하지 않는 것과 "나는 힘 있다"라는 등으로 말하지 않는 것은'이라는 뜻이다.

다는 사실을 알게 하려고 불선 과보 마음들을 먼저 언급했습니다. 불선 과보 마음들은 원인이 없습니다. 그래서 불선 과보 마음들에 이어서 그 마음들에 대응하는 원인 없는 선 과보의 마음들, 원인 없는 작용 마음들을 설명했습니다.[116] 여기서 원인hetu이란 탐욕과 성냄과 어리석음, 탐욕없음과 성냄없음과 어리석음없음이라는 6가지를 말하고, 이 여섯 원인 중 어느 것과도 결합하지 않는 마음을 '원인 없는 마음ahetuka citta'이라고 합니다. 원인 없는 마음은 모두 18가지입니다.

- 불선 과보 마음akusalavipākacitta 7가지
- 원인 없는 선 과보 마음ahetukakusalavipākacitta[117] 8가지
- 원인 없는 작용 마음ahetukakiriyacitta 3가지

불선 과보 마음들

9 Upekkhāsahagataṁ cakkhuviññāṇaṁ, tathā sotaviññāṇaṁ, ghānaviññāṇaṁ, jivhāviññāṇaṁ, dukkhasahagataṁ kāyaviññāṇaṁ, upekkhāsahagataṁ sampaṭicchanacittaṁ, upekkhāsahagataṁ santīraṇacittañceti imāni sattapi akusalavipākacittāni nāma.

해 석

평온과 함께하는 눈 의식, 그와 마찬가지로 귀 의식, 코 의식, 혀 의식, 고통과 함께하는 몸 의식, 평온과 함께하

116 원인 있는 불선 과보 마음은 없기 때문에 따로 '원인 없는'이라는 수식어 없이 '불선 과보 마음'이라고 말한다. 반면, 선 과보 마음과 작용 마음에는 원인 있는 선 과보 마음, 원인 있는 작용 마음도 있기 때문에 그것과 구별하기 위해 '원인 없는 선 과보 마음', '원인 없는 작용 마음'이라고 말한다. 본서 p.271 참조.

117 『아비담맛타상가하』에는 'kusalavipākāhetukacitta'로 표현됐다.

는 접수 마음, 평온과 함께하는 조사 마음, 이렇게 7가지이기도 한 이 마음들은 '불선 과보 마음들'이라고 한다.

대 역

Upekkhāsahagataṁ평온과 함께하는 cakkhuviññāṇañca 눈 의식과; 눈 의식 마음과 tathā그와 마찬가지로 sotaviññāṇañca귀 의식과 ghānaviññāṇañca코 의식과 jivhāviññāṇañca혀 의식과 dukkhasahagataṁ고통과 함께하는 kāyaviññāṇañca몸 의식과 upekkhāsahagataṁ평온과 함께하는 sampaṭicchanacittañca접수 마음과 upekkhāsahagataṁ평온과 함께하는 santīraṇacittañca조사 마음, iti=iminā pabhedena이렇게; 이렇게 종류로 구분하면 sattapi7가지이기도 한 imāni cittāni이 마음들은 akusalavipākacittāni nāma honti'불선 과보 마음들'이라고 한다.

불선 과보 마음에는 7가지가 있습니다.

① 평온과 함께하는 눈 의식 마음[118]이 하나
② 평온과 함께하는 귀 의식 마음이 하나
③ 평온과 함께하는 코 의식 마음이 하나
④ 평온과 함께하는 혀 의식 마음이 하나
⑤ 고통과 함께하는 몸 의식 마음이 하나
⑥ 평온과 함께하는 접수 마음이 하나
⑦ 평온과 함께하는 조사 마음이 하나

118 '의식'에 마음이라는 의미가 포함돼 있지만 종종 '눈 의식'이라는 마음을 헤아리는 의미로 함께 사용한다.

여기서 눈 의식(眼識) 마음이란 형색 대상rūpārammaṇa을 보아서 아는 마음을 말합니다. 마찬가지로 귀 의식 마음이란 소리 대상을 들어서 아는 마음입니다. 코 의식 마음이란 냄새 대상을 맡아서 아는 마음입니다. 혀 의식 마음이란 맛 대상을 맛봐서 아는 마음입니다. 몸 의식 마음이란 감촉 대상을 닿아서 아는 마음입니다. 접수 마음이란 다섯 대상을 마치 받아들이듯이 일어나는 마음입니다. 조사 마음이란 다섯 대상을 마치 조사하듯이 일어나는 마음입니다. 접수 마음이나 조사 마음은 인식과정에서 생겨나는 마음입니다.[119]

원인 없는 선 과보 마음들

10 Upekkhāsahagataṁ kusalavipākaṁ cakkhuviññāṇaṁ, tathā sotaviññāṇaṁ, ghānaviññāṇaṁ, jivhāviññāṇaṁ, sukhasahagataṁ kāyaviññāṇaṁ, upekkhāsahagataṁ sampaṭicchanacittaṁ, somanassasahagataṁ santīraṇacittaṁ, upekkhāsahagataṁ santīraṇacittañceti imāni aṭṭhapi kusalavipākāhetukacittāni nāma.

해 석

평온과 함께하는 눈 의식, 그와 마찬가지로 귀 의식, 코 의식, 혀 의식, 행복과 함께하는 몸 의식, 평온과 함께하는 접수 마음, 즐거움과 함께하는 조사 마음, 평온과 함께하는 조사 마음, 이렇게 8가지이기도 한 이 마음들은 '원인 없는 선 과보 마음들'이라고 한다.

119 본서 부록 p.445 참조.

대 역

Upekkhāsahagataṁ평온과 함께하는, kusalavipākaṁ 선 과보인 cakkhuviññāṇañca눈 의식과; 눈 의식 마음과 tathā그와 마찬가지로 sotaviññāṇañca귀 의식과 ghānaviññāṇañca코 의식과 jivhāviññāṇañca혀 의식과 sukhasahagataṁ행복과 함께하는 kāyaviññāṇañca몸 의식과 upekkhāsahagataṁ평온과 함께하는 sampaṭicchanacittañca접수 마음과 somanassasahagataṁ즐거움과 함께하는 santīraṇacittañca조사 마음과 upekkhāsahagataṁ평온과 함께하는 santīraṇacittañca조사 마음, iti=iminā pabhedena이렇게; 이렇게 종류로 구분하면 aṭṭhapi8가지이기도 한 imāni cittāni이 마음들은 kusalavipākāhetukacittāni nāma honti'원인 없는 선 과보 마음들'이라고 한다.

본문에는 '원인 없는 선 과보'를 'kusalavipākāhetuka'라고 표현했습니다. 이 구절은 'kusala 선'+'vipāka 과보'+'ahetuka 원인 없는'이라고 분석할 수 있습니다. 불선 과보는 원인 없는 것만 있습니다. 원인 있는 것이 없습니다. 그래서 불선 과보akusala vipāka 앞에는 '원인 없는'이라고 따로 수식하지 않고 그냥 '불선 과보 마음'이라고 표현합니다.

선 과보에는 욕계의 경우 원인 없는 것도 있고 원인 있는 것도 있습니다. 그래서 원인 없는 과보만 헤아리기 위해 'ahetuka 원인 없는'이라는 단어를 첨가해서 표현합니다. 원인 있는 과보를 헤아린다면 '원인 있는'을 첨가해서 '원인 있는 욕계 선 과보 마음'이라고 말해야 합니다.

원인 없는 과보와 원인 있는 과보 둘 모두를 헤아린다면 특별히 수식하지 않고 '욕계 선 과보 마음'이라고 하면 됩니다.

원인 없는 선 과보 마음에는 8가지가 있습니다.

① 평온과 함께하는 눈 의식 마음이 하나

② 평온과 함께하는 귀 의식 마음이 하나

③ 평온과 함께하는 코 의식 마음이 하나

④ 평온과 함께하는 혀 의식 마음이 하나

⑤ 행복과 함께하는 몸 의식 마음이 하나

⑥ 평온과 함께하는 접수 마음이 하나

⑦ 즐거움과 함께하는 조사 마음이 하나

⑧ 평온과 함께하는 조사 마음이 하나

사람들은 아침에 눈을 떠서 저녁에 잠들 때까지 집에서, 길에서, 회사에서 여러 형색, 소리, 냄새, 맛, 감촉을 보고, 듣고, 맡고, 맛보고, 닿으면서 살아가고 있습니다. 형색을 예로 들자면 원하는 대상을 볼 때도 있고 원하지 않는 대상을[120] 볼 때도 있습니다. 여러분은 평소에 원하는 대상을 많이 봅니까, 원하지 않는 대상을 많이 봅니까? 원하지 않는 대상을 많이 본다면 불선 과보 마음이 많이 일어난다고 할 수 있습니다. 보아서 아는 마음, 즉 눈 의식이 일어나기 위해서는 눈이 있어야 하고, 대상인 형색도 있어야 합니다. 눈과 형색을 원인으로 보아서 아는 마음인 눈 의식이 일어납니다. 눈 의식이 일어날 때 원하는 형색을

120 원하는 대상과 원하지 않는 대상에 대해서는 본서 p.142를 참조.

대상으로 하면 원인 없는 선 과보 마음이 일어납니다. 원하지 않는 형색을 대상으로 하면 불선 과보 마음이 일어납니다.

길을 갈 때 개나 소 등 축생을 볼 수도 있습니다. 축생은 과거 불선업의 결과로 사악도 중 하나에 태어난 것이기 때문에 본래성품상 원하지 않는 대상입니다. 그래서 축생을 볼 때는 불선 과보 눈 의식이 일어납니다. 축생의 소리를 들을 때 등에도 마찬가지로 불선 과보 귀 의식 등이 일어납니다. 반대로 길을 갈 때 비구를 볼 수도 있습니다. 비구는 선처에 해당되는 사람이기도 하고, 재가자보다 더 많은 계를 수지하면서 수행을 하는 이들이기 때문에 본래성품에 따르자면 원하는 대상입니다. 그래서 비구를 볼 때는 선 과보 눈 의식이 일어납니다. 비구의 음성을 들을 때 등에도 마찬가지로 선 과보 귀 의식 등이 일어납니다. 이렇게 본래성품 자체에 따라 원하는 대상에 대해서는 원인 없는 선 과보 눈 의식 마음이 생겨나고, 원하지 않는 대상에 대해서는 불선 과보 눈 의식 마음이 생겨납니다.

그리고 본래성품과 반대로 조작돼parikappita 원하는 대상이나 원하지 않는 대상으로 드러나기도 합니다. 개의 시체는 본래성품상 원하지 않는 대상이지만 독수리에게는 원하는 대상으로 조작돼 드러납니다. 그러면 독수리가 개의 시체를 볼 때는 선 과보 눈 의식이 일어납니다. 반대로 비구는 본래성품상 원하는 대상이지만 불교에 적대감을 가지고 있는 이에게는 원하지 않는 대상으로 조작돼 드러납니다. 그러면 그가 비구를 볼 때는 불선 과보 눈 의식이 일어납니다.

그렇다면 원하지 않는 대상을 적게 보고 원하는 대상을 많이 보려면, 그래서 불선 과보 눈 의식은 적게 일어나고 선 과보 눈 의식은 많이 일어나게 하려면 어떻게 해야 할까요? 불선업은 적게 행하고 선업은 많이 행해야 합니다. 선업을 많이 행해야 선 과보 마음이 많이 일어납니다. 원하지 않는 대상을 많이 봐서 불선 과보 마음이 많이 일어나는 것은 그 전에 많은 불선업을 행했기 때문입니다. 선업을 많이 행하면 원하는 대상을 만나 선 과보 마음이 일어납니다. 비록 사악도 중생이지만 호사를 누리는 애완견도 있습니다. 사람과 같이 살고, 좋은 음식을 먹고, 차도 같이 타는 등 대우를 받습니다. 그 이유는 불선업이 과보를 주어 불선 과보 마음으로 입태해서 악처인 축생으로 태어나긴 했지만 과거 여러 생에 행한 다른 선업들이 삶의 과정에 좋은 결과를 주었기 때문입니다. 좋은 음식을 먹을 때 선 과보 혀 의식이 일어나고, 부드러운 깔개에 누워 있을 때 선 과보 몸 의식이 일어나는 것은 그 전에 행했던 선업이 결과를 준 것입니다. 그래서 아무리 작고 사소하더라도 선업을 행해야 합니다. 왜냐하면 인간 세상에 태어나거나, 축생으로 태어나거나, 아귀로 태어나더라도 작고 사소한 선업이 삶의 과정에 좋은 과보를 줄 수 있기 때문입니다.(Dhp.224 일화 참조) 특히 아비담마를 공부하면 무엇이 선업이고 불선업인지, 그리고 그 과보를 어떻게 받는지 알 수 있기 때문에 선업을 많이 짓는 데 큰 도움이 될 것입니다.

제11강

2008년 7월 29일

불선 마음에 이어 제10강에서는 원인 없는 마음을 설명했습니다. 조금 더 보충하자면 여기서 '원인hetu'이란 여러 조건 중에서도 기본이 되는, 중요한 조건을 말합니다. 원인은 선 원인과 불선 원인으로 구분됩니다. 불선 원인에는 탐욕, 성냄, 어리석음이라는 3가지가 있고 선 원인에는 탐욕없음, 성냄없음, 어리석음없음이라는 3가지가 있습니다. 이 6가지를 '원인'이라고 하고, 이러한 '원인hetu'이 '없는a' 마음을 '원인 없는 마음ahetuka citta'이라고 합니다.[121]

이 원인 없는 마음은 모두 18가지로 불선 과보 마음akusalavipākacitta이 7가지, 원인 없는 선 과보 마음ahetukakusalavipākacitta이 8가지, 원인 없는 작용 마음ahetukakiriyacitta이 3가지입니다.

먼저 불선 과보 마음 7가지는 평온과 함께하는 눈 의식 마음, 평온과 함께하는 귀 의식 마음, 평온과 함께하는 코 의식 마음, 평온과 함께하는 혀 의식 마음, 고통과 함께하는 몸 의식 마음, 평온과 함께하는 접수 마음, 평온과 함께하는 조사 마음입니다.

이어서 원인 없는 선 과보 마음 8가지는 평온과 함께하는 눈 의식 마음, 평온과 함께하는 귀 의식 마음, 평온과 함께하는 코 의식 마음, 평온과 함께하는 혀 의식 마음, 행복과 함께하는 몸 의식 마음, 평온과 함께하는 접수 마음, 즐거움과 함께하는 조사 마음, 평온과 함께하는 조사 마음입니다. 이 내용까지 이전에 설명했습니다.

121 여기서 'ahetuka'는 '원인이 없는 것, 원인을 가지지 않은 것, 원인과 결합되지 않은 것'이라는 뜻이다. '원인이 아닌 것'은 'na hetuka'라고 표현한다. 각묵스님 옮김, 『담마상가니』 제1권, p.179 참조.

의미 설명

각각의 의미에 대해 조금 더 알아보겠습니다. 먼저 '불선 과보 마음 akusalavipākacitta'에서 불선akusala의 의미는 앞에서 자세히 설명했습니다. 과보vipāka란 결과를 뜻합니다. 이전에 행했던 업 때문에 지금 결과로 생겨나는 법을 '과보'라고 합니다. 다른 누가 생겨나게 한 것이 아닙니다. 단지 결과로 생겨나는 것이기 때문에 자체의 힘도 없고 다른 결과를 생겨나게 하지도 못합니다.

이어서 눈 의식cakkhuviññāṇa · 眼識이란 말 그대로 눈cakkhu으로 보아서 아는 의식viññāṇa입니다. 무엇을 아는가 하면 '형색'이라는 대상을 압니다. 이때 눈 의식은 어떤 '형체'나 '명칭'까지 알지는 못합니다. 그냥 '무엇을 봤다'라는 정도로 형색 자체만 압니다. 귀 의식 등도 마찬가지입니다. 그냥 '무엇을 들었다'라는 정도로 소리 자체 등만 압니다. 형체나 명칭까지 드러나고 어떠한 행위까지 진행되려면 여러 번의 '인식과정'을 거쳐야 합니다. 그러한 인식과정에 대해서는 『아비담맛타상가하』 제4장에서 설명할 것입니다.[122]

접수sampaṭicchana 마음은 대상을 받아들이는 마음입니다. 방금 설명한 눈 의식 등이 본 형색 등의 대상을 받아들이면서 눈 의식 등의 다음에 생겨나는 마음입니다. 조사santīraṇa 마음은 접수 마음이 받아들인 그 대상을 '원하는 대상인가? 원하지 않는 대상인가?'라고 조사하면서 접수 마음 다음에 생겨나는 마음입니다. 접수와 조사는 마음의 여러 역할 중 하나입니다. 자세한 내용은 『아비담맛타상가하』 제3장과 제4장

122 간략한 설명은 본서 부록 p.445 참조.

에서 설명할 것입니다.[123]

느낌의 결합

불선 과보이거나 선 과보인 눈 의식, 귀 의식, 코 의식, 혀 의식은 평온upekkhā과 함께하지만 불선 과보 몸 의식은 고통dukkha과, 선 과보 몸 의식은 행복sukha과 함께합니다. 그 이유는 무엇일까요?

『아비담맛타상가하』 제6장에서 자세하게 설명하겠지만 물질에는 근본 물질bhūtarūpa과 파생 물질upādāyarūpa이 있습니다. 근본 물질에는 땅 요소, 물 요소, 불 요소, 바람 요소라는 4가지 요소가 있고, 파생 물질에는 지금 설명하고 있는 눈 의식 등이 생겨나는 데 토대가 되는 눈 감성물질과 귀 감성물질, 그리고 대상이 되는 형색과 소리 등이 포함됩니다.[124] 그런데 근본 물질은 바탕이 되는 물질이어서 파생 물질에 비해 단단하고, 상대적으로 파생 물질은 근본 물질에 비해 무릅니다. 그래서 눈 감성물질을 토대로 해서 형색을 대상으로 눈 의식이 생겨날 때는 대상과 토대가 모두 파생물질이어서 부딪히는 것이 그리 분명하지 않습니다. 그래서 평온한 느낌이 함께하는 것입니다. 비유하자면 모루 위에 놓여있는 솜뭉치에 솜뭉치가 부딪힐 때 그 충격이 분명하지 않은 것과 같습니다. 귀 의식, 코 의식, 혀 의식도 마찬가지입니다.[125]

---

123 특히 선 과보와 불선 과보인 평온과 함께하는 조사 마음은 조사 역할 외에 재생연결, 존재요인, 죽음, 여운의 역할도 한다. 즐거움과 함께하는 선 과보 조사 마음은 조사 역할 외에 여운의 역할도 한다.

124 본서 부록 p.447 참조.

125 하지만 그 뒤에 이어지는 인식과정 중 속행 때는 즐거움이나 괴로움이 생겨날 수 있고, 또한 그다음에 이어지는 여러 인식과정에서도 즐거움이나 괴로움이 생겨날 수 있기 때문에 일반적으로는 볼 때 등에도 즐거움이나 괴로움이 분명하다. 마음에 들지 않는 소리를 들을 때 괴로움이 생겨나는 것처럼 느낀다.

반면에 몸 의식은 몸 감성물질을 토대로 해서 감촉을 대상으로 생겨납니다. 이때 '감촉'이라는 물질이 따로 있는 것이 아닙니다. 근본 물질 4가지 중 땅 요소, 불 요소, 바람 요소가 결합된 것이 바로 감촉 물질입니다. 그래서 토대는 몸 감성물질이라는 파생 물질이어서 무르지만 단단한 대상인 감촉 물질이 부딪히기 때문에 그 충격이 커서 몸 감성물질에만 그치지 않고 그것이 의지하고 있는 근본 물질에까지 충격이 전달돼 원하지 않는 대상이라면 고통스러운 느낌이, 원하는 대상이라면 행복한 느낌이 함께하는 것입니다. 비유하자면 모루 위에 놓여있는 솜뭉치를 망치로 내리친다면 그 충격이 모루까지 전달돼 쾅 소리가 나는 것과 마찬가지입니다.

원인 없는 과보 마음 중 불선 과보와 선 과보의 접수 마음은 평온과만 함께합니다. 이 두 마음을 묶어서 '접수 쌍sampaṭicchana dve'이라고 합니다.

조사 마음의 경우 불선 과보 조사 마음은 평온과 함께하는 한 가지만 있고, 선 과보 조사 마음은 즐거움과 함께하는 것과 평온과 함께하는 것으로 나누어집니다.

다섯 의식 쌍과 다섯 대상

지금 언급하고 있는 불선 과보와 원인 없는 선 과보 눈 의식 한 쌍cakkhuviññāṇa dve, 귀 의식 한 쌍sotaviññāṇa dve, 코 의식 한 쌍ghānaviññāṇa dve, 혀 의식 한 쌍jivhāviññāṇa dve, 몸 의식 한 쌍kāyaviññāṇa dve을 '다섯 의식 쌍dvepañcaviññāṇa · 前五識'이라고 합니다.

2가지씩 쌍을 이루는 이유는 선 과보와 불선 과보가 있기 때문입니다. 앞에서 설명한 바와 같이, 원하는 대상과 만나면 선 과보 눈 의식 등이 일어나고 원하지 않는 대상과 만나면 불선 과보 눈 의식 등이 일어납니다. 특히 지옥을 비롯한 사악도 중생들에게는 대부분 불선 과보 눈 의식 등이 일어납니다. 드물긴 하지만 지옥 중생들에게도 선 과보 의식이 일어날 때도 있습니다. 부처님이나 마하목갈라나 존자가 신통으로 잠시 지옥 위를 지나실 때가 있는데, 그때 스치는 가사 냄새를 맡으며 선 과보 코 의식이 생겨나거나, 뜨거운 지옥불이 잠시 꺼질 때 행복과 함께하는 몸 의식이 생겨난다고 합니다.

그리고 다섯 의식 쌍의 대상인 형색과 소리와 냄새와 맛과 감촉을 다섯 대상pañcārammaṇa이라고 합니다. 다섯 대상을 아는 마음을 줄여서 다섯 의식pañcaviññāṇa · 前五識이라고 합니다.

이 다섯 의식은 동시라고 생각될 정도로 매우 빠르게 일어납니다. 예를 들어 어떤 사람이 안락의자에 앉아서 음식을 먹으며 TV를 보고 있다고 합시다. 그때 화면을 보는 것, 소리를 듣는 것, 음식의 냄새를 맡는 것, 음식의 맛을 아는 것, 안락의자의 감촉을 느끼는 것, 이러한 것들이 모두 동시에 일어난다고 생각합니다. 다섯 의식이 동시에 일어나는 것 아닌가 생각할 수 있습니다. 하지만 마음의 성품은 그렇지 않습니다. 하나의 마음이 일어나면 사라지고, 또 다른 마음이 일어납니다. 그 마음도 다시 사라집니다. 마음은 동시에 여러 가지를 대상으로 하지 못합니다. 생겨남과 사라짐이 매우 빠르기 때문에 동시라고 생각하는 것일 뿐입니다.

또 다른 비유로는 강물을 들 수 있습니다. 강물을 멀리서 보면 하나의 강이 계속해서 흐르고 있는 것처럼 보입니다. 하지만 한 장소를 자세히 들여다보면 원래 그곳에 있던 물은 즉시 흘러 내려가고 위에 있던 물이 내려오는 일이 계속해서 반복되고 있습니다. 하지만 멀리서 보면

'하나의 강물'로만 인식됩니다. 그래서 아비담마에서는 이렇게 마음이 일어나고 사라지는 모습을 강의 흐름과 같다고 비유합니다.

혹은 등잔불이 타는 모습과도 비슷합니다. 등잔불은 심지와 그것에 스며든 기름이 계속 조금씩 불타서 사라지고, 다시 불타서 사라지는 현상일 뿐입니다. 하지만 보통 사람들은 하나의 등불이 있고, 그것이 계속 유지된다고 생각합니다.

그렇게 등잔불이 타는 것처럼, 강이 흐르는 것처럼 마음도 순간순간 일어나고 사라지는 연속일 뿐입니다. 그렇게 일어나고 사라지는 것을 하나의 연속된 것으로 여기는 것을 아비담마에서는 상속개념santati paññatti이라고 합니다. 예를 들어 형색을 볼 때 아침의 눈과 동일한 눈으로 저녁에도 본다는 생각, 아침에 보는 형색과 동일한 형색을 저녁에도 본다는 생각 등입니다. 하지만 그렇지 않습니다. 아침에 볼 때 눈 의식의 바탕이 된 눈 감성물질은 이미 그때 일어나서 사라졌습니다. 저녁에는 그것에 이어진 다른 눈 감성물질을 바탕으로 봅니다. 또 아침에 봤던 형색은 그때 이미 일어나서 사라졌습니다. 저녁에는 그것에 이어진 다른 형색을 보는 것입니다. 그런데도 같은 눈으로 같은 형색을 본다고 여기는 것이 상속개념입니다.

다섯 의식과 위빳사나

다섯 의식은 조건이 있어야 생겨납니다. 예를 들어 눈 의식은 눈 감성물질과 대상인 형색을 조건으로 생겨납니다.[126] 눈과 형색, 그리고

---

126 눈 문에서 인식과정이 일어나기 위해서는 눈과 형색, 빛, 마음기울임이 있어야 한다. 이때 마음기울임은 인식과정을 일으키는 마음기울임vīthipaṭipādaka manasikāra, 즉 오문전향 마음을 말한다.

그 둘을 조건으로 생겨난 눈 의식이 결합하는 것을 접촉phassa이라고 합니다. 접촉을 조건으로 느낌이 일어납니다. 연기의 가르침에 따르면 이 느낌을 조건으로 갈애가, 갈애를 조건으로 취착이 일어납니다. 취착을 조건으로 어떠한 업을 행하고, 그것을 업 존재라고 합니다. 선업이든 불선업이든 어떤 업을 행하면 그 업을 조건으로 태어남이 생겨납니다. 태어나면 늙음, 병듦, 죽음과 슬픔, 비탄, 육체적 고통, 정신적 고통, 절망이 일어납니다. 이런 괴로움은 어디에서 비롯했습니까? 눈으로 대상을 보는 것에서 시작했습니다. 이렇게 윤회는 다른 곳에 존재하는 것이 아닙니다. 여섯 문에서 윤회가 생겨납니다. 복잡한 연기 도표가 아니라 바로 지금 여기에 윤회가 있습니다.

그러한 윤회에서 벗어나려면 느낌에서 갈애로 이어지지 않도록 관찰해야 합니다. 볼 때는 〈본다, 본다; 봄, 봄〉으로 관찰합니다. 그렇게 볼 때 즉시 관찰하면 '단지 무엇을 보았다'라는 정도에서만 마음이 멈추고 '이렇게 생겼다. 이러한 모습이다'라는 형체나 '남자다. 여자다. 나무다'라는 명칭이 드러나지 않습니다. 형체나 명칭이 드러나지 않으면 갈애가 생겨나지 않습니다. 갈애가 생겨나지 않으면 그것을 조건으로 생겨날 취착부터 업, 과보인 태어남과 절망까지 부분적으로 소멸한 것입니다. 그것이 바로 윤회에서 잠시라도 벗어난 것이고, 윤회윤전의 바퀴를 부분적으로 끊은 것입니다. 들을 때 등에도 마찬가지입니다. 들을 때마다 즉시 〈들린다, 들린다; 들음, 들음〉 등으로 관찰해야 합니다. 위빳사나 관찰을 통해 형체나 명칭이 드러나지 않고 단지 보는 것 정도에서만 멈추는 모습에 대한 설명은 『아비담맛타상가하』 제4장에서 자세하게 다룰 것입니다. '단지 보는 것에서 멈추도록 보자마자 즉시 관찰해야 한다. 듣는 것 등도 마찬가지다'라는 정도로 기억하고 그대로 실천하시기 바랍니다.

개인 12종류

빠라맛타 절대 성품으로는 물질과 정신, 이 2가지밖에 없습니다. 하지만 절대 성품만으로는 살 수가 없습니다. 사회적 관계를 맺고 사는 삶에서는 개념법도 필요하고, 아주 중요합니다. 할아버지, 할머니, 아버지, 어머니, 스님 등은 모두 개념으로, 이러한 개념이 없으면 구분하지 못합니다. 이제 관습적 진리의 관점에서 개인 12종류를 설명하겠습니다. 31탄생지에[127] 존재하는 모든 중생을 같은 성품끼리 모으면 범부 4종류, 성자 8종류, 이렇게 모두 12종류의 개인으로 분류할 수 있습니다.

먼저 범부에는 4종류가 있습니다.

첫 번째는 악처 원인 없는 개인입니다. 불선업의 결과인 평온과 함께하는 불선 과보 조사 마음으로 재생연결을 한 개인입니다. 여기에는 지옥, 축생, 아귀, 아수라라는 사악도 중생들이 포함됩니다.

두 번째는 선처 원인 없는 개인입니다. 지혜가 포함되지도 않았고, 선업을 행하기 전과 후에 불선업으로 뒤덮여 저열한 선업이 결과를 주어 평온과 함께하는 원인 없는 선 과보 조사 마음으로 재생연결을 한 개인입니다.[128] 여기에는 궁전 아귀, 지신地神, 목신, 타락 아수라, 선천적 눈 장애자, 선천적 귀 장애자, 심한 말더듬이, 지체 장애자, 성 이상자 등이 있습니다. 무상유정천 중생asaññasatta도 여기에 속합니다.[129]

---

127 중생들이 죽은 뒤 태어나는 31곳이 31탄생지이다. 31탄생지에 대해서는 『아비담맛타상가하』 제5장에서 자세하게 다룬다. 본서 부록 p.449와 『가르침을 배우다』, pp.270~311 참조.

128 본서 p.284 참조.

129 무상유정천 중생은 생명9원소 물질묶음이라는 물질로 재생연결을 한다. 이전 생에 4종선정으로는 제4선정, 5종선정으로는 제5선정까지 잘 닦은 뒤 모든 고통은 마음이 있기 때문에 일어난다고 정신에 대해서만 염오해서 다음 생에 무상유정천에 태어난다. 죽을 때 누워 있었다면 누운 모습으로, 서 있었다면 서 있는 모습으로 500대겁 지속된다. 500대겁이 지나면 다시 사람이나 욕계 천신으로 재생연결한다.

세 번째는 두 원인 개인입니다. 지혜가 포함됐지만 저열한 선업, 혹은 수승하지만 지혜가 포함되지 않은 선업이 결과를 주어 어리석음없음amoha이라는 지혜가 포함되지 않고 탐욕없음alobha 성냄없음adosa이라는 원인 2가지만 포함된 과보 마음, 즉 이어서 설명할 욕계 아름다운 마음 중 지혜와 결합하지 않은 과보 마음으로 재생연결을 한 개인입니다.[130] 두 원인 개인은 선업을 실천해서 천상에 태어날 수는 있지만, 수행을 해도 바탕이 되는 지혜가 부족하기 때문에 선정이나 도와 과를 얻을 수는 없습니다.

네 번째는 세 원인 개인입니다. 지혜도 포함되고 수승한 선업이 결과를 주어 탐욕없음, 성냄없음, 어리석음없음이라는 3가지 원인을 포함한 마음으로 재생연결을 한 개인입니다.[131] 세 원인 개인은 선업을 실천해서 천상에 태어날 수도 있고, 수행을 하면 선정이나 도와 과까지 얻을 수 있습니다.

그렇다면 세 원인 개인의 기준은 무엇일까요? 레디 사야도는 "어떤 내용을 가르쳤을 때 이해해서 알아들을 수 있는 정도면 세 원인 개인이다"라고 설명했습니다. 따라서 수행에 진전이 없다고 섣불리 '나는 두 원인 개인이야. 이생에서는 도와 과를 얻지 못해'라고 판단하고 그만두면 안 됩니다. 그렇다면 세 원인 개인인데도 도와 과를 얻지 못하는 이유는 무엇일까요? 여기에는 여러 원인이 있습니다. 수행할 때 열심히 정진하지 않거나, 말을 많이 하거나, 수다원이 되겠다는 서원의 힘이 약하거나, 스승이 가르쳐준 방법대로 수행하지 않고 잘못된 방법으로

130 본서 p.283 참조.
131 본서 p.282 참조.

수행하기 때문입니다. 우유를 얻으려면 소의 젖을 짜야 합니다. 뿔을 짜면 안 됩니다. 기름을 원하는 사람은 참깨나 들깨를 짜야 합니다. 모래를 짜서는 기름을 얻을 수 없습니다. 이렇게 잘못된 방법으로 수행하면 다른 조건이 갖추어져도 선정이나 도와 과를 얻지 못합니다. 팔정도라는 바른 법이 포함된 방법으로 수행해야지만 선정이나 도와 과, 열반을 얻을 수 있습니다.

이어서 성자에는 8종류가 있습니다.

수다원도sotapatti maggaṭhāna 개인, 사다함도sakadāgāmi maggaṭhāna 개인, 아나함도anāgāmi maggaṭhāna 개인, 아라한도arahatta maggaṭhāna 개인이라는 도 개인이 4종류, 수다원과sotapatti phalaṭhāna 개인, 사다함과 sakadāgāmi phalaṭhāna 개인, 아나함과anāgāmi phalaṭhāna 개인, 아라한과 arahatta phalaṭhāna 개인이라는 과 개인이 4종류입니다.

범부 4종류 중 마지막인 세 원인 개인과 성자 8종류, 이렇게 9종류 개인은 탐욕없음과 성냄없음과 어리석음없음이라는 3가지 원인을 포함한 마음으로 재생연결을 한 개인이기 때문에 '세 원인 개인'이라고 합니다.

성자 8종류도 또한 수련자sekkha · 修練者와[132] 완수자asekkha · 完修者라는[133] 두 부류로 나눌 수 있습니다. 수련자는 계와 삼매와 통찰지라는 3가지 수련sikkhā을 계속 실천해야 하는 이로 아라한과 개인을 제외한 수다원도부터 아라한도까지 나머지 7종류의 개인이 해당됩니다. 완수

132 보통 有學이라고 표현하지만 아직 수행할 것이 남아서 계속 수행하고 있는 이라는 의미로 수련자라고 번역했다.

133 보통 無學이라고 표현하지만 해당 학문의 과정이나 과목을 순서대로 공부하여 마친 사람이라는 의미로 완수자라고 번역했다. 본서 부록 p.440 참조.

자는 계 · 삼매 · 통찰지라는 3가지 수련을 모두 실천해 마친 이로 아라한과 개인이 해당됩니다.

이렇게 범부 4종류와 성자 8종류, 모두 합해서 12종류의 개인을 중생 세상sattaloka이라고 합니다. 세상에는 중생 세상 외에 공간 세상, 형성 세상도 있습니다.[134]

134 '하나의 우주 한 가운데 시네루 산이 있고, 주위에 일곱 산맥이 둘러싸고 있으며 그 너머에 네 개의 큰 섬이 있다'라는 등으로 설명한 세상이 공간 세상이다. '정신과 물질, 다섯 무더기, 12가지 감각장소' 등이 형성 세상이다. 자세한 내용은 『청정도론』 제1권, pp.493~497 참조.

제12강

2008년 8월 5일

제10강, 제11강을 통해 원인 없는 마음 18가지 중 불선 과보 마음 7가지와 원인 없는 선 과보 마음 8가지를 살펴보았습니다. 이제 원인 없는 작용마음 3가지에 대해 설명하겠습니다.

원인 없는 작용 마음들

11 Upekkhāsahagataṁ pañcadvārāvajjanacittaṁ, tathā manodvārāvajjanacittaṁ, somanassasahagataṁ hasituppādacittañceti imāni tīṇipi ahetukakiriyacittāni nāma.

해 석

평온과 함께하는 오문전향 마음, 그와 마찬가지로 맘문전향 마음, 즐거움과 함께하는 미소 짓는 마음, 이렇게 3가지이기도 한 이 마음들은 '원인 없는 작용 마음들'이라고 한다.

대 역

Upekkhāsahagataṁ평온과 함께하는 pañcadvārāvajjanacittañca오문전향 마음과 tathā그와 마찬가지로; 평온과 함께하는 manodvārāvajjanacittañca맘문전향 마음과 somanassasahagataṁ즐거움과 함께하는 hasituppādacittañca미소 짓는 마음, iti=iminā pabhedena이렇게; 이렇게 종류로 구분하면 tīṇipi3가지이기도 한 imāni cittāni이 마음들은 ahetukakiriyacittāni nāma honti'원인 없는 작용 마음들'이라고 한다.

본문에서 'ahetukakiriya', 즉 'ahetuka 원인 없는'+'kiriya 작용'이라고 표현했습니다. '원인 없는'이라는 수식어를 붙인 이유는 앞서 욕계 선 과보에 대한 설명과 동일합니다. 욕계 작용 마음에도 원인 없는 것도 있고 원인 있는 것도 있습니다. 그래서 원인 없는 작용 마음만 헤아리기 위해 '원인 없는'이라는 단어를 첨가해서 표현한 것입니다. 원인 있는 작용 마음을 헤아린다면 '원인 있는'을 첨가해서 '원인 있는 욕계 작용 마음'이라고 말해야 합니다. 원인 없는 작용과 원인 있는 작용 둘 모두를 헤아린다면 특별히 수식하지 않고 '욕계 작용 마음'이라고 표현하면 됩니다.

원인 없는 작용 마음에는 3가지가 있습니다.

① 평온과 함께하는 오문전향 마음이 하나

② 평온과 함께하는 맘문전향 마음이 하나

③ 즐거움과 함께하는 미소 짓는 마음이 하나

오문전향 마음

원인 없는 작용 마음 중 첫 번째는 평온과 함께하는 오문전향 마음pañcadvārāvajjanacitta입니다. 오문전향pañcadvārāvajjana에서 오문五門은 다섯pañca 문dvāra, 즉 눈 문, 귀 문, 코 문, 혀 문, 몸 문을 말합니다. 전향āvajjana이란 돌려 향하는 것입니다. 다섯 문에 형색, 소리, 냄새, 맛, 감촉이라는 다섯 대상이 드러났을 때 그 대상 쪽으로 방향을 바꾸어 향하듯 생겨나는 마음이 오문전향 마음입니다.

맘문전향 마음

원인 없는 작용 마음 중 두 번째는 평온과 함께하는 맘문전향 마음

manodvārāvajjanacitta입니다. 오문전향과 마찬가지로 맘문전향manodvārāvajjana에서 '맘문'은[135] 눈 등의 다섯 감각문이 아니라 마음이라는 문을 말합니다. 이 맘 문에 법이라는 성품 대상이 드러났을 때 그 대상 쪽으로 방향을 바꾸어 향하듯 생겨나는 마음이 맘문전향 마음입니다.[136]

전향 둘

오문전향과 맘문전향을 합쳐서 '전향 둘āvajjana dve'이라고 합니다. 'āvajjana'는 '회전하다, 전향하다, 회향하다'라는 뜻의 'āvaṭṭati'라는 단어에서 파생됐습니다. 흐름을 바꾸는 것, 다른 곳으로 돌리는 것이라는 뜻입니다.

사실 중생에게는 다른 분명한 대상이 없을 때는 존재요인bhavaṅga 마음이 계속 생멸하면서 지속됩니다. 그러다가 분명한 대상이 나타나면 존재요인 마음의 흐름을 끊고, 새로운 대상 쪽으로 흐름을 돌리는 역할을 하는 마음이 생겨나는데, 그 마음을 전향 마음이라고 합니다. 오문에서 일어나면 오문전향, 맘문에서 일어나면 맘문전향이라고 합니다. 전향마음은 존재요인 마음에서 막 벗어나 처음으로 일어나는 마음이고 처음으로 그 대상을 향하기 때문에 접촉이 분명하지 않습니다. 그래서 평온한 느낌과만 함께합니다.

---

135 mano를 '맘'이라고 번역한 이유에 대해서는 본서 부록 p.438 참조. 이에 따라 'manodvāra'를 '맘 문'으로, 'manodvārāvajjana'를 '맘문전향'으로 번역했다. 단독으로 쓰일 때는 '맘 문'이라고 띄어 썼고, 전향과 결합해서 쓰일 때는 '맘문전향'이라고 붙여 썼다. '앞문'이나 '뒷문'이라는 표현도 참고했다.

136 이 마음은 오문 인식과정에서는 결정의 역할도 한다. 『아비담맛타상가하』 제3장과 제4장 참조.

즐거움과 함께하는 미소 짓는 마음

원인 없는 작용 마음 중 세 번째는 즐거움과 함께하는 미소 짓는 마음hasituppādacitta입니다. 'hasita'는 '미소', 'uppāda'는 '일으키는', 'citta'는 '마음', 그래서 hasituppādacitta, 미소를 일으키는 마음, 미소 짓는 마음입니다.

그렇다고 미소 짓는 모두에게 이 마음이 생겨나는 것은 아닙니다. 이 마음은 정등각자 부처님을 비롯한 아라한들이 미소를 지을 때 생겨납니다. 범부나 수련자들에게는 이 마음이 생겨나지 않습니다.

미소를 지을 때는 보통 정신적 행복이 함께하기 때문에 이 마음은 즐거움과 함께합니다.

웃음 6가지

빠알리어 작시Alaṅka · 作詩 문헌에 6가지 웃음이 나옵니다.

① 눈웃음sita은 소리 없이 눈으로만 가볍게 웃는 것입니다.

② 미소웃음hasita은 소리 없이 치아를 조금 드러내는 정도로 웃는 것입니다.[137]

③ 호걸웃음vihasita은 즐거운 소리를 내면서 웃는 것입니다.

④ 흔들웃음upahasita은 어깨나 머리를 흔들 정도로 웃는 것입니다.

⑤ 눈물웃음apahasita은 눈물을 흘릴 정도로 웃는 것입니다.

⑥ 온몸웃음atihasita은 팔이나 다리 등 몸을 앞뒤로 흔들 정도로 웃는 것입니다.

거룩한 이들은 눈웃음과 미소웃음 정도로만 웃습니다. 중간 정도인

137 미소에 '웃음'이라는 의미가 포함돼 있으나 여기는 6가지 웃음의 종류를 밝히는 곳이어서 '미소웃음'이라고 표현했다.

사람들은 호걸웃음과 흔들웃음까지 웃습니다. 저열한 이들은 눈물웃음과 온몸웃음까지 웃습니다.

일부 스승은 미소 짓는 마음의 '미소'에는 눈웃음만 해당된다고 하지만 여러 문헌에 부처님께서 눈웃음을 짓는 모습뿐만 아니라 미소를 짓는 모습도 설명됐기 때문에 이 6가지 중에서 눈웃음과 미소웃음 둘 다 해당된다고 보아야 합니다.(AhBṬ.57)

미소를 일으키는 마음들

앞으로 설명할 마음도 포함되지만 미소웃음를 일으키는 마음에는 다음과 같은 13가지가 있습니다.

- 탐욕뿌리 마음 8가지 중 즐거움과 함께하는 마음 4가지
- 욕계 선 마음 8가지 중 즐거움과 함께하는 마음 4가지
- 욕계 작용 마음 8가지 중 즐거움과 함께하는 마음 4가지
- 원인 없는 작용마음 3가지 중 미소 짓는 마음 1가지

이 13가지 중에서

- 범부는 탐욕뿌리 즐거움과 함께하는 마음 4가지와 욕계 선 마음 중 즐거움과 함께하는 마음 4가지, 모두 8가지 마음으로 웃습니다.
- 수련자들은 탐욕뿌리 즐거움과 함께하고 사견과 결합하지 않은 마음 2가지와 욕계 선 마음 중 즐거움과 함께하는 마음 4가지, 모두 6가지 마음으로 웃습니다.
- 부처님을 비롯한 아라한은 원인 없는 작용마음 중 미소 짓는 마음 1가지와 욕계 작용 마음 중 즐거움과 함께하는 마음 4가지의 모두 5가지 마음으로 웃습니다. 혹은 원인 없는 작용마음 중 미소 짓는 마음 1가지와 욕계 작용 마음 중 즐거움과 함께하고 지혜와 결합

한 마음 2가지의 모두 3가지 마음으로 웃는다고 말하는 이도 있습니다.

그렇다면 "즐거움과 함께하는 13가지 마음 모두가 미소 짓게 하는 것들인데 왜 미소 짓는 마음만 '미소 짓는 마음'이라고 특별히 이름을 붙였는가?"라고 질문할 수 있습니다. 이 마음은 웃음 6가지 중 눈웃음과 미소웃음만 생겨나게 하므로, 그 역할만 하므로 특별히 '미소 짓는 마음'이라고 이름 붙인 것입니다. 나머지 즐거움과 함께하는 마음은 탐욕뿌리 불선 마음이거나 욕계 선 마음의 경우 6가지 웃음 전부를 생기게 할 수 있고 다른 역할도 하므로, 욕계 작용 마음의 경우는 다른 역할도 하므로[138] 미소 짓는 마음이라고 이름 붙이지 않은 것입니다.

부처님의 미소

그렇다면 부처님의 미소 짓는 마음은 언제 일어날까요? 『띠까 쬬』에 설명된 바에 따르면 과거 생을 관찰하시거나, 미래를 관찰하시거나, 일체지를 사용하신 후에 일어납니다.

Hasituppādacittena pana pavattiyamānampi tesaṁ sitakaraṇaṁ pubbenivāsaanāgataṁsasabbaññutaññāṇānaṁ anuvattakattā ñāṇānuparivattiyevāti. (AhVṬ.209)

대 역

Pana한편 hasituppādacittena미소 짓는 마음으로 pavattiyamānampi 생겨나기도 하는 tesaṁ그들의; 부처님들의 sitakaraṇaṁ미소지음은

138 '다른 역할도 한다'는 것은 불선 마음은 살생을 하는 것 등, 욕계 선 마음은 범부나 수련자가 보시를 하는 것 등, 욕계 작용 마음은 아라한이 보시를 하는 것 등을 말한다.

pubbenivāsaanāgataṁsasabbaññutaññāṇānaṁ숙명통지와 미래지와 일체지에 anuvattakattā따르기 때문에 ñāṇānuparivattiyeva확실히 지혜에 따른 것이라고 iti이렇게 알아야 한다.[139]

숙명통지에 따른 미소

먼저 숙명통지pubbenivāsañāṇa · 宿命通智란 과거 생의 거처를 기억하는 지혜pubbenivāsa anussatiñāṇa입니다.[140] 이 숙명통지에는 자기 자신의 과거 생을 아는 지혜와 다른 사람의 과거 생을 아는 지혜 2가지가 있는데, 후자는 부처님들만 얻습니다.[141] 과거를 아는 것도 그 한계에 따라 여섯 종류가 있습니다. 외도들은 정신과 물질을 분석하지 못하기 때문에 통찰지가 약해 40겁만 기억합니다. 일반 제자들은 통찰지가 강해 몇 백 겁이나 몇 천 겁도 기억합니다. 80분의 대제자는 10만 겁을 기억합니다. 상수제자는 1아승기와 10만 겁을 기억합니다. 벽지불은 2아승기와 10만 겁을 기억합니다. 부처님에게는 한계가 없습니다.(Vis. ii.40)[142]

숙명통지와 관련된 부처님의 미소는 『맛지마 니까야』「가띠까라숫따Ghaṭīkārasutta(가띠까라 경)」에서 찾아볼 수 있습니다.[143] 한때 부처님께서는 꼬살라를 유행하시다가 어느 곳에서 미소를 지으셨습니다. 아난다 존자가 그 이유를 묻자, 부처님께서는 그곳이 예전에 깟사빠

139 대역은『*Ṭīkā kyo Nissaya*』, p.482 참조.

140 강의에서는 마지막에 소개했으나 근거문헌의 순서에 따라 바꿨다.

141 『청정도론』 제2권, p.356 참조.

142 『청정도론』 제2권, pp.356~358 참조.

143 숙명통지와 관련해서 부처님께서 미소를 지으신 일화가 강의에 포함되지 않아 역자가 찾아 허가를 받고 이곳에 실었다.

Kassapa 부처님께서 전법하시던 웨갈링가Vegaḷiṅga라는 도시였다는 것과 그때 깟사빠 부처님의 제자였던 가띠까라 도공의 일화를 설법하셨습니다.(M81) 또한 『맛지마 니까야』 「마가데와숫따Maghadevasutta(마가데와 경)」에서도 부처님의 미소를 발견할 수 있습니다. 부처님께서 미틸라Mithilā의 마가데와Maghadeva 망고 숲에 머무실 때 미소를 지으셨습니다. 역시 아난다 존자가 그 이유를 묻자 부처님께서는 예전에 이곳에 마가데와라는 왕과 그 후손들이 법답게 통치하다가 출가해서 거룩한 마음가짐을 닦은 뒤 범천에 태어났다는 것과 당신께서 밝히신 팔정도라는 좋은 관행을 계속 전하라는 내용을 설법하셨습니다.(M83)

일체지에 따른 미소

이어서 일체지에 따라 부처님께 미소가 생겨나는 모습을 설명하겠습니다. 일체지sabbaññutāñāṇa란 알아야 하는, 알 만한, 알 수 있는 모든 조건 지어진 법(有爲法)과 조건 지어지지 않은 법(無爲法)을 남김없이 모두 아는 지혜를 말합니다. 과거, 현재, 미래에 존재하는 모든 법에 대해서 다 아는 지혜를 말합니다.

일체지의 구체적인 대상에는 5가지가 있습니다. 첫째는 형성saṅkhāra으로 마음과 마음부수라는 정신법과 구체적 물질입니다. 둘째는 변화vikāra로 몸 암시와 말 암시, 가벼움, 부드러움, 적합함이라는 추상적 물질 5가지입니다. 셋째는 특성lakkhaṇa으로 무상 · 고 · 무아라는 공통특성과 특성 물질을 말합니다. 넷째는 개념paññatti입니다. 다섯째는 조건 지어지지 않은 법인 열반nibbāna입니다.(Nd2.339)[144] 이 5가지를 제외하

144 구체적 물질과 변화 물질, 특성 물질, 열반은 『아비담맛타상가하』 제6장을, 개념은 제8장을 참조.

고 다른 알 만한 법은 없습니다. 이 5가지에 모두 포함됩니다.

그런데 유의할 점이 있습니다. 일체지는 모든 것을 다 알지만 항상 계속해서 아는 상태에 있는 것이 아니라 알고자 하는 것에 마음을 기울였을 때 그 대상에 대해 완벽하게 아는 것을 말합니다. 부처님 당시, 스스로 깨달은 자라고 주장하는 외도 중에 니간타 나타뿟따Nigaṇṭha Naṭhaputta가 있었습니다. 그는 "나는 깨달은 자이다. 나는 서 있을 때나 걷고 있을 때나 누워 있을 때나 항상 일체지를 가지고 있다. 항상 모든 것을 알고 있다"라고 말하고 다녔습니다. 하지만 모든 것을 항상 알고 있다고 말하면서도 탁발을 할 때 사람이 없는 집에 서서 기다리고 있기도 했습니다. 때로는 개에게 물린 적도 있고, 탁발하다가 길을 잃어서 사람들에게 묻기도 했습니다. 그래서 사람들이 "그대는 모든 것을 다 알고 있다고 하는데 어떻게 사람도 없는 집에 탁발을 가서 기다리고 있습니까?"라고 물었습니다. 그러자 "오래전부터 사람이 없는 집에 탁발을 가는 것으로 결정돼 있기 때문에 그런 것이다"라고 말했습니다. 개에 물린 것도 그런 업이 있어서라고 말했습니다. 길은 왜 잃었느냐고 묻자 이렇게 질문 받는 업을 받아야 하기 때문에 그런 것이라고 했습니다.(M14) 이것이 모든 것은 업으로 결정돼 있다고 견지하는 잘못된 견해입니다. 부처님께서는 항상 안다고 말하지 않으셨습니다. 알고자 하는 것에 마음을 기울였을 때 그 대상에 대해 확실하게 모든 것을 안다고 하셨습니다. 그렇게 일체지로 어떤 대상에 마음을 기울였을 때 그것에 관해 조금 재미있는 상황을 알게 되시면 그때 눈웃음이나 미소웃음 중 하나로 웃으십니다.

천안통지에 따른 미소

부처님께서는 미래지anāgataṁsañāṇa · 未來智를 통해서도 미소를 지으십니다. 미래지란 천안통지dibbacakkhuñāṇa · 天眼通智라고도 하고, 여기에는 미래를 관찰해서 아는 지혜와 업과 업의 결과를 아는 지혜라는 2가지가 있습니다. 미래를 관찰해서 아는 지혜란 말 그대로 미래에 어떤 일이 일어날 것인가를 아는 지혜입니다. 업과 업의 결과를 아는 지혜는 죽음과 다시 태어남을 아는 지혜cutūpātañāṇa라고도 하는데, 어떠한 업 때문에 다음 생에 어떠한 과보를 받는 것을 아는 지혜를 말합니다.

미래지를 통해 부처님께서 미소 지으신 것과 관련된 일화를 하나 소개하겠습니다. 부처님께서 제따와나에 머물고 계실 때였습니다. 바라나시에 사는 마하다나Mahādhana라는 상인이 500대의 수레에 옷감을 싣고 사왓티로 가고 있었습니다. 일행은 사왓티가 보이는 강 건너편까지 도착했지만 날도 저물고 사람이나 소도 다 지쳐서 강가에서 하룻밤을 보낸 뒤 날이 밝으면 강을 건너기로 했습니다. 하지만 그날 저녁 내린 많은 비에 강물이 불어나 일주일 넘게 건널 수 없었습니다. 사실 그렇게 많은 옷감을 싣고 간 이유는 사왓티에서 열리는 축제 때 팔기 위해서였습니다. 그러나 일주일이 지나 사왓티에 들어갔을 때는 이미 축제가 다 끝나버렸고 아무도 천을 사지 않았습니다. 마하다나는 '이 옷감을 다시 바라나시로 가져가도 아무 이익이 없을 것이다. 계절이 바뀌고 일 년이 걸리더라도 이곳에서 천을 모두 팔고 가야겠다'라고 생각하고 계속 사왓티에 머물기로 했습니다. 그때 마침 부처님께서 탁발하시다가 마하다나의 생각을 아시고 미소를 지으셨습니다. 앞에서 배운 아비담마 가르침에 따르자면 원인 없는 작용 마음인 미소 짓는 마음이었거나 원인 있는 욕계 작용 마음 중 즐거움과 함께하고 지혜와 결합한 마음으로 미소를 지으셨을 것입니다. 부처님께서 미소를 지으실 때 치아가 조금 드러났고, 치아에서 나온 광채로 주위가 갑자기 밝아졌습니다. 옆에 있던 아난다 존자가 이를 발견하고는 부처님께 미소 지으신 이유를 물었습니다. 그러자 부처님께서는 "저 상인은 자신의 수명이 얼마 남지 않았다는 것도 모르고 여기서 올해를 보내면서 옷감을 팔 생각을 하고 있구나"라고 대답하셨습니다. 아난다 존자가 그 상인에게 무슨 위험이 닥쳐올지 묻자, 부처님께서는 일주일 뒤에 죽을 것이라고 대답하셨습니다. 그러자 아난다 존자는 그 사실을 상인에게 말해주고 싶다고 했습니다. 부처님의 허락을 받은 아난다 존자는 상인에게 일부러 탁발을 가서 공양을 받으며 그 사실을 알려 주었습니다. 그러자 상인에게 경각심saṁvega · 警覺心이 생겨나 부처님과 스님들을 초청해 일주일 동안 공양을 올렸습니다. 마지막 날, 부처님께서는 공양을 마치시고 상인에게 다음의 게송으로 축원법문을 해 주셨습니다.

Idha vassaṁ vasissāmi, idha hemantagimhisu;
Iti bālo vicinteti, antarāyaṁ na bujjhati. (Dhp.286)
여기서 우기를 보낼 것이다,
여기서 겨울과 또한 여름도.
어리석은 자, 이렇게 생각한다네.
닥쳐오는 장애를 깨닫지 못한 채.

죽음과 관련해서 알지 못하는 5가지가 있습니다. 어느 나이에 죽을지 알지 못합니다. 어느 병으로 죽을지 알지 못합니다. 어느 시간에 죽을지 알지 못합니다. 죽은 뒤 몸을 어디에 내려놓을지 알지 못합니다.

죽은 뒤 어디에 태어날지 알지 못합니다. 이렇게 죽음은 표상이 없습니다.[145]

이 게송을 듣고 마하다나 상인은 수다원이 됐고, 법문을 들은 다른 사람들도 많은 이익을 얻었습니다. 부처님을 배웅해 드린 뒤 돌아온 마하다나 상인은 두통을 호소하며 침대에 눕자마자 죽어서 도솔천에 태어났습니다.(Dhp.286 일화)

이 일화에서 부처님께서는 타심통지로 상인의 마음을 천안통지로 미래에 일어날 일을 살펴보셨고, 그런 연유로 부처님께 미소 짓는 마음이 일어났던 것입니다. 주석서에는 언급되지 않았지만 생명의 위험이 있다는 것을 알면 상인이 보시선업을 짓게 되리라는 것, 공양 축원게송의 끝에 상인이 수다원이 되리라는 것을 모두 아시고 즐거움과 함께 미소 짓는 마음이 부처님께 생겼을 것이라고 유추할 수 있습니다.

원인 없는 마음들 요약

12 Iccevaṁ[146] sabbathāpi aṭṭhārasāhetukacittāni samattāni.

해 석

이와 같이 모든 방면으로도 18가지인 원인 없는 마음들이 끝났다.

대 역

Iccevaṁ=iti evaṁ yathāvuttanayena이와 같이; 이렇게 설명한 방법에 따라 sabbathāpi모든 방면으로도; 불선 과

145 『청정도론』 제2권, p.33 참조.

146 Icceva(Be).

보, 선 과보, 작용이라는 모든 방면으로도 aṭṭhārasa18가지인 ahetukacittāni원인 없는 마음들이 samattāni끝났다.

13 Sattākusalapākāni, puññapākāni aṭṭhadhā.
Kriyacittāni tīṇīti, aṭṭhārasa ahetukā.

해 석

불선 과보는 7가지고, 공덕 과보는 8가지다.
작용 마음은 3가지니, 원인 없는 마음은 18가지다.

대 역

Ākusalapākāni불선 과보는; 불선 과보 마음은 cakkhādi nissaya sampaṭicchanādi kiccabhedato눈 등의 의지처, 접수 등의 역할이라는 분류에 따라 satta7가지 종류가 siyuṁ있고, puññapākāni공덕 과보는; 원인 없는 선 과보 마음은 cakkhādi nissaya sampaṭicchanādi kiccabhedato눈 등의 의지처, 접수 등의 역할이라는 분류에 따라 aṭṭhadhā8가지 종류가 siyuṁ있다. kriyacittāni작용 마음은; 원인 없는 작용 마음은 āvajjanādi kiccabhedato전향 등의 역할이라는 분류에 따라 tīṇi3가지가 siyuṁ있다. iti이렇게 ahetukā원인 없는 것은; 원인 없는 마음은 aṭṭhārasa=aṭṭhārasa eva siyuṁ오직 18가지뿐이다.

§12의 내용 중 "sabbathāpi 모든 방면으로도"는 대역에도 설명했지만 불선 과보, 선 과보, 작용이라는 방면을 뜻합니다. 그중 불선 과보와 선 과보는 눈 등의 의지처nissaya와 접수 등의 역할에 따라 적절하게 7

종류, 8종류가 됩니다. 작용 마음은 전향 등의 역할에 따라 3종류가 됩니다. 따라서 과보 마음은 의지처와 역할에 따라 분류되고, 작용 마음은 역할에 따라 분류됩니다.

불선 마음 12가지와 달리 이 원인 없는 마음 18가지는 결합한 것이나 결합하지 않은 것, 형성 있는 것이나 형성 없는 것이라고 말해서는 안 되며, 결합에서도 벗어난 마음, 형성에서도 벗어난 마음으로 설명하기도 합니다.

하지만 이전의 여러 스승은 '사견, 적의, 의심, 들뜸, 지혜'라는 특별한 마음부수들과 결합하지 않기 때문에 이 원인 없는 마음 모두를 '결합하지 않는 것'이라고, 또한 관련된 조건이 형성되면 생겨나기 때문에 자극이 필요 없어 '형성 없는 것'으로 취하기도 합니다. 일부 스승은 형성 있는 것이기도 하고 형성 없는 것이기도 하다고 취하기도 합니다.[147]

원인 없는 마음들 헤아리기

느낌에 따른 분류

느낌은 제6강에서 신체적으로 괴로운 느낌인 고통, 신체적으로 행복한 느낌인 행복, 정신적으로 괴로운 느낌인 근심, 정신적으로 행복한 느낌인 즐거움, 그리고 중간의 느낌인 평온이라는 5가지로 나눈다고 설명했습니다.

- 고통과 함께하는 것 1가지 + 행복과 함께하는 것 1가지 + 즐거움과 함께하는 것 2가지 + 근심과 함께하는 것 0가지 + 평온과 함께하는 것 14가지 = 18가지

147 *Ashin Kumāra*, 『*Abhidhammatthasaṅgaha Pangoung*(아비담맛타상가하 설명서)』, p.15.

의지처에 따른 분류

- 눈에 의지하는 것 2가지 + 귀에 의지하는 것 2가지 + 코에 의지하는 것 2가지 + 혀에 의지하는 것 2가지 + 몸에 의지하는 것 2가지 = 10가지

역할에 따른 분류

- 접수 역할 2가지 + 조사 역할 3가지 + 전향 역할 2가지 + 미소 짓는 역할 1가지 = 8가지
  (보는 역할 2가지 + 듣는 역할 2가지 + 맡는 역할 2가지 + 맛보는 역할 2가지 + 닿는 역할 2가지를 합하면 18가지)

종류에 따른 분류

마음의 종류jāti란 불선 마음, 선 마음, 과보 마음, 작용 마음을 뜻합니다.

- 과보 15가지(불선 과보 7가지 + 선 과보 8가지) + 작용 3가지 = 18가지

설법차례에 따른 분류

- 눈 의식 2가지 + 귀 의식 2가지 + 코 의식 2가지 + 혀 의식 2가지 + 몸 의식 2가지 + 접수 2가지 + 조사 3가지 + 전향 2가지 + 미소 짓는 1가지 = 18가지

| 도표2 | 원인 없는 마음들 헤아리기

분류 / 마음	느낌				의지처					역할*					종류			설법차례
	행복	고통	즐거움	평온	눈	귀	코	혀	몸	접수	조사	전향 오문	전향 맘문	미소	불선과보	선과보	작용	
불선과보 7 / 선과보 8				✔ (2)	✔ (2)										1	1		2
				✔ (2)		✔ (2)									1	1		2
				✔ (2)			✔ (2)								1	1		2
				✔ (2)				✔ (2)							1	1		2
		✔ (1)							✔ (1)						1			2
	✔ (1)								✔ (1)							1		
				✔ (2)						✔ (2)					1	1		2
			✔ (1)								✔ (1)					1		3
				✔ (2)							✔ (2)				1	1		
작용 3				✔ (1)								✔ (1)					1	2
				✔ (1)									✔ (1)				1	
			✔ (1)											✔ (1)			1	1
18	1	1	2	14	2	2	2	2	2	2	3	2		1	7	8	3	18

* 역할에서 봄, 들음, 맡음, 맛봄, 닿음은 생략됐다.

제13강

2008년 8월 12일

열세 번째 아비담마 강의를 시작하겠습니다. 아미담마 강의에 누가 권유하지 않아도 자발적으로, 즐거운 마음으로 오는 분도 있고, '날씨도 덥고, 길도 먼데 가야 하나 말아야 하나'라고 망설이다가 오는 분도 있을 것입니다. 선 마음은 아직 배우지 않았지만 '형성'에 관해서는 배웠으니 전자는 '형성 없는 마음', 후자는 '형성 있는 마음'이라고 알 수 있을 것입니다. 형성 없는 마음이든 형성 있는 마음이든, 이곳에 와서 아비담마 법문을 듣는 것 모두가 나중에 설명할 선 마음인 것은 확실합니다. 범부라면 형성 없는 마음만 일어날 수 없습니다. 때로는 자극이나 격려를 받아 선업을 행하기도 합니다. 선업은 하고 싶어서도 해야 하고, 하기 싫어도 해야 합니다. 재가자뿐만 아닙니다. 출가자들도 가끔은 스스로 독려하거나 다른 이의 자극을 받아서 선업을 실천합니다. 자극을 받았든지 받지 않았든지 아비담마를 공부하면 지금 불선 마음이 생겨나는지 선 마음이 생겨나는지, 혹은 그 마음이 즐거움과 함께하는지 평온과 함께하는지, 형성 있는 마음인지 형성 없는 마음인지, 지혜와 결합한 마음인지 지혜와 결합하지 않은 마음인지 스스로 알 수 있는 이익을 얻을 수 있습니다. 더 나아가 불선 마음은 빨리 사라지도록, 선 마음은 증장되도록 할 수 있습니다.

아름답지 않은 마음들

지금까지 절대 성품 4가지를 먼저 설명한 다음, 불선 마음 12가지와 원인 없는 마음 18가지를 이어서 설명했습니다. 지금까지 살펴본 불선 마음 12가지와 원인 없는 마음 18가지, 모두 30가지 마음을 '아름답지 않은asobhana 마음'이라고 합니다. 단어 그대로 아름답지sobhana 않기a 때문에 아름답지 않은asobhana 마음입니다.

그렇다면 '아름답다'란 어떤 의미일까요? 먼저 『위바위니 띠까』에서는 다음과 같이 설명했습니다.

Alobhādianavajjahetusampayogato ca sobhanānīti vuccare kathīyanti. (AhVṬ.86)

해석

탐욕없음 등 허물이 없는 원인과 결합했기 때문에 '아름다운'이라고 말한다.

하지만 『바사띠까』에서는 불선 마음은 좋지 않은 결과를 주고 불선 마음부수와 결합하기 때문에 아름답지 않은 마음이라고 할 수 있지만, 원인 없는 마음 전체를 아름답지 않은 마음이라고 하기는 힘들다고 설명했습니다. 그 이유는 원인 없는 작용 마음에 포함된, 아라한의 미소 짓는 마음을 아름답지 못하다고 하는 것은 조금 무리이기 때문이라고 밝혔습니다.(AhBṬ.63~64)

『빠라맛타 상케이 띠까』에서는 다음과 같이 설명했습니다.

Sobhanehi yuttānīti sobhanāni. (AhSṬ.55)

해석

아름다움과; 훌륭하고 좋은 법들과 결합한다. 그래서 아름다운 것이다.

믿음, 새김, 부끄러움, 두려움,[148] 탐욕없음, 성냄없음 등 25가지 마음부수는 깨끗하고 훌륭하고 칭송받을 만한 작용을 하므로 진실로 아름답다고 말할 수 있습니다. 그 아름다운 법들과 결합한 마음도 마음부수와 더불어 아름답다고 말할 수 있습니다.(AhSṬ.55)

이 설명에 따라 불선 마음, 원인 없는 마음에는 아름다운 마음과 항상 결합하는 마음부수가 없기 때문에 아름답지 않은 마음이라고 할 수 있습니다. 아름다운 마음에 대해 알아보기 전에 아름답지 않은 마음을 간략하게 정리하겠습니다.

아름답지 않은 마음들 헤아리기

아름답지 않은 마음 30가지를 여러 방법으로 나누어보면 아래와 같습니다.

느낌에 따른 분류

- 고통과 함께하는 것 1가지 + 행복과 함께하는 것 1가지 + 즐거움과 함께하는 것 6가지 + 근심과 함께하는 것 2가지 + 평온과 함께하는 것 20가지 = 30가지

다른 방법으로는 정신적 괴로움과 신체적 괴로움을 '괴로운 느낌' 하나로, 정신적 행복과 신체적 행복을 '행복한 느낌' 하나로 포함해서 헤아리면 다음과 같습니다.

- 괴로움과 함께하는 것 3가지 + 행복과 함께하는 것 7가지 + 평온과 함께하는 것 20가지 = 30가지

---

148 여기서 부끄러움과 두려움은 도덕적으로 부끄러워하는 것과 두려워하는 것이다. 본서 부록 p.440 참조.

원인에 따른 분류

원인에는 탐욕, 성냄, 어리석음, 탐욕없음, 성냄없음, 어리석음없음이라는 6가지가 있다고 앞에서 설명했습니다. 앞의 3가지는 불선 원인, 뒤의 3가지는 선 원인입니다. 아름답지 않은 마음에서 1가지 원인 마음은 2가지입니다. 불선 마음 중 어리석음뿌리 마음 2가지가 바로 어리석음이라는 하나를 원인으로 합니다. 2가지 원인 마음은 10가지입니다. 불선 마음 중 탐욕뿌리 마음 8가지는 탐욕과 어리석음이라는 원인, 성냄뿌리 마음 2가지는 성냄과 어리석음이라는 원인을 가집니다. 이 10가지 마음은 2가지 원인을 가집니다. 원인 없는 마음에는 6가지 원인 모두가 포함되어 있지 않기 때문에 그 18가지 마음을 원인 없는 마음이라고 합니다.

- 1가지 원인인 것 2가지 + 2가지 원인인 것 10가지 + 원인 없는 것 18가지 = 30가지

결합에 따른 분류

- 결합한 것 8가지 + 결합하지 않은 것 22가지 = 30가지

형성에 따른 분류

- 형성 있는 것 5가지 + 형성 없는 것 5가지 = 10가지

어리석음뿌리 마음 2가지와 원인 없는 마음 18가지는 형성에서 벗어난 법으로 헤아립니다. 형성 있는 마음은 불선 탐욕뿌리 중 4가지와 불선 성냄뿌리 중 1가지로 모두 5가지입니다. 마찬가지로 형성 없는 마음은 불선 탐욕뿌리 중 4가지와 불선 성냄뿌리 중 1가지로 모두 5가지입니다. 만약 어리석음뿌리 마음 2가지와 원인 없는 마음 18가지를 형

성 없는 마음에 포함시키면 불선 탐욕뿌리 4가지와 불선 성냄뿌리 1가지와 합해서 형성 없는 것은 25가지입니다.

고통과 결합에 따른 분류

- 고통과 함께하고 결합하지 않은 것 1가지 + 고통과 함께하지 않고 결합한 것 8가지 + 2가지 모두인 것 0가지 + 2가지 모두가 아닌 것 21가지 = 30가지

종류에 따른 분류

- 불선 12가지 + 불선 과보 7가지 + 원인 없는 선 과보 8가지 + 원인 없는 작용 3가지 = 30가지

| 도표3 | **아름답지 않은 마음들 헤아리기**

분류 / 마음		종류				느낌					결합		형성		원인		
		선	불선	과보	작용	행복	고통	즐거움	근심	평온	O	×	×	O	O	1	2
불선 마음	12		12					4	2	6	8	4	5 7*	5		2	10
불선 과보 마음	7			7			1			6		7	7*		7		
원인 없는 선 과보 마음	8			8		1		1		6		8	8*		8		
원인 없는 작용 마음	3				3			1		2		3	3*		3		
아름답지 않은 마음	30		12	15	3	1	1	6	2	20	8	22	5 25*	5	18	2	10

* 어리석음뿌리 마음 2가지와 원인 없는 마음 18가지를 형성 없는 마음으로 헤아리면 불선 탐욕뿌리 4가지와 불선 성냄뿌리 1가지와 합해서 25가지입니다. 어리석음뿌리 마음 2가지와 원인 없는 마음 18가지를 형성에서 벗어난 법으로 헤아리면 형성 없는 마음은 불선 탐욕뿌리 중 4가지와 불선 성냄뿌리 중 1가지로 모두 5가지입니다.

아름다운 마음들

지금까지 아름답지 않은 마음을 설명했습니다. 그러면 지금까지 설명한 불선 마음 12가지와 원인 없는 마음 18가지, 모두 30가지를 제외한 나머지 마음은 반대byatireka 방법, 자연성취avuttasiddhi 방법에 의해서[149] 아름다운 마음이라고 할 수 있습니다. 아름다운 마음에는 59가지, 자세히 헤아리면 91가지가 있습니다.

14 Pāpāhetukamuttāni, sobhanānīti vuccare.
Ekūnasaṭṭhi cittāni, athekanavutīpi vā.

해석

불선과 원인 없는 것들을 제외한 59가지 마음이나
혹은 91가지 마음도 아름다운 것이라 말한다.

대역

Pāpāhetukamuttāni불선과 원인 없는 것을 제외한; 불선 마음과 원인 없는 마음을 제외한 ekūnasaṭṭhi59가지를; 59가지 cittāni마음들을 sobhanānīti아름다운 것이라고; 아름다운 마음이라고 vuccare=vuccanti말한다. atha vā혹은; 또 다른 방법으로는 ekanavuti91가지 cittāni pi마음들도 sobhanānīti아름다운 것이라고; 아름다운 마음이라고 vuccare=vuccanti말한다.

149 '반대byatireka 방법'이란 앞의 것과 반대되는 것으로 취하는 방법이다. 아름답지 않은 마음과 반대되는 마음은 당연히 아름다운 마음이다. '자연성취avuttasiddhi 방법'이란 말을 하지 않아도 저절로 성취되는 방법이다. 아름답지 않은 마음이 아닌 마음들은 저절로 아름다운 마음이라는 의미가 성취된다.

이 게송은 아름다운 마음을 설명했습니다. 요약하자면 불선 마음과 원인 없는 마음을 제외한 나머지 59가지 마음, 자세히는 91가지 마음을 아름다운sobhana 마음이라고 한다는 뜻입니다.

앞에서 언급했듯이 탐욕없음 등 허물이 없는 원인과 결합했기 때문에 아름답다고 말합니다.(AhVṬ.86) 혹은 믿음, 새김, 부끄러움, 두려움, 탐욕없음, 성냄없음 등 진실로 훌륭해서 아름답다고 말할 수 있는 법들과 결합했기 때문에도 아름답다고 말합니다.(AhSṬ.55)

아름다운 마음에는 욕계 아름다운 마음 24가지, 색계 아름다운 마음 15가지, 무색계 아름다운 마음 12가지, 그리고 출세간 마음으로는 간략하게 헤아리면 8가지, 자세하게 헤아리면 40가지가 있습니다.

3) 욕계 아름다운 마음들

먼저 욕계 아름다운 마음은 욕계 선 마음 8가지, 욕계 과보 마음 8가지, 욕계 작용 마음 8가지, 합해서 24가지입니다.

여기서 '욕계 아름다운 마음'이라고 한 것은 대부분 욕계에서 주로 생기는 아름다운 마음이기 때문입니다. '선 마음'이라고 한 것은 허물이 없고 좋은 결과를 주는 마음이기 때문입니다. '과보 마음'이라고 한 것은 선업과 불선업의 과보인 마음이기 때문입니다. 여기서는 선업의 과보인 마음입니다. '작용 마음'이라고 한 것은 선이나 불선이라고 부를 수 없이 단지 작용만 있는 마음과 부처님 등 아라한들에게만 생기는 마음을 뜻합니다.

아비담마에서는 욕계 아름다운 마음을 '큰 마음'이라고도 합니다. 왜냐하면 아름다운 마음 중 출세간 마음이나 색계 마음, 무색계 마음보다 욕계 마음이 더 많기 때문입니다. 그래서 '큰 선, 과보, 작용 마음'이라고 하면 '욕계 아름다운 선, 과보, 작용 마음'이라고 알아야 합니다.

욕계 선 마음들

15 Somanassasahagataṁ ñāṇasampayuttaṁ asaṅkhārikamekaṁ, sasaṅkhārikamekaṁ, somanassasahagataṁ ñāṇavippayuttaṁ asaṅkhārikamekaṁ, sasaṅkhārikamekaṁ, upekkhāsahagataṁ ñāṇasampayuttaṁ asaṅkhārikamekaṁ, sasaṅkhārikamekaṁ, upekkhāsahagataṁ ñāṇavippayuttaṁ asaṅkhārikamekaṁ, sasaṅkhārikamekanti imāni aṭṭhapi kāmāvacarakusalacittāni nāma.

해 석

즐거움과 함께하고 지혜와 결합한 형성 없는 것이 하나, 형성 있는 것이 하나, 즐거움과 함께하고 지혜와 결합하지 않은 형성 없는 것이 하나, 형성 있는 것이 하나, 평온과 함께하고 지혜와 결합한 형성 없는 것이 하나, 형성 있는 것이 하나, 평온과 함께하고 지혜와 결합하지 않은 형성 없는 것이 하나, 형성 있는 것이 하나, 이렇게 8가지이기도 한 이 마음들은 '욕계 선 마음들'이라고 한다.

대 역

Somanassasahagataṁ즐거움과 함께하고, ñāṇasampayuttaṁ지혜와 결합한 asaṅkhārikaṁ형성 없는; 자극받지 않은 cittaṁ마음도[150] ekaṁ하나, sasaṅkhārikaṁ형성 있는; 자극받은 cittaṁ마음도 ekaṁ하나, somanassasahagataṁ 즐거움과 함께하고 ñāṇavippayuttaṁ지혜와 결합하지 않

150 앞의 해석에서는 '~도'라는 조사를 붙이지 않았으나 대역에서는 저본의 번역에 따라 '~도'를 붙여서 해석했다.

은 asaṅkhārikaṁ형성 없는; 자극받지 않은 cittaṁ마음도 ekaṁ하나, sasaṅkhārikaṁ형성 있는; 자극받은 cittaṁ마음도 ekaṁ하나, upekkhāsahagataṁ평온과 함께하고 ñāṇasampayuttaṁ지혜와 결합한 asaṅkhārikaṁ형성 없는; 자극받지 않은 cittaṁ마음도 ekaṁ하나, sasaṅkhārikaṁ형성 있는; 자극받은 cittaṁ마음도 ekaṁ하나, upekkhāsahagataṁ평온과 함께하고 ñāṇavippayuttaṁ지혜와 결합하지 않은 asaṅkhārikaṁ형성 없는; 자극받지 않은 cittaṁ마음도 ekaṁ하나, sasaṅkhārikaṁ형성 있는; 자극받은 cittaṁ마음도 ekaṁ하나, iti=iminā pabhedena이렇게; 이렇게 종류로 구분하면 aṭṭhapi8가지이기도 한 imāni cittāni이 마음들은 kāmāvacarakusalacittāni nāma honti'욕계 선 마음들'이라고 한다.

욕계 큰 선 마음kāmāvacara mahā kusala citta에는 8가지가 있습니다.
①즐거움과 함께하고 지혜와 결합하고 형성 없는 마음이 하나
②즐거움과 함께하고 지혜와 결합하고 형성 있는 마음이 하나
③즐거움과 함께하고 지혜와 결합하지 않고 형성 없는 마음이 하나
④즐거움과 함께하고 지혜와 결합하지 않고 형성 있는 마음이 하나
⑤평온과 함께하고 지혜와 결합하고 형성 없는 마음이 하나
⑥평온과 함께하고 지혜와 결합하고 형성 있는 마음이 하나
⑦평온과 함께하고 지혜와 결합하지 않고 형성 없는 마음이 하나
⑧평온과 함께하고 지혜와 결합하지 않고 형성 있는 마음이 하나

지혜

즐거움이나 평온, 형성 등 다른 내용들은 앞서 불선 마음을 설명할 때 언급했습니다. 여기서는 지혜ñāṇa에 대해서 살펴보겠습니다. 욕계 선 마음에서 지혜는 '업과 업의 결과에 대한 지혜'를 말합니다.

예를 들어 보시를 할 때 '보시는 이러이러한 공덕이 있다. 선업이다. 수명, 용모, 행복, 힘, 명성이라는 좋은 결과를 준다'라고 알면서 행하면 지혜와 결합한 마음으로 보시를 하는 것이고 그러한 사실을 모르고 행하면 지혜와 결합하지 않은 마음으로 보시를 하는 것입니다. 즉 여기서 지혜란 '좋은 행위를 하면 선업이고 좋지 않은 행위를 하면 불선업이다. 선업은 좋은 결과를 주고 불선업은 나쁜 결과를 준다'라고 아는 지혜를 말합니다. 이 내용을 기본으로 욕계 선 마음 8가지를 다시 서술하면 다음과 같습니다.

① 업과 업의 결과를 알면서 선업을 즐겁게 자극받지 않고 자발적으로 행하는 마음
② 업과 업의 결과를 알면서 선업을 즐겁게 다른 이나 스스로의 자극을 받아 행하는 마음
③ 업과 업의 결과를 모르면서 선업을 즐겁게 자극받지 않고 자발적으로 행하는 마음
④ 업과 업의 결과를 모르면서 선업을 즐겁게 다른 이나 스스로의 자극을 받아 행하는 마음
⑤ 업과 업의 결과를 알면서 선업을 평온하게 자극받지 않고 자발적으로 행하는 마음
⑥ 업과 업의 결과를 알면서 선업을 평온하게 다른 이나 스스로의 자극을 받아 행하는 마음

⑦ 업과 업의 결과를 모르면서 선업을 평온하게 자극받지 않고 자발적으로 행하는 마음
⑧ 업과 업의 결과를 모르면서 선업을 평온하게 다른 이나 스스로의 자극을 받아 행하는 마음

아라한을 제외하고 욕계 선업을 행할 때는 이 8가지 마음 중 어느 한 가지로 행합니다.

지혜와 결합하지 않은 마음의 또 다른 설명은 예를 들어 보시를 할 때 보시를 하는 행위 자체는 선한 행위지만 '이렇게 많은 것을 보시하면 유명해질 것이다. 이러한 보시로 자랑할 수 있을 것이다. 이러한 보시로 인간 세상이나 천상 세상에 태어나서 행복하게 살리라'라는 마음으로 한다면 지혜와 결합하지 않은 마음으로 선업을 행하는 것입니다.

지혜와 결합한 마음으로 보시하는 것은 '보시를 받은 대상이 더 행복해지기를. 더 나은 상태가 되기를'이라고 바라면서, 혹은 '열반을 성취하기를'이라고 바라면서 하는 것입니다. 혹은 보시하기 전에도 기뻐하고, 보시하는 중에도 기뻐하고, 보시하고 난 다음에도 기뻐하면 이것도 지혜와 결합한 마음으로 보시하는 것이라고 말할 수 있습니다.

그 공덕을 알면서 보시하는 것처럼 계도 그 공덕을 알면서 지키고 수행도 그 공덕을 알면서 실천한다면 그때 일어나는 마음이 지혜와 결합한 마음입니다.

사람들마다 보시와 계와 수행이라는 선업을 많이 하고 있습니다. 하지만 그러한 선업을 행하는 마음은 서로 다릅니다. 어떤 사람은 지혜와 결합한 마음으로 선업을 행하고 어떤 사람은 지혜와 결합하지 않은 마

음으로 선업을 행합니다. 어떤 선업이든지 열반을 성취하기를 바라는 마음으로 행하면 열반까지 이르는 좋은 결과를 줄 수 있습니다. 그렇지 않고 욕계 천상의 행복이나 색계 범천의 행복, 무색계 범천의 행복을 바라면서 선업공덕을 행한다면 그 정도의 결과만 줄 수 있습니다. 열반을 서원하면서 보시와 계와 수행이라는 선업을 행하면 열반은 물론이고 인간의 행복과 천상의 행복도 저절로 따라옵니다. 보살들은 선업을 행할 때 항상 열반을 서원하며 지혜와 결합한 마음으로 행했습니다. 이렇게 열반을 서원하며 보시하는 것을 윤회윤전에서 벗어나게 하는 보시라고 합니다. 반면에 세간의 행복을 바라며 보시하는 것을 윤회윤전에 머물게 하는 보시라고 합니다.

지혜와 결합한 마음들의 조건

지혜와 결합한 마음(이하 지혜 결합 마음)이 생겨나는 조건에는 다음과 같은 것들이 있습니다.

① 통찰지를 생겨나게 하는 업이라는 강한 의지 조건이[151] 있는 것

이전에 선업을 행할 때 '이러한 선업으로 태어나는 생마다 지혜가 탁월하기를'이라고 서원하면서 행했다면, 이러한 선업이 결과를 주는 생에서 지혜가 탁월한 이가 되어 지혜 결합 마음이 많이 생깁니다. 이러한 이전의 선업을 '통찰지를 일으키는 업paññāsaṁvattanika kamma'이라고 합니다. 이렇게 통찰지를 일으키는 업이라는 강한 의지 조건이 있는 것paññāsaṁvattanika kammūpanissayatā이 하나의 조건입니다.

151 강한 의지 조건은 우기 동안에 내리는 큰 비가 나무 등에 큰 의지처인 상태로 도와주듯이 조건법이 조건생성법에 강력한 원인인 상태로 도와주는 조건이다. 『빳타나-조건의 개요와 상설』, p.89 참조.

② 분노가 없는 세상에 태어남

색계 세상은 기후가 적합하고 세속적인 감각욕망대상들이 없습니다. 그리고 그곳에 있는 동안은 성냄도 생겨나지 않기 때문에 지혜 결합 마음이 많이 일어납니다. 이렇게 걱정이나 불안 등 분노가 없는 세상에 태어나는 것abyāpajjalokūppattitā도 하나의 조건입니다.

③ 기능의 성숙함

대부분의 중생은 나이가 어릴 때는 세속적인 감각욕망대상들에 마음이 기울고, 삼매도 적고, 세간 · 출세간과 관련해서 보고 들은 배움bahusuta이 적어서 지혜가 충만하지 않습니다. 반대로 나이가 너무 많을 때는 몸과 마음의 힘이 약합니다. 중간의 나이, 예를 들어 평균 수명이 100세일 때 40세에서 50세까지를 '지혜의 10년'이라고 하는데, 이때는 세속적인 감각욕망대상에도 마음이 잘 기울지 않고, 삼매의 힘도 강하고, 보고 들은 배움도 많기 때문에 지혜가 탁월합니다. 그래서 이 시기에 지혜 결합 마음이 많이 일어납니다. 이렇게 통찰지 기능paññindriya이라는 기능이 성숙한 것indriya paripākatā도 하나의 조건입니다.

④ 번뇌와 멀어짐

수행을 하면 번뇌와 멀어지기 때문에 지혜 결합 마음이 많이 일어납니다. 특히 위빳사나 수행을 하면 대상을 관찰할 때마다 번뇌를 부분적으로 제거하기 때문에 지혜 결합 마음이 많이 생겨납니다. 이렇게 번뇌와 멀어지는 것kilesadūratā도 하나의 조건입니다.

⑤ 3가지 원인 재생연결

3가지 원인으로 재생연결하면[152] 재생연결하는 그 마음 자체가 지혜

152 본서 p.196 참조.

결합 마음이기 때문에 나중에 삶의 과정에서도 지혜 결합 마음이 많이 일어납니다. 이렇게 3가지 원인 재생연결tihetukapaṭisandhikatā도 하나의 조건입니다.(AhPdṬ.50)[153]

여기서 지혜란 앞에서 언급했듯이 업과 업의 결과 등을 이해하는 지혜를 말합니다. 좋은 행위를 하면 선업이고 그것은 좋은 결과를 주고, 나쁜 행위를 하면 불선업이고 그것은 나쁜 결과를 준다는 사실을 알고 보는 지혜, 즉 통찰지를 말합니다. 부처님의 일체지도 선업과 불선업을 알고, 선업과 불선업의 결과를 모두 알기 때문에 지혜 결합 마음이라고 할 수 있습니다.

특히 나쁜 행위를 하려고 할 때 '지금 내가 악행을 저지르려고 하는구나'라고 아는 것 자체는 지혜 결합 마음입니다. 하지만 그 지혜 결합 선 마음의 힘이 강하지 못해 그 지혜 결합 선 마음을 넘어서서 마음으로, 말로, 더 나아가 몸으로 나쁜 행위를 행하면 그때는 불선 마음이 일어납니다. 불선 마음을 불선 마음이라고 아는 그 순간은 지혜 결합 선 마음이 일어납니다.

하지만 수다원 이상의 성자, 특히 부처님 등 아라한에게는 계를 어기는 나쁜 행위, 사악도에 태어나게 할 정도의 나쁜 행위는 하려는 마음조차 일어나지 않습니다. 왜냐하면 수다원도의 지혜로 사악도에 떨어지게 하는 번뇌를 완전히 제거했기 때문입니다. 하지만 범부라면 자신이 좋아하는 감각욕망대상이 나타나면 사악도에 태어나게 할 정도의 나쁜 행위를 하려는 의도가 일어나고, 실제로 하기도 합니다. 그렇게

153 여기에 어리석음이 없는 잠재성향인 것amohajjhāsayatā과 통찰지를 구족한 이와 가까이 하는 것paññavantapuggalasevanā도 해당된다.(AhPdṬ.50)

나쁜 행위를 하려는 마음이나 행하고 있는 동안 일어나는 마음은 불선 마음이고, 그 마음을 불선 마음이라고 안다면 그 아는 마음은 지혜 결합 선 마음입니다.

제14강

2008년 8월 19일

강의를 시작하기 전에 왑빠Vappa 존자의 게송 하나를 소개하겠습니다.

Passati passo passantaṁ, apassantañca passati;
Apassanto apassantaṁ, passantañca na passati. (Thag.61)

해 석

보는 이는 보는 이를 본다네.
못 보는 이도 볼 수 있다네.
못 보는 이는 못 보는 이도,
보는 이도 보지 못한다네.

대 역

Passo보는 이는; 수다원도의 지혜를 구족한 성제자는 passantaṁ보는 이를; 틀리지 않고 바르게 깨달은 이를 passati본다네; '이 사람은 틀리지 않고 바르게 깨달은 이다'라고 지혜의 눈으로 보고 안다네. apassantañca보지 못하는 이도; 지혜의 눈이 없어 법을 알지 못하고 보지 못하는 범부도 passati본다네; '이 사람은 지혜의 눈이 없는 이다'라고 스스로의 지혜의 눈으로 보고 안다네. apassanto보지 못하는 이는; 지혜의 눈이 없는 범부는 apassantaṁ보지 못하는 이도; 지혜의 눈이 없어 법을 알지 못하고 보지 못하는 범부도 na passati보지 못한다네; '이 사람은 지혜의 눈이 없는 이다'라고 스스로의 지혜의 눈으로 보지 못하고 알지 못한다네. passantañca보는 이도; 틀리지 않고 바르게 깨달은 이도 na passati보지 못한다네; '이 사람은 틀리지 않고 바르게 깨달은 이다'라고 지혜의 눈으로 보지 못하고 알지 못한다네.

이것을 간단하게 말하면 다음과 같습니다.

"아는 사람은 아는 사람도 알고 모르는 사람도 알고, 모르는 사람은 아는 사람도 모르고 모르는 사람도 모른다."

'아는 사람은 아는 사람도 알고 모르는 사람도 안다'는 것은 시력이 좋은 사람은 정상적인 시력을 가진 사람도 보고 알 수 있고 눈이 먼 사람도 보고 알 수 있는 것과 같습니다. '모르는 사람은 아는 사람도 모르고 모르는 사람도 모른다'는 것은 눈이 먼 사람은 정상적인 시력을 가진 사람이라고도 알 수 없고 눈이 먼 사람이라고도 알 수 없는 것과 같습니다.

여기서 '본다passati'는 것은 '법을 보는 것'입니다. "법을 보는 것이나 여래를 보는 것이다"라는 가르침도 있습니다.[154] 따라서 법을 보면 부처님을 보는 것이고, 부처님을 따르는 제자도 보는 것입니다. 법을 보고 싶습니까? 법을 보고 싶다면 무엇을 해야 할까요? 법을 보고 싶다면 법문을 많이 듣고 수행을 많이 해야 합니다. 간단합니다. 복잡하

---

154 Dhammaṁ hi so, bhikkhave, bhikkhu na passati, dhammaṁ apassanto maṁ na passati. Dhammaṁ hi so, bhikkhave, bhikkhu passati, dhammaṁ passanto maṁ passati. (It.256/It3:43)

해 석

실로, 비구들이여, 법을 보지 못한다면 법을 보지 못하는 이는 나를 보지 못한 것이다. 실로, 비구들이여, 법을 본다면 법을 보는 이는 나를 보는 것이다.

지 않습니다. 하지만 그렇게 하지 못합니다. 무엇 때문일까요? 선업을 행하려는 동기와 열의가 약하기 때문입니다. 그렇다면 열의는 왜 약할까요? 무엇이 선법이고 무엇이 불선법인지 확실하게 알지 못하는 것도 하나의 이유입니다. 선법과 불선법을 확실하게 구별하고 안다면, 그리고 그 선법과 불선법의 좋은 결과와 나쁜 결과를 확실하게 구별하고 안다면 불선법은 삼가고 선법은 증장시키려고 열심히 노력할 것입니다. 어떤 이들은 모두 업 때문이라고 업의 탓으로 돌려 버립니다. 모든 것을 업 탓으로 돌리는 것은 이전 강의에서도 언급했듯이 니간타 나타뿟따라는 외도의 견해입니다.

욕계 선 마음들의 예

제13강에서 욕계 선 마음 8가지를 설명했습니다. 예를 들어 어떤 사람이 불상을 보고 부처님의 덕목을 잘 알면서 즐거운 마음으로 스스로 예경을 올릴 때는 어떤 마음이 일어날까요? 즐거움과 함께하고 지혜와 결합한 형성 없는 마음이 일어납니다. 만약 부처님의 공덕을 잘 모르고 예경을 올렸다면 지혜와 결합하지 않은 마음이 일어납니다.

아이가 부모의 권유로 불상에 예경을 올릴 때 즐거운 마음으로는 하지만 부처님의 공덕, 혹은 부처님께 예경 올리는 것이 선업이라는 사실, 더 나아가 선업에는 좋은 결과가 있다는 사실을 모른 채 예경을 올린다면 그때는 즐거움과 함께하고 지혜와 결합하지 않은 형성 있는 마음이 일어납니다.

불상에 예경을 올릴 때 부처님의 덕목을 다 모르더라도 '탐욕과 성냄과 어리석음 등의 모든 번뇌로부터 멀리 떠난 부처님께 예경 올립니다'라는 정도의 마음으로 예경을 올린다면 지혜 결합 마음으로 선업을 짓는 것입니다. 그때 즐거운 마음이 아니라 그냥 무덤덤하게 예경을 올린다면 평온과 함께하는 마음이 일어납니다.

재산을 보시한 공덕도 없고, 계를 지킨 공덕도 없고, 더 나아가 위빳사나 수행의 공덕도 없었지만 죽을 때 부처님의 광명을 보고 존경심을 일으킨 정도의 공덕으로 도리천 천상세계에 태어난 맛따꾼달리 Maṭṭakuṇḍali의 일화에서(Dhp.2 일화) 임종의 순간에 부처님의 광명을 대상으로 존경심을 일으킬 때의 마음은 즐거움과 함께하고 지혜와 결합한 형성 없는 마음이라고 할 수 있습니다.

부처님 당시에 부처님과 사리뿟따 존자, 마하목갈라나 존자가 유행을 하다가 어떤 마을에 이르렀습니다. 그 마을 사람들은 '축생은 누군가 빨리 죽여줘야 그 축생의 생에서 벗어난다'라는 사견을 견지하고 있었습니다. 그 마을에서 그나마 사견이 조금 약한 집 아이들은 부처님을 보고 예경을 올렸지만, 사견이 강한 집 아이들은 예경을 올리지 않았습니다. 그때 부처님께서는 한 소녀가 당신에게 예경을 올리면 좋겠다고 생각하셨습니다. 그 소녀는 사견이 심해 그대로라면 지옥에 태어날 것이 확실했습니다. 부처님께서는 그 사실을 아시고 소녀가 당신에게 예경을 올리는 공덕을 지어 아귀로 태어나서 고통이 조금이라고 덜어지기를 바라셨습니다. 옆에 있던 마하목갈라나 존자가 그것을 알고 부처님께 예경을 올리도록 소녀에게 권유했습니다. 하지만 소녀는 완강히 거부했습니다. 그러자 친구들이 억지로 소녀를 잡아서 앉힌 다음 예경을 올리도록 했습니다. 그 공덕으로 소녀는 지옥에 떨어지지 않고 아귀로 태어날 수 있었습니다.[155] 소녀가 예경을 할 때 평온과 함께하고 지

155 아귀로 태어나게 한 것은 사견이라는 불선업이고, 예경을 올린 선업이 중간에 가로막아서 지옥에 태어나지 않은 것이다.

혜와 결합하지 않은 형성 있는 마음이었습니다. 하지만 선 마음은 일어났습니다.

여러 경우에 어떤 마음이 일어났는지 결정할 수 있습니다. 예를 들어 법회 끝에 보통 회향을 합니다. 그때 기쁜 마음으로 그 공덕을 알면서 회향한다면 즐거움과 함께하고 지혜와 결합한 형성 없는 마음이 일어납니다. 누군가의 권유로 마지못해 무덤덤하게 보시의 공덕도 잘 모르고 승가에 보시했다면 평온과 함께하고 지혜와 결합하지 않은 형성 있는 마음이 일어난 것입니다. 기쁜 마음으로 친구에게 법문을 들으러 가자고 권유할 때라면 즐거움과 함께하고 지혜와 결합한 형성 없는 마음이 일어난 것입니다.

지금까지 욕계 선 마음을 설명했습니다. 이제 원인 있는 욕계 과보 마음 8가지를 알아보겠습니다.

원인 있는 욕계 과보 마음들

16 Somanassasahagataṁ ñāṇasampayuttaṁ asaṅkhārikamekaṁ, sasaṅkhārikamekaṁ, somanassasahagataṁ ñāṇavippayuttaṁ asaṅkhārikamekaṁ, sasaṅkhārikamekaṁ, upekkhāsahagataṁ ñāṇasampayuttaṁ asaṅkhārikamekaṁ, sasaṅkhārikamekaṁ, upekkhāsahagataṁ ñāṇavippayuttaṁ asaṅkhārikamekaṁ, sasaṅkhārikamekanti imāni aṭṭhapi sahetukakāmāvacaravipākacittāni nāma.

해 석

즐거움과 함께하고 지혜와 결합한 형성 없는 것이 하나, 형성 있는 것이 하나, 즐거움과 함께하고 지혜와 결합하지 않은 형성 없는 것이 하나, 형성 있는 것이 하나, 평온과 함께하고 지혜와 결합한 형성 없는 것이 하나, 형성 있는 것이 하나, 평온과 함께하고 지혜와 결합하지 않은 형성 없는 것이 하나, 형성 있는 것이 하나, 이렇게 8가지이기도 한 이 마음들은 '원인 있는 욕계 과보 마음들'이라고 한다.

대역

Somanassasahagataṁ즐거움과 함께하고 ñāṇasampayuttaṁ지혜와 결합한 asaṅkhārikaṁ형성 없는; 자극받지 않은 cittaṁ마음도 ekaṁ하나, sasaṅkhārikaṁ형성 있는; 자극받은 cittaṁ마음도 ekaṁ하나, somanassasahagataṁ즐거움과 함께하고 ñāṇavippayuttaṁ지혜와 결합하지 않은 asaṅkhārikaṁ형성 없는; 자극받지 않은 cittaṁ마음도 ekaṁ하나, sasaṅkhārikaṁ형성 있는; 자극받은 cittaṁ마음도 ekaṁ하나, upekkhāsahagataṁ평온과 함께하고, ñāṇasampayuttaṁ지혜와 결합한 asaṅkhārikaṁ형성 없는; 자극받지 않은 cittaṁ마음도 ekaṁ하나, sasaṅkhārikaṁ형성 있는; 자극받은 cittaṁ마음도 ekaṁ하나, upekkhāsahagataṁ평온과 함께하고 ñāṇavippayuttaṁ지혜와 결합하지 않은 asaṅkhārikaṁ형성 없는; 자극받지 않은 cittaṁ마음도 ekaṁ하나, sasaṅkhārikaṁ형성 있는; 자극받은 cittaṁ마음도 ekaṁ하나, iti=iminā pabhedena이렇게; 이렇게 종류로 구분하면 aṭṭhapi8가지이기도 한 imāni cittāni이 마음들은 sahetukakāmāvacaravipākacittāni nāma honti'원인 있는 욕계 과보 마음들'이라고 한다.

욕계 큰 과보 마음kāmāvacara mahā vipāka citta에는 8가지가 있습니다. 이것은 앞서 설명한 욕계 선 마음과 비슷하게 나열됩니다. 선 마음을 과보 마음으로만 바꾸면 됩니다.

①즐거움과 함께하고 지혜와 결합한 형성 없는 마음이 하나

②즐거움과 함께하고 지혜와 결합한 형성 있는 마음이 하나

③즐거움과 함께하고 지혜와 결합하지 않은 형성 없는 마음이 하나

④즐거움과 함께하고 지혜와 결합하지 않은 형성 있는 마음이 하나

⑤평온과 함께하고 지혜와 결합한 형성 없는 마음이 하나

⑥평온과 함께하고 지혜와 결합한 형성 있는 마음이 하나

⑦평온과 함께하고 지혜와 결합하지 않은 형성 없는 마음이 하나

⑧평온과 함께하고 지혜와 결합하지 않은 형성 있는 마음이 하나

욕계 선 마음의 결과 마음이 욕계 과보 마음입니다. 불선 마음 12가지의 결과 마음이 원인 없는 불선 과보 마음 7가지입니다. 신체적으로도 온전하고 지혜도 어느 정도 갖춘 사람이라면 욕계 원인 있는 과보 마음 8가지 중 어느 한 가지 마음으로 재생연결을 한 것입니다. 그중에서도 평상시에 조그마한 일에도 잘 웃고 기뻐한다면 즐거운 마음과 함께하는 욕계 원인 있는 과보 마음으로 재생연결 했을 가능성이 높습니다. 반면 얼굴이 항상 무표정하고 아무리 기쁜 일이 있어도 잘 웃지 않는다면 평온과 함께하는 욕계 원인 있는 과보 마음으로 재생연결 했을 가능성이 높습니다.

특히 지혜와 결합한 과보 마음으로 재생연결을 해야만 사마타 수행을 했을 때는 선정을, 위빳사나 수행을 했을 때는 도와 과, 열반을 증득할 수 있습니다. 지혜와 결합하지 않은 과보 마음으로 재생연결을 했

다면 그것은 과보의 장애가 되어 아무리 열심히 수행해도 이번 생에는 선정과 도와 과를 증득할 수 없습니다. 하지만 바라밀 선업은 성취할 수 있고, 그 과보로 천상에 태어날 수는 있습니다. 이와 관련해서 도와 과, 열반을 증득하지 못하게 가로막는 장애 6가지를 알아보겠습니다.

도와 과를 방해하는 장애 6가지

Chahi, bhikkhave, dhammehi samannāgato suṇantopi saddhammaṁ abhabbo niyāmaṁ okkamituṁ kusalesu dhammesu sammattaṁ. Katamehi chahi? Kammāvaraṇatāya samannāgato hoti, kilesāvaraṇatāya samannāgato hoti, vipākāvaraṇatāya samannāgato hoti, assaddho ca hoti, acchandiko ca, duppañño ca. (A6:86/A.ii.379)

대역

Bhikkhave비구들이여, chahi6가지 dhammehi법을 samannāgato갖춘 자는 saddhammaṁ정법을 suṇantopi들더라도 kusalesu dhammesu선법들 중에서 sammattaṁ올바른 성품인 niyāmaṁ확실함에; 자신의 바로 다음에 성스러운 과라는 결과를 주는 것이 틀림없이 확실한 성품인 성스러운 도에 okkamituṁ들어가는 것이; 도달하는 것이 abhabbo가능하지 않다. katamehi어떠한 chahi6가지인가? kammāvaraṇatāya업 장애를; 오무간업이라는 장애를; 천상과 선정, 도와 과, 열반을 가로막는 오무간업이라는 장애를 samannāgato hoti가졌고, kilesāvaraṇatāya번뇌 장애를; 결정사견이라는 장애를 samannāgato hoti가졌고, vipākāvaraṇatāya과보 장애를; 원인 없는 재생연결이나 2가지 원인 재생연결이라는 장애를 samannāgato hoti가졌고, assaddho ca hoti믿음이 없고; 삼보를 믿고 존경하는 믿음이 없고,

acchandiko ca hoti열의가 없고; 도와 과를 얻도록 노력하려는 선한 열의가 없고, duppañño ca hoti통찰지가 없다; 세간적이거나 출세간적인 통찰지가 없다.[156]

요약하자면 업 장애kammāvaraṇa와 번뇌 장애kilesāvaraṇa와 과보 장애vipākāvaraṇa를 가지고 있거나 믿음이 없거나assaddho 선법에 대한 열의가 없거나acchandiko 세간과 출세간의 바른 견해가 없다면duppañño 정법을 들어도 도와 과, 열반을 얻지 못한다는 뜻입니다.

먼저 ① 업 장애란 어머니를 죽이거나 아버지를 죽이거나 아라한을 죽이거나 부처님의 몸에 피멍이 들게 하거나 승단을 분열시키는 것이라는 오무간업pañcānantariyakamma을 말합니다. 이 5가지를 범한 이는 그 생에서 선정과 도와 과, 열반을 얻지 못합니다.[157]

② 번뇌 장애란 결정사견niyatamicchādiṭṭhi을 말합니다. 여기에는 3가지가 있습니다. 첫 번째는 선업도 없고 불선업도 없다는 무작용견akiriya diṭṭhi, 두 번째는 선업의 좋은 결과도 없고 불선업의 나쁜 결과도 없다는 허무견natthika diṭṭhi, 세 번째는 이유 없이 저절로 행복하고 저절로 괴롭다는 무인견ahetuka diṭṭhi입니다. 사견 중에서도 이 결정사견은 매우 위험합니다. 이생에서 선정과 도와 과를 얻지 못하게 할 뿐만 아니라 이 결정사견을 가진 채 죽으면 다음 생에 바로 무간지옥으로 떨어집니다. 심지어 우주가 무너질 때 다른 업으로 인해 지옥에 태어난

156 대역은 *Ashin Paññissara*, 『*Aṅguttara Nikāya Pāḷito Nissaya*(앙굿따라 니까야 성전 대역)』 제3권, p.280, pp.675~676 참조.

157 승단 분열업은 출가자들에게만 해당한다. 그리고 비구니를 범한 것을 포함해서 업 장애를 6가지로 설명하기도 한다. 『위빳사나 수행방법론』 제1권, p.103.

중생들은 그 우주의 무너지지 않는 색계 범천 세상에 태어나지만 결정사견으로 인해 무간지옥에 태어난 중생은 무너지지 않는 다른 우주의 무간지옥에 태어나 그 과보가 다할 때까지 괴로움을 겪어야 합니다. 그래서 이 결정사견에서 벗어나 업과 업의 결과를 알기 위해서라도 아비담마를 잘 배워야 합니다. 몸과 말로 범하는 살생, 도둑질, 삿된 음행, 거짓말, 음주 등의 불선업보다 특히 마음으로 범하는 이 단견의 불선업이 더욱 과보가 큽니다.

지금 설명하는 장애와 직접적인 관련은 없지만 이 결정사견 3가지는 존재더미사견에서 비롯됩니다. 그래서 존재더미사견을 수다원도로 근절해야만 이 결정사견에서 완전히 벗어났다고 말할 수 있습니다. 『디가 니까야』 첫 번째 경인 「브라흐마잘라숫따Brahmajālasutta(범망경)」에서 설명하는 62가지 사견들도 근본은 존재더미사견입니다. 존재더미사견이 제거되면 그 62가지 사견도 없어집니다. 존재더미사견을 제거하도록 위빳사나 수행을 하지 않는 것은 사견이 자라도록 물을 주는 것과 같다고 할 수 있습니다.[158]

③ 과보 장애란 원인이 없거나 2가지 원인을 가진 재생연결로 태어난 것을 말합니다. 먼저 원인 없는 불선 과보로[159] 사악도 세상에 태어난 중생은 수행하기도 힘들고 한다고 해도 도와 과, 열반을 얻을 수 없습니다. 부처님 당시에 용왕이 스님의 모습으로 변신하고 수행하기 위해 부처님께 갔으나 부처님께서 그것을 아시고는 용왕은 비구가 될 수 없고 도와 과, 열반을 얻을 수 없다고 말씀하신 일화도 있습니다. 용왕

158 존재더미사견은 분명히 존재하는 물질과 정신을 나라고 거머쥐는 사견이다.

159 불선 과보 중에 조사 마음이다.

은 축생이고 축생은 도와 과, 열반을 얻을 수 없습니다. 또한 사람의 생에서도 원인 없는 선 과보 마음으로[160] 재생연결을 했다면 선천적 시각 장애자나 선천적 청각 장애자로 태어나 도와 과, 열반을 얻을 수 없습니다. 또는 사람의 생에서 2가지 원인의 선 과보 마음으로[161] 재생연결을 한 이들도 이생에서 선정, 도와 과, 열반을 얻지 못합니다. 3가지 원인으로 재생연결을 한 이들만 이생에서 선정, 도와 과, 열반을 얻을 수 있습니다. 이렇게 불선 과보 마음이나 원인 없는 선 과보 마음, 2가지 원인 선 과보 마음으로 재생연결한 것을 과보 장애라고 합니다. 하지만 3가지 원인으로 태어났더라도 수행하지 않고서는 증득할 수 없습니다. 밥을 먹으면 배가 부르다는 것은 누구나 압니다. 하지만 먹지 않고서는 배가 부르지 않습니다. 먹어야만 배가 부릅니다. 3가지 원인으로 태어났더라도 수행을 해야만 법을 얻을 수 있습니다.

④ 믿음이 없어도 도와 과, 열반을 얻지 못합니다. 여기서 믿음이란 부처님 · 가르침 · 승가라는 삼보, 업과 업의 결과를 믿는 것입니다. 예를 들어 새김확립 위빳사나 수행을 하려면 '부처님께서도 스스로 이 새김확립 위빳사나 수행을 실천하셔서 도와 과, 열반을 증득하셨다. 그리고 중생들을 위해 설하셨다'라고 법에 대해 확신하는 믿음이 먼저 있어야 합니다. 또한 '이 가르침에 따라 열심히 수행하면 도와 과, 열반을 틀림없이 얻을 수 있을 것이다'라는 믿음이 있어야 합니다. 더 나아가 자신이 수행하고 있는 수행방법에 대해, 예를 들어 〈부풂, 꺼짐〉 등으로 관찰하는 수행방법에 대한 믿음이 있어야 합니다. 이러한 믿음이 없

160 원인 없는 선 과보 마음 중에 평온과 함께하는 조사 마음이다.
161 욕계 큰 과보 마음 중에 지혜와 결합하지 않은 마음 4가지를 말한다.

으면 수행이 진전되지 않고 도와 과, 열반을 얻을 수 없습니다.

⑤ 선업을 행하려는 열의, 의욕이 없어도 도와 과, 열반을 얻지 못합니다. 선업을 행하려는 열의가 없으면 불교 가르침에서 할 수 있는 것이 아무것도 없습니다. 선업은 행하기 싫으면 하지 않아도 되는 그런 것이 아닙니다. 행하기 싫어도 하도록 스스로 자극하고 격려해서 행해야 하는 것입니다. 부처님께 예경 올리기 귀찮다고 그냥 안 해도 되는 것이 아닙니다. 예경 올리도록 스스로 자극하고 격려해서 실천해야 합니다. 선원을 청소하는 것도 마찬가지입니다. 자애를 보내는 것도 힘들고 귀찮아도 선업이기 때문에 열의를 가지고 해야 합니다. 경전공부도, 더 나아가 수행도 하기 싫다고 안 하면 안 됩니다. 의욕을 내서 해야 합니다. 마음은 특성 자체가 춥다, 덥다, 피곤하다는 등 계속 핑계를 대면서 미룹니다. 한번 미루면서 하지 않으면 그 미루려는 마음이 계속 생겨납니다. 그렇게 되지 않도록 의욕을 내서 실천해야 합니다.

⑥ 지혜가 없는 것도 도와 과, 열반을 얻지 못하게 합니다.

이러한 6가지 장애가 있는 이는 정법을 들어도 올바른 성품인 확실함에 도달하지 못합니다. 여기서 '확실함'이란 성스러운 도를 말합니다. 성스러운 도가 생겨나면 그 바로 다음에 성스러운 과가 생겨나는 것이 확실하기 때문입니다.[162]

162 『위빳사나 수행방법론』 제1권, pp.104~106에서는 업 장애와 번뇌 장애와 과보 장애를 소개한 뒤 성자비방 장애와 명령어김 장애를 언급했다.

제15강

2008년 9월 2일

욕계 아름다운 마음은 모두 24가지입니다. 욕계 선 마음 8가지, 욕계 과보 마음 8가지, 욕계 작용 마음 8가지입니다. 제14강에서 과보 마음까지 살펴보았고, 이번 강의에서는 다시 선 마음으로 돌아가서 '선 kusala · 善'이라는 단어가 어떤 의미를 가지고 있는지 알아보겠습니다.

꾸살라의 의미 1

'선'을 의미하는 'kusala'는 'ku' + 'sala'로 분석할 수 있습니다. 'ku'라는 접두사에 'sal'을 어근으로 해서 'a'라는 어미로 끝나는 단어입니다.

Kucchite pāpadhamme salayati calayati kammeti viddhaṁsetīti kusalaṁ. (Pm.ii.113)

대 역

Yāni cittāni어떤 마음들은; 어떤 욕계와 색계와 무색계와 출세간 선 마음들은 kucchito해롭고 pāpadhamme악한 법들을; 저열한 법들을 salayanti calanti흔든다, 동요시킨다; 부분 제거를 통해 부분적으로 제거한다; 욕계 선 마음들을 뜻한다. salayanti kampenti흔든다, 진동시킨다; 억압 제거를 통해 억압해서 제거한다; 색계와 무색계 선 마음들을 뜻한다. salayanti viddhaṁsenti흔든다, 분쇄한다; 근절 제거를 통해 남김없이 제거한다; 출세간 선 마음들을 뜻한다. iti tasmā 그래서 tāni cittāni그 마음들을 kusalāni'선들'이라고 한다.

요약하자면 해롭고kucchito 악한 법들을pāpadhamme 제거하기salayati

때문에 '꾸살라kusala'라고 한다는 뜻입니다. '꾸ku'는 '꿋치또kucchito'에서 왔고 '살라sala'는 '살라야띠salayati'에서 왔다는 분석입니다.

대역에서 언급한 바와 같이 제거pahāna에는 5가지가 있습니다.

① 욕계kāmāvacara 선은 부분 제거tadaṅga pahāna로 제거합니다. 관찰한 대상과 관련된 번뇌를 부분적으로 제거합니다.

② 색계 · 무색계 선이라는 고귀한mahaggata 선은 억압 제거vikkhambhana pahāna로 제거합니다. 찰나가 아니라 일정 시간 동안 억압해서 제거하는 것을 말합니다.

③ 출세간 도magga 선은 근절 제거samuccheda pahāna로 남김없이 제거합니다. 각각 해당되는 번뇌를 뿌리까지 제거해서 다시는 일어나지 못하게 제거합니다.

④ 출세간 과phala는 재경안 제거paṭippassaddhi pahāna로 제거합니다. 이미 도가 근절 제거로 제거했지만 마치 다시 고요하게 해서 제거하는 듯이 일어나기 때문에 재경안 제거라고 합니다.[163]

⑤ 열반nibbāna은 벗어남 제거nissaraṇa pahāna로 제거합니다. 모든 번뇌로부터 완전히 벗어난 성품이기 때문에 벗어남 제거라고 합니다.[164]

꾸살라의 의미 2

앞에서 소개한 꾸살라의 의미는 단어분석을 통해 살펴본 것입니다. 즉 해롭고 악한 법들을 제거하기 때문에 '선'이라고 한다는 의미입니

163 억압해탈 등에 관해서는『담마짝까 법문』, p.437 참조.

164 ㉯멀리떠남viveka에도 이와 대응하는 5가지가 있다. ① 부분 멀리떠남tadaṅga viveka, ② 억압 멀리떠남vikkhambhana viveka, ③ 근절 멀리떠남samuccheda viveka, ④ 재경안 멀리떠남paṭippassaddhi viveka, ⑤ 벗어남 멀리떠남nissaraṇa viveka.

다. 반면에 일반적으로 알려진paññatta 의미로는 '애착 등 매우 나쁘고 저열한 마음의 병이 없는, 혹은 애착 등 매우 나쁘고 저열한 허물이 없는, 혹은 좋은 결과를 늘어나게 하는 것'이라는 뜻입니다.(AhBṬ.66)

꾸살라의 의미 3

'선kusala'은 한편으로 '공덕puñña'과 비슷한 의미입니다. 'puñña'는 깨끗함, 청정함이란 의미를 포함하고 있습니다. 이와 관련된 부처님의 가르침을 하나 소개하겠습니다.

Mā, bhikkhave, puññānaṁ bhāyittha. Sukhassetaṁ, bhikkhave, adhivacanaṁ iṭṭhassa kantassa piyassa manāpassa yadidaṁ puññāni.

(It.205)

대 역

Bhikkhave비구들이여, puññānaṁ공덕을 mā bhāyittha두려워하지 마라. bhikkhave비구들이여, puññānīti공덕이라는 yadidaṁ어떤 것이; 어떤 명칭이 atthi있는데 setaṁ그것은; 이 공덕이라는 명칭은 iṭṭhassa원할 만하고 kantassa좋아할 만하고 piyassa사랑할 만하고 manāpassa마음에 들 만한 sukhassa행복의 adhivacanaṁ동의어다.[165]

행복은 사람의 행복, 욕계 천신의 행복, 색계 · 무색계 범천의 행복, 열반의 행복이라는 4가지로 나눌 수 있습니다. 공덕은 바로 이러한 행복과 동의어라는 뜻입니다. 공덕이 행복과 동의어라고 했으므로 공덕

165 대역은 *Bhaddanta Sajjanā Bhivaṁsa*, 『*Itivuttaka Pāḷito Nissaya thi*(新 이띠웃따까 대역)』, p.45 참조.

을 두려워한다면 그것은 사람의 행복, 욕계 천신의 행복 등을 두려워하는 것과 같습니다.

보시할 때 재산이 아까워서 머뭇거리거나 싫어하거나 두려워한다면 그것은 공덕과 동의어인 행복을 얻고 싶지 않다는 것과 같은 의미입니다. 계를 지키기 싫어하거나 두려워하는 것도 행복을 싫어하는 것과 같은 의미입니다. 마찬가지로 선정수행을 하기 싫어하거나 두려워하거나 쓸모없는 것이라고 생각한다면 그것 또한 선정수행으로 얻을 수 있는 범천 세상의 행복을 두려워하고 얻고 싶지 않다고 하는 것과 같은 의미입니다. 열반의 적정한 행복을 얻게 하는 위빳사나 수행을 가렵고, 아프고, 저리고, 졸리고, 생각이 많다는 등의 이유로 싫어하고 두려워하고 필요없다고 하는 사람은 최상의 행복인 열반의 행복을 얻기 싫다고, 두렵다고 말하는 사람과 같습니다.

꾸살라의 의미 4

빠알리어 사전에서는 '선kusala'을 4가지 의미로 분석했습니다.

> Ārogye kusalaṁ iṭṭha, vipāke kusalo tathā;
> Anavajjamhi cheke ca, kathito vāccaliṅgiko.
>
> (AbṬ.게송 803)

해 석

꾸살라는 병이 없음,
원하는 과보를 줌, 그리고
단어의 성性에 따라 허물없음
또한 능숙함으로 쓰인다.

대 역

Kusalaṁ꾸살라라는 단어는 ārogye병이 없는 것에, iṭṭha vipāke원하는 과보에, tathā그리고 vāccaliṅgiko단어의 성에 따라 kusalo꾸살라는 anavajjamhi허물이 없는 것에, cheke ca능숙한 것에도 kathito말해진다; 쓰인다.[166]

요약하자면 '선kusala'이라는 단어는 병이 없음, 좋은 결과를 줌, 허물이 없음, 능숙함이라는 뜻을 가진다는 의미입니다.

그중에서 병이 없는 모습을 설명해 보겠습니다. 병에는 몸의 병과 마음의 병 2가지가 있습니다. 몸의 병이란 원하지 않는aniṭṭha 몸 상태를 말합니다. 마음의 병이란 마음을 오염시키고 괴롭히는 탐욕, 성냄, 어리석음 등의 번뇌를 말합니다. 몸의 병에 걸리면 병원에 가서 의사에게 치료를 받아야 합니다. 그러면 의사가 약을 처방하거나 수술을 하는 등 치료해 줍니다. 마음의 병에 걸리면 어디로 갑니까? 물론 마음의 병도 정신과 의사나 심리치료사, 그리고 다른 종교 가르침 종사자들이 각자의 방법으로 치료해 주기도 합니다. 하지만 완벽하게 치료할 수는 없습니다. 마음에서 생기는 여러 병을 남김없이 완벽하게 치료할 수 있는, 제거할 수 있는 방법은 부처님만이 가르쳐주실 수 있습니다.

'Bhisakko'ti, bhikkhave, tathāgatassetaṁ adhivacanaṁ arahato sammāsambuddhassa. (A8:85/A.iii.153)

166 대역은 *Ashin Aggadhammā Bhivaṁsa*, 『*Abhidhān Nissaya thi*(新 빠알리어 사전 대역)』, p.287 참조.

해 석

비구들이여, '의사'란 아라한이며 정등각자인 여래의 동의어다.

부처님만이 '의사'라고 할 수 있다는 뜻입니다. 반대byatireka 방법이나 자연성취avuttasiddhi 방법으로는[167] 그 외에 다른 이들은 가짜 의사라고 할 수 있습니다. 세상의 의사들은 몸만 치료할 수 있습니다. 몸도 한 생 안에서만 치료할 수 있습니다. 마음의 병이라는 번뇌 병은 치료할 수 없습니다. 마음의 병이 제거되지 않고서, 잠재워지지 않고서는 몸의 병이 완전히 제거되지 않습니다. 다시 아픕니다. 윤회윤전을 생각해 보십시오. 마음의 병인 번뇌와 함께하는 한 사악도에서 거듭 고통을 겪어야 합니다. 사악도의 중생은 '정신병'으로 사악도에 태어나게 된 것이라고 말할 수 있습니다. 몸의 병 때문에 사악도에 태어났다고 말할 수 없습니다. 마음의 병인 번뇌 때문에 사악도에 태어난 것입니다.

부처님께서는 마음의 병을 치료하는 훌륭한 의사이십니다. 마음의 병이 치료돼 완전히 없어지면 몸의 병도 뿌리째 뽑힙니다.[168] 그렇게 뿌리째 뽑히도록 치료할 수 있어야 진짜 의사라고 할 수 있습니다. 그러한 진짜 의사가 바로 부처님이기 때문에 당신 스스로 "'의사'란 아라한이며 정등각자인 여래의 동의어다"라고 말씀하신 것입니다.

부처님을 진정한 의사에 비유했다면, 부처님의 가르침은 의사가 처방하는 약에 비유할 수 있습니다. 가르침이라는 약은 4가지 종류로 쓰입니다.

---

167 본서 p.173 참조.

168 태어난 생에서는 몸의 병이 없을 수 없다. 마음의 병인 번뇌가 다한 아라한이 되어 다음 생에 태어나지 않으면 그 생에 몸의 병도 더 이상 없는 것을 말한다.

Vamanaṁ paṭipannānaṁ, phalaṭṭhānaṁ virecanaṁ;
Osadhaṁ phalalābhīnaṁ, puññakkhettaṁ gavesinaṁ.
Sāsanena viruddhānaṁ, visaṁ halāhalaṁ yathā;
Āsīviso diṭṭhaviso, evaṁ jhāpeti taṁ naraṁ. (Ap.i.51)

해 석

실천하는 이들에겐 구토약과 같네.
과위果位에 있는 이들에겐 설사약下劑과 같네.
결과를 열망하고 복밭을 구하는
그러한 이들에겐 응급약과 같네.
가르침과 적대적으로 행하는 이들에겐
즉시 죽게 하는 독약과 같네.
보기만 해도 죽이는 맹독의 독사처럼
그를 태워서 죽인다네.

대 역

Sāsanaṁ가르침은; 거룩한 이 가르침은 paṭipannānaṁ실천하는 이들에게는; 도의 지혜와 과의 지혜를 얻기 위해 실천하는 이들에게는 vamanaṁ구토약과 같다; sāsanaṁ 가르침은; 거룩한 이 가르침은 phalaṭṭhānaṁ과의 위치에 있는 이들에게는; 과의 지혜를 얻은 이들에게는 virecanaṁ설사약과 같다; sāsanaṁ가르침은; 거룩한 이 가르침은 phalalābhīnaṁ결과를 열망하고 puññakkhettaṁ복밭을 gavesinaṁ구하는 이들에게는 osadhaṁ응급약과 같다; 위급할 때 목숨을 구하는 약과 같다. sāsanaṁ가르침은; 거룩한 이 가르침은 sāsanena viruddhānaṁ가르침과 적대

적으로 행하고 있는 이들에게는 halāhalaṁ즉시 죽게 하는 visaṁ yathā독약과 같아서 diṭṭhaviso노려보기만 해도 죽여 버리는 독을 가진 āsīviso독사가 taṁ naraṁ그를; 독사가 째려보는 이를 jhāpeti태워 죽이듯 taṁ naraṁ그를; 가르침과 적대적으로 행하고 있는 이들을 jhāpeti태워 죽인다.

첫째, 구토약으로 사용하는 방법은 수행 중인 이들의 사용법입니다.

둘째, 설사약으로 사용하는 방법은 과의 위치에 있는 이들의 사용법입니다.

셋째, 응급약으로 사용하는 방법은 윤회윤전에서 벗어나기 위해, 좋은 과보를 원하는 이들의 사용법입니다.

넷째, 독약으로 사용하는 방법은 가르침을 적대시하는 이들의 사용법입니다.

첫 번째, 거룩한 가르침을 구토약으로 사용하는 이들은 도의 지혜와 과의 지혜를 얻기 위해 실천하고 노력하는 사람들입니다. 다시 말하면 보시와 지계와 수행을 실천하고 노력하는 것이 바로 가르침을 구토약으로 사용하는 것입니다.

보시와 지계와 수행을 실천하는 사람들은 무엇을 토해내고 있을까요? 중생들은 시작을 알 수 없는 머나먼 과거로부터 윤회하는 동안 수많은 번뇌를 삼켰습니다. 중생들의 심장에는 탐욕, 성냄, 어리석음, 질투, 인색, 자만, 아만 등 번뇌가 가득 차 있습니다.

음식을 너무 많이 먹어 소화가 잘 되지 않는다면 토하게 하는 약을 먹어야 합니다. 설사약을 먹어서는 안 됩니다. 만약 토하게 하는 약이 없으면 손가락을 집어넣어서라도 토해 내야 합니다. 소화되지 않은 음식이 밖으로 나오면 편안해집니다. 이와 마찬가지입니다. 중생들은 시작을 알 수 없는 긴 세월을 윤회하면서 계속해서 삼켜 왔던 탐욕, 성냄, 어리석음, 질투, 인색, 자만 등의 번뇌가 심장에 가득 차 있기 때문에 편안하게 지내지 못합니다. 탐욕 때문에도 편안하게 지내지 못합니다. 성냄 때문에도 편안하게 지내지 못합니다. 어리석음, 자만, 질투, 인색 때문에도 편하지 않습니다. 시작을 알 수 없이 거듭거듭 윤회를 해 오면서 심장 속에 가득 차서 자신을 답답하게 하는 그 번뇌를 보시, 계, 수행이라는 선업을 통해 토해내도록 해야 합니다. 그렇게 번뇌를 토하게 해서 번뇌라는 병을 없애기 때문에 보시, 계, 수행을 '선kusala'이라고 말하는 것입니다.

두 번째, 거룩한 가르침을 설사약처럼 사용하는 방법은 범부들과는 무관한 방법입니다. 과의 위치에 있는 성자들에게만 해당되는 방법입니다. 과의 위치에 있는 성자들은 자신들이 증득한 열반의 적정한 행복을 누리기 위해 과 증득phalasamāpatti에 자주 입정합니다. 'kā phalasamāpattīti? yā ariyaphalassa nirodhe appanā 과 증득이란 무엇인가? 성스러운 과가 소멸에 몰입하는 것이다'라는 『위숫디막가』의 설명대로 (Vis.ii.341) 과 증득이란 물질과 정신이라는 모든 형성이 소멸되고 사라진 열반이라는 대상에 들어가서 머무는 것처럼 성스러운 과의 마음이 계속 생겨나게 하는 것을 말합니다. 그러면 무슨 이익 때문에 성자들은 자주 과 증득에 입정할까요? 지금 여기서 행복하게 머물기 위해서입니다. 마치 세간에서 왕이나 천신이 왕의 영화, 천신의 영화를 마음껏 누리듯이 성자들도 이제 자신들의 소유가 된 과의 행복, 열반의 행복이라는 출세간의 행복을 현생에서 누리기 위해 '이 정도의 기간 동안 과의 마음만 생겨나게 하면서 지내리라'라고 미리 결의하고서 자신이 원하는 만큼 과 증득에 입정해서 지냅니다.

이것은 마치 설사약을 먹는 것과 같습니다. 소화된 음식이 몸 밖으로 나가지 못하고 막혀 있으면 지내기에 편안하지 않습니다. 그때는 어떻게 해야 합니까? 설사약을 먹어서라도 편해지도록 해야 합니다.

이와 마찬가지로, 과의 위치에 있는 성자들은 각각의 단계마다 여러 번뇌를 제거했습니다. 적당한 만큼 음식들이 소화된 것입니다. 하지만 아직 몸과 마음, 물질과 정신이 있기 때문에 보고 듣고 하면서 고통이 생겨납니다. 그러한 고통에서 잠시 벗어나기 위해 성자들은 과 증득에 입정합니다. 설사약을 먹어 편해지도록 하는 것입니다. 이렇게 과의 위치에 있는 성자들이 과 증득에 입정해 열반의 행복을 누리는 것이 가르침을 설사약으로 사용하는 것입니다.

세 번째는 가르침을 응급약처럼 사용하는 방법입니다. 목숨을 구하는 응급약은 항상 사용하는 약이 아닙니다. 사느냐 죽느냐 하는 매우 긴박한 순간에만 응급약을 사용합니다. 이와 마찬가지로 가르침을 사용하는 사람들도, 다시 말하면 가르침을 의지하고 공경하는 사람들도 절체절명의 매우 위험한 상황에서 가르침을 사용해야 합니다.

여기서 '절체절명의 위험'이라는 것은 늙음이라는 위험, 병듦이라는 위험, 죽음이라는 위험을 말합니다. 이러한 큰 위험에 닥쳤을 때는 위험에서 벗어나려는 마음을 일으켜야 합니다. 그러한 마음을 일으키기 위해, 즉 늙음과 병듦, 죽음이라는 위험으로부터 벗어나기 위해 가르침에 의지해야 합니다. 이것이 가르침을 목숨을 구하는 응급약처럼 사용하는 방법입니다.

하지만 일부 사람은 사업의 번창이나 높은 지위, 명성 등 세간적인 일을 위해 삼보에 귀의하고 가르침에 의지합니다. 가르침을 전승시킬 의무가 있는 출가자들 중 일부도 4가지 필수품 등의 보시를 많이 받거나 명성을 높이려는 목적으로 가르침에 의지하면서 시간을 보냅니다. 문헌의 의무gantha dhura와 위빳사나의 의무vipassanā dhura라는 원래 해야 할 일을 버려둡니다. 이것은 'saṁsāra vaṭṭadukkhato mocanatthāya 윤회윤전의 고통에서 벗어나기 위하여'라는 출가의 근본목적을 무너뜨리는 것입니다.

불교의 가르침에 입문한 재가자와 출가자 모두 이렇게 세간적인 목적을 위해 가르침에 의지해서는 안 됩니다. 세간적인 목적으로 의지하면 매우 가치가 높은 가르침을 제대로 사용하지 못하는 것입니다. 늙음과 병듦과 죽음으로부터 벗어나기 위해, 윤회에서 벗어나기 위해 가르침을 의지하는 것이 바로 응급약처럼 가르침을 사용하는 방법입니다.

마지막 네 번째로 가르침을 독처럼 사용하는 이는 가르침을 거스르는 이, 가르침과 반대되게 행동하는 이를 말합니다. '가르침을 거스른다'라고 할 때 가르침은 부처님의 가르침입니다. 부처님들의 가르침에는 모든 불선업을 행하지 않는 것, 모든 선업을 행하는 것, 각자의 마음을 깨끗이 하는 것이라는 3가지가 있습니다.

부처님께서 "모든 불선업을 행하지 마라, 말하지 마라, 생각하지 마라"라고 설하시고 교시해 놓으신 것을 따르지 않고 반대로 불선업을 행하고, 말하고, 생각하고 있으면, 그 사람은 가르침을 거스르는 것입니다. 그 사람은 가르침을 독으로 사용하고 있는 것입니다. 독을 먹으면 고통스럽습니다. 죽기까지 합니다. 설사 죽지 않더라도 죽을 만큼의 고통스러운 느낌을 겪어야 합니다.

부처님께서 "모든 선업을 행하라"라고 하셨는데, 여러 핑계를 대면서 선한 행위들을 하지 않으면 가르침을 독으로 사용하는 것입니다.

'마음을 깨끗하게 하라'라고 하신 부처님의 훈계를 따르지 않고 마음을 더럽히는 행위를 하고 있다면 가르침을 독으로 사용하는 것입니다. 중생들의 마음은 시작을 알 수 없는 과거로부터 윤회하면서 탐욕이나 성냄 등으로 아주 더럽혀져 있습니다. 이렇게 더럽혀진 마음이 깨끗해지도록 행하지 않고 더욱 더럽혀지도록 행한다면, 이것은 가르침을 독처럼 사용하는 것이라고 말합니다.

따라서 첫 번째로 보시와 지계와 수행 선업을 닦는 것을 통해 번뇌를 토하게 하는 구토약으로 가르침을 사용해야 합니다. 두 번째인 설사약처럼 사용하는 것은 과의 지혜를 얻은 성자들에게만 해당합니다. 범부들과는 관계없습니다. 범부들은 가르침을 설사약으로 사용할 수 없습니다. 세 번째, 각자가 매일 만나고 있는 늙음의 위험, 병듦의 위험, 죽음의 위험으로부터 벗어나기 위한 목적으로 가르침에 의지하고 공경하는 것을 통해 생명을 구하는 응급약으로 가르침을 사용해야 합니다. 네 번째, 가르침이라는 부처님의 교시와 반대되게 행동하고 말하고 생각하는, 독약처럼 사용하는 방법은 할 수 있는 만큼 삼가야 합니다.

번뇌를 토하게 하는 부처님의 구토약은 바로 팔정도입니다. 바른 견해는 삿된 견해를 토하게 합니다. 바른 생각은 삿된 생각을 토하게 합니다. 바른 말은 삿된 말을 토하게 합니다. 바른 행위는 삿된 행위를 토하게 합니다. 바른 생계는 삿된 생계를 토하게 합니다. 바른 노력은 삿된 노력을 토하게 합니다. 바른 새김은 삿된 새김을 토하게 합니다. 바른 삼매는 삿된 삼매를 토하게 합니다.

구토약을 먹고 속이 편해지듯이 팔정도라는 약을 복용하면 마음의 병인 번뇌가 모두 사라집니다. 태어남, 늙음, 죽음, 슬픔, 비탄, 고통, 근심, 절망 등이 다 사라집니다. 이것은 바로 꾸살라, 선의 힘으로 제거하는 것입니다. 하지만 단번에 되지 않습니다. 순서가 있습니다.

먼저 기본으로 갖추어야 하는 것이 있습니다. 그것을 근본 도 구성요소라고 합니다. 업과 업의 결과에 대한 바른 견해, 청정한 계, 바탕이 되는 삼매가 그것입니다. 이어서 앞부분 도 구성요소를 실천해야 합니다. 위빳사나 수행을 할 때 생겨나는 팔정도, 도 구성요소가 그것입니다. 그렇게 하다가 위빳사나 지혜가 무르익으면 성스러운 도 구성요소가 생겨납니다.[169]

이제 부처님의 가르침을 구토약으로 사용해야 한다는 사실을 알았습니다. 하지만 이것은 들어서 아는 지혜가 생긴 것일 뿐입니다. 혹은 이 내용을 숙고하고 마음에 담았다면 생각해서 아는 지혜가 생긴 것일 뿐입니다. 이 지혜들에 만족하면 안 됩니다. 스스로 실천해서 아는 지혜가 생겨나도록 열심히 수행을 실천해야 합니다.[170]

수행을 실천하기 위해서는 수행하려는 마음이 일어나야 합니다. 수행하는 마음이 일어나려면 경각심이 있어야 합니다. 경각심은 사람마다 특별한 상황에서 생겨납니다. 부처님 당시에 뛰어난 능력으로 제일 칭호를 받게 된 아라한 존자들도 경각심을 일으키는 어떤 계기를 만나야만 수행을 시작했습니다. 경각심이 없었다면 일반인들과 같은 삶을

169 자세한 내용은 『담마짝까 법문』, pp.358~378 참조.

170 강의에서는 번뇌를 제거하는 것을 설사약처럼 사용하는 것이라고 설명했는데, 『어려운 것 네 가지』에 따라 내용을 수정했다. 우 소다나 사야도 법문, 비구 일창 담마간다 옮김, 『어려운 것 네 가지』, pp.254~271 참조.

살았을 것입니다.

이와 관련해서 빠따짜라Paṭācārā 여인의 일화를 소개하겠습니다. 부처님 당시에 빠따짜라는 부호의 딸이었습니다. 그런데 집에서 일하던 하인과 사랑에 빠져 야반도주를 했습니다. 시간이 흘러 첫째 아이를 출산했고, 둘째 아이를 출산하기 위해 친정으로 가던 도중에 큰비를 만나 숲속에서 아이를 출산했습니다. 남편은 땔감을 구하기 위해 돌아다니다 독사에게 물려 죽었습니다. 아침이 되자 남편이 뱀에게 물려 죽은 것을 발견했고, 막 낳은 아이와 첫째를 데리고 다시 길을 떠났습니다. 도중에 강을 만나 첫째 아이는 이쪽 언덕에 혼자 둔 채 갓난아이를 품에 안고 강을 건넜습니다. 그런 다음 갓난아이를 반대 언덕에 눕혀놓고 첫째 아이를 데리러 다시 돌아가던 중 강 중간쯤 이르렀을 때 독수리가 갓난아이를 채가 버렸습니다. 그 모습을 본 빠따짜라는 팔을 휘저으며 채가지 말라고 소리쳤습니다. 엄마가 소리치며 팔을 휘젓는 모습을 본 첫째 아이는 오라고 하는 신호로 알고서 강으로 향했습니다. 빠따짜라는 아이에게 오지 말라고 다시 팔을 휘저었습니다. 첫째 아이는 그것도 오라는 신호로 알고서 물속으로 들어가 거센 물살에 떠내려가 버렸습니다. 빠따짜라는 그렇게 남편과 두 아이를 모두 잃고서 다시 친정을 향해 걸어갔습니다. 친정이 있는 사왓티 근처에 도착했을 때 그쪽에서 오는 사람에게서 아버지, 어머니, 오빠가 모두 죽었다는 사실을 전해 들었습니다. 그 사람은 멀리서 보이는 연기가 바로 그들을 화장하는 연기라고 말했습니다. 하루 사이에 모든 가족을 잃은 빠따짜라는 큰 충격으로 완전히 정신을 잃어버려 발가벗고 떠돌아다녔습니다. 그렇게 발가벗은 채 돌아다니다가 어느 날 부처님의 법회에 참석하게 됐습니다. 부처님께서는 빠따짜라에게 정신을 차리라고 말씀하셨습니다.

그 말씀에 빠따짜라는 정신이 돌아왔고 곁에 있던 사람의 도움으로 옷을 걸쳤습니다. 그리고는 자신의 상황을 부처님께 말씀드렸습니다. 시작을 알 수 없는 윤회의 고통과 관련해서 부처님께서는 알맞은 법문을 해 주셨고, 빠따짜라는 법문을 들으면서 위빳사나 지혜가 향상되어 수다원 도와 과를 증득해서 수다원이 됐습니다. 이어서 비구니계를 받고 수행을 계속해 머지않아 아라한 도와 과를 증득해서 아라한이 됐습니다.(Dhp.113 일화)

이와 같이 정신을 잃어버린 사람까지 아라한이 되게 하신 부처님이야말로 마음의 병을 치료하는 최고의 의사, 진짜 의사라고 말할 수 있습니다. 부처님께서 처방하신 팔정도라는 꾸살라kusala 약, 좋은 약을 끼니마다, 시간마다 잘 복용해서 탐욕과 성냄과 어리석음 등 번뇌라는 마음의 병을 잘 제거할 수 있기를 바랍니다.

제16강

2008년 9월 9일

세상에서 좋은 행위를 하면 선업이라고 하고 좋지 않은 행위를 하면 불선업이라고 합니다. 그런데 누군가 선업과 불선업이 어디에 있는지 보여 달라고 한다면 어떻게 답하시겠습니까?

『밀린다빤하』에 이와 관련된 내용이 있습니다. 밀린다Milinda 왕이 나가세나Nagasena 존자에게 선업과 불선업이 있고 그 결과도 있다고 하는데 그렇다면 그것은 어디에 있느냐고 물었습니다. 나가세나 존자는 그것들은 계속 따라다닌다고 대답했습니다. 왕은 다시 어디에 있는지 보여 줄 수 있는지 물었습니다. 존자는 분명하게 보여 줄 수는 없다고 대답했습니다. 왕은 그렇다면 비유를 들어 달라고 청했습니다. 존자는 과일나무가 있고 아직 열매가 열릴 계절이 되지 않았을 때 과일이 어디에 있다고 분명하게 보여 줄 수 없는 것과 같다고 말했습니다.(Mil.76)[171]

마찬가지로 어떤 중생이 몸과 말과 마음으로 선업과 불선업을 행한 것은 과보를 주기 위해 실제로 중생들을 따라다니며 그 상속에 확실히 존재합니다. 하지만 그 업이 어디에 있다고 말할 수는 없습니다. 조건이 갖추어지면 해당하는 결과를 주는 것은 확실합니다.

지금까지 불선 마음 12가지, 원인 없는 마음 18가지, 욕계 선 마음 8가지, 욕계 과보 마음 8가지를 살펴봤습니다. 욕계 선 마음 8가지의 결과인 욕계 과보 마음에 8가지가 있고, 또한 욕계 작용 마음도 8가지가 있습니다. 이 마음들은 다른 색계나 무색계, 출세간 마음보다 마음의

---

171 동봉 역, 『밀린다왕문경』 ①, p.162 참조.

개수가 많기 때문에 '큰'이라는 수식어를 붙여 큰 선 마음, 큰 과보 마음, 큰 작용 마음이라고 한다고 제13강에서 설명했습니다.

이렇게 욕계에 포함되는 선 마음, 과보 마음, 작용 마음에는 같은 이름의 마음이 3개씩 있습니다. 하지만 마음의 종류로는 선 마음, 과보 마음, 작용 마음으로 서로 다르고 그 역할도 다릅니다. 특히 과보 마음은 재생연결, 존재요인, 죽음 등 역할도 마음마다 서로 다릅니다.

이제 욕계 큰 작용 마음 8가지를 살펴보겠습니다.

원인 있는 욕계 작용 마음들

17 Somanassasahagataṁ ñāṇasampayuttaṁ asaṅkhārikamekaṁ, sasaṅkhārikamekaṁ, somanassasahagataṁ ñāṇavippayuttaṁ asaṅkhārikamekaṁ, sasaṅkhārikamekaṁ, upekkhāsahagataṁ ñāṇasampayuttaṁ asaṅkhārikamekaṁ, sasaṅkhārikamekaṁ, upekkhāsahagataṁ ñāṇavippayuttaṁ asaṅkhārikamekaṁ, sasaṅkhārikamekanti imāni aṭṭhapi sahetukakāmāvacarakiriyacittāni nāma.

해 석

즐거움과 함께하고 지혜와 결합한 형성 없는 것이 하나, 형성 있는 것이 하나, 즐거움과 함께하고 지혜와 결합하지 않은 형성 없는 것이 하나, 형성 있는 것이 하나, 평온과 함께하고 지혜와 결합한 형성 없는 것이 하나, 형성 있는 것이 하나, 평온과 함께하고 지혜와 결합하지 않은 형성 없는 것이 하나, 형성 있는 것이 하나, 이렇게 8가지이기도 한 이 마음들은 '원인 있는 욕계 작용 마음들'이라고 한다.

대 역

Somanassasahagataṁ즐거움과 함께하고 ñāṇasampayuttaṁ 지혜와 결합한 asaṅkhārikaṁ형성 없는; 자극받지 않은 cittaṁ마음도 ekaṁ하나, sasaṅkhārikaṁ형성 있는; 자극받은 cittaṁ마음도 ekaṁ하나, somanassasahagataṁ즐거움과 함께하고 ñāṇavippayuttaṁ지혜와 결합하지 않은 asaṅkhārikaṁ형성 없는; 자극받지 않은 cittaṁ마음도 ekaṁ하나, sasaṅkhārikaṁ형성 있는; 자극받은 cittaṁ 마음도 ekaṁ하나, upekkhāsahagataṁ평온과 함께하고 ñāṇasampayuttaṁ지혜와 결합한 asaṅkhārikaṁ형성 없는; 자극받지 않은 cittaṁ마음도 ekaṁ하나, sasaṅkhārikaṁ형성 있는; 자극받은 cittaṁ마음도 ekaṁ하나, upekkhāsahagataṁ평온과 함께하고 ñāṇavippayuttaṁ지혜와 결합하지 않은 asaṅkhārikaṁ형성 없는; 자극받지 않은 cittaṁ마음도 ekaṁ하나, sasaṅkhārikaṁ형성 있는; 자극받은 cittaṁ마음도 ekaṁ하나, iti=iminā pabhedena이렇게; 이렇게 종류로 구분하면 aṭṭhapi8가지이기도 한 imāni cittāni이 마음들은 sahetukakāmāvacarakiriyacittāni nāma honti'원인 있는 욕계 작용 마음들'이라고 한다.

욕계 큰 작용 마음kāmāvacara mahā kiriya citta도 8가지가 있습니다. 이것도 앞서 설명한 욕계 선 마음과 비슷하게 나열됩니다. 선 마음을 작용 마음으로만 바꾸면 됩니다.

①즐거움과 함께하고 지혜와 결합한 형성 없는 마음이 하나
②즐거움과 함께하고 지혜와 결합한 형성 있는 마음이 하나
③즐거움과 함께하고 지혜와 결합하지 않은 형성 없는 마음이 하나
④즐거움과 함께하고 지혜와 결합하지 않은 형성 있는 마음이 하나
⑤평온과 함께하고 지혜와 결합한 형성 없는 마음이 하나
⑥평온과 함께하고 지혜와 결합한 형성 있는 마음이 하나
⑦평온과 함께하고 지혜와 결합하지 않은 형성 없는 마음이 하나
⑧평온과 함께하고 지혜와 결합하지 않은 형성 있는 마음이 하나

원인 있는 욕계 작용 마음은 일반 범부나 수다원, 사다함, 아나함에게는 일어나지 않습니다. 이 마음은 오직 아라한에게만 일어납니다. 수다원, 사다함, 아나함, 아라한이라는 4종류의 성자 중 아라한은 특별해서 평소에 일어나는 마음 자체가 다릅니다. 일반 범부나 수다원, 사다함, 아나함의 행위는 다음 생의 결과를 가져 옵니다. 그래서 아나함 성자조차 최소한 한 생은 더 태어나야 합니다. 하지만 아라한은 다음 생에 다시 태어나지 않습니다. 다음 생에서 경험해야 할 선업과 불선업의 여러 결과가 없습니다. 하지만 이렇게 다음 생에 경험할 것이 없는 아라한도 범부나 수다원, 사다함, 아나함처럼 부처님께 예경하고 보시하고 계를 지키는 등 선한 행위를 합니다. 이러한 행위를 할 때 생겨나는 마음이 바로 원인 있는 욕계 작용 마음입니다.

아라한들은 이렇게 작용 마음의 과보가 없는데도 왜 그러한 행위를 할까요? 자신들이 선한 행위를 해서 다른 사람들이 그 행위를 따라한다면, 그 사람들이 선한 과보를 얻을 수 있기 때문입니다.

미얀마의 큰스님 한 분의 일화를 소개하겠습니다. 언젠가 큰스님은

평상시에 보시 받은 가사나 슬리퍼, 발우 등의 필수품을 당신이 수행하던 마을로 가져갔습니다. 큰스님을 대신해서 신도들이 그곳의 출가자들에게 다 보시한 뒤 스님께 말씀드렸습니다. 그때 큰스님은 "선업을 하면 선업의 과보가 있을 것이다. 하지만 나와는 관계없는 일이다"라는 말을 우연히 하셨다고 합니다.

아라한이 선한 행위를 할 때는 원인 있는 욕계 작용 마음이 일어납니다. 이 원인 있는 욕계 작용 마음은 결과를 생겨나게 하지 않고 단지 행하는 작용만 있기 때문에 '원인 있는 욕계 작용 마음'이라고 말합니다. 범부나 수다원, 사다함, 아나함들이 선한 행위를 할 때는 '욕계 선 마음'이 일어납니다. 오직 아라한만 작용 마음으로 행합니다.

예를 들어 어떠한 선한 행위를 업과 업의 결과를 믿으면서 자극 받지 않고 즐거운 마음으로 범부나 수다원, 사다함, 아나함 등이 행한다면 '즐거움과 함께하고 지혜와 결합한 형성 없는 선 마음'이 생겨납니다. 같은 행위를 아라한이 행한다면 '즐거움과 함께하고 지혜와 결합한 형성 없는 작용 마음'이 생겨납니다. 그러한 작용 마음은 다음 생에 어떠한 결과도 가져오지 않습니다.

「라따나숫따Ratanasutta(보배경)」에 이러한 아라한의 덕목과 관련된 게송이 있습니다.

Khīṇaṁ purāṇaṁ nava natthi sambhavaṁ,
Virattacittāyatike bhavasmiṁ;
Te khīṇabījā avirūḷhichandā,
Nibbanti dhīrā yathāyaṁ padīpo. (Khp.7)

해석

이전 것도 다했고 새로운 것 안 생기네.
나중의 생에 대해 집착 마음 없다네.
종자도 다했고 원함도 끊어졌네.
등불이 꺼지듯이 현자들은 적정하네.

대역

《So khīṇāsavānaṁ그 번뇌 다한 분들에게는; 그 아라한 존자들에게는》 purāṇaṁ이전의 것이; 이전에 행한 선업과 불선업이라는 업 더미가 khīṇaṁ다했다네; 새로운 생의 결과를 줄 힘이 다 없어져 버렸다네. navaṁ새로운 것도; 새로운 업도 natthi sambhavaṁ생겨남이 없다네; 생겨나지 않는다네. āyatike bhavasmiṁ나중의 생에 대해; 나중에 태어날 새로운 생에 대해 virattacittā집착하지 않는 마음이 있다네; 집착하는 마음도 없다네. te khīṇāsavā 그 번뇌 다한 분들은; 그 아라한들은 khīṇabījā종자가 다했다네; 재생연결의 종자가 다했다네. avirūḷhichandā원함도 끊어졌네; 원함이 번성하지 않게 됐다네; 새로운 생이 늘어나는 것에 갈망하는 원함이 없게 됐다네. ayaṁ padīpo이 등불이 nibbāti yathā꺼지는 것처럼 dhīrā현명한 te khīṇāsavā그 번뇌 다한 분들은 nibbanti적정하네; 꺼진다네; 윤회의 바퀴가 끊겨 태어남이 소멸한다네.

"이전 것도 다했고"란 과거의 선행과 악행은 더 이상 새로운 생을 생겨나게 하지 못한다는 뜻입니다. "새로운 것 안 생기네"란 "생겨나게 하는 새것도 없다", 즉 다음 생을 생겨나게 하는 새로운 선행과 악행도 더 이상 하지 않는다는 뜻입니다. 번뇌가 다 소멸됐기 때문에 악행은 당연히 하지 않습니다. 아비담마 가르침에 따르자면 불선 마음이 생겨나지 않습니다. 선행도 생겨나지 않습니다. 선행으로 알려진 보시 등을 완전히 하지 않는다는 뜻이 아니라 앞에서 설명했듯이 작용 마음이 생겨나기 때문에 그 작용 마음은 새로운 생을 생겨나게 하지 않는다는 뜻입니다. "나중의 생에 대해 집착 마음 없다네"라는 것은 범부는 말할 것도 없고 아나함이라도 다음 생에 집착하는 마음이 조금 남아 있는데, 아라한들은 다음 생에 집착하는 마음이 조금도 없다는 뜻입니다. "원함도 끊어졌네"란 다음 생에 태어나고자 하는 원함, 즉 갈애가 끊어졌다는 뜻입니다.[172] "종자도 다했고"란 죽음에 즈음해서 생겨나면서 다음 생을 가져오는 업 의식kammaviññāṇa이라는 씨앗이 없다는 뜻입니다. 이 내용은 "kammaṁ khettaṁ, viññāṇaṁ bījaṁ, taṇhā sneho 업은 밭이고 의식은 종자이며 갈애는 수분이다"라는 『앙굿따라 니까야(3가지 모음)』「바와숫따Bhavasutta(존재경)」를 통해 알 수 있습니다.(A3:77/A.i.224) 죽음에 즈음해서 이미 다음 생을 가져오는 선업과 불선업이라는 밭은 다 망가진 상태이며, 갈애라는 수분이 없기 때문에 종자가 되는 선 마음이나 불선 마음이 생겨나지 않고 작용 마음이 생겨나서 다음 생이라는 수확을 하지 못합니다. 그래서 아라한의 마지막 죽음 마음이 끝나고 난 뒤에는 완전히 적정해집니다. 꺼져 버립니다. 이것을 두고 '완전열반에 든다'라고 하고, "등불이 꺼지듯이 현자들은 적정하네"라고 부처님께서 설하셨습니다.

172 "종자도 다했고"에 대해 설명할 내용이 많고 뒤의 내용과 연결도 되어 "원함도 끊어졌네"에 대해 먼저 설명했다.

이렇게 아라한이 완전열반에 든 뒤 그 아라한이 "어디에 있다, 어디에 태어났다"라고 말할 수 없습니다. 등불이 꺼진 뒤 그 등불이 "동쪽으로 갔다. 서쪽으로 갔다"라고 말할 수 없는 것과 마찬가지입니다. 완전열반에 이어서 새로운 물질과 정신이 생겨나지 않습니다. 모든 고통이 꺼진 상태입니다.[173]

욕계 아름다운 마음들 요약

18 Iccevaṁ sabbathāpi catuvīsati sahetukakāmāvacarakusalavipākakiriyacittāni samattāni.

해 석

이와 같이 모든 방면으로도 24가지인 원인 있는 욕계 선-과보-작용 마음들이 끝났다.

대 역

Iccevaṁ=iti evaṁ yathāvuttanayena이와 같이; 이렇게 설명한 방법에 따라 sabbathāpi모든 방면으로도; 선-과보-작용이라는 모든 방면으로도 catuvīsati24가지인 sahetukakāmāvacarakusalavipākakiriyacittāni원인 있는 욕계 선-과보-작용 마음들이 samattāni끝났다.

§18은 욕계 아름다운 마음을 요약하는 내용입니다. 뒷부분의 "원인 있는 욕계 선-과보-작용"이라는 구절에서 종류로 구분했을 때 '선kusala'은 모두 원인 있는 것입니다. 원인 없는 것은 없습니다. 원인 있는 것과

173 비구 일창 담마간다 편역, 『보배경 강설』, pp.194~203 참조.

원인 없는 것으로 나눌 필요가 없습니다. 언제나 원인 있는 것입니다. 그래서 '원인 있는'이라는 수식어 없이 '욕계 선'이라고만 말합니다.

하지만 과보와 작용은 욕계의 경우 원인 있는 것도 있고 원인 없는 것도 있기 때문에 원인 없는 과보, 원인 없는 작용을 배제하기 위해 '원인 있는'이라는 수식어를 첨가해서 "원인 있는 욕계 선-과보-작용"이라고 표현한 것입니다. 사실은 '원인 있는'이라는 단어는 '욕계 선'과는 연결하지 말고 '욕계 과보, 욕계 작용'과만 연결해야 합니다.

거듭 설명하지만 이 욕계 선, 원인 있는 욕계 과보, 원인 있는 욕계 작용은 색계, 무색계, 출세간 선, 과보, 작용보다 개수가 많기 때문에 '큰 선mahākusala, 큰 과보mahāvipāka, 큰 작용mahākiriya'이라고도 부릅니다.

욕계 아름다운 마음들의 분류

19 Vedanāñāṇasaṅkhārabhedena catuvīsati.
Sahetukāmāvacarapuññapākakiriyā matā.

해 석

원인 있는 욕계 아름다운 마음들인
공덕과 과보와 작용들을
느낌과 지혜와 형성에 따라
24가지라고 알아야 한다.

대 역

Sahetukāmāvacarapuññapākakiriyā원인 있는 욕계 공덕-과보-작용을; 욕계 선, 원인 있는 욕계 과보, 원인 있는 욕계 작용 마음들을 vedanāñāṇasaṅkhārabhedena느낌-지혜-형성이라는 분류에 따라 (paccekaṁ)각각 (duvidhattā ca)2종류가 있기 때문에, 또한 (catubbidhattā ca)4종류가 있기 때문에, 또한 (aṭṭhavidhattā ca)8종류가 있기 때문에 (sampiṇḍitvā)합하면 (cha ca)6가지라고, 또한 (dvādasa ca)12가지라고, 또한 catuvīsati ca24가지라고 (paṇḍitehi)현자들은 matā알아야 한다.

§19는 욕계 아름다운 마음을 여러 가지 기준에 따라 분류하는 게송입니다.

지금까지 설명한 욕계 아름다운 마음 24가지를 헤아리는 방법에 18가지가 있습니다.(AhDṬ.43~44)

① 즐거움과 함께하는 것 12가지 + 평온과 함께하는 것 12가지 = 24가지

② 결합한 것 12가지 + 결합한 것이 아닌 것 12가지 = 24가지

③ 형성 없는 것 12가지 + 형성 있는 것 12가지 = 24가지

④ 두 원인인 것 12가지 + 세 원인인 것 12가지 = 24가지
지혜와 결합하지 않은 마음은 어리석음없음이라는 원인이 없습니다. 그래서 탐욕없음과 성냄없음 두 원인만 가집니다. 세 원인은 지혜와 결합한 마음입니다.

⑤ 저열한 것 12가지 + 수승한 것 12가지 = 24가지
저열한 것은 지혜와 결합하지 않은 마음이고, 수승한 것은 지혜와 결합한 마음입니다.

⑥ 결합한 것 12가지 + 결합하지 않은 것 12가지 = 24가지
즐거움과 함께하면서 지혜와 결합한 것에 형성 있고 없는 것으

로 2개씩이고 그것이 선-과보-작용으로 3종류가 있기 때문에 모두 6가지입니다. 마찬가지로 평온과 함께하면서 지혜와 결합한 것에 형성 있고 형성 없는 것으로 2개씩이고 그것이 선-과보-작용으로 3종류가 있기 때문에 모두 6가지입니다. 둘을 합하면 결합한 것이 12가지입니다.

그리고 즐거움과 함께하면서 지혜와 결합하지 않은 것에 형성 있고 형성 없는 것으로 2개씩이고 그것이 선-과보-작용으로 3종류가 있기 때문에 모두 6가지입니다. 마찬가지로 평온과 함께하면서 지혜와 결합하지 않은 것에 형성 있고 형성 없는 것으로 2개씩이고 그것이 선-과보-작용으로 3종류가 있기 때문에 모두 6가지입니다. 둘을 합하면 결합하지 않은 것이 12가지입니다. 결합한 것과 결합하지 않은 것을 합하면 24가지입니다.

⑦~⑩은 즐거움을 기준으로 즐거움과 함께하는 것과 함께하지 않는 것으로 나눈 다음 '결합한 것과 결합한 것이 아닌 것', '결합하지 않은 것과 결합하지 않은 것이 아닌 것', '형성 없는 것과 형성 없는 것이 아닌 것', '형성 있는 것과 형성 있는 것이 아닌 것'으로 4개조로 만들어 헤아리는 방법입니다.

⑦ 즐거움과 함께하고 결합한 것	6가지
즐거움과 함께하고 결합한 것이 아닌 것	6가지
즐거움과 함께하지 않고 결합한 것	6가지
즐거움과 함께하지 않고 결합한 것이 아닌 것	6가지
합해서	24가지

⑧ 즐거움과 함께하고 결합하지 않은 것	6가지
즐거움과 함께하고 결합하지 않은 것이 아닌 것	6가지
즐거움과 함께하지 않고 결합하지 않은 것	6가지
즐거움과 함께하지 않고 결합하지 않은 것이 아닌 것	6가지
합해서	24가지
⑨ 즐거움과 함께하고 형성 없는 것	6가지
즐거움과 함께하고 형성 없는 것이 아닌 것	6가지
즐거움과 함께하지 않고 형성 없는 것	6가지
즐거움과 함께하지 않고 형성 없는 것이 아닌 것	6가지
합해서	24가지
⑩ 즐거움과 함께하고 형성 있는 것	6가지
즐거움과 함께하고 형성 있는 것이 아닌 것	6가지
즐거움과 함께하지 않고 형성 있는 것	6가지
즐거움과 함께하지 않고 형성 있는 것이 아닌 것	6가지
합해서	24가지

⑪~⑭은 ⑦~⑩과 마찬가지로 평온을 기준으로 평온과 함께하는 것과 함께하지 않는 것으로 나눈 다음 '결합한 것과 결합한 것이 아닌 것', '결합하지 않은 것과 결합하지 않은 것이 아닌 것', '형성 없는 것과 형성 없는 것이 아닌 것', '형성 있는 것과 형성 있는 것이 아닌 것'으로 4개조로 만들어 헤아리는 방법입니다. 즐거움을 평온으로 바꾸기만 하면 됩니다.

⑪ 평온과 함께하고 결합한 것	6가지
평온과 함께하고 결합한 것이 아닌 것	6가지

평온과 함께하지 않고 결합한 것	6가지
평온과 함께하지 않고 결합한 것이 아닌 것	6가지
합해서	24가지
⑫ 평온과 함께하고 결합하지 않은 것	6가지
평온과 함께하고 결합하지 않은 것이 아닌 것	6가지
평온과 함께하지 않고 결합하지 않은 것	6가지
평온과 함께하지 않고 결합하지 않은 것이 아닌 것	6가지
합해서	24가지
⑬ 평온과 함께하고 형성 없는 것	6가지
평온과 함께하고 형성 없는 것이 아닌 것	6가지
평온과 함께하지 않고 형성 없는 것	6가지
평온과 함께하지 않고 형성 없는 것이 아닌 것	6가지
합해서	24가지
⑭ 평온과 함께하고 형성 있는 것	6가지
평온과 함께하고 형성 있는 것이 아닌 것	6가지
평온과 함께하지 않고 형성 있는 것	6가지
평온과 함께하지 않고 형성 있는 것이 아닌 것	6가지
합해서	24가지

이어서 결합한 것을 기준으로 4가지로 헤아리는 방법이 있습니다.

⑮ 결합하고 형성 없는 것	6가지
결합하고 형성 없는 것이 아닌 것	6가지
결합하지 않고 형성 없는 것	6가지

결합하지 않고 형성 없는 것이 아닌 것	6가지
합해서	24가지
⑯ 결합하고 형성 있는 것	6가지
결합하고 형성 있는 것이 아닌 것	6가지
결합하지 않고 형성 있는 것	6가지
결합하지 않고 형성 있는 것이 아닌 것	6가지
합해서	24가지
⑰ 결합하지 않고 형성 없는 것	6가지
결합하지 않고 형성 없는 것이 아닌 것	6가지
결합하지 않은 것이 아니고 형성 없는 것	6가지
결합하지 않은 것이 아니고 형성 없는 것이 아닌 것	6가지
합해서	24가지
⑱ 결합하지 않고 형성 있는 것	6가지
결합하지 않고 형성 있는 것이 아닌 것	6가지
결합하지 않은 것이 아니고 형성 있는 것	6가지
결합하지 않은 것이 아니고 형성 있는 것이 아닌 것	6가지
합해서	24가지

| 도표4 | 욕계 아름다운 마음들 헤아리기

분류 / 마음	느낌		지혜		형성		종류			합계
	즐거움	평온	결합	비결합	×	○	선	과보	작용	
선8/ 과보8/ 작용8	$\checkmark^3$		$\checkmark^3$		$\checkmark^3$		1	1	1	3
	$\checkmark^3$		$\checkmark^3$			$\checkmark^3$	1	1	1	3
	$\checkmark^3$			$\checkmark^3$	$\checkmark^3$		1	1	1	3
	$\checkmark^3$			$\checkmark^3$		$\checkmark^3$	1	1	1	3
		$\checkmark^3$	$\checkmark^3$		$\checkmark^3$		1	1	1	3
		$\checkmark^3$	$\checkmark^3$			$\checkmark^3$	1	1	1	3
		$\checkmark^3$		$\checkmark^3$	$\checkmark^3$		1	1	1	3
		$\checkmark^3$		$\checkmark^3$		$\checkmark^3$	1	1	1	3
24	12	12	12	12	12	12	8	8	8	24

욕계 마음들 요약

20 Kāme tevīsa pākāni, puññāpuññāni vīsati.
Ekādasa kriyā ceti, catupaññāsa sabbathā.

해 석

욕계에는 과보가 23가지고, 공덕과 비공덕이 20가지다. 또한 작용이 11가지고, 이렇게 모든 방면으로 54가지다.

대 역

Kāme욕계에는; 욕계 11탄생지에는;; kāme욕계 11탄생지에 (avacarāni)주로 생겨나는 (cittāni)마음들은 tevīsa23

가지 pākāni ca과보들과; 과보 마음들과 vīsati20가지 puññāpuññāni ca공덕 · 비공덕들과; 선 마음들과 불선 마음들과 ekādasa11가지 kriyā ca작용들; 작용 마음들, iti이렇게 sabbathāpi모든 방면으로도; 선, 불선, 과보, 작용 마음들 안에 포함되는 모든 방면으로도 catupaññāsa=-catupaññāsa eva (siyuṁ)54가지일 뿐이다. (tato)그보다; 그 54가지보다 (ūnādhikāni na siyuṁ)더 적지 않다.

§20은 욕계 마음을 종류에 따라 분류하는 게송입니다. 욕계 마음 54가지는 아래와 같이 여러 분류 기준으로 헤아릴 수 있습니다.

| 도표5 | 욕계 마음들 헤아리기

마음 \ 분류		종류				느낌					결합		형성	
		불선	선	과보	작용	행복	고통	즐거움	근심	평온	○	×	×	○
불선 마음	12	12						4	2	6	8	4	5*	5*
원인없는 마음	18			15	3	1	1	2		14		18#	*	*
욕계 아름다운 마음	24		8	8	8			12		12	12	12	12	12
욕계 마음	54	12	8	23	11	1	1	18	2	32	20	34#	17*	17*
		54				54					54		34*	

*어리석음뿌리 마음 2가지, 원인없는 마음 18가지는 형성에서 벗어난 것으로 헤아렸다.
#원인없는 마음 18가지는 결합에서 벗어난 것으로 헤아리기도 한다.

종류에 따른 분류

- 불선 12가지 + 선 8가지 + 과보 23가지 + 작용 11가지 = 54가지

  (과보 23가지 = 불선 과보 7가지 + 원인 없는 선 과보 8가지 + 큰 과보 8가지)

  (작용 11가지 = 원인 없는 작용 3가지 + 큰 작용 8가지)

느낌에 따른 분류

- 즐거움과 함께하는 것 18가지 + 근심과 함께하는 것 2가지 + 행복과 함께하는 것 1가지 + 고통과 함께하는 것 1가지 + 평온과 함께하는 것 32가지 = 54가지

  (즐거움 18가지 = 불선 4가지 + 원인 없는 2가지 + 욕계 아름다운 12가지)

  (근심 2가지 = 불선 2가지)

  (행복 1가지 = 원인 없는 선 과보 1가지)

  (고통 1가지 = 원인 없는 불선 과보 1가지)

  (평온 32가지 = 불선 6가지 + 원인 없는 14가지 + 욕계 아름다운 12가지)

결합에 따른 분류

- 결합한 것 20가지 + 결합하지 않은 것 16가지 + 결합에서 벗어난 것 18가지 = 54가지

  (결합한 것 20가지 = 탐욕뿌리, 사견 결합 4가지 +
  성냄뿌리, 적의 결합 2가지 +
  어리석음뿌리, 의심 결합 1가지 +

어리석음뿌리, 들뜸 결합 1가지 +
욕계 아름다운, 지혜 결합 12가지)
(결합하지 않은 것 16가지 = 탐욕뿌리, 사견 비결합 4가지 +욕계 아름다운, 지혜 비결합 12가지)
(결합에서 벗어난 것 18가지 = 원인 없는 18가지)
(원인 없는 마음 18가지는 결합한 마음이나 결합하지 않은 마음으로 나누지 않습니다. 혹은 결합하지 않은 마음에 넣기도 합니다.)

형성에 따른 분류

- 형성 없는 것 17가지 + 형성 있는 것 17가지 + 형성에서 벗어난 것 20가지 = 54가지
  (형성 없는 것 17가지 = 불선, 형성 없는 5가지 + 욕계 아름다운, 형성 없는 12가지)
  (형성 있는 것 17가지 = 불선, 형성 있는 5가지 + 욕계 아름다운, 형성 있는 12가지)
  (형성에서 벗어난 것 20가지 = 어리석음뿌리 2가지 + 원인 없는 18가지)[174]

업과 관련한 욕계 선 마음 4종류

이 내용은 『아비담맛타상가하』 제5장에서 업과 업의 과보에 대해 다룰 때 자세하게 언급되는 내용이지만 욕계 선 마음과 관련이 있어 여기서 미리 소개하고자 합니다. 먼저 행위를 뜻하는 '업'은 구체적으

174 어리석음뿌리 마음의 형성 여부에 대한 다른 견해는 본서 p.170 참조.

로는 '행위를 생겨나게 하는 의도'를 말합니다. 선 마음과 함께 생겨나는 의도를 '선업', 불선 마음과 함께 생겨나는 의도를 '불선업'이라고 합니다. 욕계 선 마음과 관련된 욕계 선업에는 다음과 같은 4종류가 있습니다.

①세 원인의 수승한tihetu ukkaṭṭha 선업

②세 원인의 저열한tihetu omaka 선업

③두 원인의 수승한dvihetu ukkaṭṭha 선업

④두 원인의 저열한dvihetu omaka 선업

①세 원인의 수승한tihetu ukkaṭṭha 선업

먼저 '세 원인tihetu'이란 앞에서 여러 번 언급했듯이 탐욕없음, 성냄없음, 어리석음없음(지혜)이 포함됐다는 뜻입니다. '수승한ukkaṭṭha'이란 그 선업을 행하기 전과 후에도 다른 선 마음이 일어난 것을 말합니다. 보시를 예로 들어 봅시다. 열반을 목적으로, 보시를 하기 전과 후에도 선업이 뒷받침하는, 청정하게 베푼 선업이 세 원인의 수승한 보시 선업입니다. 이 세 원인의 수승한 선업만이 바라밀에 포함돼 열반에 이르는 것까지 과보를 줄 수 있습니다. 열반에 이르는 결과를 준다면 사람의 행복이나 천상의 행복은 당연히 포함됩니다. 따라서 모든 선업을 행할 때는 '열반을 성취하기를. 모든 번뇌가 소멸하기를. 윤회에서 벗어나기를'이라고 서원해야 열반에 이르게 하는 수승한 선업이 됩니다. 열반을 서원하지 않으면 열반의 결과를 얻지 못합니다. 이것이 3가지 원인, 특히 어리석음없음이라는 지혜와 관련된 내용입니다.

이어서 앞뒤가 선업마음으로 둘러싸였다는 의미를 살펴봅시다. 어떤 경우는 보시하기 전부터 재산의 손실을 생각해 보시하기를 주저하는 마음이 생기는데 이는 깨끗한 마음이 아닙니다. 혹은 제 손으로 닭을 죽여서 음식을 베풀었다면 베풀 때의 마음은 청정하지만 그전에 행한 살생이 불선 마음이기 때문에 보시가 청정하지 않게 됩니다. 또는 청정하지 않은 생계, 예를 들어 술을 팔아서 번 돈으로 보시를 했다면 보시를 할 때는 선업이지만 그 전에 술을 파는 것은 불선업입니다. 그리고 보시한 후에 '괜히 보시했다'라고 아까운 마음이 생기기도 합니다. 이런 경우 청정한 보시가 되지 않습니다. '수승한 보시'라고 말할 수 없습니다. 보시하기 전에도, 보시하는 중에도, 보시한 뒤에도 모두 청정한 마음이어야 '수승한 보시'가 됩니다. 열반을 서원하고 보시 전후에 선업이 뒷받침하는 세 원인의 수승한 선업만이 다음 생에 '세 원인 재생연결'의 과보를 줍니다. 그래야 제14강에서 언급한 '과보 장애'가 생겨나지 않아 선정이나 도와 과, 열반을 얻을 수 있습니다.

② 세 원인의 저열한tihetu omaka 선업

'저열한omaka 선업'이란 앞과 뒤가 불선업으로 둘러싸인 선업을 말합니다. 열반을 목적으로 하기는 했지만 명성을 원해서 보시하거나, 술을 판매하거나 돼지나 닭 등을 죽여서 보시하고, 보시한 뒤에 '괜히 보시했다'라고 아끼는 마음을 일으키면 불선업에 둘러싸인 선업이어서 저열한 보시가 됩니다. 이 세 원인의 저열한 선업은 '세 원인 재생연결'의 과보를 주지 못합니다. 지혜가 포함되지 않은 '두 원인 재생연결'의 과보까지만 주기 때문에 '과보 장애'가 생겨날 수 있습니다.

③ 두 원인의 수승한dvihetu ukkaṭṭha 선업

'두 원인dvihetu'이란 어리석음없음이라는 원인이 포함되지 않은 것으로, 구체적으로는 열반을 목적으로 하지 않은 선업을 말합니다. '수승한'이란 그 선업의 앞뒤에 다른 선업이 뒷받침하고 있다는 뜻입니다.

두 원인의 수승한 선업도 지혜가 포함되지 않은 '두 원인 재생연결'의 과보까지만 주기 때문에 '과보 장애'가 생겨날 수 있습니다. 이렇게 세 원인의 저열한 선업이나 두 원인의 수승한 선업은 열반의 결과까지는 줄 수 없습니다. 사람의 생이나 천상의 생에 태어나 행복을 누리게 하는 정도만 결과를 줄 수 있습니다.

④ 두 원인의 저열한dvihetu omaka 선업

지혜가 포함되지 않았기 때문에 '두 원인dvihetu'이고 앞뒤로 불선업에 둘러싸였기 때문에 '저열한omaka'이라고 합니다. 보시의 경우 열반을 목적으로 하지도 않고, 술을 판매하거나 돼지 등을 죽여서 보시하고, 보시한 뒤에 아끼는 마음을 일으키면, 이것은 지혜가 포함되지 않고 불선업에 둘러싸여 행한 보시선업입니다. 이 선업은 단지 '선업'이라고 불릴 뿐이지 좋은 결과를 줄 수 없습니다. 재생연결도 원인 없는 재생연결의 과보만 줍니다. 그래서 인간 세상에 태어나게는 할 수 있지만 재생연결을 할 때부터 눈이나 귀가 온전치 않은 등 장애를 가집니다. 사람으로 태어나기는 하지만 사람으로서 누릴 수 있는 좋은 결과와 이익을 잘 누리지 못합니다.

따라서 선업을 행할 때는 세 원인의 수승한 선업을 짓는 것이 매우 중요합니다. 그것이 어렵다면 세 원인의 저열한 선업이라도 행해야 합니다. 지혜가 포함되지 않은 채 선업을 짓지 않도록 주의해야 합니다. 그것은 그리 어렵지 않습니다. 선업을 지을 때 열반을 서원하기만 하면 됩니다.

앞뒤로 선업이 뒷받침해 주는 것과 선 마음을 관련지어 봅시다. 욕계 선 마음에는 즐거움과 함께하는 것과 평온과 함께하는 것이 있다고 했습니다. 둘 중 더 힘이 강한 것은 즐거움과 함께하는 마음입니다. 또한 형성 없는 것과 형성 있는 것 중에는 형성 없는 것이 더욱 강합니다. 보시의 경우 스스로 직접 보시를 할 때 즐거움과 함께 하는 마음, 형성 없는 마음이 더 많이 생겨납니다. 다른 사람을 시켜서 하는 것은 평온과 함께하는 경우가 많습니다. 이것은 다른 결과를 줍니다. 일화를 하나 소개하겠습니다.

부처님 당시에 빠야시Pāyāsi라는 태수가 있었습니다. 빠야시 태수는 부처님께 귀의한 뒤 사문이나 바라문 등에게 보시를 베풀었지만 직접 하지 않고 웃따라Uttara라는 바라문 학도가 대신하게 했습니다. 그런데 웃따라는 보시를 하면서 "이 보시로 빠야시 태수와 다음 생에는 함께 하지 않기를"이라고 기원하고는 했습니다. 그 말을 들은 태수가 이유를 물었습니다. 웃따라는 태수 본인의 발에 닿는 것조차 싫어하는 거친 옷감과 거친 음식을 베풀기 때문이라고 대답했습니다. 그 말을 들은 태수는 어쩔 수 없이 "내가 먹는 음식과 내가 입는 옷감을 보시하라"라고 지시했고, 웃따라는 그대로 보시했습니다. 하지만 태수는 마지못해 베풀었고, 자기 손으로 베풀지 않았고, 충분히 배려하지 않았고, 내버리듯이 베풀어서 죽은 뒤 사대왕천 천상에 대중도 없어 텅 빈 세리사까Serīsaka 궁전에 태어났습니다. 반면에 웃따라는 정성 다해, 자기 손으로, 배려하면서, 소중히 여기면서 베풀어서 죽은 뒤 도리천 천상에 태어났습니다. 태수가 보시할 때의 마음은 평온과 함께하고 형성 있는 것이어서 힘이 약했고, 웃따라가 보시할 때의 마음은 즐거움과 함께하고 형성 없는 것이어서 힘이 강했다고 말할 수 있습니다. 그 무렵, 가왐빠띠Gavampati 존자는 세리사까 궁전으로 가곤했는데, 빠야시 천신을 발견하고서 왜 아무도 없는 낡은 궁전에 혼자 있는지 물었습니다. 빠야시 천신은 이전 생의 상황을 말하면서 존자에게 인간 세상에 돌아가면 "정성 다해, 자기 손으로, 배려하면서, 소중히 여기면서 베푸시오"라고 꼭 사람들에게 전해 달라고 부탁했습니다. 가왐빠띠 존자는 부처님께 이 사실을 말씀드렸습니다.(D23) 여러분도 지혜가 포함된, 스스로 정성스럽게 기쁜 마음으로 행하는 세 원인의 수승한 보시선업을 실천하시기를 바랍니다.

제17강

2008년 9월 16일

| 들어가며 |

며칠 전은 추석이었습니다. 한국에서는 추석이나 설날이 되면 돌아가신 부모님이나 조상의 산소를 찾아 성묘를 합니다. 그때 불자라면 마음속으로 어떻게 상기해야 하는지 와나와시Vanavāsī 사미의 일화를 통해 말씀드리겠습니다.

한때 부처님께서는 숲에서 지내는 와나와시 사미를 방문하셨습니다. 그리고 사미와 함께 산꼭대기로 올라가셨습니다. 산꼭대기에 오르자 바다가 눈에 들어왔습니다. 부처님께서는 사미에게 물으셨습니다.

"사미여, 산꼭대기에 올라서니 무엇이 보이느냐?"

"바다가 보입니다, 부처님."

"사미여, 바다를 보면 어떤 생각이 일어나느냐?"

"시작을 알 수 없이 윤회하면서 사랑하는 사람들과 헤어지거나 괴로운 일을 겪어서 흘린 눈물이 저 바닷물보다도 많을 것이라고 생각했습니다."

"잘 말했구나. 실로 그렇다. 시작을 알 수 없는 과거로부터 계속해서 윤회하는 동안 어떤 중생이 아버지가 죽거나, 어머니가 죽거나, 아들이 죽거나, 딸이 죽거나, 친척이 죽거나, 여러 괴로운 일을 겪어서 흘린 눈물의 양은 사대양의 물을 합친 것보다도 많다."

부처님께서는 다시 물으셨습니다.

"그대는 어디에 거주하느냐?"

"이 산의 등성이에 거주합니다."

"그곳에서 거주할 때는 어떤 생각이 일어나느냐?"

"제가 과거로부터 윤회하면서 죽은 시체 더미가 이 산보다 높을 것이라고 생각합니다."

"잘 말했구나. 실로 그렇다. 시작을 알 수 없는 과거로부터 윤회하면서 그 위에서 죽지 않은 땅은 이 대지 위에 어느 곳도 없다. 윤회의 시작은 알 수가 없다. 무명이 덮어버렸다. 갈애가 묶어버렸다. 이렇게 무명에 덮이고 갈애에 묶인 중생들이 나고 죽는 것은 언제부터 시작됐는지 알 수 없다. 이렇게 시작을 알 수 없는 과거로부터 윤회하는 동안 싫어하는 사람과 만나고 괴롭힘을 당해서 흘린 눈물의 양, 사랑하는 사람과 이별해서 흘린 눈물의 양을 다 모으면 사대양의 바닷물보다도 많다."(Dhp.75 일화; S15:2, S15:3 등)

부모님이나 조상의 산소가 산에 있다면 이 일화처럼 시작을 알 수 없는 윤회를 숙고하는 것이 좋습니다. 혹은 '나도 언젠가는 죽을 것이고, 이렇게 묻힐 것이다. 또한 윤회하면서 수없이 이렇게 묻혀왔다'라고 죽음 명상을 닦을 수도 있습니다.

이러한 경각심이 일어나도록 숙고해야 합니다. 경각심을 자주 일으키면 아만을 줄일 수 있고, 수행하지 않고 게으른 방일도 줄어들 수 있습니다.

욕계 마음들 복습

욕계 마음은 모두 54가지로 불선 마음 12가지, 원인 없는 마음 18가지, 욕계 아름다운 마음 24가지입니다. 원인 없는 마음은 불선 과보 마음 7가지, 원인 없는 선 과보 마음 8가지, 원인 없는 작용 마음 3가지입니다. 욕계 아름다운 마음은 욕계 선 마음 8가지, 원인 있는 욕계 과보 마음 8가지, 원인 있는 욕계 작용 마음 8가지입니다.

욕계 탄생지에는 11곳이 있습니다. 악처가 4곳, 인간 탄생지가 하나, 욕계 천상 탄생지가 6곳, 모두 11곳입니다. 이러한 욕계 탄생지에서 자주, 많이 일어나기 때문에 그 마음을 '욕계 마음'이라고 합니다.

제13강에서도 언급했듯이 욕계 아름다운 마음 24가지를 제외한 불선 마음 12가지와 욕계 원인 없는 마음 18가지, 모두 30가지를 '아름답지 않은 마음'이라고 합니다. 그 이유는 아름다운 마음에 포함된 믿음, 새김, 부끄러움, 두려움, 탐욕없음, 성냄없음 등의 마음부수와 결합하지 않기 때문입니다.

2. 색계 마음들

색계 마음에는 색계 선 마음 5가지, 색계 과보 마음 5가지, 색계 작용 마음 5가지라는 15가지가 있습니다.

색계 선 마음들

21 Vitakkavicārapītisukhekaggatāsahitaṁ paṭhamajjhānakusalacittaṁ, vicārapītisukhekaggatāsahitaṁ dutiyajjhānakusalacittaṁ, pītisukhekaggatāsahitaṁ tatiyajjhānakusalacittaṁ, sukhekaggatāsahitaṁ catutthajjhānakusalacittaṁ, upekkhekaggatāsahitaṁ pañcamajjhānakusalacittañceti imāni pañcapi rūpāvacarakusalacittāni nāma.

해 석

사유와 고찰과 희열과 행복과 하나됨과 함께 생겨나는 초선정 선 마음, 고찰과 희열과 행복과 하나됨과 함께 생겨나는 제2선정 선 마음, 희열과 행복과 하나됨과 함께 생겨나는 제3선정 선 마음, 행복과 하나됨과 함께 생겨나는 제4선정 선 마음, 평온과 하나됨과 함께 생겨나는 제5선정 선 마음, 이렇게 5가지이기도 한 이 마음들은 '색계 선 마음들'이라고 한다.

대 역

Vitakka−vicāra−pīti−sukha−ekaggatā sahitaṁ사유와 고찰과 희열과 행복과 하나됨과 함께 생겨나는; 사유와 고찰과 희열과 행복과 하나됨이라는 선정 구성요소 5가지와 함께 생겨나는 paṭhamajjhānakusalacittañca초선정 선 마음과 vicāra−pīti−sukha−ekaggatā−sahitaṁ고찰과 희열과 행복과 하나됨과 함께 생겨나는; 고찰과 희열과 행복과 하나됨이라는 선정 구성요소 4가지와 함께 생겨나는 dutiyajjhānakusalacittañca제2선정 선 마음과 pīti−sukha−ekaggatā−sahitaṁ희열과 행복과 하나됨과 함께 생겨나는; 희열과 행복과 하나됨이라는 선정 구성요소 3가지와 함께 생겨나는 tatiyajjhānakusalacittañca제3선정 선 마음과 sukha−ekaggatā sahitaṁ행복과 하나됨과 함께 생겨나는; 행복과 하나됨이라는 선정 구성요소 2가지와 함께 생겨나는 catutthajjhānakusalacittañca제4선정 선 마음과 upekkhā−ekaggatā sahitaṁ평온과 하나됨과 함께 생겨나는; 평온과 하나됨이라는 선정 구성요소 2가지와 함께 생겨나는 pañcamajjhānakusalacittañca제5선정 선 마음, iti=iminā pabhedena이렇게; 이렇게 종류로 구분하면 pañcapi5가지이기도 한 imāni cittāni이 마음들은 rūpāvacarakusalacittāni nāma honti'색계 선 마음들'이라고 한다.

색계 선 마음 5가지는 다음과 같습니다.

①사유와 고찰과 희열과 행복과 하나됨과 함께하는[175] 초선정 선 마음이 하나

②고찰과 희열과 행복과 하나됨과 함께하는 제2선정 선 마음이 하나

③희열과 행복과 하나됨과 함께하는 제3선정 선 마음이 하나

④행복과 하나됨과 함께하는 제4선정 선 마음이 하나

⑤평온과 하나됨과 함께하는 제5선정 선 마음이 하나

선정의 의미

색계 마음을 살펴보려면 먼저 선정jhāna의 의미를 이해해야 합니다.

Jhāyati upanijjhāyatīti jhānaṁ. (AhSṬ.72)

대역

Yaṁ dhammajātaṁ어떤 법 성품은 jhāyiti upanijjhānati관조한다, 밀착해서 응시한다; 두루채움 등의 대상을 밀착해서 응시한다. iti그래서 taṁ dhammajātaṁ그 법 성품은 jhānaṁ선정이다.

175 ㉯본문의 'sahitaṁ'과 이전에 나온 'sahagataṁ', 'sampayuttaṁ'은 모두 '함께하는', '결합한'이란 뜻이다.

다른 대상으로 달아나는 마음을 하나의 대상에 집중해서, 밀착해서 집요하게 관조하는 성품이 선정이라는 뜻입니다.

혹은 반대되는 법들인 장애를 태워버리듯 제거하기 때문에 선정이라 한다고도 단어분석을 합니다.

Paccanīkadhamme jhāpetīti jhānaṁ. (AhSṬ.74)

대 역

Paccanīkadhamme반대되는 법들을 jhāpeti태운다; 태워서 제거한다. iti그래서 taṁ dhammajātaṁ그 법 성품은 jhānaṁ선정이다.

Vitakko thīnamiddhassa, vicikicchāya vicāro;
Pīti cāpi byāpādassa, sukhaṁ uddhaccakukkuccaṁ;
Samādhikāmacchandassa, paṭipakkhoti peṭako.

(AhBṬ.73~74)

대 역

Vitakko사유는 thīnamiddhassa해태 · 혼침의; 해태 · 혼침이라는 장애의 paṭipakkho반대이다. vicāro고찰은 vicikicchāya의심의 paṭipakkho반대이다. pīti희열은 byāpādassa분노의 paṭipakkho반대이다. sukha행복은 uddhaccakukkuccaṁ들뜸 · 후회라는 장애의 paṭipakkho반대이다. samādhi삼매는; 하나됨은 kāmacchandassa감각욕망의 paṭipakkho반대이다. iti peṭako이렇게 성전에서; 『넷띠Netti』 성전에서 vuttaṁ설하셨다.

색계 선정의 증득

이렇게 선정 구성요소 5가지로 그것과 반대되는 장애 5가지를 불태우고 제거해서 수행자는 초선정에 듭니다. 색계 선정 증득과 관련된 내용은 『아비담맛타상가하』 제9장에 자세하게 나오지만 미리 조금 설명하겠습니다.

땅 두루채움kasiṇa이나 물 두루채움 등 10가지 두루채움 중 어느 하나를 닦든지, 들숨날숨 수행주제를 닦으면 초선정, 제2선정, 제3선정, 제4선정, 제5선정을 증득할 수 있습니다.

그중 땅 두루채움을 예로 들어 보겠습니다. 전생에 땅 두루채움을 많이 닦은 이라면 보통의 땅을 보기만 해도 땅의 표상이 마음속에 드러나 선정을 얻을 수 있습니다. 그렇지 않다면 '새벽에 동이 틀 때 강가 강의 모래색깔'로 표현된 적갈색의 땅 색깔로 직경 30cm 정도 되는 원판을 채워서 1m 정도 거리 앞에 세워 놓고 〈땅, 땅〉 하면서 그것에만 집중합니다. 이것은 준비parikamma 단계이고 그때의 표상도 '준비 표상parikammanimitta'이라고 합니다. 시간이 지나면 눈을 감아도 원판 형체가 떠오르는데, 이를 '익힌 표상uggahanimitta'이라고 합니다. 그러면 장소를 옮겨 마음속에 떠오른 표상을 대상으로 계속 마음속으로 〈땅, 땅〉 하며 집중합니다. 중간에 그치면 집중이 끊어지기 때문에 지속해서 해야 합니다. 그렇게 지속해서 열심히 집중하면 땅 표상이 투명해지고, 밝아지고, 빛이 납니다. 그 표상을 '닮은 표상paṭibhāganimitta'이라고 합니다. 마음은 닮은 표상을 좋아해서 계속 집중하게 됩니다. 그러면 감각욕망 등의 장애 5가지가 옅어지면서 근접삼매upacārasamādhi에 듭니다. 계속해서 수행하면 장애 5가지를 극복하고 선정 구성요소jhānaṅga 5가지가 드러날 때 첫 번째 몰입삼매appanāsamādhi인 초선정에 입정합니다. 이때 선정 구성요소 5가지가 바로 사유vitakka, 고찰vicāra, 희열pīti, 행복sukha, 하나됨ekaggatā입니다.

이어서 초선정에 대해 5가지 자유자재vasitā를 닦은 뒤 각 구성요소를 차례로 버리면서 적절하게 제2선정, 제3선정, 제4선정, 제5선정을 얻습니다. 즉 초선정에 입정하고 출정하는 것, 머무는 것 등에 능숙하게 되면 제2선정에 들어가고자 결심하고 '초선정 구성요소 중 사유는 반대법인 해태 · 혼침에 흔들리기 쉽다. 초선정은 저열하다. 제2선정에 들리라'라고 결의합니다. 그리고 초선정에 든 후 사유라는 선정 구성요소를 버리고 제2선정에 입정합니다. 제2선정을 성취한 후에도 자유자재를 닦은 뒤 '제2선정에 포함된 고찰은 반대법인 의심에 흔들리기 쉽다. 제2선정은 저열하다. 제3선정에 들리라'라고 결의합니다. 그리고 제2선정에 든 뒤 고찰을 버리고 제3선정에 입정합니다. 마찬가지로 제3선정과 제4선정에 포함된 선정요소의 허물을 각각 반조해 다음 단계의 선정에 들어갈 것을 결의한 뒤 다음 단계의 선정에 입정합니다.

아비담마에서는 이렇게 선정을 5선정으로 구분하지만, 경전에서는 4선정으로 구분합니다. 이것은 어떤 수행자는 사유와 고찰을 따로, 차례대로 버리지만 어떤 수행자는 그 2가지를 동시에 버리기 때문입니다. 사유와 고찰을 버린 아비담마 방법의 제3선정이 경전 방법의 제2선정이고, 마찬가지로 아비담마 방법의 제4선정이 경전 방법의 제3선정, 아비담마 방법의 제5선정이 경전 방법의 제4선정입니다.

몰입의 의미

두루채움 등의 대상에 파고 들어가는 것처럼, 몰입하는 것처럼 생겨나기 때문에 사유vitakka를 몰입appanā이라고 합니다.

Appetīti appanā. (AhSṬ.79)

대역

Appeti몰입한다; 집요하게 파고든다. iti그래서 appanā몰입이다.

그 사유vitakka의 힘 때문에 모든 고귀한mahaggata 선정, 출세간lokuttara 선정도 몰입appanā이라고 합니다.

선정 구성요소

사유는 수행하는 마음을 수행주제에 가져다주고 보내줍니다. 고찰은 수행하는 마음을 수행주제에 계속해서 머물도록 해줍니다. 비유하자면 새가 처음 날아오를 때 열심히 날갯짓을 하듯이 마음을 대상으로 보내는 것이 사유의 역할이고, 일단 날아오른 후에는 조금씩만 움직여도 자세를 잘 유지하며 날 수 있는 것처럼 마음을 대상에 유지되도록 하는 것이 고찰의 역할입니다. 희열은 수행하는 마음을 수행주제에 기뻐하도록, 즐거워하도록 해줍니다. 행복은 몸과 마음 2가지로 행복하도록 해줍니다. 하나됨은 수행하는 마음을 대상 하나에 고정되게, 집중되게 해줍니다. 지금까지 말한 선정 구성요소 5가지의 힘이 좋을 때 수행자의 마음은 수행주제에 굳건하게, 튼튼하게 머물러 있습니다. 특히 하나됨, 혹은 집중이라고 불리는 마음부수의 힘이 좋은 것을 '삼매의 힘이 좋다'라고 말합니다.

이것은 사마타 수행에서 삼매가 생겨나는 모습입니다. 위빳사나 수행에도 사마타와 조금 다르지만 삼매가 포함돼 있습니다. 위빳사나 수행에서 삼매는 찰나삼매khaṇikasamādhi라고 합니다. 〈부푼다〉라고 관찰하는 그 찰나에는 부풂이라는 대상에만 마음이 머뭅니다. 마찬가지로

〈꺼진다; 앉음, 닿음; 오른발, 왼발; 듦, 감, 놓음〉 등으로 관찰하면 그 찰나마다 마음이 다른 대상으로 달아나지 않고 관찰대상에만 밀착해서 머뭅니다. 이것을 찰나삼매라고 합니다. 처음 수행해서 새김과 삼매의 힘이 좋지 않을 때는 중간중간 망상 등의 장애가 생겨나지만 새김과 삼매의 힘이 좋아지면 여러 장애를 제압하고 관찰대상을 새기는 마음만 계속해서 일어나는데, 이것을 위빳사나에서 마음청정cittavisuddhi이라고 합니다.

더 나아가 배가 부풀 때 〈부푼다〉라고 관찰하면, 관찰하지 않으면 생겨날 번뇌가 일어나지 않습니다. 〈꺼진다〉라고 관찰해도 마찬가지로 관찰하지 않으면 생겨날 번뇌가 일어나지 않습니다. 이것을 부분 제거 tadaṅga pahāna라고 합니다. 관찰한 대상 그 한 부분과 관련된 번뇌를 제거하기 때문입니다. 이렇게 부분 제거가 계속되면 나중에는 어느 일정 기간 동안 다른 번뇌가 일어나지 않고 새김이 지속됩니다. 이것을 억압 제거vikkhambhana pahāna라고 합니다. 위빳사나 수행 중에는 이 부분 제거와 억압 제거를 통해 번뇌를 제거해 나가다가 마지막에 수다원도 마음이 일어날 때 의심, 행실의례집착, 존재더미사견, 질투, 인색이라는 족쇄를 다시는 일어나지 않도록 뿌리까지 제거합니다. 이것을 근절 제거samuccheda pahāna라고 합니다.

위빳사나 수행과 사마타 수행의 다른 점이 여기에 있습니다. 사마타 수행으로 선정을 증득하는 것은 부분 제거와 억압 제거만 가능합니다. 근절 제거는 불가능합니다. 그리고 위빳사나 수행은 수행을 할 때마다 대상 잠재번뇌ārammaṇānusayakilesa가[176] 없어지는 효과가 있지만 사마

176 『담마짝까 법문』, pp.332, 407 참조.

타 수행은 사마타 수행을 할 때만 일시적으로 억압해서 눌러놓는 것이기 때문에 마음속에서 제거되지 않고 그 힘을 그대로 유지합니다.[177]

선정 구성요소와 장애

선정 구성요소 5가지에 반대되는, 선정을 얻지 못하도록 방해하는 장애nīvaraṇa 5가지가 있습니다.[178]

| 도표6 | 선정 구성요소와 장애

선정 구성요소	⇔	장애
사유vitakka	⇔	해태 · 혼침thīnamiddha
고찰vicāra	⇔	의심vicikicchā
희열pīti	⇔	분노byāpāda
행복sukha	⇔	들뜸 · 후회uddhaccakukkucca
하나됨ekaggatā	⇔	감각욕망kāmacchanda

해태 · 혼침이 있으면 사유가 역할을 할 수 없습니다. 의심이 생기면 대상에 잘 머무르게 하는 고찰이 힘을 쓰지 못합니다. 분노라는 성냄이 일어나면 희열이 생겨나지 않습니다. 들뜸이나 후회가 일어나면 행복이 역할을 하지 못합니다. 감각욕망이 생겨나면 하나됨이

177 또한 사마타 수행은 부처님의 가르침이 없을 때도 실천할 수 있지만 위빳사나 수행은 부처님의 가르침이 있을 때만 실천할 수 있다. 더 나아가 사마타 수행의 최종 목적이 색계나 무색계 탄생지의 행복일 뿐이라면 위빳사나 수행의 최종 목적은 열반이다. 따라서 부처님의 가르침을 만났을 때 사마타 수행에 만족하지 말고 위빳사나 수행을 실천해야 한다는 사실이 분명하게 드러난다.

178 근거는 본서 p.293 참조. 장애에 대한 자세한 내용은 『아비담맛타상가하』 제7장 「불선 범주」에 나온다.

라는 집중이 힘을 쓰지 못합니다. 그래서 이를 기반으로 하는 선정과 신통도 깨집니다. 신통은 색계 제5선정을 증득한 이가 선정의 자유자재를 익힌 뒤 결의를 통해 나툴 수 있는데, 감각욕망이 생겨나면 깨지게 됩니다.

감각욕망이 생겨나서 신통이 깨진 일화 하나를 소개하겠습니다. 먼 옛날, 아라한이면서 신통까지 갖춘 아라한 장로와 나이가 15~16세 정도인 시자 사미가 있었습니다. 사미도 신통은 갖추고 있었습니다. 어느 날 장로와 사미가 탑에 예경을 드리러 갔습니다. 장로가 먼저 예경을 드렸고, 이어서 사미가 예경을 드릴 차례였습니다. 그때 사미는 꽃과 함께 예경을 드리면 좋을 것 같아 장로에게 허락을 구했습니다. 사미는 신통으로 히말라야 산으로 가서 향기롭고 예쁜 꽃을 한 바구니 따서 가지고 왔습니다. 그리고 화병에 물을 담고 꽃을 꽂아 장로께 올렸습니다. 장로가 탑에 꽃을 계속 올려도 화병에 꽃이 다시 채워지곤 했습니다. 장로가 "꽃이 끝없이 나오는구나"라고 말하자 사미는 "화병을 뒤집으면 꽃이 그만 나올 것입니다"라고 대답했습니다. 사미의 말대로 화병을 뒤집자 꽃이 사라졌습니다. 장로는 사미의 신통이 대단한 것을 알고는 사미가 신통을 잘 간수할 수 있는지 알아봤고, 신통을 잘 간수할 수 없을 것이라는 사실을 알았습니다.

그 후 어느 날, 장로와 사미가 마을로 탁발을 나갔습니다. 마을 입구에 이르면 장로는 사미에게 맡겼던 대가사와 발우를 다시 받아 탁발할 준비를 하곤 했습니다. 그런데 도중에 사미가 "스님께서 먼저 가시면 저도 곧 뒤따라가겠습니다"라고 한 뒤 장로가 마을에 거의 도착할 때가 되면 신통으로 날아서 나타나곤 했습니다. 이런 일이 되풀이되자 장로는 사미에게 "그렇게 행동하면 나중에 눈 먼 여인이 해주는 밥을 먹게 될 것이다"라고 충고했습니다. 하지만 사미는 말을 듣지 않았습니다. '이 선정 신통은 내가 항상 얻을 수 있고, 행할 수 있고, 즐길 수 있다' 라고 생각하고는 계속 그렇게 행동했습니다.

그러던 어느 날, 사미는 여느 때처럼 장로를 먼저 가게 한 뒤 신통으로 날아가다가, 연꽃이 많이 피어있는 연못에서 한 여인이 실을 짜기 위해 연잎을 따면서 부르는 노랫소리를 들었습니다. 그러자 감각욕망이 일어나 선정이 깨지면서 바로 그 연못 옆 대나무 숲으로 떨어졌습니다. 흡사 날아가던 새가 사냥꾼이 쏜 총에 맞아 떨어지는 것 같았습니다. 선정이 끊겨 떨어질 때는 돌처럼 곧바로 떨어지지 않고 대나무 잎처럼 천천히 떨어진다고 합니다. 그 모습을 본 여인이 대나무 숲으로 와서 사미를 돌봐주었습니다. 사미는 감각욕망이 생겨 그 여인에게 애착했으나, 여인은 세속 생활의 어려움을 말하며 출가 생활을 계속하라고 말했습니다. 하지만 사미는 듣지 않았습니다. 여인의 말을 전해들은 여인의 부모도 사미가 속퇴하지 않도록 말렸으나 사미는 밭을 갈고 베를 짜는 등 세속의 모든 일을 할 수 있다며 계속 말을 듣지 않았습니다. 결국 사미는 속퇴해서 여인과 결혼했습니다. 그는 생계를 위해 연잎에서 실을 뽑아 천을 짜는 일을 계속해야 했습니다.

그러던 어느 날이었습니다. 점심시간이 되어 일꾼의 부인들이 일터에 점심을 가지고 모두 왔으나, 그의 부인은 오지 않았습니다. 배가 몹시 고파왔습니다. 한참이 지나서야 점심을 가지고 온 부인에게 그는 화를 냈습니다. 그러자 부인도 다른 집들과 달리 쌀도, 기름도, 장작도 없어서 준비하느라 힘들었는데 사정도 모르고 화를 낸다며 같이 화를 냈습니다. 그러자 그는 더 화가 나서 베틀에 있던 북을 꺼내어 부인에게 던져버렸습니다. 북에 눈을 맞은 부인은 피를 흘리며 울었습니다.

그 모습을 보고는 그도 같이 울었습니다. 그러자 옆에 있던 다른 일꾼이 "운다고 눈이 낫지는 않네. 그만 우시게"라고 달랬습니다. 그러자 그는 "그것 때문만은 아니네. 사실은 옛날 사미였을 때 장로스님이 하신 말이 생각나서 우는 것이라네. 장로께서 튼튼하지 못한 선정을 즐기고 장난치는 것은 그만두고 위빳사나 수행을 닦아 도와 과를 얻어야 한다고 훈계했지만 나는 듣지 않았네. 스승의 말을 거역하고 계속해서 선정을 즐기고 장난을 쳤고, 속퇴했다네. 장로께서 '나중에 눈 먼 여인이 해주는 밥을 먹게 될 것이다'라고 경고하신 대로 이런 일이 일어나서 우는 것이네"라고 대답했습니다.

세간적인 색계와 무색계 선정은 튼튼한 것이 아니라서 그것에 반대되는 법이 나타나면 즉시 사라지게 됩니다. 따라서 그것에 만족하지 말고 빨리 도와 과를 얻도록 위빳사나 수행에 힘써야 합니다.

제18강

2008년 9월 23일

제17강에서 색계 선 마음 5가지를 살펴봤습니다. 색계나 무색계 마음을 고귀한mahaggata 마음이라고 합니다. 상대적으로 욕계 마음 54가지는 저열하다고 할 수 있습니다. 부처님을 포함한 아라한들은 욕계 마음을 저열하다고 말합니다. 하지만 욕계 존재들은 욕계 마음을 저열하다고 생각하지 않습니다. 왜냐하면 인식의 전도, 마음의 전도, 견해의 전도라는 3가지 전도로 마음이 어리석게 뒤집어져 있기 때문에 저열한데도 저열한 것이라고 알지 못하기 때문입니다. 또한 과거 많은 생 동안 욕계의 감각욕망대상을 많이 접해 왔기 때문에 나쁜 것이라고 생각하지 않습니다. '감각욕망대상이야말로 제일 좋다. 제일 훌륭하다'라고 생각합니다. 감각욕망대상을 누려서 얻는 행복보다 더 고귀하고 거룩한, 선정으로 얻는 행복이 있는데도 그러한 행복을 맛보지 못했기 때문입니다. 감각욕망을 즐겨서 얻는 행복보다 선정으로 얻는 행복이 더 고귀하고 훌륭합니다. 더 나아가 선정의 행복보다 열반의 행복이 더 고귀하고 훌륭합니다.

연기와 색계 선정

아라한이 아닌 이상 누구나 선업 아니면 불선업을 행합니다. 그런 선업이나 불선업은 왜 생겨날까요? 부처님께서는 연기 법문에서 무명을 조건으로 형성이 생겨난다고 말씀하셨습니다. 그때 형성이 바로 의도적인 행위인 선업, 불선업입니다. 형성은 다시 불선업인 비공덕 업형성apuññābhisaṅkhāra과 선업인 공덕 업형성puññābhisaṅkhāra, 부동 업형성āneñjābhisaṅkhāra이라는 3가지로 나누어집니다. 비공덕 업형성은 앞에서 살펴본 불선 마음이 생겨날 때 포함된 의도를 뜻합니다. 공덕 업

형성은 욕계 선 마음과 색계 선 마음이 생겨날 때 포함된 의도이고, 부동 업형성은 무색계 선 마음이 생겨날 때 포함된 의도입니다. 색계 선 마음 5가지에 대해서는 이미 살펴보았고, 이어서 색계 과보 마음을 설명하겠습니다.

색계 과보 마음들

22 Vitakkavicārapītisukhekaggatāsahitaṁ paṭhamajjhānavipākacittaṁ, vicārapītisukhekaggatāsahitaṁ dutiyajjhānavipākacittaṁ, pītisukhekaggatāsahitaṁ tatiyajjhānavipākacittaṁ, sukhekaggatāsahitaṁ catutthajjhānavipākacittaṁ, upekkhekaggatāsahitaṁ pañcamajjhānavipākacittañceti imāni pañcapi rūpāvacaravipākacittāni nāma.

해 석

사유와 고찰과 희열과 행복과 하나됨과 함께 생겨나는 초선정 과보 마음, 고찰과 희열과 행복과 하나됨과 함께 생겨나는 제2선정 과보 마음, 희열과 행복과 하나됨과 함께 생겨나는 제3선정 과보 마음, 행복과 하나됨과 함께 생겨나는 제4선정 과보 마음, 평온과 하나됨과 함께 생겨나는 제5선정 과보 마음, 이렇게 5가지이기도 한 이 마음들은 '색계 과보 마음들'이라고 한다.

대 역

Vitakka-vicāra-pīti-sukha-ekaggatā sahitaṁ사유와 고찰과 희열과 행복과 하나됨과 함께 생겨나는; 사유와 고찰과 희열과 행복과 하나됨이라는 선정 구성요소 5가지와 함께 생겨나는 paṭhamajjhānavipākacittañca초선정 과보 마음과 vicāra-pīti-sukha-ekaggatā-sahitaṁ고찰과 희열과 행복과 하나됨과 함께 생겨나는; 고찰과 희열과 행복과 하나됨이라는 선정 구성요소 4가지와 함께 생겨나는 dutiyajjhānavipākacittañca제2선정 과보 마음과 pīti-sukha-ekaggatā-sahitaṁ희열과 행복과 하나됨과 함께 생겨나는; 희열과 행복과 하나됨이라는 선정 구성요소 3가지와 함께 생겨나는 tatiyajjhānavipākacittañca제3선정 과보 마음과 sukha-ekaggatā sahitaṁ행복과 하나됨과 함께 생겨나는; 행복과 하나됨이라는 선정 구성요소 2가지와 함께 생겨나는 catutthajjhānavipākacittañca제4선정 과보 마음과 upekkhā-ekaggatā sahitaṁ평온과 하나됨과 함께 생겨나는; 평온과 하나됨이라는 선정 구성요소 2가지와 함께 생겨나는 pañcamajjhānavipākacittañca제5선정 과보 마음, iti=iminā pabhedena이렇게; 이렇게 종류로 구분하면 pañcapi5가지이기도 한 imāni cittāni이 마음들은 rūpāvaca-ravipākacittāni nāma honti'색계 과보 마음들'이라고 한다.

색계 과보 마음 5가지는 다음과 같습니다.

① 사유와 고찰과 희열과 행복과 하나됨과 함께하는 초선정 과보 마음이 하나

② 고찰과 희열과 행복과 하나됨과 함께하는 제2선정 과보 마음이 하나

③ 희열과 행복과 하나됨과 함께하는 제3선정 과보 마음이 하나

④ 행복과 하나됨과 함께하는 제4선정 과보 마음이 하나
⑤ 평온과 하나됨과 함께하는 제5선정 과보 마음이 하나

색계 과보 마음도 색계 선 마음과 마찬가지로 5가지가 있습니다. 색계 선 마음에 포함된 의도는 바로 다음 생에 즉시 과보를 주는 차생감수업upapajjavedanīyakamma · 次生感受業이기 때문에[179] 자신과 동일한 결과를 줍니다. 색계 과보 마음은 그 원인인 색계 선 마음 5가지의 결과입니다. 그래서 개수도 동일하게 5가지입니다. 『담마상가니』의 주석서인 『앗타살리니』에는 사람의 그림자는 사람 모양, 나무의 그림자는 나무 모양, 코끼리의 그림자는 코끼리 모양인 것처럼 색계 선 마음에 5가지가 있기 때문에 그 결과인 과보 마음에도 5가지가 있다고 설명하고 있습니다. 결과법은 원인법에 따라서만 생길 수 있습니다. 이러한 색계 과보 마음은 색계 선 마음의 결과로 색계 탄생지에 태어날 때 재생연결 역할 등을 하면서 생겨납니다.

색계 작용 마음들

23 Vitakkavicārapītisukhekaggatāsahitaṁ paṭhamajjhānakiriyacittaṁ, vicārapītisukhekaggatāsahitaṁ dutiyajjhānakiriyacittaṁ, pītisukhekaggatāsahitaṁ tatiyajjhānakiriyacittaṁ, sukhekaggatāsahitaṁ catutthajjhānakiriyacittaṁ, upekkhekaggatāsahitaṁ pañcamajjhānakiriyacittañceti imāni pañcapi rūpāvacarakiriyacittāni nāma.

179 과보를 받게 하는 시간에 따른 4종류의 업은 본서 부록 p.451 참조.

해석

사유와 고찰과 희열과 행복과 하나됨과 함께 생겨나는 초선정 작용 마음, 고찰과 희열과 행복과 하나됨과 함께 생겨나는 제2선정 작용 마음, 희열과 행복과 하나됨과 함께 생겨나는 제3선정 작용 마음, 행복과 하나됨과 함께 생겨나는 제4선정 작용 마음, 평온과 하나됨과 함께 생겨나는 제5선정 작용 마음, 이렇게 5가지이기도 한 이 마음들은 '색계 작용 마음들'이라고 한다.

대역

Vitakka-vicāra-pīti-sukha-ekaggatā sahitaṁ사유와 고찰과 희열과 행복과 하나됨과 함께 생겨나는; 사유와 고찰과 희열과 행복과 하나됨이라는 선정 구성요소 5가지와 함께 생겨나는 paṭhamajjhānakiriyacittañca 초선정 작용 마음과 vicāra-pīti-sukha-ekaggatā-sahitaṁ고찰과 희열과 행복과 하나됨과 함께 생겨나는; 고찰과 희열과 행복과 하나됨이라는 선정 구성요소 4가지와 함께 생겨나는 dutiyajjhānakiriyacittañca 제2선정 작용 마음과 pīti-sukha-ekaggatā-sahitaṁ 희열과 행복과 하나됨과 함께 생겨나는; 희열과 행복과 하나됨이라는 선정 구성요소 3가지와 함께 생겨나는 tatiyajjhānakiriyacittañca제3선정 작용 마음과 sukha-ekaggatā sahitaṁ행복과 하나됨과 함께 생겨나는; 행복과 하나됨이라는 선정 구성요소 2가지와 함께 생겨나는 catutthajjhānakiriyacittañca제4선정 작용 마음과 upekkhā-ekaggatā sahitaṁ평온과 하나됨과 함께 생겨나는; 평온과 하나됨이라는 선정 구성요소 2가지와 함께 생겨나는 pañcamajjhānakiriyacittañca제5선정 작용 마음, iti=iminā pabhedena이렇게; 이렇게 종류로 구분하면 pañcapi5가지이기도 한 imāni cittāni이 마음들은 rūpāvacarakiriyacittāni nāma honti'색계 작용 마음들'이라고 한다.

색계 작용 마음 5가지는 다음과 같습니다.

① 사유와 고찰과 희열과 행복과 하나됨과 함께하는 초선정 작용 마음이 하나

② 고찰과 희열과 행복과 하나됨과 함께하는 제2선정 작용 마음이 하나

③ 희열과 행복과 하나됨과 함께하는 제3선정 작용 마음이 하나

④ 행복과 하나됨과 함께하는 제4선정 작용 마음이 하나

⑤ 평온과 하나됨과 함께하는 제5선정 작용 마음이 하나

욕계 작용 마음과 마찬가지로 아라한들이 색계 선정에 들었을 때 일어나는 마음이 색계 작용 마음입니다. 색계 선 마음과 색계 과보 마음에 5가지가 있는 것처럼 색계 작용 마음에도 5가지가 있습니다.

특히 색계 제5선정 선 마음과 작용 마음을 '신통지 둘abhiññā dve'이라고 합니다. 이 2가지 마음만을 바탕으로 신통이 생기기 때문입니다.

색계 마음들 요약

24 Iccevaṁ sabbathāpi pannarasa rūpāvacarakusalavipākakiriyacittāni samattāni.

해석

이와 같이 모든 방면으로도 15가지인 색계 선-과보-작용 마음들이 끝났다.

대역

Iccevaṁ=iti evaṁ yathāvuttanayena이와 같이; 이렇게 설명한 방법에 따라 sabbathāpi모든 방면으로도; 선-과보-작용이라는 모든 방면으로도 pannarasa15가지인 rūpāvacarakusalavipākakiriyacittāni색계 선-과보-작용 마음들이 samattāni끝났다.

25 Pañcadhā jhānabhedena, rūpāvacaramānasaṁ.
Puññapākakriyābhedā, taṁ pañcadasadhā bhave.

해석

색계에 속하는 마음은 선정으로 분류해 5가지다.
공덕과 과보와 작용으로 분류해 그것은 다시 15가지다.

대역

Rūpāvacaramānasaṁ색계 마음은 jhānabhedena선정이라는 분류에 따라; 초선정 등 선정 구성요소들과의 결합이라는 분류에 따라 pañcadhā5가지 종류가 bhave된다. puñña-pāka-kriyā bhedā공덕-과보-작용이라는 분류에 따라; 선이라는 분류, 과보라는 분류, 작용이라

는 분류에 따라 taṁ그것은; 그 색계 마음은 pañcadasadhā=pañcadasavidhaṁ15종류가 bhave된다.

색계 마음은 모두 15가지이고 아래와 같이 헤아릴 수 있습니다.

종류에 따른 분류

- 선 5가지 + 과보 5가지 + 작용 5가지 = 15가지

선정에 따른 분류

- 초선정 3가지 + 제2선정 3가지 + 제3선정 3가지 + 제4선정 3가지 + 제5선정 3가지 = 15가지

느낌에 따른 분류

- 즐거움과 함께하는 것 12가지 + 평온과 함께하는 것 3가지 = 15가지

행복이 포함돼 있으면 그 마음은 즐거운 느낌과 함께하는 마음입니다. 제4선정까지 행복이 포함돼 있기 때문에 즐거운 느낌과 함께하는 선정은 12가지입니다. 제5선정은 평온과 함께하기 때문에 '평온의 선정'이라고도 합니다.

형성에 따른 분류

형성의 유무에 대해 먼저 『위바위니 띠까』에서는 2가지 견해를 소개했습니다. 첫 번째 견해는 모든 선정은 준비parikamma라는 앞의 형성pubbābhisaṅkhāra 없이 온전히 이전 생에 익혔던 수승한 행위adhikāra만

으로는 생겨날 수 없기 때문에 형성 없는 것asaṅkhārika이라고 할 수도 없고, 이전 생의 수승한 행위 없이 온전히 앞의 형성만으로도 생겨날 수 없기 때문에 형성 있는 것sasaṅkhārika이라고도 말할 수 없다는 견해입니다. 두 번째 견해는 아무튼 선정이 생긴다면 준비라는 앞의 형성을 거치기 때문에 앞의 형성을 통해 생기는 것으로 간주해서 형성 없는 것이라 할 수 없고, 그러면 당연히 형성 있는 것이라고 해야 한다는 견해입니다.(AhVṬ.94) 『아비담맛타 디빠까 짠』에서는 두 번째 견해를 지지한다고 말했습니다.

『빠라맛타 디빠니』에서는 『위바위니 띠까』의 견해를 다음과 같이 반박합니다. 먼저 "준비라는 앞의 형성 없이 온전히 이전 생에 익혔던 수승한 행위만으로는 생겨날 수 없기 때문에 형성 없는 것이라고 할 수도 없다"는 내용에 대해서는 준비라는 앞의 형성은 지금 '형성 있고 형성 없음'을 살필 때의 형성이 아니라 단지 선정이 생겨나는 데 본래 원인일 뿐이라고 반박합니다.(AhPdṬ.61)[180] "이전 생의 수승한 행위 없이 온전히 앞의 형성만으로도 생겨날 수 없기 때문에 형성 있는 것이라고도 말할 수 없다"는 내용에 대해서도 이전 생의 수승한 행위가 있으면 행복한 실천sukhapaṭipadā으로 얻지만 수승한 행위가 없어도 괴로운 실천dukkhapaṭipadā으로 얻을 수 있다고 반박합니다. 더 나아가 이전 생의 수승한 행위로 여기서 형성의 여부를 판단하는 것은 적당하지 않다고, 선정의 가까운 원인을 통해 형성의 여부를 결정하는 것이 적당하다고 설명합니다. 그래서 어떻게 결정을 내렸는가 하면, 행복한 실천으로 얻은 선정이면 형성 없는 것이고 괴로운 실천으로 얻은 선정이면 형성 있

180 Na hi parikammasaṅkhāta pubbābhisaṅkhāro imasmiṁ saṅkhārabhede saṅkhāro evanāma hoti. Kasmā, jhānuppattiyā pakatipaccaya bhūtattā.(AhPdṬ.61)

는 선정이라고 결정했습니다.(AhPdṬ.59)

『바사띠까』에서는 다른 이가 격려하고 자극해서야 억지로 노력하는 수행자라면 선정이나 도와 과는 말할 것도 없고 표상조차 떠오르지 않을 것이기 때문에 형성 있는 것이라고도 말할 수 없다고 결정한 뒤, 형성 있는 것이라고 할 수 없다면 그것과 상응하는 형성 없는 것이라고도 말할 수 없다고 결정했습니다. 이어서 『빠라맛타 디빠니』의 내용에 대해 괴로운 실천 선정을 '형성 있는 선정', 행복한 실천 선정을 '형성 없는 선정'이라고 부를 수 있지만, 그 형성은 『아비담맛타상가하』에서 말하는 형성과는 관련이 없다고 반박합니다. 『아비담맛타상가하』에서 말하는 형성 있는 것과 형성 없는 것은 그 힘에서 차이가 확실하지만, 괴로운 실천 선정이라고 해서 그 힘이 저열한 것은 아니며 행복한 실천 선정이라고 해서 그 힘이 더 강한 것은 아니라고 설명합니다. 또한 『담마상가니』에서 선정 마음의 개수를 헤아릴 때 특별히 실천의 구분에 따라 나누지 않았다는 점으로도 반박했습니다. 『위바위니 띠까』의 첫 번째 견해인 "이전 생의 수승한 행위 없이 선정이 생겨나지 않는다"는 내용에 대해서는 출세간 법과 다르게 세간 선정은 3가지 원인인 수행자라면 이전 생의 수승한 행위에 관계없이 선정을 얻을 수 있다고, "준비라는 앞의 형성 없이 선정이 생겨나지 않는다"라는 내용에 대해서는 형성의 유무를 판단하는 데 준비라는 앞의 형성을 기준으로 하는 것은 마치 코끼리의 귀를 돼지머리에 붙이는 것과 같이 관련 없는 것이라고 반박했습니다. 『위바위니 띠까』의 두 번째 견해에 대해서도 마찬가지로 준비라는 앞의 형성을 이유로 형성 있는 것이라고 해서는 안 된다고 반박했습니다.(AhBṬ.74~77)

결합에 따른 분류

결합에 따른 분류는『아비담맛타 디빠까 짠』에 따르면 모두 결합한 sampayutta 것이라고 결정했습니다. 여기서 결합한 것은 '지혜와 결합한 것'을 말합니다.

선정 구성요소에 따른 분류

선정 구성요소의 개수에 따라서는 5가지 선정 구성요소가 있는 것이 3가지 마음, 4가지 선정 구성요소가 있는 것이 3가지 마음, 3가지 선정 구성요소가 있는 것이 3가지 마음, '행복과 하나됨'이라는 2가지 선정 구성요소가 있는 것이 3가지 마음, '평온과 하나됨'이라는 2가지 선정 구성요소가 있는 것이 3가지 마음으로 모두 15가지 마음입니다.

사유 등의 요소 하나하나를 선정jhāna의 요소aṅga, 즉 선정 구성요소라고 하고, 이 구성요소가 2,3,4,5개 등으로 합쳐진 것을 선정jhāna이라고 명칭합니다. 선정은 집합의 이름입니다. 비유하자면 얼굴, 팔, 다리, 몸통을 몸의 부분이라고 하고, 이 모든 것이 합쳐진 것을 몸이라고 하는 것과 마찬가지입니다.

실천과 지혜에 따른 분류

실천과 지혜에 따른 분류는 색계 마음 전체를 분류하는 것은 아니지만 앞서 형성에 따른 분류에도 언급됐고, 수행과 밀접한 관련이 있어 간략하게 소개하겠습니다.

처음 선정을 닦을 때부터 시작해서 근접삼매가 일어날 때까지의 삼매수행을 '실천paṭipadā'이라고 하고 근접삼매부터 몰입삼매가 일어날 때까지의 통찰지를 '특별지abhiññā'라고 합니다.[181] 근접삼매를 힘들게 얻는 것을 '괴로운 실천'이라고 하고, 몰입삼매가 더디게 일어나는 것을 '더딘 특별지'라고 합니다. 각각의 조합에 따라 선정은 4가지로 분류됩니다.[182]

① 괴로운 실천과 더딘 특별지dukkhapaṭipadā dandhābhiññā

② 괴로운 실천과 빠른 특별지dukkhapaṭipadā khippābhiññā

③ 행복한 실천과 더딘 특별지sukhapaṭipadā dandhābhiññā

④ 행복한 실천과 빠른 특별지sukhapaṭipadā khippābhiññā

수행의 장애

색계 선정은 수행하면 누구나 얻을 수 있는 것은 아닙니다. 다음의 장애 5가지가 없어야 얻을 수 있습니다. 도와 과, 열반도 마찬가지입니다. 앞에서도 비슷한 내용을 언급한 바 있습니다.[183]

① 업 장애kammantarāya

어머니를 죽임, 아버지를 죽임, 아라한을 죽임, 부처님 몸에 피멍이 들게 함, 승단을 분열시킴이라는 오무간업, 그리고 비구니 스님을 범한 업을 업 장애라고 합니다. 천상의 장애, 도의 장애, 둘 모두에 해당합니다.

181 'abhiññā'를 문맥에 따라 '신통지' 또는 '특별지'로 번역했다.

182 자세한 내용은『청정도론』제1권, pp.272~274 참조.

183 본서 p.242 참조.

② 번뇌 장애kilesantarāya

선업과 불선업이 없다는 무작용견, 선업과 불선업의 좋은 결과와 나쁜 결과가 없다는 허무견, 원인 없이 저절로 행복하고 괴롭다는 무인견은 죽은 뒤 확실하게 지옥에 떨어지게 하므로 결정사견이라고 하고, 이것이 번뇌 장애입니다. 천상의 장애, 도의 장애, 둘 모두에 해당합니다.

③ 과보 장애vipākantarāya

원인 없는 재생연결로 태어나거나 2가지 원인의 재생연결로 태어나면 선정이나 도와 과를 얻지 못합니다. 천상의 장애는 아닙니다.

④ 성자비방 장애ariyūpavādantarāya

그 사람이 성자라고 알았든지 몰랐든지 성자의 공덕을 폄하하거나 계를 무너뜨리게 하거나 비난하거나 비방하는 것을 말하고, 천상의 장애와 도의 장애, 둘 모두에 해당합니다. 하지만 나중에 참회하고 용서받은 경우는 해당되지 않습니다. 그렇다 하더라도 어떤 분이 성자인지 아닌지 알 수 없기 때문에, 마하시 수행센터에서는 수행하기 전에 이 성자비방 장애가 생기지 않도록 '시작을 알 수 없는 과거로부터 지금 생에 이르기까지 부처님, 가르침, 승가, 부모님과 스승님, 저보다 공덕이나 나이가 많은 분들께 몸과 말과 마음으로 잘못한 것이 있다면 그러한 잘못에 대해 용서해 주기를 청하며 예경 올립니다. 용서해 주십시오'라고 숙고한 뒤에 수행하도록 지도합니다.

⑤ 명령어김 장애āṇāvītikkamantarāya

출가자의 경우 부처님께서 제정하신 7가지 범계[184] 중 하나에 해당하는 경우입니다. 천상의 장애와 도의 장애, 둘 모두에 해당합니다. 하지만 율장에 따라서 출죄出罪하면 사라집니다.

3. 무색계 마음들

무색계 마음이란 대부분 무색계 탄생지에서 많이 일어나는 마음입니다. 혹은 비물질갈애arūpataṇhā의 대상인 마음, 무색계 탄생지에 태어나서 생기는 마음을 뜻합니다. 감각욕망에 대한 갈애로 욕계에 태어나고, 색계 선정을 닦은 이가 색계에 대한 갈애로 색계 범천에 태어납니다. 무색계에 태어나는 것은 무색계에 대한 갈애 때문입니다.

무색계 마음에는 무색계 선 마음 4가지, 무색계 과보 마음 4가지, 무색계 작용 마음 4가지, 모두 12가지가 있습니다.

무색계 선 마음들

26 Ākāsānañcāyatanakusalacittaṁ, viññāṇañcāyatanakusalacittaṁ, ākiñcaññāyatanakusalacittaṁ, nevasaññānāsaññāyatanakusalacittañceti imāni cattāripi arūpāvacarakusalacittāni nāma.

184 본서 부록 p.452 ; 『위빳사나 수행방법론』 제1권, p.105 참조.

해석

공무변처 선 마음, 식무변처 선 마음, 무소유처 선 마음, 비상비비상처 선 마음, 이렇게 4가지이기도 한 이 마음들은 '무색계 선 마음들'이라고 한다.

대역

Ākāsānañcāyatanakusalacittañca공무변처 선 마음과; 공무변처 선정과 결합한 선 마음과; 한계가 없는 허공 개념만을 대상으로 하는 선정과 결합한 선 마음과 viññāṇañcāyatanakusalacittañca식무변처 선 마음과; 식무변처 선정과 결합한 선 마음과; 한계가 없는 첫 번째 무색계 의식만을 대상으로 하는 선정과 결합한 선 마음과; 두 번째 무색계 의식에 도달해 첫 번째 무색계 의식만을 대상으로 하는 선정과 결합한 선 마음과 ākiñcaññāyatanakusalacittañca무소유처 선 마음과; 무소유처 선정과 결합한 선 마음과; 조금의 잔재도 없는 첫 번째 무색계 의식의 상태라는 무소유 개념만을 대상으로 하는 선정과 결합한 선 마음과 nevasaññānāsaññāyatanakusalacittañca비상비비상처 선 마음; 비상비비상처 선정과 결합한 선 마음; 거친 인식은 없고 미세한 인식은 없는 것이 아닌, 맘 감각장소와 법 감각장소에 포함되는 선정과 결합한 선 마음; 네 번째 무색계 의식에 도달해 세 번째 무색계 의식만을 대상으로 하는 선정과 결합한 선 마음, iti=iminā pabhedena이렇게; 이렇게 종류로 구분하면 cattāripi4가지이기도 한 imāni cittāni이 마

음들은 arūpāvacarakusalacittāni nāma honti'무색계 선 마음들'이라고 한다.

무색계 선 마음 4가지는 다음과 같습니다.

① 공무변처 선 마음ākasānañcāyatana kusala citta이 하나

② 식무변처 선 마음viññāṇañcāyatana kusala citta이 하나

③ 무소유처 선 마음ākiñcaññāyatana kusala citta이 하나

④ 비상비비상처 선 마음nevasaññānāsaññāyatana kusala citta이 하나

공무변처

공무변처는 'ākāsa 허공' + 'ānañca 끝없음' + 'āyatana 감각장소', 그래서 'ākasānañcāyatana 공무변처空無邊處'라고 분석할 수 있습니다. 무색계 선정은 두루채움kasiṇa을 대상으로 선정수행을 해야만 얻을 수 있습니다. 두루채움을 대상으로 온 공간이 가득 차게 확장한 다음 그 대상을 없애면 무한한 공간이 나타납니다. 그렇게 '무한한 허공'이라는 개념을 대상으로 수행해서 공무변처 선정에 도달합니다.

식무변처

식무변처는 'viññāṇa 의식' + 'ānañca 끝없음' + 'āyatana 감각장소', 그래서 'viññāṇañcāyatana 식무변처識無邊處'라고 분석할 수 있습니다. 무한한 공간을 대상으로 공무변처 선 마음이 일어나면 공무변처 선 마음도 무한하다고 할 수 있습니다. 그래서 그 공무변처 선정 마음 자체를 대상으로 '무한한 의식'이라고 수행해서 식무변처 선정에 도달합니다.

무소유처

무소유처는 'a 아닌' + 'kiñcana 어떤 것' + 'āyatana 감각장소', 그래서 'ākiñcaññāyatana 무소유처無所有處'라고 분석할 수 있습니다. 첫 번째 무색계 선정 마음인 공무변처 마음은 식무변처 선정이 일어날 때는 존재하지 않습니다. 그래서 공무변처 마음이 지금 존재하지 않는다는 개념을 대상으로 수행해서 무소유처 선정에 도달합니다.

비상비비상처

마지막으로 비상비비상처는 'na 아니다' + 'eva 결코' + 'saññā 인식' + 'na 아니다' + 'asaññā 인식 아님' + 'āyatana 감각장소', 그래서 'nevasaññānāsaññāyatana 비상비비상처非想非非想處'라고 분석할 수 있습니다. 세 번째 무색계 마음인 무소유처 마음 자체를 대상으로 비상비비상처 선정에 도달합니다. 무소유처 마음은 너무나 미세하기 때문에 그것을 대상으로 하는 마음 자체의 인식이 실제로 있다고 할 수도 없고, 없다고 할 수도 없습니다. 그래서 인식을 대표로 비상비비상처, 즉 '인식이 있는 것도 아니고 없는 것도 아닌 감각장소'라고 표현한 것입니다.

무색계 과보 마음들

무색계 과보 마음은 색계 과보 마음과 마찬가지로 무색계 선 마음의 과보로 생겨나는 마음입니다. 보통 무색계 탄생지에 태어날 때 재생연결, 그 생의 존재요인, 죽음의 역할을 합니다.

27 Ākāsānañcāyatanavipākacittaṁ, viññāṇañcāyatanavipākacittaṁ, ākiñcaññāyatanavipākacittaṁ, nevasaññānāsaññāyatanavipākacittañceti imāni cattāripi arūpāvacaravipākacittāni nāma.

해 석

공무변처 과보 마음, 식무변처 과보 마음, 무소유처 과보 마음, 비상비비상처 과보 마음, 이렇게 4가지이기도 한 이 마음들은 '무색계 과보 마음들'이라고 한다.

대 역

Ākāsānañcāyatanavipākacittañca공무변처 과보 마음과; 공무변처 선정과 결합한 과보 마음과; 한계가 없는 허공 개념만을 대상으로 하는 선정과 결합한 과보 마음과 viññāṇañcāyatanavipākacittañca식무변처 과보 마음과; 식무변처 선정과 결합한 과보 마음과; 한계가 없는 첫 번째 무색계 의식만을 대상으로 하는 선정과 결합한 과보 마음과; 두 번째 무색계 의식에 도달하여 첫 번째 무색계 의식만을 대상으로 하는 선정과 결합한 과보 마음과 ākiñcaññāyatanavipākacittañca무소유처 과보 마음과; 무소유처 선정과 결합한 과보 마음과; 조금의 잔재도 없는 첫 번째 무색계 의식의 상태라는 무소유 개념만을 대상으로 하는 선정과 결합한 과보 마음과 nevasaññānāsaññāyatanavipākacittañca비상비비상처 과보 마음; 비상비비상처 선정과 결합한 과보 마음; 거친 인식은 없고 미세한 인식은 없는 것이 아닌, 맘 감각장소와 법 감각장소에 포

함되는 선정과 결합한 과보 마음; 네 번째 무색계 의식에 도달해 세 번째 무색계 의식만을 대상으로 하는 선정과 결합한 과보 마음, iti=iminā pabhedena이렇게; 이렇게 종류로 구분하면 cattāripi4가지이기도 한 imāni cittāni 이 마음들은 arūpāvacaravipākacittāni nāma honti'무색계 과보 마음들'이라고 한다.

무색계 과보 마음 4가지는 다음과 같습니다.

① 공무변처 과보 마음ākasānañcāyatana vipāka citta이 하나

② 식무변처 과보 마음viññāṇañcāyatana vipāka citta이 하나

③ 무소유처 과보 마음ākiñcaññāyatana vipāka citta이 하나

④ 비상비비상처 과보 마음nevasaññānāsaññāyatana vipāka citta이 하나

무색계 작용 마음들

무색계 작용 마음도 색계 작용 마음과 마찬가지로 아라한들이 무색계 선정에 들 때 일어나는 마음입니다. 범부나 수련자들에게는 일어나지 않습니다.

28 Ākāsānañcāyatanakiriyacittaṁ, viññāṇañcāyatanakiriyacittaṁ, ākiñcaññāyatanakiriyacittaṁ, nevasaññānāsaññāyatanakiriyacittañceti imāni cattāripi arūpāvacarakiriyacittāni nāma.

해 석

공무변처 작용 마음, 식무변처 작용 마음, 무소유처 작용 마음, 비상비비상처 작용 마음, 이렇게 4가지이기도 한 이 마음들은 '무색계 작용 마음들'이라고 한다.

대 역

Ākāsānañcāyatanakiriyacittañca공무변처 작용 마음과; 공무변처 선정과 결합한 작용 마음과; 한계가 없는 허공 개념만을 대상으로 하는 선정과 결합한 작용 마음과 viññāṇañcāyatanakiriyacittañca식무변처 작용 마음과; 식무변처 선정과 결합한 작용 마음과; 한계가 없는 첫 번째 무색계 의식만을 대상으로 하는 선정과 결합한 작용 마음과; 두 번째 무색계 의식에 도달해 첫 번째 무색계 의식만을 대상으로 하는 선정과 결합한 작용 마음과 ākiñcaññāyatanakiriyacittañca무소유처 작용 마음과; 무소유처 선정과 결합한 작용 마음과; 조금의 잔재도 없는 첫 번째 무색계 의식의 상태라는 무소유 개념만을 대상으로 하는 선정과 결합한 작용 마음과 nevasaññānāsaññāyatanakiriyacittañca비상비비상처 작용 마음; 비상비비상처 선정과 결합한 작용 마음; 거친 인식은 없고 미세한 인식은 없는 것이 아닌, 맘 감각장소와 법 감각장소에 포함되는 선정과 결합한 작용 마음; 네 번째 무색계 의식에 도달해 세 번째 무색계 의식만을 대상으로 하는 선정과 결합한 작용 마음, iti=iminā pabhedena이렇게; 이렇게 종류로 구분하면 cattāripi4가지이기도 한 imāni cittāni이

마음들은 arūpāvacarakiriyacittāni nāma honti'무색계 작용 마음들'이라고 한다.

무색계 작용 마음 4가지는 다음과 같습니다.

① 공무변처 작용 마음ākasānañcāyatana kiriya citta이 하나
② 식무변처 작용 마음viññāṇañcāyatana kiriya citta이 하나
③ 무소유처 작용 마음ākiñcaññāyatana kiriya citta이 하나
④ 비상비비상처 작용 마음nevasaññānāsaññāyatana kiriya citta이 하나

무색계 마음들 요약

29 Iccevaṁ sabbathāpi dvādasa arūpāvacarakusalavipākakiriyacittāni samattāni.

해 석

이와 같이 모든 방면으로도 12가지인 무색계 선-과보-작용 마음들이 끝났다.

대 역

Iccevaṁ=iti evaṁ yathāvuttanayena이와 같이; 이렇게 설명한 방법에 따라 sabbathāpi모든 방면으로도; 선-과보-작용이라는 모든 방면으로도 dvādasa12가지인 arūpāvacarakusalavipākakiriyacittāni무색계 선-과보-작용 마음들이 samattāni끝났다.

30 Ālambaṇappabhedena, catudhāruppamānasaṁ.
Puññapākakriyābhedā, puna dvādasadhā ṭhitaṁ.

해 석

대상이라는 분류에 따라 무색계 마음은 4가지다.

공덕-과보-작용으로 분류해 또한 12가지로 머문다.

대 역

Ārūpāvacaramānasaṁ무색계 마음은 ālambaṇappabhedena대상이라는 분류에 따라; 허공대상 등의 4가지 대상이라는 분류에 따라 catudhā=catūhi pakārehi4가지다; 4가지 양상으로 ṭhitaṁ머문다. puna또다시 puñña-pāka-kriyā bhedā공덕-과보-작용이라는 분류에 따라; 선이라는 분류, 과보라는 분류, 작용이라는 분류에 따라 [185] dvādasadhā=dvādasahi pakārehi12가지다; 12가지 양상으로 ṭhitaṁ머문다.

대상에 따른 분류

무색계 마음은 대상에 따라 4가지로 분류됩니다.

① 공무변처 선, 과보, 작용 마음은 '무한한 허공'이라는 개념을 대상으로 합니다.

② 식무변처 선 마음은 이생에서나 과거 생에 자신의 상속에 생겨났었던 공무변처 선 마음을 대상으로 합니다.[186] 식무변처 과보 마음은 과거 생에 자신의 상속에 생겨났던 공무변처 선 마음을 대상으로

185 색계에 대한 설명에 첨가했던 'taṁ그것은; 그 무색계 마음은'이라는 구절은 생략됐다.

186 범부나 수련자가 공무변처 선정을 얻은 뒤 바로 그 생에서 식무변처 선정을 얻을 때는 이생의 자신에게 일어났던 공무변처 선 마음을 대상으로 한다. 식무변처 선정을 얻은 뒤 죽어서 식무변처 탄생지에 도달한 뒤 식무변처 선정에 들 때는 이전 생에 자신에게 일어났던 공무변처 선 마음을 대상으로 한다.(AhBṬ.199)

합니다. 식무변처 작용 마음은 이생이나 과거 생에 자신의 상속에 생겨났던 공무변처 선 마음이나 공무변처 작용 마음을 대상으로 합니다.[187]

③ 무소유처 선, 과보, 작용 마음은 없다는 개념을 대상으로 합니다.

④ 비상비비상처 선 마음은 이생에서나 과거 생에 자신의 상속에 생겨났던 무소유처 선 마음을 대상으로 합니다. 비상비비상처 과보 마음은 과거 생에 자신의 상속에 생겨났던 무소유처 선 마음을 대상으로 합니다. 비상비비상처 작용 마음은 이생이나 과거 생에 자신의 상속에 생겨났던 무소유처 선 마음이나 무소유처 작용 마음을 대상으로 합니다.[188]

대상과 종류에 따른 분류

무색계 선, 과보, 작용의 마음의 대상은 각각 4가지로 다르기 때문에 무색계 마음은 12가지로 나뉩니다.

---

187 범부나 수련자일 때 공무변처 선정을 얻은 뒤 바로 그 생에서 아라한이 된 다음에 식무변처 선정을 얻는다면 제일 처음 얻은 식무변처 작용 마음은 이생에서 얻었던 공무변처 선 마음을 대상으로 하고 그 다음 다시 공무변처 선정에 입정하지 않는 한 식무변처 작용 마음이 생겨날 때마다 계속해서 이생에 자신에게 일어난 적이 있던 공무변처 선 마음만을 대상으로 한다. 아라한이 된 뒤 다시 공무변처 선정에 입정한다면 그 선정은 작용 선정이 된다. 그래서 그 후 입정하는 식무변처 선정은 이생에서 자신에게 일어났었던 공무변처 작용 마음을 대상으로 한다.
아라한이 된 뒤 공무변처를 얻었고, 그 후 식무변처 선정을 이어서 얻었다면 그 식무변처 작용 마음의 대상은 이생에서 자신에게 일어났던 공무변처 작용 마음이다.
욕계와 색계 탄생지에서 수련자였을 때 식무변처 선정을 얻고서 식무변처 탄생지에 탄생한 뒤 아라한이 됐다면 그렇게 아라한이 된 후 입정하는 식무변처 작용 마음은 이전 생의 자신에게 일어났던 공무변처 선 마음만을 대상으로 한다. 왜냐하면 식무변처 탄생지에서는 아랫단계인 공무변처 선정에 입정할 수 없기 때문에 현재생의 공무변처 선정을 대상으로 할 수 없다.(AhBṬ.199~200)

188 자세한 의미는 식무변처와 비슷하다.(AhBṬ.200)

선정 구성요소와 느낌에 따른 분류

무색계 선정은 색계 제5선정을 성취한 사람이 그 선정을 버림으로써 성취합니다. 그래서 색계 제5선정을 성취한 사람만 무색계 선정을 닦을 수 있습니다. 색계 제5선정에서 대상을 버림으로써 그 윗단계에 도달해 얻은 선정이기 때문에 무색계 마음 12가지에는 모두 색계 제5선정과 마찬가지로 평온과 하나됨, 이 2가지 선정 구성요소만 존재합니다. 그래서 12가지 모두 평온한 느낌과만 결합합니다.

무색계 선정만으로 만족하지 마라

부처님께서는 출가한 뒤 먼저 스승을 찾으셨습니다. 먼저 알라라 깔라마Āḷāra Kālāma라는 수행자를 찾아가서 무색계 제3선정인 무소유처까지 배우셨습니다. 하지만 그것은 번뇌에서 벗어나게 하는 법도 아니고, 늙음, 죽음, 슬픔, 비탄에서 벗어나게 하는 법도 아니라는 것을 알고 그곳에서 나오셨습니다. 그리고 우다까 라마뿟따Udaka Rāmaputta에게 갔습니다. 그곳에서 무색계 제4선정인 비상비비상처까지 성취하고 난 다음 역시 그 선정도 늙음, 죽음, 슬픔, 비탄에서 벗어나게 하는 법이 아니라고 결정하고 그곳에서도 나오셨습니다. 그 이후로 고행도 했지만, 그것도 바른길이 아니라는 것을 아시고 팔정도를 실천해서 보리수 아래에서 일체지를 갖춘 부처님이 되셨습니다. 이렇게 법을 증득하신 후 범천의 청을 계기로 설법하기로 결정하고 '누구에게 먼저 설법할 것인가'라고 숙고하고서 알라라 깔라마를 떠올렸으나 이미 일주일 전에 죽은 것을 아셨습니다. 다시 우다까 라마뿟따를 떠올렸으나 바로 전날 자정에 죽은 것을 아셨습니다.

무색계 선정을 얻은 사람은 죽은 뒤 보통 무색계 탄생지에 태어납니다. 무색계 탄생지에는 물질이 없습니다. 특히 귀 감성물질이 없어서 법문을 듣지 못합니다. 법문을 듣지 못하면 위빳사나 수행도 할 수 없습니다. 무소유처 탄생지의 수명은 6만 대겁, 비상비비상처 탄생지의 수명은 8만4천 대겁에 이릅니다. 알라라 깔라마나 우다까 라마뿟따가 각각 무소유처와 비상비비상처에 태어나 오랜 시간을 지내는 동안 몇 분의 부처님께서 출현하시더라도 귀 감성물질이 없기 때문에 법문을 듣지 못합니다. 법문을 듣지 못해 위빳사나 수행도 실천하지 못합니다. 그러다가 그 업이 다하면 다시 욕계 천상이나 인간 세상에 정신과 물질을 가진 존재로 태어납니다. 그러나 그때는 부처님께서 출현하시지 않는 공겁의 시기라 부처님의 법을 듣지 못하고, 위빳사나 수행을 닦지 못합니다. 그렇게 4가지 진리를 깨닫지 못해서 늙음과 죽음, 슬픔, 비탄 등의 고통에서도 벗어날 수 없습니다. 그래서 부처님께서 이 사실을 아시고 "크게 잃었구나"라고 탄식하셨다고 합니다.[189]

Pamādaṁ bhayato disvā, appamādañca khemato;
Bhāvethaṭṭhaṅgikaṁ maggaṁ, esā buddhānusāsanī.

(Ap.i.7/게송80)

해 석

방일을 위험이라 내다보고서
불방일을 안온이라 내다보고서
여덟 요소 도를 수행하여라.

189 『담마짝까 법문』, pp.59~93 참조.

이것이 부처님들의 가르침이다.

대 역

Pamādaṁ방일을 bhayato위험이라고 disvā보고서 appamādañca불방일을 khemato안온이라고; 위험없음이라고 disvā보고서 aṭṭhaṅgikaṁ여덟 구성요소가 있는 maggaṁ도를 bhāvetha수행하라. esā이것이; 팔정도를 수행하는 것이 buddhānusāsanī부처님들의 거듭된 가르침이다.

방일은 잊어버리는 것입니다. 방일을 위험이라고, 좋지 않다고, 두려워할 만하다고, 악처에 떨어지게 하는 것이라고 내다보고서, 또한 그 반대인 불방일을, 열심히 관찰하고 새기는 위빳사나 수행을 안온이라고, 열반에 이르게 하는 것이라고 내다보고서 8가지 구성요소가 있는 도, 팔정도를 수행해야 합니다. 이것이 모든 부처님께서 거듭 가르치신 훈계라는 뜻입니다. 지금껏 출현하신 부처님의 수가 강가 강의 모래알보다 많다고 합니다. 그런데도 아직 깨달음을 얻지 못했다면 그 이유는 바로 방일 때문입니다. 지금은 고따마 부처님의 가르침이 남아있는 시기입니다. 만약 이 시기에 법을 얻지 못한다면 다음에 출현하실 아리야 멧떼야Ariya Metteyya 부처님께서 법을 펼치실 때 얻어야 하는데, 그 사이에 지옥이나 무색계 천상에 가게 된다면 아리야 멧떼야 부처님께서 출현하셔도 법문을 듣지 못합니다. 그러니 고따마 부처님의 법이 아직 남아있는 지금, 방일은 위험한 것이라고, 또한 불방일이라는 새김확립이야말로 진정 안온하고 행복한 열반에 이르게 하는 것이라고 잘 알고서 열심히 위빳사나 수행을 해서 도와 과, 열반을 증득하기를 기원합니다.

제19강

2008년 9월 30일

지금 공부하고 있는 『아비담맛타상가하』는 주석서에 해당됩니다. 책의 원문만으로는 손가락 하나 정도 두께이기 때문에 이 책을 '손가락 두께 주석서'라고 말합니다.[190] 주석서 중 제일 짧은 주석서라고 할 수 있습니다. 하지만 이 책의 원문과 의미를 완벽하게 알면 아비담마 7권에 대해서도 잘 알 수 있습니다.

고귀한 마음들 헤아리기

색계 마음 15가지와 무색계 마음 12가지, 합쳐서 27가지 마음을 고귀한mahaggata 마음이라고 합니다. 'mahā 고귀한 상태로' + 'gata 도달하는' 마음, 그래서 고귀하고 거룩한 마음, 혹은 선정을 얻은 거룩한 이들에게 적합한 마음, 고귀한 곳에 도달하게 하는 마음이라는 뜻입니다.

고귀한 마음들을 여러 분류를 통해 헤아릴 수 있습니다.

탄생지에 따른 분류

- 색계 15가지 + 무색계 12가지 = 27가지

선정에 따른 분류

- 초선정 3가지 + 제2선정 3가지 + 제3선정 3가지 + 제4선정 3가지 + 제5선정 15가지 = 27가지
  (제5선정 15가지는 색계 제5선정 3가지 + 무색계 선정 12가지)

190 보통 책 크기(신국판)와 활자크기(10.5)로 92쪽 분량이다.

| 도표7 | 고귀한 마음들 헤아리기

<table>
<tr><th colspan="3">고귀한 마음</th><th colspan="5">색계 마음 15</th><th colspan="4">무색계 마음 12</th><th></th></tr>
<tr><td rowspan="6">선정구성요소</td><td colspan="2">사유</td><td>✔</td><td></td><td></td><td></td><td></td><td></td><td></td><td></td><td></td><td rowspan="7">합계</td></tr>
<tr><td colspan="2">고찰</td><td>✔</td><td>✔</td><td></td><td></td><td></td><td></td><td></td><td></td><td></td></tr>
<tr><td colspan="2">희열</td><td>✔</td><td>✔</td><td>✔</td><td></td><td></td><td></td><td></td><td></td><td></td></tr>
<tr><td rowspan="2">느낌</td><td>행복</td><td>✔</td><td>✔</td><td>✔</td><td>✔</td><td></td><td></td><td></td><td></td><td></td></tr>
<tr><td>평온</td><td></td><td></td><td></td><td></td><td>✔</td><td>✔</td><td>✔</td><td>✔</td><td>✔</td></tr>
<tr><td colspan="2">하나됨</td><td>✔</td><td>✔</td><td>✔</td><td>✔</td><td>✔</td><td>✔</td><td>✔</td><td>✔</td><td>✔</td></tr>
<tr><td colspan="3">마음의 이름</td><td>초선정</td><td>제2선정</td><td>제3선정</td><td>제4선정</td><td>제5선정</td><td>공무변처</td><td>식무변처</td><td>무소유처</td><td>비상비비상처</td></tr>
<tr><td rowspan="3">마음</td><td colspan="2">선</td><td>1</td><td>1</td><td>1</td><td>1</td><td>1</td><td>1</td><td>1</td><td>1</td><td>1</td><td>9</td></tr>
<tr><td colspan="2">과보</td><td>1</td><td>1</td><td>1</td><td>1</td><td>1</td><td>1</td><td>1</td><td>1</td><td>1</td><td>9</td></tr>
<tr><td colspan="2">작용</td><td>1</td><td>1</td><td>1</td><td>1</td><td>1</td><td>1</td><td>1</td><td>1</td><td>1</td><td>9</td></tr>
<tr><td colspan="3">합계</td><td>3</td><td>3</td><td>3</td><td>3</td><td>3</td><td>3</td><td>3</td><td>3</td><td>3</td><td>27</td></tr>
<tr><td colspan="3">느낌의 종류</td><td colspan="4">즐거운 느낌 12</td><td colspan="5">평온한 느낌 15</td><td>27</td></tr>
</table>

느낌에 따른 분류

- 즐거움과 함께하는 것 12가지 + 평온과 함께하는 것 15가지 = 27가지

(색계 제4선정까지는 행복, 즉 즐거운 느낌이 포함돼 있고, 제5선정은 평온한 느낌과 함께합니다. 그리고 무색계 마음들은 모두 제5선정에 해당합니다.)

종류에 따른 분류

- 선 9가지 + 과보 9가지 + 작용 9가지 = 27가지

증득

증득samāpatti이란 '얻음, 성취'라는 뜻입니다. 색계 선정 등에 입정해서 지내는 것을 말합니다.

증득 3가지

증득에는 3가지가 있습니다.

① 선정 증득jhāna samāpatti이란 선정의 행복에 들어가 지내는 것입니다.

② 과 증득phala samāpatti이란 열반을 대상으로 과 선정의 행복에 들어가 지내는 것입니다.

③ 멸진 증득nirodha samāpatti이란 마음과 마음부수, 마음 생성 물질이 소멸된 멸진정의 행복에 들어가 지내는 것입니다.

증득 8가지

이 증득은 다시 색계 선정 4가지四種禪와 무색계 선정 4가지, 모두 8가지로 나뉩니다.

증득 9가지

혹은 색계 선정 5가지五種禪와 무색계 선정 4가지로 모두 9가지, 혹은 색계 선정 4가지四種禪와 무색계 선정 4가지와 멸진정, 모두 9가지로 나누기도 합니다. 이 방법은 『앙굿따라 니까야(아홉의 모임)』 「아누빱바니로다숫따Anupubbanirodhasutta(9차제정경)」 등에 근거했습니다.(A9:31)

대상에 따른 분류

색계 선정의 경우 아랫단계 선정의 구성요소를 제거해야 윗단계 선정이 생겨날 수 있습니다. 그래서 색계 선정을 '요인초월선정aṅgā-tikkamajhāna'이라고 합니다. 'aṅga 선정 구성요소를' + 'atikkama 넘어서는' 선정이라는 뜻입니다. 윗단계 색계 선정은 아랫단계 선정 대상들도 대상으로 할 수 있습니다.

반면에 무색계 선정은 제18강에서 살펴봤듯이 색계선정과는 달리 윗단계 무색계 선정이 아랫단계 무색계 선정 대상들을 대상으로 하지 못합니다. 대상을 제거해야 그보다 높은 선정이 생겨납니다. 그래서 무색계 선정을 '대상초월선정ārammaṇātikkamajhāna'이라고 합니다. 'ārammaṇa 대상을' + 'atikkama 넘어서는' 선정이라는 뜻입니다. 혹은 '대상으로 구별되는 ālambaṇabheda' 마음이라고도 합니다.

제18강의 무색계 마음 요약 게송에서 "ālambaṇappabhedena 대상이라는 분류에 따라"라는 구절의 'ālambaṇa'는 '초월해야 하는atikkamitab-ba 대상'과 '대상으로 해야 하는ālambitabba 대상'이라는 두 종류로 나뉩니다.

그중 두루채움이라는 개념 대상, 허공이라는 개념 대상, 첫 번째 무색계 마음이라는 대상, 없다는 개념 대상이 '초월해야 하는 대상' 4가지입니다. 그리고 허공이라는 개념, 첫 번째 무색계 마음, 없다는 개념, 세 번째 무색계 마음이 '대상으로 해야 하는 대상' 4가지입니다. 이렇게 4가지가 차례대로 연결되기 때문에 무색계 마음도 대상에 따라 4가지라고 말한 것입니다. 이 내용을 도표로 나타내면 다음과 같습니다.

| 도표8 | 무색계 마음의 대상

초월해야 하는 대상	대상으로 해야 하는 대상	대상으로 하는 마음
두루채움 개념	무한한 허공 개념	공무변처 마음
무한한 허공 개념	공무변처 마음	식무변처 마음
공무변처 마음	없다는 개념	무소유처 마음
없다는 개념	무소유처 마음	비상비비상처 마음

획득에 따른 분류

또한 선정에는 '사마타 매진 획득 선정samathānuyogapaṭiladdhajhāna'과 '도 성취 선정maggasiddhajhāna', '탄생 성취 선정upapattisiddhajhāna'으로 3가지가 있습니다. '사마타 매진 획득 선정'이란 두루채움 등 사마타samatha 수행주제를 열심히 수행해서anuyoga 얻는paṭiladdha 선정jhāna입니다. '도 성취 선정'이란 이전에 '선정 증득 8가지를 얻게 되기를'이라고 서원을 하면서 닦은 바라밀을 갖춘 이들이 도를 얻는 것과 동시에 성취하는 세간 선정 증득을 말합니다. '탄생 성취 선정'이란 전생에 선정의 마음이 주로 일어나는 범천으로 있다가 인간으로 태어난 경우, 어떤 사마타 수행주제에 대해 잠시만 집중하면 바로 성취하는 선정을 말합니다. 혹은 욕계 탄생지에서 선정을 얻은 뒤 죽을 때 그 선정이 사라지더라도 범천 탄생지에서 탄생하는 것과 동시에 그 선정을 얻을 수 있기 때문에 범천 탄생지에서 일부러 노력하지 않아도 거듭 얻어지는 선정을 탄생 성취 선정이라고 합니다.[191]

---

191 탄생 성취 선정에 대한 앞의 설명은 레디 사야도의 설명이고 뒤의 설명은 『바사띠까』의 설명이다. 『바사띠까』에서는 탄생 성취 선정은 검토할 여지가 있다고 설명했다. 제18강 내용에서 이곳으로 옮겼다.

대상과 특성에 따른 분류

색계와 무색계 마음 25가지는 모두 대상에 집중하는 대상집중선정 ārammaṇūpanijjhāna입니다.

참고로 나중에 설명할 출세간 도와 과의 마음은 특성에 집중하는 특성집중선정lakkhaṇūpanijjhāna입니다. 여기서 특성이란 무상 · 괴로움 · 무아의 특성입니다.(DhsA.211)

선정과 신통

미얀마의 야웅두라는 곳에서 지내는 우 메이따 사야도는 다음과 같이 말했습니다.

"이 세간 선정 8가지는 불교 교단 밖에서, 부처님의 가르침이 없어도 얻을 수 있는 것입니다. 하지만 그렇다고 해서 '이것을 얻으면 안 된다'라고 해서는 안 됩니다. 불교 교단에 입문한 사람도 이것을 성취할 수 있고, 성취할 수 있도록 해야 합니다."

그리고 사야도도 그렇게 실천해서 비상비비상처 선정까지 얻었습니다. 이어서 신통을 위해 색계 초선정까지 거슬러 내려가고 다시 올라오고 하려 했으나, 비상비비상처 선정에서 아래로 내려가지 못하고 그대로 그 선정에 머물 수밖에 없었습니다. 그 이유는 기후도 알맞지 않았고 영양분도 충분하지 못해서였습니다. 부처님 당시에는 사람들이 계를 잘 지켜서 기후가 좋았고, 그런 기후에서 자란 식물들은 영양분이 많았습니다. 영양분이 많은 음식을 먹은 사람들은 높은 선정을 성취하고 여러 선정을 오르내리며 신통을 부릴 수 있었습니다. 하지만 지금은 사람들이 계를 잘 지키지 않아서 기후도 좋지 않고, 그런 환경에서 자란 식물들은 영양분이 충분하지 않습니다. 그래서 그런 음식을 먹은 사람들도 힘이 부족해 선정을 얻도록 열심히 노력하더라도 제약이 있습니다.

우 메이따 사야도가 이렇게 말하긴 했지만, 실제로는 선정과 더불어 신통까지 갖췄다고 합니다. 미얀마의 큰스님 중 한 분인 웨부 사야도가 우 메이따 사야도에게 수행을 배우러 간 일화가 있습니다. 웨부 사야도가 우 메이따 사야도가 지내는 정사에 도착했을 때, 어느 한 스님이 정사 앞을 청소하고 있었습니다. 웨부 사야도가 "우 메이따 사야도를 뵙고 여쭙고 싶은 것이 있어 왔습니다"라고 청했습니다. 그러자 그 스님이 "지금 사야도께서는 위에서 학인들에게 경전을 가르치고 있으니 끝나는 종이 울리면 올라가도 됩니다"라고 안내해 주었습니다. 종이 울리자 웨부 사야도가 위로 올라가 큰스님께 절을 올리다 보니, 바로 청소하던 그 스님이었다고 합니다.

무색계에 태어나는 모습

무색계는 물질법은 없고 정신법만 존재하는 탄생지입니다. 무색계 선정을 얻은 이가 '몸이라는 것이 있어서 주먹에 맞고, 칼에 찔리고, 창에 찔리고, 병이 생기고, 열병이 나고, 고통을 받는다. 물질이 없이 정신만 존재한다면 어느 한 생에서도 고통받지 않고 행복할 것이다'라고 기대하고서 물질법의 허물만 보고 싫어하고 정신법의 허물은 보지 않고 싫어하지 않습니다. 그렇게 정신법만으로 지내려는 바람으로 선정이 퇴보하지 않고 무너지지 않은 채 임종을 맞이하면 무색계 범천 brahmā 탄생지의 범천이 됩니다. 제일 높은 비상비비상처천의 수명은 8만4천 대겁입니다. 수명이 다해서 죽으면 다시 물질과 정신을 다 갖춘 욕계 탄생지에 태어납니다.

무상유정천에 태어나는 모습

반대로 정신법은 없고 물질법만 존재하는 무상유정천asaññasatta도 있습니다. 색계 제4선정을[192] 얻은 이가 '정신법이 있기 때문에 걱정이 많고 피곤하고 고통을 받는다. 정신법이 없이 물질만 있으면 이러한 고통이 전혀 없이 행복하게 지낼 수 있을 것이다. 좋을 것이다'라고 기대하고서 정신법의 허물만 보고 싫어하고, 물질법의 허물은 보지 않고 물질법은 싫어하지 않습니다. 그렇게 물질법만으로 지내려는 바람으로 선정이 퇴보하지 않고 무너지지 않은 채 임종을 맞이하면 무상유정천 탄생지의 범천이 됩니다. 수명은 500대겁입니다. 그곳에서 500대겁이 지나면 제4선정[193] 업이 다해 그 무상유정천의 몸이 무너지고, 이전에 행했던 욕계 선업으로 인간 세상이나 욕계 천상에 물질과 정신 모두를 갖춘 이로 태어납니다.

이렇게 극단적으로 정신만 존재하는 세상, 또는 물질만 존재하는 세상에 태어나는 이유는 올바른 가르침을 펴는 스승을 만나지 못했기 때문입니다. 부처님의 가르침이 존재하지 않는 시기에 이런 경우가 많습니다.

192 색계 선정을 4가지로 분류했을 때 제4선정이다. 5가지로 분류하면 제5선정이다.

193 본서 p.195 주129 참조.

다시 떨어질 수 있다

인간이나 욕계 천신, 색계 범천, 무색계 범천은 다시 사악도에 떨어질 수 있습니다.

Ukkhittā puññatejena, kāmarūpagatiṁ gatā.

Bhavaggatampi sampattā, punāgacchanti duggatiṁ.

(Vbh.441)

해 석

공덕의 위력으로 위로 올라가

욕계와 색계천상 이르렀어도

존재의 꼭대기에 도달했어도

다시금 사악도에 떨어진다네.

대 역

Puññatejena공덕의 위력으로; 자신이 행한 선업의 위력으로 ukkhittā위로 올라가 kāmarūpagatiṁ욕계와 색계 세상에 gatā pi이르렀어도; 이른 천신이나 범천이라 하더라도 또한 bhavaggataṁ존재 꼭대기에까지; 비상비비상처에까지 sampattā pi도달한 무색계 범천이라도 puna 다시금 duggatiṁ사악도에 agacchanti떨어진다네.

자신이 행한 선업 공덕으로 위로 올라가, 즉 선업 공덕의 과보로 선처인 인간 탄생지나 욕계 천상 탄생지, 색계 탄생지, 더 나아가 존재의 꼭대기라고 하는 비상비비상처 탄생지에 태어나더라도 수명이 다하면 다시 인간 세상이나 욕계 천상에 태어나게 됩니다. 그곳에서 나쁜 스승이나 친구를 만나서 악행을 범하면 다시 사악도에 떨어져 고통을 받을 수 있습니다.

Ye ca rūpūpagā sattā, ye ca arūpaṭṭhāyino;
Nirodhaṁ appajānantā, āgantāro punabbhavaṁ.

(S.i.134)

해 석

색계에 도달한 어떤 중생들,
무색계에 머무는 어떤 중생들,
그들은 소멸을 알지 못하기에
다시금 생에 거듭 도달한다네.

대 역

Rūpūpagā색계에 도달한 ye ca sattā어떤 중생들과 arūpaṭṭhāyino무색계에 머무는 ye ca sattā어떤 중생들이 santi있는데, te sattā그 중생들은 nirodhaṁ소멸을; 소멸의 진리를 appajānantā알지 못해 punabbhavaṁ다시 새로운 생에 āgantāro거듭 도달한다네; 태어난다네.

아직 범부인 채로 색계나 무색계에 태어난다면 물질과 정신이 소멸된, 번뇌가 소멸된, 고통이 소멸된, '완전한 소멸'인 열반을 도의 지혜와 과의 지혜로 알고 보지 못했기 때문에 다시 욕계에 태어나서 고통을 받아야 합니다. 방일한 자에게는 사악도가 자신의 집과 같다고 합니다.[194]

194 Pamattassa ca nāma cattāro apāyā sakagehasadisā.(DhpA.i.5)

언제든 다시 사악도에 떨어져 고통을 받을 수 있습니다.

반면, 이미 열반을 실현한 성제자들이 색계나 무색계 선정을 통해 색계나 무색계 범천으로 태어난다면 다시 욕계 천상이나 인간 세상에 태어나지 않습니다. 악처에 떨어져 고통받을 일도 더 이상 없습니다. 그 세상에서 더욱 높은 존재로만 태어나 아라한이 됩니다.

레디 사야도는 이것을 다음과 같이 비유했습니다. 어떤 사람이 들고 있던 돌을 하늘로 높이 던지면 그 돌은 올라가다가 어느 지점에 다다르면 더 이상 올라가지 못하고 떨어집니다. 오히려 들고 있던 높이보다 더 낮은 곳인 땅 표면까지 떨어집니다. 그와 마찬가지로 욕계 선업, 색계 선업, 무색계 선업의 힘으로 욕계 인간, 욕계 천상, 색계나 무색계 범천으로 태어나더라도 그 힘이 다하면 다시 떨어져 그보다 낮은 존재로 태어나기도 하고, 더 나아가 사악도까지 떨어지기도 합니다.

이와 관련된 일화를 하나 소개하겠습니다. 과거 일곱 부처님 중 한 분인 까꾸산다Kakusanda 부처님 당시, 한 여인이 죽어서 어느 정사의 공양간 근처에 암탉으로 태어났습니다. 그 암탉은 독수리에 물려 죽었습니다. 하지만 이전에 수행하는 한 비구의 수행주제 독송 소리를 듣고 선업을 일으켰고, 의미는 몰랐지만 '좋은 소리다'라고 경청한 선업으로 웁바리Ubbarī라는 공주로 태어났습니다. 웁바리 공주는 나중에 유행녀가 되어 화장실에서 우글거리는 구더기를 보고 벌레가 버글거리는 인식puḷavakasaññā, 혹은 흰색 인식odātasaññā[195]을 일으켜 초선정을 얻었고, 그 생에서 죽어 초선천의 범천으로 태어났습니다. 범천의 생에서 죽어 다시 인간 세상의 어느 부호의 딸로 태어났고, 그 생

195 『담마빠다』 주석서에는 "벌레가 버글거리는 인식puḷavakasaññā"만 언급됐지만 마하시 사야도의 『담마짝까 법문』에는 "혹은 흰색 인식odātasaññā"도 언급됐다.

에서 죽은 후에는 고따마 부처님 당시에 암퇘지로 태어났습니다.

부처님께서 라자가하 성에서 아난다 존자와 탁발을 나가시다가 그 암퇘지를 보고는 살짝 미소를 지으셨습니다. 그때 부처님의 치아에서 뿜어져 나오는 광채를 보고 아난다 존자가 부처님께 그 이유를 물었습니다. 그러자 부처님께서는 그 암퇘지의 전생 윤회에 대해 알려주셨습니다.

그 암퇘지는 죽어서 수완나부미Suvaṇṇabhūmi라는 곳에 공주로 태어났습니다. 그 다음 생에는 인도의 바라나시Barāṇasī에 한 여인으로 태어났습니다. 그 다음에는 와나와시Vanavāsī에 한 여인으로, 그 다음 생에는 숩빠라까Suppāraka 항구 근처의 말장수 딸로 태어났습니다. 그 다음 생에는 까위라Kāvīra라는 항구 근처의 선주 딸로 태어났고, 그 다음 생에는 스리랑카의 아누라다Anurādha 성의 정부 관료 집안에서 태어났습니다. 그 생에서 죽어 복깐따Bhokkanta라는 마을에 수마나Sumanā라는 장자의 딸로 태어났습니다. 이름은 아버지와 동일하게 수마나라고 불렸습니다. 나중에 아버지가 그 마을을 떠나 디가와삐Dīghavāpī 지역의 마하무니Mahāmuni 마을에 가서 지냈습니다. 마침 둣타가마니Duṭṭhagāmaṇi 왕의 대신이었던 라꾼다까 아띰바라Lakuṇḍaka Atimbara라는 이가 어떤 일 때문에 그 마을에 왔을 때 수마나를 보고서 애정이 생겨 성대하게 결혼식을 올린 뒤 자신이 지내던 마하뿐나Mahāpuṇṇa 마을로 데려갔습니다.

수마나가 그 마을에서 지내고 있을 때, 남쪽 끝 정사에서 머물던 마하아누룻다Mahāanuruddhā 장로가 그 마을에 탁발을 오셨고, 수마나의 집 앞에 공양을 얻으려고 서 있다가 수마나를 보고 뒤에 있던 스님에게 "도반들이여, 부처님 당시의 암퇘지가 라꾼다까 아띰바라 대신의 부인의 생에 이르렀다고 하니 참으로 경이로운 일이오"라고 말했다고 합니다.

그 말을 듣고 수마나는 이전의 생을 돌이켜 기억할 수 있는 숙명지

jātissara ñāṇa를 얻었습니다. 그 지혜를 통해 자신이 태어났던 과거 생들을 돌이켜 숙고해 보았고, 그러자 윤회를 두려워하고 혐오하는 경각심의 지혜가 생겨났습니다. 그래서 자신의 남편에게 허락을 받고 비구니 정사로 가서 출가했습니다. 출가한 뒤 띳사마하위하라Tissamahāvihāra 정사에서 「사띠빳타나숫따Satipaṭṭhānasutta(새김확립경)」 법문을 듣고서 그 방법에 따라 관찰해 수다원 도와 과를 얻었습니다. 그 뒤 둣타가마니 왕이 즉위했을 때 자신의 고향인 복깐따 마을로 돌아왔고, 깔라마하위하라Kallamahāvihāra 정사에서 「아시위소빠마숫따Āsīvisopamasutta(뱀독비유경)」를(S35:238) 듣고 아라한이 됐다고 합니다.[196]

수마나 장로니는 수명 형성이 다했을 때 완전열반에 들 것이라는 사실을 함께 지내던 이들에게 말했습니다. 그때 다른 여러 비구와 비구니가 그녀에 대해 물었을 때 "스님들, 저는 까꾸산다 부처님 당시에 한 여인으로 태어났습니다. 그 생에서 죽어 암탉이 됐습니다. 그 암탉의 생에서 독수리에 잡혀 죽어 머리가 잘렸습니다. 죽은 뒤 사람의 생에 공주로 태어났습니다"라는 등으로 복깐따 마을의 제일 마지막 생까지 자신에 관한 사실을 비구니 승단에 이야기한 뒤 "좋고 나쁜 존재로 13생에 태어난 뒤 이제 윤회에 염증을 느껴 출가해 아라한과에 이르렀습니다. 여러분도 모두 방일하지 않는 새김으로 계 · 삼매 · 통찰지를 구족하도록 노력하십시오"라고 말한 뒤 완전열반에 들었다고 합니다.(Dhp.338~343; DhpA.ii.332~5)[197]

---

196 참고로 마하시 사야도의 게송을 소개하면 다음과 같다. 『담마짝까 법문』, p.295 참조.

사람암탉 공주범천 부잣집딸 암퇘지로
수완나와 바라나시 와나와시 숩빠라까
까위라에 스리랑카 아누라다 복깐따로
수마나의 십삼생을 이와같이 기억하라

197 무념 · 응진 역, 『법구경 이야기』 제3권, pp.310~315; 『담마짝까 법문』, pp.290~298 참조.

제20강

2008년 10월 7일

율장이나 경전 가르침보다 더 고귀하고 높은 가르침이기 때문에 아비담마라고 한다고 제1강에서 설명했습니다. 이러한 아비담마를 공부하는 데 중요한 것은 법체의 개수를 잘 헤아리는 것이라고 말할 수 있습니다. 개수를 완벽하게 기억한 뒤 각각의 의미까지 이해하면 쉽게 아비담마를 공부해 나갈 수 있습니다.

세간 마음들 헤아리기

지금까지 살펴본 마음은 '세간lokiya 마음' 81가지입니다. 여기서 '세상loka'이란 무너지고lujjati 파괴되기palujjati 때문에 세상이라고 합니다.(S.ii.278; UdA.186) 그렇게 생성됐다가는 무너지고 파괴되는 욕계와 색계, 무색계라는 세상, 혹은 31탄생지라 불리는 세상에서 일어나는 마음이기 때문에 세간 마음이라고 합니다. 이제 세간 마음을 여러 기준으로 분류해 보겠습니다.

탄생지에 따른 분류

- 욕계 54가지 + 색계 15가지 + 무색계 12가지 = 81가지

종류에 따른 분류

- 불선 12가지 + 선 17가지 + 과보 32 가지 + 작용 20가지 = 81가지

느낌에 따른 분류

- 즐거움과 함께하는 것 30가지 + 평온과 함께하는 것 47가지 +

행복과 함께하는 것 1가지 + 고통과 함께하는 것 1가지 + 근심과 함께하는 것 2가지 = 81가지

결합에 따른 분류

- 결합한 것 47가지 + 결합하지 않은 것 34가지 = 81가지

형성에 따른 분류

- 형성 없는 것 17가지 + 형성 있는 것 17가지 + 형성에서 벗어난 것 47가지(도표에서 '*'로 표시) = 81가지

| 도표9 | 세간 마음들 헤아리기

마음 \ 분류		종류				느낌					결합		형성	
		불선	선	과보	작용	행복	고통	즐거움	근심	평온	○	×	×	○
A 불선 마음	12	12						4	2	6	8	4	5*	5*
B 원인없는 마음	18			15	3	1	1	2		14		18	*	*
C 욕계 아름다운 마음	24		8	8	8			12		12	12	12	12	12
D 욕계 마음	54	12	8	23	11	1	1	18	2	32	20	34	17*	17*
E 색계 마음	15		5	5	5			12		3	15		*	*
F 무색계 마음	12		4	4	4					12	12		*	*
G 고귀한 마음	27		9	9	9			12		15	27		*	*
H 세간 마음	81	12	17	32	20	1	1	30	2	47	47	34	17*	17*

(D=A+B+C, G=E+F, H=D+G)

* 형성에 따른 분류에는 여러 견해가 있다.

4. 출세간 마음들

앞서 세간 마음이란 욕계, 색계, 무색계라는 3가지 세상三界, 자세하게는 31탄생지라 불리는 세상에서 일어나는 마음이기 때문에 세간 마음이라고 설명했습니다. 출세간 마음은 그러한 세상loka에서 벗어난uttara 마음이기 때문에, 혹은 3가지 세상에서 일어나는 마음보다 더욱 거룩한 마음이기 때문에 출세간 마음이라고 합니다.

혹은 갈애로 말하자면 감각욕망 갈애, 존재 갈애, 비존재 갈애라는 모든 갈애로부터 벗어난 마음이기 때문에도 출세간 마음이라고 할 수 있습니다.

출세간 마음에는 간략하게는 도 마음 4가지, 과 마음 4가지, 모두 8가지가 있습니다.

출세간 선 마음들

31 Sotāpattimaggacittaṁ , sakadāgāmimaggacittaṁ, anāgāmimaggacittaṁ, arahattamaggacittañceti imāni cattāripi lokuttarakusalacittāni nāma.

해 석

수다원도 마음, 사다함도 마음, 아나함도 마음, 아라한도 마음, 이렇게 4가지이기도 한 이 마음들은 '출세간 선 마음들'이라고 한다.

대 역

Sotāpattimaggacittañca수다원도 마음과; 수다원도와 결합한 마음과; 열반이라는 대해에 흘러갈 수 있는 도 구성요소 8가지에 제일 먼저 도달하는 것으로 얻어지는 도와 결합한 마음과; 열반이라는 대해에 흘러갈 수 있는 도 구성요소 8가지에 제일 먼저 도달한 이의 도와 결합한 마음과 sakadāgāmimaggacittañca사다함도 마음과; 사다함도와 결합한 마음과; 재생연결을 통해 이 욕계 탄생지에(혹은 인간 탄생지에) 단 한 번만 오는 이의 도와 결합한 마음과 anāgāmimaggacittañca아나함도 마음과; 아나함도와 결합한 마음과; 재생연결을 통해 이 욕계 탄생지에 더 이상 오지 않는 이의 도와 결합한 마음과 arahattamaggacittañca아라한도 마음; 아라한도와 결합한 마음; 특별한 공양을 받을 만한 아라한 개인의 상태라는 아라한 과의 원인인 도와 결합한 마음, iti=iminā pabhedena이렇게; 이렇게 종류로 구분하면 cattāripi4가지이기도 한 imāni cittāni이 마음들은 lokuttarakusalacittāni nāma honti'출세간 선 마음들'이라고 한다; '도 마음들'이라고 한다.

먼저 출세간 선 마음, 혹은 출세간 도 마음에 4가지가 있습니다.

① 수다원도 마음sotāpattimagga citta이 하나

② 사다함도 마음sakadāgāmimagga citta이 하나

③ 아나함도 마음anāgāmimagga citta이 하나

④ 아라한도 마음arahattamagga citta이 하나

도의 의미

Nibbānatthikehi maggīyati, nibbānaṁ vā maggati, kilese vā mārento gacchatīti maggo. (VbhA.107)

대 역

Nibbānatthikehi열반을 원하는 이들에 의해 maggīyati찾아지고 구해진다. vā혹은 nibbānaṁ열반을 maggati찾고 구한다. vā혹은 kilese번뇌를 mārento죽이면서 gacchati간다. iti그래서 maggo도라고 한다.

정리하면 다음과 같습니다.

① 열반을 원하는 이들에 의해 구해지기 때문에, 즉 열반을 원하는 이들의 대상이 되기 때문에 도라고 합니다.

② 열반을 직접 구하기 때문에, 찾기 때문에 도라고 합니다.

③ 번뇌를 제거해 나가기 때문에 도라고 합니다.[198]

이렇게 여러 번뇌를 제거해 열반을 대상으로 나아가 도달하는 성품을 도magga라고 부릅니다. 법체로는 바른 견해 등 8가지 도 구성요소를 취하면 되고, 3가지로 말하면 계, 삼매, 통찰지입니다. 계에 해당하는 것이 바른 말, 바른 행위, 바른 생계입니다. 삼매에 해당하는 것이 바른 노력, 바른 새김, 바른 삼매입니다. 통찰지에 해당하는 것이 바른 견해, 바른 생각입니다.

도와 결합한 마음을 도 마음magga citta이라고 하고 도 마음이 일어날 때 이 8가지 도 구성요소도 함께 일어납니다.

---

198 ㉯예를 들어 10가지 번뇌 중에 수다원도는 사견과 의심을 제거한다. 성냄은 아나함도가 제거하고 나머지 탐욕과 어리석음과 자만과 해태와 들뜸과 부끄러움없음과 두려움없음은 아라한도가 제거한다.

레디 사야도는 "어딘가 목적지로 가고자 할 때 길이 그 목적지로 데려다주는 역할을 하는 것처럼, 윤회윤전의 고통을 받는 중생들을 그것에서 벗어난 열반이라는 목적지로 데려다주는 길이 바로 도이다"라고 비유로 설명했습니다. magga의 빠알리어 의미도 '길'입니다.

도 마음이 4가지인 이유

도 마음에 포함된 도 구성요소 8가지 중 바른 견해는 통찰지 기능, 바른 노력은 정진 기능, 바른 새김은 새김 기능, 바른 삼매는 삼매 기능에 해당합니다. 이러한 기능이 수다원도의 순간에는 그리 예리하지 않고, 사다함도의 순간에는 그보다 더 예리합니다. 아나함도의 순간에는 매우 예리하고, 아라한도의 순간에는 제일 예리합니다. 이렇게 번뇌를 제거할 수 있는 점으로는 같지만, 기능의 예리한 정도에 따라 4가지로 나누어지기 때문에 도와 결합한 마음도 4가지입니다.[199]

수다원도 마음

첫 번째 출세간 선 마음은 수다원도 마음sotāpatti magga citta입니다. 수다원도 마음은 '흐름sota에 제일 먼저 도달한āpatti 도magga 마음citta'이라고 분석할 수 있습니다.

그러면 흐름이란 무슨 뜻일까요?

Savati sandatīti soto. Sotoviyāti soto. (AhBṬ.83)

199 자세한 설명은 본서 p.385 참조.

해 석

뒤로 물러서지 않고 흘러가기 때문에 '흐름'이라고 한다. 흐름과 비슷하기 때문에 '흐름'이라고 한다.

마치 강가 강이 수원지인 히말라야 산에서 시작해서 바다에 이르기까지 뒤로 물러서지 않고 흘러가듯이, 그 '흐름sota'과 같기 때문에 8가지 구성요소가 있는 도를 '소따'라고 한다는 뜻입니다. 무엇 때문에 '도'가 물의 흐름과 같을까요? 어느 때 도가 생겨난다면 그때를 시작으로 윤회에서 물러남이 없이 계속 앞으로 나아가기 때문입니다. 물러나지 않고 하나의 지속된 힘으로 무여열반anupādisesa nibbāna으로 계속 흘러갑니다.

Seyyathāpi, bhikkhave, gaṅgā nadī samuddaninnā samuddapoṇā samuddapabbhārā; evameva kho, bhikkhave, bhikkhu ariyaṁ aṭṭhaṅgikaṁ maggaṁ bhāvento ariyaṁ aṭṭhaṅgikaṁ maggaṁ bahulīkaronto nibbānaninno hoti nibbānapoṇo nibbānapabbhāro.

(S.iii.30/S45:109)

해 석

비구들이여, 마치 강가 강이 바다로 흐르고, 바다로 향하고, 바다로 들어가는 것처럼 비구들이여, 비구가 8가지 구성요소를 가진 성스러운 도를 닦고 8가지 구성요소를 가진 성스러운 도를 많이 행하면 열반으로 흐르고, 열반으로 향하고, 열반으로 들어간다.[200]

200 『상윳따 니까야』 제5권, p.244 참조.

여기서 "열반으로 (물러서지 않고) 흐르고 향하고 들어간다"라는 말은 각각의 도로 제거한 번뇌가 다시 생겨나는 일이 없이, 믿음 등의 기능만 각 단계마다 성숙되고 증진되는 것을 말합니다. 이 내용은 다음 경을 통해 분명하게 알 수 있습니다.

Seyyathāpi, bhikkhave, kumbho nikkujjo vamateva udakaṁ, no paccāvamati; evameva kho, bhikkhave, bhikkhu ariyaṁ aṭṭhaṅgikaṁ maggaṁ bhāvento ariyaṁ aṭṭhaṅgikaṁ maggaṁ bahulīkaronto vamateva pāpake akusale dhamme, no paccāvamati. (S.iii.45/S45:153)

해 석

비구들이여, 마치 항아리를 뒤집어서 쏟아낸 물을 다시 담을 수 없는 것처럼, 비구들이여, 비구가 8가지 구성요소의 성스러운 도를 닦고 8가지 구성요소의 성스러운 도를 많이 행하면 쏟아낸 악하고 불선한 법들을 다시 담을 수 없다.[201]

범부들은 고귀한 상태에 이르렀어도 다시 저열한 때와 같은 번뇌와 함께합니다. 3가지 원인으로 태어났어도 다시 2가지 원인으로 태어납니다. 존재의 꼭대기인 비상비비상처 천에 태어났어도 다시 언젠가는 사악도에 태어납니다. 계를 지키다가도 다시 계를 어깁니다. 지혜를 구족했다가도 다시 지혜가 없는 어리석은 이가 됩니다.

하지만 도를 얻은 성제자들은 그렇지 않습니다. 각각의 도로써 제거해 버린 번뇌를 다시 가까이하지 않습니다. 범부의 생으로도 다

201 『상윳따 니까야』 제5권, p.260 참조.

시 돌아가지 않습니다. 윗단계 성제자들도 아랫단계 성제자로 다시 돌아가지 않습니다. 차례대로 기능이 성숙되기 때문에 결국에는 무여열반에만 도달합니다. 이렇게 되는 것은 도의 힘, 도의 위력 때문입니다. '소따sota, 흐름'이란 이러한 의미를 가지고 있습니다.

여기서 '소따, 흐름'이라는 명칭은 4가지 도 모두와 관련되지만, 관례rūḷhi에 따라 첫 번째 도에서 가장 분명하기 때문에 첫 번째 도만을 '소따'라고 부릅니다.

Ādito pajjanaṁ āpatti. Sotassa āpatti sotāpatti. Sotāpattiyā adhigato maggo sotapatti maggo. (AhBṬ.84)

대 역

Ādito제일 먼저; 처음에 pajjanaṁ도달하는 것이 āpatti'아빳띠'이다. sotassa소따에; 흐름에; 8가지 성스러운 도에 āpatti'아빳띠' 하는 것이; 제일 먼저 도달하는 것이 sotāpatti소따빳띠이다; 수다원이다. sotāpattiyā소따빳띠에 의해; 수다원에 의해 adhigato얻어지는 maggo도가 sotapattimaggo수다원도이다.

여기서 '소따sota, 흐름'과 '막가magga, 도'는 8가지 성스러운 도 구성요소로는 서로 다르지 않지만, '비분리 분리 유사abhedabhedūpacara 방법'을[202] 사용해서 구별해 말한 것입니다.

202 분리되지 않은 것을 분리된 것으로 설명하는 방법.

정리하자면 물의 흐름에 힘이 있듯이 도도 그와 같이 힘을 가지고 있습니다. 그러한 도에 첫 번째로 이른 것을 '소따빳띠'라고 합니다. '빳띠'는 '도달하다, 이르다'라는 뜻입니다. 지금까지는 없다가 처음으로 이르렀기 때문에 '아빳띠'라고 하고, '소따'라는 성스러운 도 구성요소의 흐름에 처음 도달해서 '소따빳띠'라고 합니다. '막가'는 열반을 원하는 이들이 찾는 것입니다. 이 둘을 합해서 '소따빳띠막가'입니다. 물의 흐름과 같은 8가지 성스러운 도 구성요소에 제일 먼저 이르기 때문에, 그렇게 제일 먼저 이르는 것에 의해 얻어지는 도, 이것이 바로 소따빳띠막가, 수다원도입니다. 수다원도가 생겨나면 다음에 설명할 수다원과도 바로 생겨납니다. 그렇게 수다원 도와 과에 이른 사람을 수다원sotāpanna이라고 합니다.

혹은 다음과 같이 분석할 수도 있습니다.

Taṁ sotaṁ ādito paccanti pāpuṇanti etāyāti sotāpatti. Nibbānatthikehi maggīyatīti maggo. Sotāpatti ca sā maggo cāti sotāpatti maggo. Sotāpattimaggena sampayuttaṁ cittaṁ sotāpattimaggacittaṁ.

(AhSṬ.97)

대 역

Etāya이것에 의해; 이 실천을 통해 taṁ sotaṁ그 흐름에; 흐름이라고 하는 도에 ādito제일 먼저 paccanti도달한다. pāpuṇanti구족한다. iti=tasmā그래서 sotāpatti수다원이다. nibbānatthikehi열반을 원하는 이들에 의해 maggīyati구해진다; 찾아진다. iti=tasmā그래서 maggo 도다. sotāpatti ca수다원이기도 하고; 소따라는 도의 흐름에 제일 먼저 도달하게 하는 것이기도 하고 sā그것은; 그렇게 도달하게 하는 것은 maggo ca도이기도 하다. iti=tasmā그래서 sotāpattimaggo수다원도이다. sotāpattimaggena수다원도와 sampayuttaṁ결합한 cittaṁ 마음이 sotāpattimaggacittaṁ수다원도 마음이다.

수다원도는 다음과 같은 덕목을 지니고 있습니다.

Na kevalañcesa maggo lobhakkhandhādīnaṁ nibbijjhanameva karoti, apica kho anamataggasaṁsāravaṭṭadukkhasamuddaṁ soseti, sabba-apāyadvārāni pidahati, sattannaṁ ariyadhanānaṁ sammukhībhāvaṁ karoti, aṭṭhaṅgikaṁ micchāmaggaṁ pajahati, sabbaverabhayāni vūpasameti, sammāsambuddhassa orasaputtabhāvaṁ upaneti, aññesañca anekasatānaṁ ānisaṁsānaṁ paṭilābhāya saṁvattati. (Vis.ii.314)

해 석

이 도는 탐욕 덩어리 등을 부술 뿐만 아니라 시작이 드러나지 않는 윤회윤전의 고통 바다도 말려버린다. 모든 악도의 문도 닫아버린다. 성자의 재산 7가지도 눈앞에 두게 한다. 8가지 삿된 도도 제거한다. 모든 위험과 두려움도 종식시킨다. 정등각자의 가슴에서 난 아들이 되게 인도한다. 그 외에 수백 가지의 이익도 얻게 한다.[203]

수다원도는 앞에서도 언급했듯이 사견과 의심, 질투, 인색, 사악도에 태어나게 하는 매우 거친 감각욕망과 성냄 등을 제거합니다. 그래서 모든 사악도의 문을 닫았다고 말할 수 있습니다. 집에는 문이 있습니다. 그것은 드나들기 위해 만들어 놓은 것입니다. 범부들에게는 집과

203 『청정도론』 제3권, p.351; *Mahāsi Sayadaw*, 『*Visuddhimagga Myanmarpyan*(위숫디막가 미얀마어 번역)』 제4권, p.592 참조.

같은 악도의 문이 언제나 열려 있어서 쉽게 드나듭니다. 닫을 수 없습니다. 그러나 그 악도의 문을 수다원도가 닫습니다.

그래서 수다원도는 사악도에 태어나서 겪어야 할 고통의 바다도 다 말려버린다고 할 수 있습니다. 또한 선처에도 일곱 생 넘어서 태어나지 않기 때문에 그렇게 선처에 태어나 겪을 고통의 바닷물도 다 말려버립니다.

두 번째로 수다원도는 성자의 재산 7가지를 갖추게 합니다. 성자의 재산 7가지란 믿음saddhā, 계sīla, 부끄러움hiri, 두려움ottappa, 배움suta, 버림cāga, 통찰지paññā입니다. 소매치기가 부처님의 게송을 듣고 수다원이 됐다는 일화와 관련해서(Dhp.63 일화) "그에게는 이전에 행한 보시 공덕이 없다. 그런데 어떻게 수다원이 됐을 때 버림의 덕목을 갖추었다고 말할 수 있는가?"라고 질문할 수 있습니다. 수다원이 버림이라는 성자의 재산을 구족했다는 뜻은 베풀기에 적당한 상황일 때 범부들은 아끼는 마음이 일어날 수 있지만, 수다원의 경우에는 수다원이 된 후 인색하지 않고 아낌없이, 기꺼이 보시할 수 있는 마음이 구족됐다는 뜻입니다. 혹은 보시dāna는 구체적인 대상에게 보시하는 것이지만, 버림cāga은 구체적인 대상이 없이 버리는 것이라는 의미이고, 수다원도를 통해 존재더미사견, 의심, 행실의례집착, 질투, 인색이라는 5가지 족쇄를 버리기 때문에, 다시는 일어나지 않게 하기 때문에 이러한 의미로 버림이라는 법을 구족했다고도 알아야 합니다. 눈으로 볼 수 있는 재산을 버리는 것과 눈으로 볼 수 없는, 마음속에서 일어나고 있는 번뇌나 족쇄를 버리는 것 중 어떤 것이 더 어렵겠습니까? 물론 눈에 보이는 자신의 아들, 딸이나 집 등의 재산을 버리는 것도 어렵지만 눈에 보이지 않는 번뇌를 버리는 것은 더 어렵습니다. 그렇게 5가지 족쇄를 버려야만 성자의 재산 7가지를 구족할 수 있습니다.

세 번째로 수다원도는 삿된 도를 제거합니다. 삿된 도 8가지는 바른 도 8가지의 반대입니다. 삿된 도라는 길을 따라 실천하면 사악도에 떨어질 것이라고 확실히 말할 수 있습니다. 반대로 바른 도만 따라간다면 확실하게 열반에 이를 것입니다.

네 번째로 수다원도는 모든 위험vera과 두려움bhaya을 종식시킵니다. 여기서 '위험'이란 오계를 어기는 것을 말합니다. '두려움'이란 친척의 무너짐, 건강의 무너짐, 재산의 무너짐, 계의 무너짐, 견해의 무너짐이라는 5가지 무너짐 등 25가지 두려움을 말합니다.[204]

마지막으로 부처님의 진정한 아들과 딸이 되게 합니다. 수다원 이상의 성자라야 부처님의 친자식이라고 할 수 있습니다. 성자가 되기 위해 열심히 수행하는 이들이라면 친자식은 아니더라도 양자라고는 할 수 있습니다. 이 내용을 마하시 사야도는 게송으로 다음과 같이 표현했습니다.

수다원도 특별함 다음과같네
못부쉈던 번뇌들 파괴한다네
끝이없는 윤전물 말려버리네
사악도의 대문을 완전히닫네
성자재산 일곱을 증득한다네
여덟요소 삿된길 제거한다네
모든위험 두려움 종식시키네
부처님의 진짜딸 아들되게해
수다원도 이많은 이익을주네

204 25가지 두려움은 본서 부록 p.453 참조.

사다함도 마음

두 번째 출세간 선 마음은 사다함도 마음sakadāgāmimaggacitta입니다. 수다원은 사악도에 태어나게 하는 매우 거친 감각욕망과 성냄을 제거한다고 설명했습니다. 사다함은 사악도까지 태어나게는 하지 않는 거친 감각욕망과 성냄을 제거합니다. 수다원보다 감각욕망과 성냄이 많이 줄어 미세한 정도만 남습니다. 파리 날개 뒷부분 정도의 감각욕망과 성냄만 남아있다고 비유합니다.

'사다함sakadāgāmī'이라는 단어는 다음과 같이 분석됩니다.

Imaṁ lokaṁ sakiṁ āgacchati sīlenāti sakadāgāmī. (AhBṬ.84)

대 역

Imaṁ lokaṁ이 세상에; 이 욕계 탄생지에; 이 인간 세상에[205] sakiṁ 한 번만 sīlena통상적으로 āgacchati돌아온다. iti=tasmā그래서 sakadāgāmī사다함이다.

여기서 "욕계 탄생지에 한 번만 돌아온다"는 것은 범천 탄생지에서 돌아온다는 뜻이 아니라 욕계 탄생지에서 욕계 탄생지로 재생연결을 해서 돌아온다는 것을 말합니다. 하지만 『빠라맛타디빠니』에서는 범천 탄생지에서도 한 번 돌아올 가능성이 있다고 자세히 설명합니다.(AhPdṬ.69~71)

205 일부 주석서에서는 인간 세상에서 수다원이 된 뒤 천상 세상에서 그 천상의 수명까지 다 누리다가 다시 인간 세상에서 완전열반에 드는 사다함을 말한다고 설명한다.(PaA.47) 이렇게 '이 세상'이 일부 주석서는 욕계 탄생지라고, 일부 주석서는 인간 세상이라고 말한다.(AhPdṬ.70)

Sakadāgāmino maggo sakadāgāmimaggo. (AhBṬ.84)

대 역

Sakadāgāmino사다함의; 사다함과에 위치하는 이의 maggo도가 sakadāgāmimaggo사다함도이다.

사다함도에 이어 바로 사다함과 마음이 생겨나고, 그러면 그를 '사다함'이라고 합니다. 사다함과를 성취해서 사다함이 된 이에게는 사다함도가 다시 일어나지 못합니다. 하지만 다른 도와 혼동하지 않도록 'sakadāgāmino사다함의'라고 수식어를 붙여준 것입니다. "다른 이의 도가 아니다. 사다함과에 위치한 이의 도다"라는 뜻입니다.[206]

사다함 도와 결합한 마음이 사다함도 마음입니다.

아나함도 마음

세 번째 출세간 선 마음은 아나함도 마음anāgāmimaggacitta입니다. '아나함anāgāmī'이라는 단어는 다음과 같이 분석됩니다.

Imaṁ lokaṁ na gacchatīti anāgāmī. (AhBṬ.84)

대 역

Imaṁ lokaṁ이 세상에; 이 욕계 탄생지에 na gacchati돌아오지 않는다; 단 한 번도 돌아오지 않는다. iti=tasmā그래서 anāgāmī아나함이다.

---

206 『바사띠까』 원문에는 아나함도 마음을 설명할 때 이 내용이 나온다. 강종미 편역, 『아비담마 해설서』 제1권, p.195를 참조해서 사다함도의 설명으로 위치를 옮겼다. 『빠라맛타 디빠니』에서는 '사다함의 도'라고 수식어와 피수식어로 써도 전혀 문제가 없다고 설명한다.(AhPdṬ.71)

아나함은 저열한, 제일 낮은 단계인 욕계 세상에 태어나게 하는 족쇄orambhāgiya saṁyojana · 五下分結를 모두 남김없이 잘라냈기 때문에 욕계 탄생지에 재생연결을 할 수 없습니다. 그 생에서 아라한이 되지 못하더라도 반드시 청정한 범천 탄생지에만 도달합니다. 즉 위빳사나만으로 아나함이 된 성자의 경우, 만약 다른 어떤 사람에 의해 죽게 될 때 선정을 닦지 않은 채 갑자기 죽음을 맞이하더라도 색계 범천에 태어납니다. 아나함 도와 과에 포함된 선정의 힘이 매우 강하기 때문에 선정을 닦지 않았어도 죽을 즈음에 그 삼매의 힘으로 즉시 선정을 얻어서 색계 범천 세상에 태어납니다.

미얀마에서 큰스님으로 알려진 떼인구 사야도(1913~1973)는 한 여성 수행자와의 문답에서 "세 번째 도를 얻을 때는 벼락이 치는 것처럼 매우 분명했다. 온몸에 있는 힘줄들이 다 끊어지는 것처럼 느껴졌다"라고 말했다고 합니다.

아나함도와 결합한 마음이 아나함도 마음입니다.

아라한도 마음

네 번째 출세간 선 마음은 아라한도 마음arahattamaggacitta입니다.

'아라한의 성품arahatta'과 '아라한도arahattamagga'라는 단어는 다음과 같이 분석됩니다.[207]

207 아라한arahanta이라는 단어는 ① 번뇌로부터 멀리 떠났다ārakā, ② 번뇌라는 여러 적을arīnaṁ 통찰지라는 칼로 죽였다hatattā, ③ 윤회바퀴의 바퀴살을arānaṁ 다 부수었다hatattā, ④ 계와 삼매와 통찰지 등 여러 특별한 덕목을 갖추어 사람과 천신, 범천들의 특별한 공양을 받을 만하다arahatta, ⑤ 몰래 악행을 행하기 위한 밀실이raho 없다abhavato는 뜻을 가지고 있다. 간략한 설명은 『가르침을 배우다』, pp.42~44, 자세한 설명은 『청정도론』 제1권, pp.480~485 참조.

Arahato bhāvo arahattaṁ. Arahattassa maggo arahattamaggo.

(AhBṬ.85)

대 역

Arahato아라한의 bhāvo성품이; 아라한의 마음이 arahattaṁ아라핫따이다; 아라한과이다. arahattassa아라핫따의; 아라한과의 maggo도가 arahattamaggo아라한도이다.

조금 복잡합니다. '아라한도arahattamaggo'라고 표현할 때의 '아라한arahatta'은 아라한과를 뜻합니다. 그 아라한과는 아라한도의 결과입니다. 비유하자면 어머니와 자식 중 어머니가 원인, 자식이 결과이지만 결과로 원인을 특별히 수식해서 "철수 어머니"라고 부르는 것처럼 여기서도 결과로 원인을 특별히 수식해서 아라한과의 도, 줄여서 '아라한도'라고 부릅니다.

아라한도와 결합한 마음이 아라한도 마음입니다.

출세간 과 마음들

32 Sotāpattiphalacittaṁ, sakadāgāmiphalacittaṁ, anāgāmiphalacittaṁ, arahattaphalacittañceti imāni cattāripi lokuttaravipākacittāni nāma.

해 석

수다원과 마음, 사다함과 마음, 아나함과 마음, 아라한과 마음, 이렇게 4가지이기도 한 이 마음들은 '출세간 과보 마음들'이라고 한다.

대 역

Sotāpattiphalacittañca수다원과 마음과; 열반이라는 대해로 흘러갈 수 있는 도 구성요소 8가지에 제일 먼저 도달하는 것으로 얻어지는 결과인 마음과; 결과에 포함되는 마음과; 결과라는 바른 견해 등과 결합한 마음과; 열반이라는 대해로 흘러갈 수 있는 도 구성요소 8가지에 제일 먼저 도달한 이의 결과인 마음과; 결과에 포함되는 마음과; 결과라는 바른 견해 등과 결합한 마음과 sakadāgāmiphalacittañca사다함과 마음과; 재생연결을 통해 이 욕계(혹은 인간) 탄생지에 단 한 번만 오는 이의 결과인 마음과; 결과에 포함되는 마음과; 결과라는 바른 견해 등과 결합한 마음과 anāgāmiphalacittañca아나함과 마음과; 재생연결을 통해 이 욕계 탄생지에 더 이상 오지 않는 이의 결과인 마음과; 결과에 포함되는 마음과; 결과라는 바른 견해 등과 결합한 마음과 arahattaphala-cittañca아라한과 마음; 특별한 공양을 받을 만한 아라한 개인의 상태라는 결과인 마음; 결과에 포함되는 마음; 결과라는 바른 견해 등과 결합한 마음, iti=iminā pabhe-dena이렇게; 이렇게 종류로 구분하면 cattāripi4가지이기도 한 imāni cittāni이 마음들은 lokuttaravipākacittāni nāma honti'출세간 과보 마음들'이라고 한다; '과 마음들'이라고 한다.

출세간 과보 마음, 혹은 출세간 과 마음에도 4가지가 있습니다.

①수다원과 마음sotāpattiphala citta이 하나

②사다함과 마음sakadāgāmīphala citta이 하나

③아나함과 마음anāgāmīphala citta이 하나

④아라한과 마음arahattaphala citta이 하나

과phala란 번뇌를 고요하게 할 수 있는 성품, 혹은 도의 결과인 성품을 뜻합니다. 그러한 과와 결합한 마음을 '과 마음phala citta'이라고 합니다. 과 마음에도 8가지 도 구성요소가 포함돼 있습니다.

수다원과 마음의 단어분석은 다음과 같습니다.

Sotāpattiyā adhigataṁ phalaṁ sotāpattiphalaṁ, tena sampayuttaṁ cittaṁ sotāpattiphalacittaṁ. (AhBṬ.85)

대 역

Sotāpattiyā소따빳띠에 의해; 수다원에 의해 adhigataṁ얻어지는 phalaṁ결과가 sotapattiphalaṁ수다원과이다. tena그것과; 그 수다원과와 sampayuttaṁ결합하는 cittaṁ마음이 sotāpattiphalacittaṁ수다원과 마음이다.

과보 마음의 차이

앞에서도 언급했듯이[208] 색계와 무색계, 그리고 출세간 선 마음들은 '선 마음이 5가지면 과보 마음이 5가지'라는 등으로 같은 과보를 줍니다.

208 본서 p.307 참조.

색계나 무색계 선은 다른 장애가 없으면 바로 다음 생에 확정된 과보를 줄 시기가 정해졌기 때문에 동일한 과보만 줍니다. 출세간 선도 자신의 바로 다음에 확정된 과보를 줄 시기가 정해졌기 때문에 동일한 과보만 줍니다. 반면 욕계 선 마음은 원인 없는 선 과보 마음이라는 동일하지 않은 과보도 주고, 욕계 큰 과보 마음이라는 동일한 과보도 줍니다. 욕계 선은 현재 생에서도, 바로 다음 생에서도, 혹은 세 번째 생과 그 이후로도 계속 과보를 줄 수 있습니다. 이렇게 과보를 줄 시기가 정해지지 않았기 때문에 동일하거나 동일하지 않은 과보 둘 모두를 줄 수 있습니다.(AhBṬ.85)

성자의 종류

수다원도 마음에 이어 수다원과 마음이 일어납니다. 그러면 그를 '수다원sotāpanna'이라고 부릅니다. 사다함도 마음에 이어 사다함과 마음이 일어납니다. 그러면 그를 '사다함sakadāgāmī'이라고 부릅니다. 아나함도 마음에 이어 아나함과 마음이 일어납니다. 그러면 그를 '아나함anāgāmī'이라고 부릅니다. 아라한도 마음에 이어 아라한과 마음이 일어납니다. 그러면 그를 '아라한arahanta'이라고 부릅니다. 이들을 '성자'라고 부릅니다. 자세한 내용은 『아비담맛타상가하』 제9장에 나오지만 미리 각 성자의 종류에 대해 소개하겠습니다.

수다원의 3종류

수다원에는 ① 최대칠생sattakkhattuparama 수다원, ② 가문가문kolaṅkola 수다원, ③ 한생ekabījī 수다원으로 3종류가 있습니다.

먼저 ① 최대칠생sattakkhattuparama 수다원은 『뿍갈라빤냣띠』에서 다음과 같이 설명했습니다.

Idhekacco puggalo tiṇṇaṁ saṁyojanānaṁ parikkhayā sotāpanno hoti avinipātadhammo niyato sambodhiparāyano. So sattakkhattuṁ deve ca mānuse ca sandhāvitvā saṁsaritvā dukkhassantaṁ karoti - ayaṁ vuccati puggalo sattakkhattuparamo. (Pug.118)

대 역

Idha여기서; 이 불교 교단에서 ekacco puggalo어떤 개인은 tiṇṇaṁ saṁyojanānaṁ3가지 족쇄를; 사견과 의심과 행실의례집착이라는 3가지 족쇄를 parikkhayā완전히 제거하고 sotāpanno hoti수다원이 된다. avinipātadhammo악처에 떨어지는 성품이 없다. niyato결정된 gati거처가 있다. sambodhiparāyaṇo바른 깨달음으로 향한다; 스스로 알 수 있는 위의 도에만 이른다. so그는; 그 수다원은 deve ca천상이나 mānuse ca인간에서 sattakkhattu sandhāvitvā saṁsaritvā7번 계속해서 윤회하고 나서 dukkhassantaṁ고통의 종식을 karoti행한다. ayaṁ puggalo이 개인을 sattakkhattuparama최대칠생이라고; 최대칠생 수다원이라고 vuccati부른다.

최대칠생 수다원은 사람의 생이든 천상의 생이든 일곱 생까지 태어나서 아라한이 되어 완전열반에 드는 수다원입니다. 'sattakkhattu 7번'이라는 'parama 한계'를 가진 이가 'sattakkhattuparama 최대칠생' 수다원이라는 뜻입니다. 부처님께서는 최대칠생 수다원을 다음과 같이 비유하셨습니다.

"바닷물에 긴 풀잎을 담갔다가 올리면 바닷물 일곱 방울 정도가 풀에 붙어 있다고 할 때 최대칠생 수다원은 일곱 생만 더 태어나서 늙고 죽다가 여덟 번째 생은 없이 마지막 일곱 번째 생에서 완전열반에 들어 윤회에서 벗어나기 때문에 최대칠생 수다원에게 남은 윤회의 고통은 일곱 방울 정도이다. 반면 범부들은 계속해서 윤회하기 때문에 범부에게 남은 고통은 남아 있는 바닷물의 양과도 같다."(S13:2; S13:7)[209]

② 가문가문kolaṅkola 수다원은 다음과 같이 설명했습니다.

So dve vā tīṇi vā kulāni sandhāvitvā saṁsaritvā dukkhassantaṁ karoti – ayaṁ vuccati puggalo kolaṅkolo. (Pug.118)

대역

So그는; 그 수다원은 dve vā tīṇi vā kulāni두 가문이나 세 가문에; 두 생이나 세 생에 sandhāvitvā saṁsaritvā계속해서 윤회하고 나서 dukkhassantaṁ고통의 종식을 karoti행한다. ayaṁ puggalo이 개인을 kolaṅkolo가문가문이라고; 가문가문 수다원이라고 vuccati부른다.

여기서 두 생이나 세 생이라는 표현은 일반적으로 말한 것이기 때문에 여섯 생까지 윤회해서 아라한이 되는 수다원도 이 가문가문 수다원이라 한다고 여러 주석서에서 설명해 놓았습니다. 이것을 각각 한 종류로 헤아린다면 가문가문 수다원은 5종류로 헤아릴 수 있습니다. 어느 한 거룩한 가문, 거룩한 생에서 다른 거룩한 가문, 거룩한 생으로 가서 도달하기 때문에 '가문가문' 수다원이라고 합니다. 수다원이 된 이후는

209 S13:2와 S13:7의 내용이 조금 변형돼 결합됐다.

저열한 생이나 저열한 가문으로는 태어나지 않습니다. 거룩한 생, 거룩한 가문에만 태어납니다.

③ 한생ekabījī 수다원은 다음과 같이 설명했습니다.

So ekaṁyeva mānusakaṁ bhavaṁ nibbattetvā dukkhassantaṁ karoti – ayaṁ vuccati puggalo ekabījī.(Pug.118)

대 역

So그는; 그 수다원은 ekaṁyeva단 한 생만 mānusakaṁ bhavaṁ인간의 생에 nibbattetvā태어난 뒤 dukkhassantaṁ고통의 종식을 karoti행한다. ayaṁ puggalo이 개인을 ekabījī한생이라고; 한생 수다원이라고 vuccati부른다.

'ekabījī'에서 'bījī'는 'bīja', 즉 씨앗이라는 단어에서 파생했습니다. 여기서는 재생연결식을 말합니다. 수다원이 된 후 한 생만 더 태어나서 아라한이 되어 완전열반에 드는 수다원을 한생 수다원이라고 합니다.

지금 언급한 3종류의 수다원은 마지막 생에 이를 때까지는 계속 수다원으로만 있습니다. 중간에 사다함이나 아나함이 되지 않습니다. 마지막 생에서만 그 윗단계의 도와 과 3가지를 차례대로 증득해서 아라한이 됩니다.

이렇게 수다원이 3종류로 나뉘는 이유는 그 윗단계의 도를 얻도록 노력하는 위빳사나가 예리하거나 예리하지 않기 때문이라고 여러 주석서에서 설명합니다. 윗단계의 도를 얻도록 노력하는 위빳사나가 예리하고 힘이 좋으면 한생 수다원이 됩니다. 사람의 생이든, 천상의 생이든[210] 한생만 더 태어나서 그 생에서 아라한이 되어 완전열반에 듭니다. 그 정도로 예리하지 않으면 가문가문 수다원이 됩니다. 가문가문 수다원 5종류 중에서도 위빳사나가 제일 예리한 이는 두 번째 생에서 아라한이 되어 완전열반에 듭니다. 제일 둔한 이는 여섯 번째 생에서 아라한이 되어 완전열반에 듭니다. 가문가문 수다원보다 더 위빳사나가 둔하면 최대칠생 수다원이 됩니다. 일곱 생까지 태어난 후 마지막 생에서 아라한이 되어 완전열반에 듭니다. 그러므로 수다원이 된 후 빠르게 아라한이 되어 완전열반에 들기 원한다면, 윗단계의 도와 과를 얻도록 위빳사나 수행을 열심히 해야 합니다.

수다원이 되기 이전에 선업을 많이 행했고 수다원이 되고 나서도 그러한 선업의 좋은 과보를 즐기려는 이도 있습니다. 아직 감각욕망을 다 제거하지 않았기 때문에 그렇게 선업의 과보를 즐기려고 하는 마음이 많은 이들은 그것을 끊어내기가 힘듭니다. 그런 이들은 대부분 최대칠생 수다원이 됩니다. 이에 관한 일화가 있습니다.

부처님 당시에 웰루드와라Veḷudvāra에 사는 바라문들이 부처님께 다음과 같이 물었습니다.

"부처님, 저희들은 자식들이 북적거리는 집에 살고, 좋은 향과 화환을 사용하고, 금은을 향유하고 싶습니다. 그리고 죽은 뒤에는 선처, 천상에 태어나기를 바랍니다. 이러한 바람이 이루어지도록 저희에게 법을 설해 주십시오."

---

210 『뿍갈라빤냣띠』에서는 '인간의 생에서'라고만 언급했다.

그러자 부처님께서는 살생 등 몸의 악행과 거짓말 등 말의 악행을 스스로도 멀리하고, 남들도 멀리하게 하고, 멀리하는 것을 칭송하는 것을 통해 몸의 행실과 말의 행실이 청정하게 된다는 사실을 말씀하시고, 이어서 부처님과 가르침과 승가에 대한 흔들림 없는 청정한 믿음을 지니고 무너지지 않는 계를 갖춘 수다원의 덕목을 갖추면 사악도에서 벗어나며 해탈이 확실하다고 설하셨습니다.(S55:7)[211]

이 내용을 다음과 같이 각색할 수도 있습니다. 어떤 이가 다음과 같이 질문했다고 합시다.

"저는 세속적인 행복과 부귀영화를 누리고 싶습니다. 그런데 열반도 얻고 싶습니다. 사악도에는 가고 싶지 않습니다. 사악도는 너무 두렵습니다. 그러니 세속적인 감각욕망도 즐기고 열반도 얻을 수 있는 방법을 알려주십시오. 저를 이해해 주시기 바랍니다. 제가 이렇게 둘 모두를 원하는 데는 이유가 있습니다. 저에게 아내가 있습니다. 아내는 저를 매우 사랑하고, 저도 아내를 매우 사랑합니다. 제가 장사를 위해 멀리 떠나면 아내는 잠도 못 자고, 먹지도 못한 채 제가 오는 길만 하염없이 바라봅니다. 저도 돌아갈 날만을 기다리면서 마음이 매우 불편합니다. 그러니 부디 저를 이해해 주십시오. 방법을 알려주십시오."

이 질문에 대해 부처님 가르침에 따르자면 "좋은 방법이 있습니다. 수다원 도와 과를 얻어 수다원이 되는 정도로만 노력하면 됩니다. 수다원이 되면 감각욕망도 즐길 수 있고 열반의 행복도 즐길 수 있습니다"라고 대답할 수 있을 것입니다.

211 『상윳따 니까야』 제6권, pp.271~276 참조.

이와 관련해서 수다원의 3종류 외에 '탄생지차례 수다원'이 있습니다.

Ekacco hi sotāpanno vaṭṭajjhāsayo hoti vaṭṭābhirato punappunaṁ vaṭṭasmiṁyeva vicarati sandissati. Anāthapiṇḍiko seṭṭhi, visākhā upāsikā, cūḷarathamahārathā devaputtā, anekavaṇṇo devaputto, sakko devarājā, nāgadatto devaputtoti ime hi ettakā janā vaṭṭajjhāsayā vaṭṭābhiratā ādito paṭṭhāya cha devaloke sodhetvā akaniṭṭhe ṭhatvā parinibbāyissanti, ime idha na gahitā. (Pug.118)

대역

Hi사실 ekacco sotāpanno일부 수다원은 vaṭṭajjhāsayo윤전의 성향이; 윤전을 바라는 것이, vaṭṭābhirato윤전을 즐김이; 윤전하는 것을 즐기는 것이 hoti있다. vaṭṭasmiṁyeva윤전에만 punappunaṁ거듭거듭 vicarati노닌다. sandissati드러난다. anāthapiṇḍiko seṭṭhi아나타삔디까 장자, visākhā upāsikā위사카 청신녀, cūḷarathamahārathā devaputtā쭐라라타 천자와 마하라타 천자, anekavaṇṇo devaputto아네까완나 천자, sakko devarājā제석천왕, nāgadatto devaputtoti나가닷따 천자라는 ime ettakā janā이러한 일부 존재는 vaṭṭajjhāsayā윤전의 성향이; 윤전을 바라는 것이, vaṭṭābhiratā윤전을 즐김이; 윤전하는 것을 즐기는 것이 hoti있다. ādito paṭṭhāya 처음부터 시작해서 cha devaloke여섯 천상 세상을; 여섯 욕계 천상을 sodhetvā깨끗하게 하고서; 그러한 세상과 관계된 영화들을 즐기고 나서 akaniṭṭhe ṭhatvā색구경천에 머물면서 parinibbāyissanti완전열반에 들 것이다. imepi이러한 이들도; 이 아나타삔디까 장자 등의 존재들도 idha여기에; 수다원 3종류에 na gahitā포함해서는 안된다.

뿝바라마Pubbārāma 정사를 보시한 위사카Visākhā 부인은 일곱 살에 수다원이 됐습니다. 그리고 열여섯 살에 결혼한 뒤 아들 10명과 딸 10명을 낳았습니다. 그 아들과 딸이 각각 아들 10명과 딸 10명을 낳았고, 다시 그 아들과 딸이 각각 아들 10명과 딸 10명을 낳았습니다. 그리고 120살까지 살다가 죽어서 화락천에 태어났습니다.

아나타삔디까Anāthapiṇḍika 장자도 인간 세상에서 부호의 행복을 누리고, 욕계 천상의 행복도 누리고, 색계천상의 행복도 누리고, 이렇게 차례차례 행복을 누린 뒤 아라한과를 얻기를 서원했습니다. 그 서원대로 부처님 당시에는 부호로, 그 생에서 죽은 뒤에는 도솔천에 태어났고, 그 뒤로는 차례대로 올라가서 마지막에 색구경천에서 아라한이 될 것이라고 합니다.

위사카 부인이나 아나타삔디까 장자, 제석천왕 같은 이들은 수다원의 3종류에서 벗어난 이들입니다. 미얀마에서는 '탄생지의 차례대로 누리는 이'라는 의미로 '탄생지차례 수다원'이라고 부릅니다. 수다원 성제자들도 윤회를 즐기는 마음이 아직 남아 있습니다. 하지만 악처에는 절대로 떨어지지 않고 세상의 행복을 누리다가 아라한이 됩니다.

제21강

2008년 10월 14일

| 들어가며 |

제20강에서 출세간 마음을 살펴보았습니다. 출세간 마음을 간략하게 말하면 수다원도, 사다함도, 아나함도, 아라한도라는 도 마음 4가지, 수다원과, 사다함과, 아나함과, 아라한과라는 과 마음 4가지, 이렇게 모두 8가지입니다. 여기에 이 8가지 마음의 대상인 열반까지 더해 9가지를 '출세간법'이라고 합니다.

이 출세간법들이 자신의 상속에, 마음의 연속에 일어나도록 열심히 노력해야 합니다. 부처님의 법문에는 항상 격려하는 말씀이 포함돼 있습니다. 경전에서 "어떤 것은 불선업이다"라는 내용, 아비담마에서 "이러한 것이 불선 마음 12가지다"라는 내용은 특별히 따로 말씀하시지 않아도 "이런 법들은 제거해야 할 법이다. 제거하도록 노력하라"라고 격려하는 말씀이 포함된 것으로 알아야 합니다. 혹은 "이러한 것이 욕계 큰 선 마음이고 8가지가 있다"라는 가르침은 그런 선 마음을 일으키도록, 늘어나게 하도록 노력하라는 말씀이 포함된 것으로 알아야 합니다. 색계 선 마음, 무색계 선 마음도 마찬가지입니다. "이러한 것들을 얻도록, 자신의 상속에 일으키도록 노력하라"라는 말씀이 포함된 것으로 알아야 합니다. 도 마음 4가지에 대한 설명에도 이런 마음이 자신의 상속에 일어나도록 열심히 노력해야 한다는 말씀이 포함된 것으로 알아야 합니다.

아비담마를 배워 "불선 마음에는 이런 것이 있고 선 마음에는 이런 것이 있다"라고 아는 것만으로 끝나서는 안 됩니다. 그것은 인식으로 아는 것일 뿐입니다. 왜 아비담마를 공부합니까? 물론 첫 번째 이유는 많이 배움bahusuta을 통해 어떤 것이 선법이고 어떤 것이 불선법인지 구분해 알기 위해서입니다. 불선법은 삼가고 선법은 행해야 할 것이라는 것을 모르기 때문에 불선법을 삼가지 않고 선법을 행하지 않습니다. 법문을 많이 듣지 않으면 무엇이 불선법인지, 무엇이 선법인지도 모르고 더 나아가 불선법은 삼가고 선법은 행해야 하는 것을 몰라 선법과는 멀어지고 불선법을 함부로 행해 결국은 죽고 나서 악처에 태어나게 됩니다. 제20강에서 3종류의 수다원을[212] 공부했습니다. 수다원에게는 바닷물에 적신 풀잎에 묻은 바닷물 일곱 방울만큼의 고통만 남아 있고, 범부들에게는 남아 있는 바닷물만큼의 많은 고통이 남아 있습니다. 수다원은 악처에 떨어지게 할 정도로 매우 거친 감각욕망은 제거했지만 아직 감각욕망이 남아있기 때문에 세속적 즐거움인 감각욕망도 누리고, 출세간의 즐거움인 열반의 행복도 누리며 살아갑니다. 그중 출세간의 행복을 누리는 모습은 다음과 같습니다.

'저 사람들은 악처에 태어나게 하는 악행을 행하고 말한다. 그 결과로 그들은 악처에 태어나게 될 것이다. 하지만 나에게는 저렇게 악처에 태어나게 하는 악행이 더 이상 존재하지 않는다. 나는 태어나는 생마다 선처에만 태어날 것이다.'

이렇게 확실하게 알고 행복을 누립니다. 마찬가지로 개, 닭, 소 등의 축생을 보면 '저 축생들은 매우 힘들고 고통스럽게 살고 있다. 하지만 나는 저런 축생으로 더 이상 태어나지 않을 것이고, 아귀로 태어나거나 지옥에도 태어나지 않을 것이다'라고 알고, 이렇게 알 때 희열과 행복이 생겨납니다. 레디 사야도는 이러한 행복도 열반의 행복을 누리는 것에 포함된다고 말했습니다. 수다원과의 증득에 들어 열반의 행복을 누

212 탄생지차례 수다원을 제외하고 3종류이다.

리는 것 외에 이렇게 악처에 태어나지 않는 것을 반조하는 기쁨을 누리는 것도 열반의 행복을 누리는 것에 포함해 말합니다.

하지만 범부들은 눈으로 보고, 귀로 듣고, 코로 냄새 맡고, 혀로 맛보고, 몸으로 감촉하며 감각욕망 대상을 즐기는 것만 행복이라고 생각하고 눈에 보이지 않는 그러한 행복을 진정한 행복이라고 생각하지 않습니다.

사대륙을 다스리는 전륜성왕의 영화보다 사악도에서 완전히 벗어나는 행복이 비할 수 없을 만큼 크다고 부처님께서 말씀하셨습니다. 전륜성왕cakkavatti의 행복과 비할 수 없는 사대천왕의 부귀영화와 행복, 제석천왕Sakka의 부귀영화와 행복, 색계 범천의 부귀영화와 행복, 이러한 것들보다 사악도에서 완전히 벗어난 수다원의 행복이 천 배, 만 배, 비교할 수 없을 만큼 크다고 말씀하셨습니다.

Pathabyā ekarajjena, saggassa gamanena vā;
Sabbalokādhipaccena, sotapattiphalaṁ varaṁ. (Dhp.178)

해석

사대주를 다스리는 전륜성왕보다
또한 천상에 태어나는 것보다
온 세상을 지배하는 것보다
수다원과가 더욱더 거룩하네.

대역

Pathabyā ekarajjena사대주를 전부 다스리는 전륜성왕의 영화와 행복보다도, saggassa gamanena vā여섯 천상과 스물 범천에 도달해 크나큰 영화를 누리는 천왕과 범천왕의 영화와 행복보다도, sabbalokādhipaccena용과 금시조, 궁전 탄생지와 함께 온 세상을 지배하는 영화와 행복 보다도 sotapattiphalaṁ사견 · 의심 2가지가 사라진 수다원과가 사악도에서 완전히 벗어난 상태이기에 varaṁ더욱 훌륭하고 거룩하다.

전륜성왕이나 제석천왕, 범천은 모두 인간 세상이나 욕계 천상 세상이나 범천 세상에 있을 때는 행복하지만 수명이 다해서 죽을 때는 이전 생에서나 그 생에서 범한 불선업으로 사악도에 떨어질 수 있습니다. 하지만 수다원에게는 그러한 위험이 전혀 없습니다. 완전히 사악도에서 벗어났습니다. 그래서 더 훌륭하다고 말할 수 있습니다.

부처님의 가르침을 만나서 공부하는 것은 세간의 행복을 누리기 위한 것이 아닙니다. 궁극적으로는 사악도에서 완전히 벗어나 수다원도와 수다원과, 열반의 행복을 누리기 위한 것이라고 알아야 합니다.

수다원이 되기 위한 조건에 4가지가 있습니다. 첫 번째는 참사람과 가까이 해야 합니다. 두 번째는 그렇게 가까이 해서 참사람의 법을 들어야 합니다. 세 번째는 그러한 참사람의 법에 바르게 마음을 기울여야 합니다. 네 번째는 그러한 법에 따라 열심히 수행해야 합니다. 4가지밖에 안 됩니다. 간단합니다.

부처님께서는 "스스로 열심히 노력하라. 나는 길을 가르쳐줄 뿐이다"라고 말씀하셨습니다.(Dhp.276)[213] 자신이 직접 먹어야 배가 부르고, 직접 자야 피곤이 풀립니다. 마찬가지로 스스로 직접 수행해야 열반의 행복을 누릴 수 있습니다.

213 Tumhehi kiccamātapaṁ, akkhātāro tathāgatā.

사다함의 5종류

제20강 마지막에 수다원의 종류에 대해 소개했습니다. 사다함에는 5종류가 있습니다.[214]

① 인간 세상에서 사다함과를 증득해서 인간 세상에 다시 태어나 완전열반에 드는 사다함

② 인간 세상에서 사다함과를 증득해서 천상 세상에 다시 태어나 완전열반에 드는 사다함

③ 천상 세상에서 사다함과를 증득해서 천상 세상에 다시 태어나 완전열반에 드는 사다함

④ 천상 세상에서 사다함과를 증득해서 인간 세상에 다시 태어나 완전열반에 드는 사다함

⑤ 인간 세상에서 사다함과를 증득해서 천상 세상에 다시 태어나 수명을 다 채우고 다시 인간 세상에 태어나 완전열반에 드는 사다함

앞서 사다함의 단어분석을 할 때 "이 세상에 통상적으로 한 번 돌아온다. 그래서 사다함이다"라고 했습니다. 그런데 여기서 말하는 사다함은 엄밀하게는 다섯 번째 사다함만을 의미한다고 주석서에서 설명합니다.(PaA.47)

사다함은 어떤 분인지 일화 하나를 말씀드리겠습니다. 부처님 당시에 아나타삔디까Anāthapiṇḍika 장자가 있었습니다. 장자는 부처님 법문을 듣고 법의 눈이 생긴 수다원이었습니다. 장자에게는 아들이 한 명, 딸이 3명 있었습니다. 큰딸 마하수밧다Mahāsubhadda는 장자의 집에 매

214 Ekacco hi idha sakadāgāmiphalaṁ patvā idheva parinibbāyati, ekacco idha patvā devaloke parinibbāyati, ekacco devaloke patvā tattheva parinibbāyati, ekacco devaloke patvā idhūpapajjitvā parinibbāyati … yo pana idha patvā devaloke yāvatāyukaṁ vasitvā puna idhūpapajjitvā parinibbāyati.(PaA.47)

일 오백 명, 천 명의 스님을 초청해 공양을 올릴 때 그 소임을 맡아서 하고 있었습니다. 그렇게 공양을 올리고 법문을 듣다가 마하수밧다도 수다원이 됐습니다. 그리고 혼기가 돼서 결혼을 했습니다. 그러자 둘째 딸인 쭐라수밧다Cūḷasubhadda가 그 소임을 이어 받았고, 마찬가지로 소임을 하다가 수다원이 됐습니다. 그녀 역시 혼기가 돼서 결혼을 했습니다. 그 뒤 셋째 딸인 수마나데위Sumanadevi가 소임을 이어 받았고, 사다함까지 됐습니다. 깔라Kāḷa라는 아들도 수다원이 됐습니다. 아나타삔디까 장자가 여러 일로 집을 자주 비울 때마다 수마나데위가 공양에 관한 여러 일을 모두 책임지고 처리했습니다. 수마나데위는 결혼을 하지 않고 지내다가 젊은 나이에 큰 병에 걸렸습니다. 셋째 딸이 위독하다는 소식을 듣고 아나타삔디까 장자는 급히 집으로 돌아왔습니다. 집으로 돌아온 장자는 딸에게 상태가 어떤지 물어보았습니다. 그러자 "동생아, 괜찮다. 참을 만하다"라고 대답했습니다. 장자는 병 때문이라 생각하고 "정신을 차려라, 딸아"라고 말했습니다. 그래도 수마나데위는 "나는 정신이 없는 것이 아니다. 동생아"라고 대답했습니다. 장자는 다시 "정신을 차려라, 딸아"라고 말했습니다. 그래도 수마나데위는 "나는 정신이 없는 것이 아니다. 동생아"라고 대답하고는 죽었습니다. 장자는 아직 수다원이어서 성냄을 완전히 제거하지 못해 슬퍼하며 눈물을 흘렸습니다. 그렇게 울면서 부처님을 찾아갔습니다. 부처님께서 이유를 묻자 장자는 부처님께 사정을 말씀드렸습니다. 부처님께서는 "그대는 이미 누구나 틀림없이 죽어야 한다는 사실을 알고 있지 않은가? 그런데 왜 그렇게 슬퍼하는가?"라고 말씀하셨습니다. 그러자 장자는 "그 말씀은 알고 있지만 딸이 죽을 때 저를 동생이라고 부르며 제정신이 아닌 상태로 죽었습니다. 그것 때문에 나쁜 곳에 태어날 것 같아 슬

펴서 울고 있었습니다"라고 말씀드렸습니다. 그러자 부처님께서는 "장자는 수다원이지만 딸은 더 높은 출세간법을 지닌 사다함이었다. 장자가 더 열심히 수행해서 더 높은 법을 증득하도록 그렇게 말한 것이다. 세간적으로는 장자가 아버지이지만 출세간으로 보면 딸이 더 높은 사다함이기 때문에 그렇게 말한 것이다"라고 말씀하셨습니다. 그제야 마음이 놓인 장자는 딸이 어디에 태어났는지 여쭈었습니다. 부처님께서는 도솔천의 천신으로 태어나 그곳의 영화와 행복을 누리고 있으니 걱정하지 말라고 말씀하셨습니다.(Dhp.18 일화)

아나함의 5종류

아나함에도 5종류가 있습니다.

① 중간 완전열반자antarā parinibbāyī

② 후반 완전열반자upahacca parinibbāyī

③ 무형성 완전열반자asaṅkhāra parinibbāyī

④ 유형성 완전열반자sasaṅkhāra parinibbāyī

⑤ 최상 색구경행자uddhaṁsota akaniṭṭhagāmī

① 중간 완전열반자antarā parinibbāyī는 정거천 가운데 어느 한 곳에 태어나 수명의 절반에 도달하기 전에 완전열반에 드는 아나함입니다.[215]

② 후반 완전열반자upahacca parinibbāyī는 정거천 가운데 어느 한 곳에 태어나 수명의 절반을 넘긴 후 완전열반에 드는 아나함입니다.

215 『*Visuddhimagga Myanmarpyan*(위숫디막가 미얀마어 번역)』 제4권, p.721; 자세한 내용은 본서 p.414 주235 참조.

③ 무형성 완전열반자asaṅkhāra parinibbāyī는 기능이 빠르고 예리하기 때문에 열심히 노력하지 않고서도, 색계애착rūparāga 등을 제거하면서 특별한 구별 없이 어느 하나의 형성법을 무상 등으로 관찰하는 것만으로 쉽게 아라한과에 이르는 아나함입니다.

④ 유형성 완전열반자sasaṅkhāra parinibbāyī는 기능이 둔하고 느리기 때문에 열심히 노력해서 아라한이 되는 아나함입니다.

⑤ 최상 색구경행자uddhaṁsota akaniṭṭhagāmī는 자신이 태어난 정거천에서 계속해서 위로 올라가 정거천 중 제일 높은 세상인 색구경천에서 완전열반에 드는 아나함입니다.

아나함과 관련해서 부처님 당시 웨살리Vesalī의 욱가Ugga 장자를 소개하겠습니다. 어느 날 부처님께서 "욱가 장자는 여덟 가지 놀랄 만한 덕목을 갖추고 있다"라고만 말씀하셨습니다. 한 스님이 그 내용이 궁금해서 욱가 장자의 집으로 탁발을 나갔고, 욱가 장자는 스님께 자리를 내드리고 공양을 올렸습니다. 공양이 끝나자 스님은 "오늘 부처님께서 장자는 여덟 가지 놀라운 덕목을 갖추었다고 말씀하셨습니다. 어떠한 덕목을 갖추었습니까?"라고 물었습니다. 그러자 장자는 다음과 같이 대답했습니다.

"저는 부처님의 그 말씀을 직접 듣지는 못했지만, 스스로 저에게는 이러한 덕목이 있다고 생각합니다. 첫 번째로 저는 부처님을 처음 뵌 그 자리에서 그 분이 진정한 부처님이라는 믿음을 가졌습니다. 이것이 첫 번째 덕목이라고 할 수 있습니다.

두 번째로 그렇게 믿고 결정하고서 부처님께서 설하신 법문을 듣는 그 자리에서 수행이 진전돼 바로 아나함이 됐습니다. 아나함이 된 이후부터 지금까지 삿된 음행만 삼가는 것이 아니라 모든 음행을 삼가는 청정한 오계를 수지했습니다. 이것이 두 번째 덕목이라고 할 수 있습니다.

세 번째로 저에게는 어리고 예쁜 아내가 4명 있었습니다. 아나함이 된 이후로 저는 음행을 하지 않는다고 말했고, 만약 이 집에서 살기를 원하면 단지 오빠와 동생처럼 지내면 지낼 수 있고, 친정으로 돌아가고 싶으면 갈 수 있고, 혹시 다른 남자와 결혼하고 싶다면 남자를 찾아주겠으니 마음대로 하라고 말했습니다. 그렇게 말했을 때 첫째 부인은 자기가 원하는 남자에게 보내주기를 청했습니다. 저는 왼손으로 첫째 부인을 잡고 오른손으로는 축원수를 뿌리며 결혼을 시켰습니다. 그렇게 다른 남자에게 아내를 보낼 때 저는 전혀 아까워하거나 질투하지 않았습니다. 이것이 세 번째 저의 놀랄 만한 덕목이라면 놀랄 만한 덕목이겠습니다.[216]

네 번째로 저는 매우 부유하지만 제가 가진 재산을 다른 사람들과 모두 공유하는 것이라고 생각하고 있습니다. 이러한 것도 놀라운 점 중 하나입니다.

다섯 번째로 아라한 스님들을 공양할 때 아주 정성스럽게 공경하는 마음으로 대접을 하고, 친근하게 가까이 다가가는 것, 이것도 놀라운 점 중 하나입니다.

여섯 번째로 스님들이 법문을 하면 정성스럽게 법문을 듣고, 스님들이 법문을 하지 않으면 제가 스스로 가르침을 말씀드리는 것도 놀라운 점 중 하나입니다.

---

216 ㉯마하시 사야도 당시에 마하시 센터에서도 어느 여성 수행자가 열심히 수행한 뒤 남편과의 부부관계를 원하지 않았고, 결국 그 수행자는 자신의 동생을 남편과 결혼시킨 뒤 남편과는 남매로 지냈다고 한다.

일곱 번째로 천신들이 와서 "욱가 장자여, 부처님의 가르침은 처음도 중간도 끝도 좋은 아주 훌륭하게 잘 설해진 가르침입니다"라고 말하면 저는 "그대들이 저에게 말하지 않아도 저 스스로 부처님의 가르침은 처음도 중간도 끝도 좋다는 것을 알고 있습니다"라고 천신과 대화를 할 수 있지만, 그렇게 할 수 있다는 것에 대해 자만이 생기지 않는 것, 이것도 놀라운 점 중 하나입니다.

여덟 번째로 존재더미사견, 행실의례집착, 의심, 감각욕망, 성냄이라는 아랫부분의 족쇄가 남김없이 전부 다 제거됐다는 것도 저에게 있는 놀라운 점 중 하나입니다."

아라한이 되도록 열심히 수행하면 제일 좋습니다. 아니면 최소한 아나함은 되도록 열심히 노력해야 합니다. 아나함이 힘들다면 사다함이 되도록 노력하십시오. 사다함이 힘들면 수다원이 되도록 노력하십시오. 열심히 수행해서 이러한 성스러운 도와 과를 증득하기를 바랍니다.

출세간 마음들 요약

33 Iccevaṁ sabbathāpi aṭṭha lokuttarakusalavipākacittāni samattāni.

해 석

이와 같이 모든 방면으로도 8가지인 출세간 선-과보 마음들이 끝났다.

대 역

Iccevaṁ=iti evaṁ yathāvuttanayena이와 같이; 이렇게 설명한 방법에 따라 sabbathāpi모든 방면으로도; 선

과 과보라는 모든 방면으로도 aṭṭha8가지인 lokuttarakusalavipākacittāni출세간 선–과보 마음들이 samattāni끝났다;; aṭṭha8가지인 lokuttarakusalavipākacittāni출세간 선–과보 마음들을 samattāni간략하게 헤아려 취했다.

34 Catumaggappabhedena, catudhā kusalaṁ tathā.
Pākaṁ tassa phalattāti, aṭṭhadhānuttaraṁ mataṁ.

해 석

선은 4가지 도 분류에 따라
4종류가 있고 과보도 마찬가지니
그것의 결과이기 때문이다.
이렇게 위없는 것, 8가지라고 알아야 한다.

대 역

Kusalaṁ선은; 출세간 선 마음은 catumaggappabhedena4가지 도의 분류에 따라; 4가지로 분류되는 수다원도 등의 8가지 도 구성요소와의 결합이라는 분류에 따라 catudhā=catubbidhaṁ4종류가 (hoti)있다. tathā그와 마찬가지로 pākaṁ과보는; 출세간 과보 마음은 tassa=tasseva그것의; 바로 그것의; 선 마음의 phalattā결과인 상태이기 때문에 catudhā=catubbidhaṁ4종류가 (hoti)있다. iti이렇게 anuttaraṁ위없는 것은; 출세간 마음은 aṭṭhadhā=aṭṭhavidhaṁ iti8종류라고 mataṁ알아야 한다.

§34는 출세간 마음을 분류하는 집론 게송입니다. 내용 중에 "4가지 도 분류에 따라"라는 것은 도의 기능이 예리한 정도에 따라 '기능이 예리하지 않음, 기능이 보통으로 예리함, 기능이 특히 예리함, 기능이 최상으로 예리함'이라고 4가지가 있어서 그 도와 결합한 마음도 4종류로 분류한다는 의미입니다.

자세하게 설명하자면[217] 바른 견해, 바른 생각, 바른 말, 바른 행위, 바른 생계, 바른 노력, 바른 새김, 바른 삼매는 각각 도의 한 구성요소이기 때문에 '도 구성요소maggaṅga'라고 하고, 그 도 구성요소 8가지의 모임을 '도magga'라고 하고, 도와 결합한 마음을 '도 마음magga citta'이라고 부릅니다.

도 마음 4가지에는 도 구성요소 8가지가 고르게 포함됩니다. 그중 바른 견해는 통찰지 기능, 바른 노력은 정진 기능, 바른 새김은 새김 기능, 바른 삼매는 삼매 기능에 해당합니다.

그 통찰지 기능, 정진 기능, 새김 기능, 삼매 기능이 예리하지 않으면 존재더미사견, 의심, 행실의례집착이라는 족쇄만 제거해서 제일 처음 수다원도가 생겨납니다.

그 기능이 보통으로 예리하면 감각욕망애착과 분노라는 족쇄가 적어지도록 제거해서 사다함도가 생겨납니다.

그 기능이 특히 예리하면 감각욕망애착과 분노라는 족쇄를 남김없이 제거해서 아나함도가 생겨납니다.

그 기능이 최상으로 예리하면 색계애착 등 남아 있는 모든 족쇄를 남김없이 제거해서 아라한도가 생겨납니다.

217 본서 p.351에 간략하게 언급한 바 있다.

그리고 "그와 마찬가지로"라는 등의 구절은 종류로 분류했을 때 선 마음인 도 마음이 4가지이기 때문에 결과인 과보 마음도 마찬가지로 4가지란 사실을 밝혔습니다. 이렇게 출세간 마음은 8가지입니다.

이 출세간 마음과 관련해서는 결합을 기준으로, 비결합을 기준으로, 형성 있는 것을 기준으로, 형성 없는 것을 기준으로 분류하는 것은 적당하지 않습니다. 그리고 느낌과 관련해서는 간략한 마음에서 분류하지 않고 뒤에 자세하게 헤아린 마음에서 분류합니다.

출세간 마음에는 작용 마음이 없다

이렇게 출세간 마음은 종류로 헤아리면 선 마음과 과보 마음으로 분류됩니다. 이와 관련해서 다음의 질문을 할 수 있습니다.

질문 출세간 마음에 선 마음과 과보 마음만 있고 작용 마음은 왜 없는가?

대답 도 마음이 한 번만 생기기 때문이다.

질문 그렇다면 도 마음은 왜 한 번만 생기는가?

대답 도 마음은 한 번 생기는 것만으로도 번뇌를 제거하는 힘이 있기 때문이다.

욕계 아름다운 마음은 24가지입니다. 그중 욕계 큰 선 마음은 8가지입니다. 이것은 범부나 수련자가 선행을 행할 때 일어나는 마음입니다. 아라한들이 선행을 행할 때는 욕계 큰 작용 마음이 일어납니다. 이와 마찬가지로 이 도라는 선 마음이 아라한들에게도 일어난다면 작용 마음이라고 하겠지만, 도 마음은 범부나 수련자들에게 한 번만 일어나고 아라한들에게는 일어나지 않습니다. 따라서 아라한들에게는 작용 마음이라고 할 것이 없습니다. 위빳사나 수행이 진전돼 수다원도 마음이 한 차례 일어나고, 뒤이어 근기에 따라 두세 차례 수다원과 마음이 일어나며, 다시 반조의 마음이 일어납니다. 그렇게 수다원이 되면 다시는 수다원도 마음이 일어나지 않습니다. 아라한도 마찬가지로 일단 아라한이 되면 아라한도 마음은 다시 일어나지 않습니다. 따라서 작용 마음이라고 이름 붙일 것이 없습니다.

수다원이 된 성자가 다시 수다원과에 입정할 때는 수다원도 마음은 일어나지 않고 결의한 시간 동안 수다원과 마음만 일어납니다. 자세하게 설명하면 다음과 같습니다.

원래 위빳사나 지혜의 단계는 정신 · 물질 구분의 지혜, 조건파악의 지혜 등의 순으로 진전되는데, 수다원인 성자가 수다원과 증득에 입정하기 위해 위빳사나 수행을 다시 하면 생멸의 지혜부터 시작됩니다. 그리고 차례대로 지혜가 높아져서 마지막으로 형성평온의 지혜에 이르고, 그 다음에 도 마음 없이 수다원과 마음이 생겨납니다. 수다원도 마음의 바로 앞에 일어나는 종성 마음은 열반을 대상으로 하지만 수다원이 다시 수다원과에 입정할 때 생겨나는 수다원과 마음 앞에 생겨나는 마음은 일어나고 사라지는 형성을 대상으로 합니다.[218]

218 ㉯수다원과에 들기 위해 자유자재를 익히기도 한다. 예를 들어 빠르게 입정하는 자유자재를 위해서 '한 시간 이내에 열반에 들기를'이라고 결의한 뒤 수다원과에 입정한다. 이어서 30분 안에, 15분 이내에, 그리고 차츰 시간을 줄여 10분, 5분, 부풂과 꺼짐 관찰 10번 안에, 5번 안에 관찰해서 열반에 이르도록 노력한다. 마하시 센터에 60~70대 할머니 봉사자들 중 어떤 분은 야채를 다듬으면서, 또는 마늘을 까면서 자주 과의 마음에 든다고 하는 분도 있다. 제20강의 내용을 이곳으로 옮겼다.

이렇게 해서 모든 마음을 다 살펴보았습니다. 이 마음들을 여러 가지로 분류해 보겠습니다.

5. 마음의 간단분류와 상세분류

간략한 마음의 종류별 분류

35 Dvādasākusalānevaṁ, kusalānekavīsati.
Chattiṁseva vipākāni, kriyacittāni vīsati.

해 석

이와 같이 불선은 12가지, 선은 21가지다.
과보는 36가지고, 작용 마음은 20가지다.

대 역

Evaṁ=yathāvuttanayena이와 같이; 이렇게 설명한 방법에 따라 ākusalāni불선들은; 불선 마음들은 dvādasa=dvādasa eva (siyuṁ)12가지다; 12가지일 뿐이다[219]; 12종류가 있다. kusalāni선들은; 선 마음들은 ekavīsati (siyuṁ)21가지다; 21종류가 있다. vipākāni과보들은; 과보 마음들은 chattiṁsa (siyuṁ)36가지다; 36종류가 있다. kriyacittāni작용 마음들은 vīsati eva (siyuṁ)20가지만; 20종류만 있다.

219 이후로는 '~뿐이다'라는 번역이 생략돼 그대로 따랐다.

§35는 마음 89가지를 종류에 따라 분류하는 게송입니다. 그래서 이 게송을 '종류 분류 집론 게송jātibhedasaṅgahagāthā'이라고 합니다. 여기서 '종류jāti'란 빠라맛타 절대 성품의 '종種'을 말하는데 여기에는 선 종류kusala jāti, 불선 종류akusala jāti, 비확정 종류abyākata jāti로 3가지, 혹은 비확정 종류를 과보와 작용이라는 2가지로 나누어 선 종류kusala jāti, 불선 종류akusala jāti, 과보 종류vipāka jāti, 작용 종류kriyā jāti로 4가지가 있습니다.

요약하자면 마음 89가지는 종류에 따라 불선 마음 12가지, 선 마음 21가지, 과보 마음 36가지, 작용 마음 20가지입니다.

| 도표10 | 간략한 마음의 종류별 분류

간략한 마음 89	불선 마음 12	선 마음 21	비확정 마음 56	
			과보 마음 36	작용 마음 20

간략한 마음의 탄생지별 분류

36 Catupaññāsadhā kāme, rūpe pannarasīraye.
Cittāni dvādasāruppe, aṭṭhadhānuttare tathā.

해 석

욕계에는 54가지, 색계에는 15가지,
무색계에는 12가지, 그리고 위없는 것은 8가지다.

대 역

Kāme욕계에; 욕계 11탄생지에 (avacarāni)주로 생겨나는 cittāni마음들은 catupaññāsadhā54가지 종류가 있다

고 (paramatthavidū)절대 성품의 지자께서; 거룩하신 부처님께서 iraye설하셨다. rūpe색계에; 무상유정천을 제외한 색계 15탄생지에 (avacarāni)주로 생겨나는 cittāni 마음들은 pannarasa15가지가 있다고 (paramatthavidū)절대 성품의 지자께서; 거룩하신 부처님께서 iraye설하셨다. āruppe무색계에; 무색계 4탄생지에 (avacarāni)주로 생겨나는 cittāni마음들은 dvādasa12가지가 있다고 (paramatthavidū)절대 성품의 지자께서; 거룩하신 부처님께서 iraye설하셨다. tathā그리고; 엄밀하게 포함하는 것 외에 근접하게 포함하는 것을 말하자면 anuttare위없는 것에; 출세간 법 9가지 무더기에 (samabhinivitṭhāni)포함되는 cittāni마음들은 aṭṭhadhā8가지 종류라고 (paramatthavidū)절대 성품의 지자께서; 거룩하신 부처님께서 iraye설하셨다.

§36은 마음 89가지를 탄생지에 따라 분류하는 게송입니다. 그래서 이 게송을 '탄생지 분류 집론 게송bhūmibhedasaṅgahagāthā'이라고 합니다.

요약하자면 마음 89가지는 탄생지에 따라 욕계 마음 54가지, 색계 마음 15가지, 무색계 마음 12가지, 출세간 마음 8가지입니다. 대역에서도 설명했듯이 사실 출세간 마음은 엄밀하게는 어떤 탄생지에 포함된다고 말하기 힘듭니다. 하지만 탄생지에서 벗어났다는 의미로 탄생지에 따른 분류에 포함시킵니다.

| 도표11 | 간략한 마음의 탄생지별 분류

마음 89	
세간 81	욕계 54
	색계 15
	무색계 12
출세간 8	출세간 8

마음의 간단분류와 상세분류

마음은 간략하게 89가지로 헤아리지만 자세하게 121가지로 헤아리기도 합니다.

37 Itthamekūnanavutipabhedaṁ pana mānasaṁ.
Ekavīsasataṁ vātha, vibhajanti vicakkhaṇā.

해 석

또한 마음을 각각 나누어 89가지로 만들거나
121가지로 만들어서 현자들은 분석한다.

대 역

Pana또한; 부분 외에 전체를 설명하자면 mānasaṁ마음을 itthaṁ=yathāvuttabhedena각각 말했던 분류를 통해; 각각 말했던 종류에 따른 분류, 탄생지에 따른 분류 등을 통해 ekūnanavutipabhedaṁ89가지 종류로 (katvā)만들어 vicakkhaṇā현자들은 vibhajanti분석한다. atha vā혹은 ekavīsasataṁ121가지 종류로 (katvā)만들어 vicakkhaṇā현자들은 vibhajanti분석한다.

§37은 간략하게 헤아린 마음 89가지와 자세하게 헤아린 마음 121가지를 요약한 내용입니다. "각각 말했던 분류를 통해"란 느낌에 따른 분류, 결합에 따른 분류, 형성에 따른 분류, 눈 등의 의지처에 따른 분류, 접수 등 역할에 따른 분류, 종류에 따른 분류, 탄생지에 따른 분류, 대상에 따른 분류, 도의 종류에 따른 분류를 말합니다. 이러한 분류에 따라 현자들은 마음을 분석한다는 뜻입니다.

상세한 마음 121가지

38-1 Kathamekūnanavutividhaṁ cittaṁ ekavīsasataṁ hoti?

해석

89가지인 마음이 어떻게 121가지가 되는가?

대역

Ekūnanavutividhaṁ89가지인 cittaṁ마음이 kathaṁ어떻게 ekavīsasataṁ121가지가 hoti되는가?

§38-1은 마음을 간략하게 89가지로 나눈 뒤 자세하게 121가지로 나누는 모습을 보여주기 위해 질문하는 내용입니다.

수다원도 마음들

38-2 Vitakkavicārapītisukhekaggatāsahitaṁ paṭhamajjhānasotāpattimaggacittaṁ, vicārapītisukhekaggatāsahitaṁ dutiyajjhānasotāpattimaggacittaṁ, pītisukhekaggatāsahitaṁ tatiyajjhānasotāpattimaggacittaṁ, sukhekaggatāsahitaṁ catutthajjhānasotāpattimaggacittaṁ, upekkhekaggatāsahitaṁ pañcamajjhānasotāpattimaggacittañceti imāni pañcapi sotāpattimaggacittāni nāma.

해 석

사유와 고찰과 희열과 행복과 하나됨과 함께 생겨나는 초선정 수다원도 마음, 고찰과 희열과 행복과 하나됨과 함께 생겨나는 제2선정 수다원도 마음, 희열과 행복과 하나됨과 함께 생겨나는 제3선정 수다원도 마음, 행복과 하나됨과 함께 생겨나는 제4선정 수다원도 마음, 평온과 하나됨과 함께 생겨나는 제5선정 수다원도 마음, 이렇게 5가지이기도 한 이 마음들은 '수다원도 마음들'이라고 한다.

대 역

Vitakka-vicāra-pīti-sukha-ekaggatā sahitaṁ사유와 고찰과 희열과 행복과 하나됨과 함께 생겨나는; 사유와 고찰과 희열과 행복과 하나됨이라는 선정 구성요소 5가지와 함께 생겨나는 paṭhamajjhānasotāpattimaggacittañca초선정 수다원도 마음과 vicāra-pīti-sukha-ekaggatā-sahitaṁ고찰과 희열과 행복과 하나됨과 함께 생겨나는; 고찰과 희열과 행복과 하나됨이라는 선정 구성요소 4가지와 함께 생겨나는 dutiyajjhānasotāpattimaggacittañca제2선정 수다원도 마음과 pīti-sukha-ekaggatā-sahitaṁ희열과 행복과 하나됨과 함께 생겨나는; 희열과 행복과 하나됨이라는 선정 구성요소 3가지와 함께 생겨나는 tatiyajjhānasotāpattimaggacittañca제3선정 수다원도 마음과 sukha-ekaggatā sahitaṁ행복과 하나됨과 함께 생겨나는; 행복과 하나됨이라는 선정 구성요소 2가지와 함께 생겨나는 catutthajjhānasotāpattimaggacittañca 제4선정 수다원도 마음과 upekkhā-ekaggatā sahitaṁ 평온과 하나됨과 함께 생겨나는; 평온과 하나됨이라는 선정 구성요소 2가지와 함께 생겨나는 pañcamajjhānasotāpattimaggacittañca제5선정 수다원도 마음, iti=iminā pabhedena이렇게; 이렇게 종류로 구분하면 pañcapi5가지이기도 한 imāni cittāni이 마음들은 sotāpattimaggacittāni nāma honti'수다원도 마음들'이라고 한다.

간략하게 헤아릴 때는 '수다원도 마음'으로 하나로만 헤아렸지만 자세하게 헤아릴 때는 각각을 선정 구성요소에 따라 5가지로 다음과 같이 헤아립니다.

① 사유와 고찰과 희열과 행복과 하나됨과 함께하는 초선정 수다원도 마음이 하나
② 고찰과 희열과 행복과 하나됨과 함께하는 제2선정 수다원도 마음이 하나
③ 희열과 행복과 하나됨과 함께하는 제3선정 수다원도 마음이 하나
④ 행복과 하나됨과 함께하는 제4선정 수다원도 마음이 하나
⑤ 평온과 하나됨과 함께하는 제5선정 수다원도 마음이 하나

윗단계 도 마음들

39 Tathā sakadāgāmimaggaanāgāmimaggaarahattamaggacittañceti samavīsati maggacittāni.

해 석

사다함도와 아나함도와 아라한도 마음도 그와 마찬가지다. 이렇게 도 마음들은 20가지다.

대 역

Sakadāgāmimagga–anāgāmimagga–arahattamagga cittañca사다함도, 아나함도, 아라한도 마음도; sakadāgāmimagga cittañca사다함도 마음과 anāgāmimagga cittañca 아나함도 마음과 arahattamagga cittañca아라한도 마음도 tathā그와 마찬가지로 pañca=pañcavidhaṁ5가지가; 각각 5종류가 hoti있다. iti이렇게 samavīsati모두 20가지인 maggacittāni도 마음이 hoti있다.

선정 구성요소 5가지에 따라 자세하게 헤아리면 사다함도 마음도 5가지, 아나함도 마음도 5가지, 아라한도 마음도 5가지가 있습니다. 따라서 앞서 설명한 수다원도 마음 5가지와 합하면 도 마음은 자세하게 20가지입니다.

과 마음 20가지

40 Tathā phalacittāni ceti samacattālīsa lokuttaracittāni bhavantīti.

해 석

과 마음들도 그와 마찬가지다. 그래서 출세간 마음들은 모두 40가지다.

대 역

Tathā그와 마찬가지로; 그와 마찬가지로 20가지인 phalacittāni ca과 마음, iti이렇게 lokuttaracittāni출세간 마음들은 samacattālīsa모두 40가지가 bhavanti된다. iti=tasmā 그래서; 이렇게 도 마음이 20가지이고 과 마음이 20가지이기 때문에 (ekūnanavutividhaṁ89가지의 cittaṁ마음은 ekavīsasataṁ121가지가 hoti된다.)

과 마음도 마찬가지로 자세하게 헤아리면 선정 구성요소 5가지에 따라 각각 5가지가 있습니다. 수다원과 마음만 예를 들면 다음과 같습니다.

① 사유와 고찰과 희열과 행복과 하나됨과 함께하는 초선정 수다원과 마음이 하나
② 고찰과 희열과 행복과 하나됨과 함께하는 제2선정 수다원과 마음이 하나
③ 희열과 행복과 하나됨과 함께하는 제3선정 수다원과 마음이 하나
④ 행복과 하나됨과 함께하는 제4선정 수다원과 마음이 하나
⑤ 평온과 하나됨과 함께하는 제5선정 수다원과 마음이 하나

이와 마찬가지로 사다함과, 아나함과, 아라한과 마음도 각각 5가지씩 있으므로 출세간 과 마음을 자세하게 헤아리면 도 마음과 마찬가지로 20가지입니다.

상세한 출세간 마음들 요약

41 Jhānaṅgayogabhedena, katvekekantu pañcadhā.

Vuccatānuttaraṁ cittaṁ, cattālīsavidhanti ca.

해 석

선정 구성요소와의 결합 분류를 통해 5가지로 만들어

위없는 출세간 마음은 40가지라고도 말한다.

대 역

(Pādakajhāna–sammasitajhāna–puggalajjhāsayesu바탕선정–명상선정–개인성향 중 ekekasdisattā어느 하나와 같기 때문에)[220] ekekaṁ각각을; 각각의 출세간 마음을 jhānaṅgayogabhedena선정 구성요소와의 결합이라는 분류를 통해; 초선정 등 선정 구성요소와의 결합이라는 분류를 통해 pañcadhā=pañcavidhaṁ5종류로 katvā tu=katvā eva만들어; 만들었기 때문에 anuttaraṁ위없는; 출세간인 cittaṁ마음은 cattālīsavidhanti ca40종류라고도 vuccatā말한다.

§41은 출세간 마음을 자세하게 헤아린 게송입니다. 출세간 마음은 도 마음과 과 마음을 합한 것입니다. 도 마음을 자세하게 헤아리면 선정 구성요소에 따라 각각 5가지이고, 4가지 도가 있기 때문에 총 20가지입니다. 마찬가지로 과 마음도 선정 구성요소에 따라 각각 5가지이고, 4가지 과가 있기 때문에 총 20가지입니다. 둘을 합하면 출세간 마음은 자세하게 헤아려 40가지입니다.

---

220 『청정도론』 제3권, pp.330~331 참조

| 도표12 | 출세간 마음의 상세분류

출세간 마음			도 마음 20가지 + 과 마음 20가지					
선정구성요소		사유	✔					합계
		고찰	✔	✔				
		희열	✔	✔	✔			
		행복	✔	✔	✔	✔		
		평온					✔	
		하나됨	✔	✔	✔	✔	✔	
마음의 이름			초선정	제2 선정	제3 선정	제4 선정	제5 선정	
출세간마음8	도마음4	수다원	1	1	1	1	1	5
		사다함	1	1	1	1	1	5
		아나함	1	1	1	1	1	5
		아라한	1	1	1	1	1	5
	과마음4	수다원	1	1	1	1	1	5
		사다함	1	1	1	1	1	5
		아나함	1	1	1	1	1	5
		아라한	1	1	1	1	1	5
합계			8	8	8	8	8	40
느낌			즐거움 32				평온 8	40

출세간 마음들 헤아리기

선정에 따른 분류

- 도 마음 20가지 중 초선정과 결합한 마음이 4가지,
  과 마음 20가지 중 초선정과 결합한 마음이 4가지,
  따라서 초선정과 결합한 마음이 8가지입니다.

마찬가지로

- 제2선정과 결합한 마음이 8가지,
- 제3선정과 결합한 마음이 8가지,
- 제4선정과 결합한 마음이 8가지,
- 제5선정과 결합한 마음이 8가지,

이렇게 모두 40가지입니다.

느낌에 따른 분류

- 즐거운 느낌과 결합한 마음이 32가지
  초선정과 결합한 마음 8가지, 제2선정과 결합한 마음 8가지, 제3선정과 결합한 마음 8가지, 제4선정과 결합한 마음 8가지, 이 32가지 마음은 행복이라는 선정 구성요소를 포함하기 때문에 정신적 행복이라는 즐거운somanassa 느낌과 결합합니다.
- 평온한 느낌과 결합한 마음이 8가지
  제5선정과 결합한 8가지는 평온이라는 선정 구성요소를 포함하므로 평온한upekkhā 느낌과 결합합니다.

이렇게 모두 40가지입니다.

결합에 따른 분류

자세하게 헤아린 출세간 마음 40가지에는 통찰지paññā라는 어리석음없음amoha 마음부수가 모두 포함돼 있으므로 40가지 모두가 지혜와 결합한ñāṇasampayutta 마음입니다.

사마타 수행에 따른 분류

출세간 선정은 사마타를 선행하지 않고 위빳사나로만 얻은 선정과 사마타를 선행한 뒤 위빳사나를 닦아 얻은 선정, 2가지로 분류됩니다.

사마타를 선행하지 않고 위빳사나로만 출세간 도와 과를 얻은 이를 메마른 위빳사나 행자sukkhavipassaka,[221] 혹은 위빳사나 행자vipassanā yānika라고 합니다. 사마타를 선행한 뒤 위빳사나를 닦아 출세간 도와 과를 얻은 이를 선정증득자jhānalābhī, 혹은 사마타 행자samatha yānika라고 합니다. 그중 메마른 위빳사나 행자는 선정을 증득하지 못했기 때문에 위빳사나 관찰을 할 때 욕계법만 관찰할 수 있습니다. 그래서 메마른 위빳사나 행자는 사유 등 선정 구성요소 5가지 중 어느 것도 혐오하지 않습니다. 또한 선정증득자라도 자신이 증득한 어떠한 선정에도 입정하지도 않고 그것을 관찰하지도 않은 채 욕계법만 무상하고 괴로움이고 무아라고 관찰한다면, 혹은 초선정만 입정하거나, 혹은 초선정에 포함된 선정 구성요소만 관찰하거나, 혹은 초선정에 입정한 뒤 출정해서 그 선정 구성요소를 관찰하면 어떠한 선정 구성요소도 혐오하지 않

221 Sukkhā lūkhā asiniddhā vipassanā yassāti sukkhavipassako.(AhBṬ.90)
대역
Yassa어떤 이에게는 sukkhā메마르고 lūkhā거칠고 asiniddhā촉촉하지 않는; 선정이라는 윤활유가 없는 vipassanā위빳사나가 atthi있다. iti=tasmā그래서 sukkhavipassako메마른 위빳사나 행자이다.

습니다. 그래서 메마른 위빳사나 행자와 방금 언급한 종류의 선정증득자는 초선정과 결합한 도만 얻을 수 있습니다.

여기서 "위 수행자들의 경우, 출현인도 위빳사나vuṭṭhānagāminī vipassanā가[222] 평온과 함께하면 'upekkhāsahagatajavanānantaraṁ upekkhāsahagatāva(평온과 함께한 속행의 바로 다음에는 몰입도 평온과 함께한 것만 기대된다)'라는 『아비담맛타상가하』「인식과정의 장」〈몰입속행의 집론〉에 따라 도 마음도 평온과 함께하는 제5선정 도가 생겨날 수도 있지 않은가?"라고 질문할 수 있습니다. 대답하자면, 도와 조금 멀리 떨어진 이전의 위빳사나 마음은 즐거움과만 함께하거나 평온과만 함께할 수 있지만 평온을 포함한 선정에 입정한 뒤 출정해서 관찰하기 때문에 행복의 허물을 보는 수행자를 제외한 다른 수행자들의 상속에는 도가 생겨나기 직전, 출현인도 위빳사나의 순간에 이르면 매우 기뻐하는 희열이 마치 파도처럼 밀려와서 즐거운 느낌과만 언제나 결합합니다. 그래서 위에서 언급한 수행자들에게는 제5선정의 도는 절대로 일어나지 않습니다.[223]

그러면 제2선정 도 등은 어떻게 일어날까요? 여기에 관해서는 토대선정설pādakajhānavāda, 명상선정설sammasitajhānavāda, 개인성향설puggalajjhāsayavāda이라는 3가지 설명이 있습니다.

---

222 출현인도 위빳사나vuṭṭhānagāminī vipassanā란 성숙된 형성평온의 지혜를 말한다. 여기서 '출현vuṭṭhāna'이란 성스러운 도를 뜻한다. 성스러운 도는 외부인 관찰대상, 그리고 내부인 번뇌의 상속과 무더기의 상속에서 벗어났기 때문이다. 『위빳사나 수행방법론』 제2권, pp.378~383 참조.

223 관련해서 이전에 '선정 증득 8가지를 얻게 되기를'이라고 서원을 하면서 닦은 바라밀을 갖춘 이들이 도를 얻는 것과 동시에 성취하는 세간 선정 증득을 도 성취 선정maggasiddhajhāna이라고 한다. 본서 p.336 참조.

먼저 토대선정설을 설명하겠습니다. 일부 선정증득자는 선정을 얻고서 자신이 얻은 선정 중 어느 한 선정에 입정한 뒤 출정해서 세간의 어떤 형성을 관찰해 출현인도 위빳사나 지혜까지 향상된 뒤 도를 얻습니다. 이때 앞에서 입정한 선정을 토대선정pādakajhāna이라고 하고, 그 토대선정이 초선정이면 말할 필요도 없이 도도 초선정 도가 일어납니다. 사유를 혐오하는 제2선정이면 위빳사나 관찰을 할 때도 토대선정의 여세가 전해져서 사유를 혐오하는 특별한 힘이 포함됩니다. 그래서 그 위빳사나 차례를 통해 얻어지는 도도 위빳사나와 일치하게 사유가 포함되지 않은 제2선정이 일어납니다. "사유를 혐오하는 특별함이 포함된 위빳사나 때문에 제2선정만 생겨난다"라는 뜻입니다. 제3선정을 토대선정으로 하면 제3선정 도가, 제4선정을 토대선정으로 하면 제4선정 도가, 제5선정을 토대선정으로 하면 제5선정 도가 일어납니다. 이 설명에서 토대선정에서 출정한 뒤 다른 형성을 관찰한다고 할 때, 그 선정 구성요소를 관찰할 수도 있습니다. 그렇지만 "관찰하는 것은 기본이 아니다. 도에 포함된 선정 구성요소는 단지 토대선정과만 동일하다"라고 설명하는 것이 토대선정설입니다.

두 번째는 명상선정설입니다. 일부 선정증득자는 선정을 얻고서 자신이 얻은 선정 중 어느 한 선정에 입정한 뒤 출정해서 자신이 입정했던 바로 그 세간 선정 구성요소 중 어느 하나를 무상하고 괴로움이고 무아라고 특성을 제기해서 관찰합니다. 그렇게 관찰하는 선정을 명상선정sammasitajhāna이라고 합니다. 그 명상선정이 초선정이면 초선정 도를 얻습니다. 사유를 혐오하는 제2선정이면 위빳사나 관찰을 할 때도 명상선정의 여세가 전해져서 사유를 혐오하는 특별한 힘이 포함됩니다. 그래서 그 위빳사나 차례를 통해 얻어지는 도도 위빳사나와 일치하게 사유가 포함되지 않은 제2선정이 일어납니다. 제3선정의 선정 구성요소를 관찰하면 제3선정 도가, 제4선정의 선정 구성요소를 관찰하면 제4선정 도가, 제5선정의 선정 구성요소를 관찰하면 제5선정 도가 일어납니다. 이렇게 "명상선정과 도에 포함된 선정 구성요소가 동일하다"라고 설명하는 것이 명상선정설입니다.

일부는 "토대선정설에서는 토대선정을 관찰하면 안 된다. 토대선정을 관찰하면 명상선정설과 섞이게 될 것이다. 명상선정설에서도 관찰하는 선정을 토대로 해서는 안 된다. 관찰하는 선정을 토대로 한다면 토대선정설과 섞이게 될 것이다"라고 설명합니다. 이 설명은 "pakiṇṇakasaṅkhāreti pādakajjhānato aññasaṅkhāre, tena pādakajjhānasaṅkhāresu sammasitesu vattabbameva natthīti dasseti '혼합된 형성'이란 토대선정을 제외한 다른 어떤 형성을 뜻한다. '혼합된 형성'이라는 단어를 통해 토대선정을 명상하는 것이라고 오해할 여지가 없다는 것을 보여준다"라는(Dhs.MṬ.116)[224] 『담마상가니 물라띠까』 구절을 통해 알 수 있습니다.

세 번째로 개인성향설에서 '4가지 선정 구성요소가 있는 도를 얻으면 좋겠다. 3가지 선정 구성요소가 있는 도를 얻으면 좋겠다'라는 등으로 생겨나는, 선정을 얻은 수행자의 바람을 개인성향puggalajjhāsaya이라고 합니다.[225] 그러한 바람을 가지고 위빳사나 수행을 할 때 출현인도 위빳사나까지 향상된 뒤 도를 얻으면 그 성향에 따라 제2선정

224 해석은 *Mahāsi Sayadaw*, 『*Visuddhimagga Mahāṭikā Nissaya*(위숫디막가 대복주서 대역)』 제4권, p.492 참조.

225 이 바람은 선과 결합한 열의chanda 마음부수다.

도, 혹은 제3선정 도 등을 얻습니다. 하지만 단지 바라는 것 정도만으로는 얻을 수 없습니다. 바람에 따라 세간 선정에 입정하든가, 관찰하든가, 입정과 관찰 둘 모두를 해야 합니다. "제2선정 도를 얻으려면 세간 제2선정에 입정하든가, 관찰하든가 해야 한다"는 뜻입니다. 제3선정 등도 마찬가지입니다. 이렇게 "수행자의 성향과 바람에 따라 도에 포함된 선정 구성요소가 결정된다"라고 설명하는 것이 개인성향설입니다.

개인성향설은 앞의 2가지 설명에 적당하게 포함된다는 사실이 분명합니다. 자신이 바라는 도와 선정 구성요소가 동일한 세간 선정을 토대로 해서 입정하면 토대선정설과 같습니다. 혹은 토대로는 하지 않고 관찰하기만 하면 명상선정설과 같습니다. 하지만 개인성향설에는 다른 점, 특별한 점이 있습니다. 제2선정을 토대로 하고 제3선정을 관찰할 때, 토대선정설에 따르면 제2선정 도 구성요소가 생겨날 것이고, 명상선정설에 따르면 제3선정 도 구성요소가 생겨날 것입니다. 이렇게 앞의 상반된 두 설명 때문에 어려움에 부딪힌다면 "ijjhati, bhikkhave, sīlavato cetopaṇidhi, visuddhattā 비구들이여, 계를 구족한 이가 마음으로 지향하는 것은 성취된다. 무엇 때문인가? 지향하는 것이 청정하기 때문이다"라는(A.iii.71) 부처님의 가르침에 일치하게 바라는 것에 따라 수행자가 원하는 도가 생겨날 것이라고 결정하면 됩니다. 이것이 개인성향설의 특별한 점입니다. 더 나아가 토대선정이 따로, 명상선정이 따로, 이렇게 일치하지 않는데다 개인성향도 특별한 것이 없을 때는 "명성따라 음식대접"이라는 속담대로 위의 선정에 마음이 보통 기울기 때문에 위의 선정과 일치하는 도가 생겨날 여지가 있습니다.(AhBṬ.89~93)

세간·출세간 선정 마음들 헤아리기

제19강에서 선정에는 대상집중선정ārammaṇūpanijjhāna과 특성집중선정lakkhaṇūpanijjhāna이라는 2종류가 있다고 언급했습니다.[226] 부언하자면, 그중에 고귀한 선정 증득은 두루채움 등 대상에 집중해서 관조하는 선정이기 때문에 대상집중선정이라고 합니다.[227] 욕계 위빳사나, 그리고 도와 과는 특성집중선정이라고 합니다. 욕계 위빳사나는 무상 · 고 · 무아라는 특성에 집중해서 관찰합니다. 위빳사나의 집중해서 관찰하는 작용은 도의 순간에 성취되기 때문에 도도 그 특성을 관찰한다고 할 수 있습니다. 과는 소멸의 진리라는 열반의 여실한 특성tathalakkhaṇa을[228] 봅니다. 그래서 위빳사나와 도와 과를 특성집중선정이라고 합니다.[229]

그렇지만 이곳에서 '세간 선정 마음'을 헤아릴 때 위빳사나는 욕계 선 마음이기 때문에 제외하고 색계 선정 마음 15가지와 무색계 선정 마음 12가지, 모두 27가지로 헤아립니다. 출세간 선정 마음은 4가지 도, 4가지 과에 각각 5가지 선정이 있기 때문에 40가지로 헤아립니다.

세간·출세간 선정 마음들 합계

42 Yathā ca rūpāvacaraṁ, gayhatānuttaraṁ tathā.
Paṭhamādijhānabhede, āruppañcāpi pañcame.
Ekādasavidhaṁ tasmā, paṭhamādikamīritaṁ;
Jhānamekekamante tu, tevīsatividhaṁ bhave.

---

226 본서 p.337 참조.

227 Ārammaṇaṁ upanijjhāyatīti ārammaṇūpanijjhānaṁ.(AhBṬ.89)

228 올바른 성품을 여실한 특성tathalakkhaṇa이라고 한다. 열반의 적정한 특성santilakkhaṇa은 언제나 틀리지 않고 올바르다.

229 Lakkhaṇaṁ upanijjhāyatīti lakkhaṇūpanijjhānaṁ.(AhBṬ.89)

해 석

색계 마음도, 위없는 마음도
초선정 등의 분류를 통해
헤아리는 것과 마찬가지로
무색계 마음도 다섯 번째에 포함된다.
그래서 초선정 등 각각의 선정을 11가지라고 말한다.
그중 마지막은 23가지다.

대 역

Rūpāvacarañca색계도; 색계 마음도 anuttarañca위없는 것도; 출세간 마음도 paṭhamādijhānabhede=paṭhamādijhāna bhedena초선정 등의 분류를 통해; 초선정 등 선정 구성요소와의 결합이라는 분류를 통해 gayhati yathā헤아린 것처럼 tathā그와 마찬가지로 āruppañcāpi무색계도; 무색계 마음 12가지도 (upekkhekaggatāyogena) 평온 · 하나됨과 결합하기 때문에; 평온 · 하나됨과 결합해서 (aṅgasamatāya)구성요소로 같기 때문에; 선정 구성요소가 동일하기 때문에 pañcame=pañcamajjhānabhāvena다섯 번째로; 제5선정이라는 명칭으로 yasmā gayhati포함되기 때문에 tasmā그래서 paṭhamādikaṁ초선정 등 ekekaṁ각각의 jhānaṁ선정을; 선정 마음을 ekādasavidhaṁ11가지라고 īritaṁ말한다. ante tu=antaṁ pana마지막은; 마지막인 제5선정 마음은 tevīsatividhaṁ23가지가 bhave된다.

§42는 선정을 분석한 게송입니다. 선-과보-작용의 색계 선정 마음을 초선정 등의 선정 5종류로 나누어 헤아리는 것처럼 수다원도 등의 출세간 마음도 초선정 등의 선정 5종류로 나누어 헤아렸습니다. 무색계 선정도 평온과 하나됨이라는 선정 구성요소로는 동일하기 때문에 제5선정에 포함시켰습니다. 그래서 초선정 마음이 11가지, 제2선정과 제3선정과 제4선정 마음도 각각 11가지, 제5선정 마음이 23가지, 이렇게 세간과 출세간의 모든 선정 마음은 67가지입니다. 이제 이 마음들을 여러 기준으로 헤아려 보겠습니다.

세간과 출세간에 따른 분류

- 세간 선정 27가지 + 출세간 선정 40가지 = 선정 마음 67가지

선정에 따른 분류

- 초선정 마음 11가지(색계 초선정 마음 3가지 + 출세간 초선정 마음 8가지) + 제2선정 마음 11가지 + 제3선정 마음 11가지 + 제4선정 마음 11가지 + 제5선정 마음 23가지(색계 제5선정 마음 3가지 + 무색계 선정 마음 12가지 + 출세간 제5선정 마음 8가지) = 67가지

느낌에 따른 분류

- 즐거움과 함께하는 것 44가지(색계 선정 마음이 초선정에서 제4선정까지 선-과보-작용으로 12가지 + 출세간 마음이 초선정에서 제4선정까지 도와 과 8가지로 32가지) + 평온과 함께하는 것 23가지(색계 제5선정 마음이 3가지 + 무색계 마음이 12가지 + 출세간 마음에서 제5선정 도와 과 8가지) = 67가지

제22강

2008년 10월 21일

승가 덕목을 예찬할 때 "cattāri purisayugāni aṭṭha purisapuggalā"(D. ii.80 등), 즉 "사쌍팔배四雙八輩"라는 표현이 있습니다. '사쌍cattāri yugāni'은 4쌍, '팔배aṭṭha puggalā'는 8개인으로, 이 표현은 수다원도와 수다원과가 한 쌍, 사다함도와 사다함과가 한 쌍, 아나함도와 아나함과가 한 쌍, 아라한도와 아라한과가 한 쌍, 이렇게 4쌍을 모두 합하면 8개인이라는 뜻입니다. 그리고 수다원도, 수다원과라는 개인 명칭은 각각 도와 과를 증득할 때 생겨나는 마음에서 비롯했습니다. 처음 도가 생겨나면 그 다음에 과 마음이 두 번, 세 번 확실하게 일어납니다. 도 마음이 일어났는데도 과 마음이 일어나지 않도록 할 수 있는 어떤 방법도 없습니다. 도 마음은 매우 강력해 어떤 것도 과 마음을 막을 수 없습니다. 이것을 문헌에서는 "만약에 도 마음이 일어나고 과 마음이 일어나기 전, 바로 그 순간에 우주가 무너지려고 하더라도 도 마음이 워낙 강하기 때문에 그 순간에는 우주가 무너지지 않는다. 과 마음이 일어난 다음에야 우주가 무너진다. 이 정도로 도 마음의 힘은 강하다"라고 설명합니다. 이러한 개인을 '겁 중지자ṭhitakappī'라고 합니다. 파괴되는 겁을 멈추게 하는 개인이라는 뜻입니다.(Pug.116)

수다원 24종류

제20강에서 수다원의 3종류를 설명했습니다. 여기서는 조금 더 자세하게 나누는 방법을 소개하겠습니다.

먼저 앞에서 소개한 대로 최대칠생sattakkhattauparama과 가문가문kolaṅkola과 한생ekabījī으로 3종류가 있고 다시 실천paṭipadā과 특별지

abhiññā에 따라 4종류로 나눕니다.[230] 그러면 3 × 4 = 12종류가 됩니다. 다시 믿음우선saddhā dhura과 통찰지우선paññā dhura으로 2종류로 나뉘기 때문에 12 × 2 = 24, 수다원의 종류는 모두 24가지입니다.

여기서 '우선'으로 번역한 'dhura'는 힘이 세다는 뜻입니다.[231] 믿음을 우선하는 이는 보시나 계 등의 실천행을 우선합니다. 통찰지를 우선하는 이는 경전을 공부하거나 여러 가르침을 먼저 많이 알고자 합니다. 어떤 것이 우선한다고 하지만 실제로는 약간만 우선하는 것이고, 지혜가 향상되어 도와 과를 증득하려면 실천행과 지혜가 균형을 이루어야 합니다. 예를 들어 부처님의 덕목 중 하나인 명행족vijjācaraṇasampanno · 明行足에서 '명vijjā'은 명지, 즉 지혜를 말하고 '행caraṇa'은 실천행을 말합니다. 부처님께서는 모든 지혜와 실천을 '족sampanno', 고르게 갖추셨습니다. 이와 마찬가지로 지혜와 실천이 균형을 이루어야만 위빳사나 지혜가 향상될 수 있습니다.[232]

부처님께서 배움과 관련해서 네 종류의 사람이 있다고 설하셨습니다. 첫 번째는 배움은 적지만 배운 대로 실천하는 사람, 두 번째는 배움도 많고 많이 배운 대로 실천하는 사람, 세 번째는 배움은 많지만 다 실천하지 못하고 적게 실천하는 사람, 네 번째는 배움도 적고 실천도 적은 사람입니다. 각자 자신이 어디에 속하는지 숙고해 보십시오. 또 "다른 사람의 재산이나 공덕도 알아야 하고, 자신의 재산이나 공덕도

---

230 실천과 특별지에 따른 4종류는 본서 p.315 참조.

231 앞에서는 '문헌의 의무gantha dhura와 위빳사나의 의무vipassanā dhura'처럼 '의무'로도 번역했다.

232 명행족에 대해서는 『가르침을 배우다』, pp.46~48; 마하시 사야도 법문, 비구 일창 담마간다 옮김, 『헤마와따숫따 법문』, pp.252~257 참조.

알아야 한다"라고 말씀하셨습니다. 스스로 관찰해서 알아야 한다는 말씀입니다 .

레디 사야도는 "범부도 자신을 살펴보면 자신이 범부라는 것을 알 수 있고, 성자도 자신을 숙고하면 자신이 성자임을 알 수 있다"라고 말했습니다. 범부는 어떻게 스스로 범부라고 알 수 있을까요? 아무도 없는 조용한 곳에서 범부가 '나라는 것이 있는가?'라고 숙고하면 즉시 '나'라는 것이 드러납니다. 배운 것이 있어서 '나라는 것은 없어'라고 거부해도 '나'라는 것이 거듭 분명하게 드러납니다. 숙고하면 숙고할수록 '나'가 분명히 드러납니다. 반대로 성자가 아무도 없는 조용한 곳에서 '나라는 것이 있는가?'라고 숙고하면 '나'라는 것이 없다고 확실하게 압니다. 숙고하면 숙고할수록 나라는 것이 없다는 사실이 분명하게 드러납니다.

이와 관련해서 어떤 재가 신자가 마하시 사야도께 다음과 같이 말했다고 합니다.

"스님, 수행하기 전에는 마음을 살펴보면 '나'라는 것이 있어서 그 '나'라는 것이 먹고, '나'라는 것이 생각하고, '나'라는 것이 말하고, '나'라는 것이 보고, 이렇게 '나'라는 것이 항상 분명하게 있었습니다. 하지만 열심히 수행을 하고 난 지금은 그런 것이 없어졌습니다. '나'란 것은 전혀 보이지 않고, 단지 관찰하는 대상과 아는 마음만 일어나고 사라지고, 일어나고 사라집니다. '나'라거나 '중생'이라는 것이 없어졌습니다. 아주 특별합니다. 특이합니다."

사다함 12종류

사다함은 먼저 욕계에 태어나는 사다함과 색계에 태어나는 사다함, 무색계에 태어나는 사다함으로 3종류로 분류한 뒤 각각 실천과 특별지에 따라 4종류로 나눕니다. 따라서 3 × 4 = 12종류가 됩니다. 이것은 『숫따니빠따』 주석에 따른 분류입니다.(SnA.i.282; KhpA.153)

『아비담마 디빠까 짠』에서는 제21강에서 언급한 사다함 5종류 중 제일 마지막 다섯 번째 사다함인 "인간 세상에서 사다함과를 증득해서 천상 세상에 다시 태어나 수명을 다 채우고 다시 인간 세상에 태어나 완전열반에 드는 사다함"을[233] 표상없음 해탈animitta vimokkha과 원함없음 해탈appaṇihita vimokkha과 공함 해탈suññata vimokkha로 3종류로 분류한 뒤 그 3종류의 사다함을 실천과 특별지에 따라 4종류로 나눕니다. 따라서 3 × 4 = 12종류가 됩니다.(AhDṬ.85)

아나함 48종류

먼저 아나함만 태어나는 '정거천'에 대해 소개하겠습니다. 자세한 내용은 『아비담맛타상가하』 제5장에 나옵니다.[234] 정거천suddhāvāsa에는 무번천avihā · 無煩天, 무열천atappā · 無熱天, 선현천sudassā · 善現天, 선견천sudassī · 善見天, 색구경천akaniṭṭhā · 色究竟天이라는 5탄생지가 있습니다. 31탄생지에서 범부는 이 5탄생지를 제외한 26탄생지에서만 윤회합니다. 그중 범부는 지옥, 축생, 아귀, 아수라라는 사악도에서 주로 머뭅니다. 인간, 욕계천상, 색계, 무색계 세상은 가끔씩 찾아가는 곳입니다. 잠시 들렀다 가는 손님이라고 할 수 있습니다.

정거천에는 아나함, 아라한만 있고 범부는 없습니다. 이렇게 매우 청정한 이들의suddhānaṁ 거주처āvāsa이기 때문에 정거천이라고 합니

233 앞에서 이 다섯 번째만 성전에서 언급한 사다함이라고 언급했다. 본서 p.378 참조.

234 간략하게는 『가르침을 배우다』, pp.306~308 참조.

다. 왜 청정한가 하면, 아나함도로 감각욕망과 성냄을 완전히 제거했기 때문입니다.

이제 아나함의 종류를 설명하겠습니다. 자세하게 나눌 때는 각 탄생지에 따라 분류합니다. 먼저 무번천의 수명은 천 대겁입니다. 제21강에서 아나함 중 첫 번째 중간 완전열반자는 수명의 절반이 되기 전에 아라한이 된다고 했는데 여기에도 3종류가 있습니다.(SA.iii.143)

① 무번천에서 태어나는 날, 혹은 처음 100대겁 안에 완전열반에 드는 아나함

② 무번천에서 태어나 200대겁 안에 완전열반에 드는 아나함

③ 무번천에서 태어나 400대겁 안에 완전열반에 드는 아나함[235]

이렇게

• 무번천에서 중간 완전열반자antarā parinibbāyī	3종류
• 무번천에서 후반 완전열반자upahacca parinibbāyī	1종류
• 무번천에서 최상 색구경행자uddhaṁsoto akaniṭṭhagāmī	1종류
모두 합해서	5종류

마찬가지로 무열천과 선현천과 선견천에서도 전부 5종류이기 때문에 모두 5 × 4 = 20 종류,

색구경천에서는 최상 색구경행자가 없으므로 4종류만 있습니다.

235 마하시 사야도는 ① 무번천에 태어나자마자 초기에 완전열반에 드는 아나함, ② 무번천에서 태어나 수명의 중간인 500대겁에 도달하기 전에 완전열반에 드는 아나함, ③ 무번천에서 태어나 500대겁에 도달해서 완전열반에 드는 아나함으로 설명했다. 『*Visuddhimagga myanmarpyan*(위숫디막가 미얀마어 번역)』 제4권, p.712 주3 참조.

따라서 전부 20 + 4 = 24종류입니다.

이 아나함 24종류가 다시 무형성 완전열반자와 유형성 완전열반자라는 2종류로 나뉘기 때문에 전체 아나함은 24 × 2 = 48종류입니다.

아라한 12종류

아라한에 먼저 3종류가 있습니다.

① 공함해탈suññata vimokkha로 해탈한 아라한

② 표상없음해탈animitta vimokkha로 해탈한 아라한

③ 원함없음해탈appaṇihita vimokkha로 해탈한 아라한

이러한 3종류의 아라한이 다시 실천과 특별지의 4종류로 나눠지므로, 아라한은 3 × 4 = 12종류가 있습니다.

공함해탈suññata vimokkha 아라한은 무상 · 괴로움 · 무아로 관찰하기는 하지만 아라한이 되는 찰나에 무아로 관찰하는 힘이 강합니다. 표상없음해탈 아라한은 아라한도의 찰나에 무상으로 관찰하는 힘이 강합니다. 원함없음해탈 아라한은 아라한도의 찰나에 괴로움으로 관찰하는 힘이 강합니다.

이렇게 수다원이 24종류, 사다함이 12종류, 아나함이 48종류, 아라한이 12종류, 합하면 성자는 모두 96종류입니다.(SA.iii.272; PsA.ii.67)[236]

236 Yo bhikkhu catuvīsati sotāpanne dvādasa sakadāgāmī aṭṭhacattālīsa anāgāmī dvādasa arahante dassetvā dhammakathaṁ kathetuṁ sakkoti, evarūpaṁ bhikkhuṁ upaṭṭhātuṁ vaṭṭati.

성자 108종류

다른 방법으로 성자를 108종류로 분류하기도 합니다. 먼저 수다원 3종류에 실천과 특별지 4종류를 곱해서 12종류가 됩니다. 사다함 12종류는 앞과 동일합니다. 아나함은 24종류로 헤아립니다. 아라한은 메마른 위빳사나 행자sukkhavipassaka 아라한과 사마타 행자samatha yānika 아라한의 2종류로만 분류합니다. 그리고 도의 순간에 있는 성자를 4종류로 분류한 뒤 모두 합하면 12 + 12 + 24 + 2 + 4 = 54종류입니다. 이 54종류의 성자를 믿음우선과 통찰지우선 2종류로 다시 분류하면 성자는 54 × 2 = 108종류가 됩니다.(KhpA.152; SnA.i.282)

96종류로 분류하는 것과의 차이점은 수다원 24종류에서 믿음우선과 통찰지우선의 구분을 빼서 12종류입니다. 사다함은 96종류로 나누었을 때의 12종류 그대로입니다. 아나함은 마지막에 유형성과 무형성이라는 2가지로 나누지 않아서 24종류입니다. 아라한은 96종류로 나눌 때의 기준이 아니라 사마타 행자와 메마른 위빳사나 행자라는 2종류로만 분류했습니다.

성자 7종류

「뿍갈라숫따Puggalasutta(개인경)」(A7:14) 등의 경전에서는 7종류의 성자를 소개합니다.

① 양면 해탈자ubhatobhāgavimutti

② 통찰지 해탈자paññāvimutti

③ 몸 체험자kāyasakkhi

④ 견해 증득자diṭṭhippatta

⑤ 믿음 해탈자saddhāvimutti

⑥ 법 수종자dhammānusārī

⑦ 믿음 수종자saddhānusārī

각각의 설명은 『뿍갈라빤냣띠』의 주석에 잘 설명돼 있습니다.(PugA.43~44)[237]

초선정부터 비상비비상처까지 8종류의 증득을 얻은 이가 통찰지를 중시하면서 사마타로 명상해 어떤 무색계 증득을 기초로 위빳사나를 확립하여 도와 과를 얻을 때 그가 수다원도에 머무는 순간에는 ⑥ 법 수종자dhammānusārī, 수다원도에서 아라한도까지는 ③ 몸 체험자kāyasakkhi, 아라한과에 도달해서는 ① 양면 해탈자ubhatobhāgavimutti라고 합니다.

8종류의 증득을 얻지 못했거나 4가지 색계 선정만 얻은 이가 통찰지를 중시하면서 보통의 형성들이나 혹은 4가지 색계 선정 가운에 어떤 법을 관찰해서 도와 과를 얻을 때 그가 수다원도에 머무는 순간에는 ⑥ 법 수종자dhammānusārī, 수다원도에서 아라한도까지는 ④ 견해 증득자diṭṭhippatta, 아라한과에 도달해서는 ② 통찰지 해탈자paññāvimutti라고 합니다.

8종류의 증득을 얻은 이가 믿음을 중시하면서 사마타로 명상해 어떤 무색계 증득을 기초로 위빳사나를 확립하여 도와 과를 얻을 때 그가 수다원도에 머무는 순간에는 ⑦ 믿음 수종자saddhānusārī, 수다원도에서 아라한도까지는 ③ 몸 체험자kāyasakkhi, 아라한과에 도달해서는 ① 양면 해탈자ubhatobhāgavimutti라고 합니다.

237 『앙굿따라 니까야』 제1권, pp.236~237 주276 참조.

8종류의 증득을 얻지 못했거나 4가지 색계 선정만 얻은 이가 믿음을 중시하면서 보통의 형성들이나 혹은 4가지 색계 선정 가운데 어떤 법을 관찰해서 도와 과를 얻을 때 그가 수다원도에 머무는 순간에는 ⑦ 믿음 수종자saddhānusārī, 수다원도에서 아라한도까지는 ⑤ 믿음 해탈자saddhāvimutti, 아라한과에 도달해서는 ② 통찰지 해탈자paññāvimutti라고 합니다.

| 도표13 | 성자 7종류

선정증득	종시	수다원도	수다원과	사다함도	사다함과	아나함도	아나함과	아라한도	아라한과
8	통찰지	법수종자	몸체험자						양면해탈자
4/0	통찰지	법수종자	견해증득자						통찰지해탈자
8	믿음	믿음수종자	몸체험자						양면해탈자
4/0	믿음	믿음수종자	믿음해탈자						통찰지해탈자

성자 12종류

「에까비지숫따Ekabījīsutta(한생 경)」(S48:24)에서는 12종류의 성자를 소개합니다.

①아라한
②중간 완전열반자 ③후반 완전열반자
④무형성 완전열반자 ⑤유형성 완전열반자 ⑥최상 색구경행자
(②~⑥은 다섯 아나함입니다.)
⑦사다함
⑧한 생자 ⑨가문가문자 ⑩최대칠생자
⑪법수종자 ⑫믿음수종자
(⑧~⑫는 다섯 수다원입니다.)

성자 146종류

『위숫디막가 마하띠까』에서는 성자를 146종류로 헤아립니다.(Pm. ii.532) 수다원 24종류, 사다함 12종류, 아나함48종류는 96종류로 헤아릴 때와 같습니다. 아라한을 헤아릴 때는 먼저 96종류로 헤아릴 때와 같이 12종류를 헤아린 뒤「뿍갈라숫따」등에서 언급한 7종류의 성자를 보충합니다. 즉 통찰지 해탈자paññāvimutti, 양면 해탈자ubhatobhāgavimutti, 삼명자tevijjā, 육신통자chaḷabhiññā, 분석지자pāṭisambhidāpatta라는 5종류를 곱해서 모두 60종류로 헤아린 뒤(12×5) 벽지불 한 종류, 정등각자 한 종류, 이렇게 아라한을 모두 62종류로 헤아립니다. 그러면 전체 성자는 수다원 24+사다함 12+아나함 48+아라한 62로 모두 146종류가 됩니다.

성자비방업

지금까지 성자에 대해 알아보았습니다. 앞에서도 언급했지만[238] 성자비방업을 조금 더 살펴보겠습니다. 두 사람이 있다고 합시다. 한 명은 실제 아라한 성자를 "계도 안 지킨다. 멍청하다"라고 비난했고, 다른 한 명은 계도 안 지키고 수행도 안 하는 이를 "이 분은 아라한이다"라고 칭송했다고 합시다. 두 사람 중 누가 허물이 있을까요? 둘 모두 허물이 있습니다. 둘 모두 성자비방업에 해당하고 똑같이 허물이 큽니다. 이 내용은 『앙굿따라 니까야』, 『상윳따 니까야』 등에 나옵니다. 왜 두 경우 모두 허물이 있을까요? 자신은 물론 다른 사람의 견해를 틀리게 하기 때문입니다. 아라한이 아닌 분을 아라한이라고 믿고 말해서 다른 사람이 '이런 분이 아라한이구나'라고 믿으면 견해가 그릇됩니다. 또한 그것에 따라서 '아라한도 이렇게 실천하므로 나도 그렇게 할 것이다'고 실천하기 때문에 실천도 그릇되게 만듭니다. 이렇게 견해와 실천 모두를 그릇되게 하므로 성자가 아닌 이를 성자라고 칭송하는 것도 진짜 성자를 비방하는 것과 똑같은 결과를 가져옵니다. 그래서 성자비방업에 둘 다 해당하며, 허물도 똑같이 큽니다.

성자비방업은 여러 나쁜 결과를 가져오므로 이것에 대해 좀 더 자세히 알아야 할 필요가 있습니다. 아라한이 아닌 분을 아라한이라고 칭송해 성자비방업이 되는 경우는 당사자가 계를 지키지 않는 경우만 해당됩니다. 계를 잘 지키는 경우는 해당되지 않습니다.

부처님께서 반열반에 드시고 난 뒤, 스리랑카 어느 마을에 사람들이 아라한이라고 칭송하는 한 스님이 있었습니다. 어느 날 마을 사람들은

---

238 본서 p.316에 간략하게 설명했다.

수행주제를 청하고자 그 스님을 찾아갔습니다.

"어떻게 오셨는지요?"

"마음을 깨끗하게 할 수 있는 수행주제를 하나씩 주시기를 청하러 왔습니다."

"그렇다면 제가 한번 앉은 자리에서 바로 아라한이 될 수 있는 수행주제를 드리겠습니다. 이 수행주제를 대상으로 열심히 수행하다 보면 빛이 한 번 나타날 것입니다. 그것이 수다원이 된 것입니다. 또 수행을 열심히 하다 보면 다시 한 번 빛이 나타날 것입니다. 그것이 사다함이 된 것입니다. 다시 수행을 계속해서 세 번째로 빛이 나타나면 그것이 아나함이 된 것입니다. 또 계속해서 수행을 하면 한 번 더 빛이 번쩍할 것입니다. 그러면 아라한이 된 것이고, 일이 끝나게 된 것입니다."

마을 사람들은 아라한 스님이 알려 준 수행주제라며 그대로 믿고 따라했고, 나중에는 마을 사람 대부분이 스스로 아라한이라고 생각하게 됐습니다. 시간이 지나 그 스님이 입적하자 마을 사람들은 스님의 유해를 잘 화장해서 사리탑까지 장엄하게 세웠습니다.

그러던 어느 날 여러 스님이 그 마을을 찾아와 입적한 스님을 뵙고자 청했습니다.

"스님께서는 완전열반에 드셨습니다. 스님의 유해는 저희가 사리탑에 잘 모셨습니다."

"혹시 돌아가신 스님이 어떤 수행 방법으로, 어떤 단계를 거쳐서 아라한이 되셨는지 아십니까? 그리고 여러분은 스님께 어떤 가르침을 받았습니까?"

그러자 마을 사람들은 돌아가신 스님이 알려 준 방법과 함께, 그 스님도 그렇게 아라한이 되셨다고 대답했습니다.

"그렇게 나타나는 빛은 위빳사나 수행 과정에서 희열 등으로 나타나는 빛일 뿐입니다. 도와 과가 아닙니다. 그 방법은 바르지 않고, 그 스님도 아라한이 아닙니다. 그렇게 믿는 것도 잘못된 것입니다."

그러자 마을 사람들은 "우리가 아는 것은 잘못됐고, 스님들이 아는 것만이 옳다고 어떻게 말할 수 있습니까?"라며 마을을 찾아온 스님들에게 화를 내며 대들었습니다.(MA.iv.25)

사실 그렇게 나타나는 빛은 수행 과정 중에 나타나는 희열, 경안에 불과하며, 10가지 위빳사나 부수번뇌에 포함되는 것이지 도와 과와는 관계가 없습니다. 위빳사나 수행을 열심히 해서 나타나는 10가지 부수번뇌를 도와 과, 혹은 열반으로 착각하는 것은 수행의 실천, 지혜의 향상을 방해하는 것이라고 주석서에 설해져 있습니다. 열심히 위빳사나 수행을 해서 나타나는 여러 희열이나 힘이 좋은 새김, 지혜, 빛 등은 세간의 도에 해당되는 것입니다. 세간의 도는 여러 장애가 될 수도 있고, 흔들림이 있는 상태입니다. 하지만 열심히 수행해서 얻어지는 출세간의 도는 장애도 없고 흔들림도 없습니다. 이 세간적인 도로써 얻어지는 희열이나 행복 등을 도와 과, 열반이라고 착각하면 수행의 진전에 장애가 된다고 부처님께서 말씀하셨습니다. 이러한 것은 선정이나 도와 과를 무너지게 합니다. 가짜가 드러나면 진짜가 사라지는 것처럼, 가짜 황금이 있으면 진짜 황금이 사라지는 것처럼, 이렇게 가짜가 진짜인 것처럼 드러나면 진짜인 것을 얻기가 힘들어집니다. 무너지게 합니다.

정리하자면 성자비방업에 해당되는 경우는 첫 번째, 바라이죄를 범하지 않은 성자에게 "이 스님은 바라이죄를 범했기 때문에 스님이 아닙니다"라고 말하는 것입니다. 두 번째, "이 사람은 도와 과도 없고 열반도 모릅니다"라고 말하는 것입니다. 여기에는 출가자뿐만 아니라 성자인 재가자를 비방하는 것도 해당됩니다.

성자비방업을 행하면 다음과 같은 11가지 나쁜 결과가 따라오게 됩니다.

첫 번째, 아직 얻지 못한 법을 얻을 수 없습니다. 범부라면 열심히 위빳사나 수행을 해도 수다원과를 증득하지 못합니다. 만약 수다원이 그러한 잘못을 했다면 그 위의 더 높은 도와 과를 아주 오래 걸려서 매우 힘들게 증득하게 됩니다.

아라한인 장로와 함께 탁발을 나간 한 젊은 비구가 있었습니다. 장로는 속이 좋지 않아 탁발하며 받은 죽이 식기 전에 서둘러 길 옆 나무토막 위에 앉아 공양했습니다. 그 모습을 보고 젊은 비구가 마음으로 '부끄럽지도 않으신가'라고 비난했습니다. 정사에 돌아왔을 때 장로가 물었습니다.

"자네는 이 교법에서 의지할 만한 법을 얻었는가?"

"저는 수다원입니다, 스님."

"그렇다면 그보다 더 위의 도를 위해 노력하지 않는 것이 좋을 걸세."

"무엇 때문입니까, 스님?"

"그대는 아라한을 비방했다네."

그제야 젊은 비구는 스님에게 용서를 구했다고 합니다.(Vis.ii.55)

다음 일화처럼 성자인지 아닌지는 사실 매우 알기 어렵습니다. 아라한 장로와 함께 탁발을 나간 늦깎이 비구가 도중에 물었습니다.

"스님, 성자란 어떠한 분들입니까?"

"성자를 성자라고 알기란 어렵다네. 이 세상에 어떤 늦깎이 비구는 성자의 가사와 발우를 가지고 여러 소임을 행하면서 함께 지내더라도 그분이 성자인 줄 모른다네. 이 정도로 어렵다네."

그 늦깎이 비구는 스승의 대답을 듣고도 여전히 자신의 스승이 성자인지를 눈치채지 못했다고 합니다.(MA.i.23)

두 번째, 얻은 법도 후퇴하게 됩니다. 성자의 법은 후퇴하지 않기 때문에 상관이 없고, 위빳사나 지혜나 선정을 얻었다면 그것들이 후퇴하거나 사라지게 됩니다. 세 번째, 계 · 삼매 · 통찰지라는 3가지 수련三學이 청정하지 못하게 됩니다. 청정하게 수행할 수 없습니다. 네 번째, 아직 얻지 않은 법을 얻었다고 생각할 수 있습니다. 다섯 번째, 선한 이들의 법에 대해 즐거워하지 않고 기뻐하지 않으며, 지겨워하게 되고 싫어하게 됩니다. 여섯 번째, 중죄를 저지르게 됩니다. 출가자는 바라이죄가 될 것이고, 재가자는 오계가 무너지거나 오무간업 등을 저지르게 됩니다. 일곱 번째, 출가자의 경우 속퇴하게 될 수도 있고, 재가자의 경우 수행을 그만두게 될 수도 있습니다. 여덟 번째, 큰 병이 생길 수 있습니다. 아홉 번째, 정신병이 생길 수 있습니다. 열 번째, 죽을 때 정신을 못 차리고 혼미하게 죽게 됩니다. 열한 번째, 죽은 후 바로 악처에 태어나게 됩니다.

이것이 성자비방업의 11가지 나쁜 결과입니다. 하지만 성자비방업을 이미 저질렀다고 해서 너무 걱정할 필요는 없습니다. 성자비방업이 나쁜 병이라면 그것을 고치는 치료약도 있습니다.

첫 번째, 잘못을 범한 그 분이 아직 살아계시고 직접 갈 수 있다면, 그 앞에서 합장하고 자신의 잘못을 말하고 용서를 구해야 합니다. 그리고 용서를 받게 되면 완전히 성자비방업에서 벗어나게 됩니다. 두 번째, 잘못을 범한 그 분이 직접 갈 수 없는 곳에 계시면 다른 사람에게 부탁해서 갈 수 없는 사정과 함께 그분께 용서의 말씀을 전해야 합니다. 그렇게 용서받아도 비방업에서 벗어나게 됩니다. 세 번째, 잘못을 범한 그 분이 다른 곳에 잠시 머무시게 될 때는 그 분이 주로 계셨던 곳에 찾아가, 자신이 잘못을 저질렀던 것과 직접 용서를 구할 수 없는 사정을 다른 분들에게 말하고 대신 용서를 구해야 합니다. 그런데 만약 잘못을 범한 그 분이 자주 옮겨 다니는 분이면 어느 쪽에 계실지 예상되는 방향을 향해 예경을 한 후 마음속으로 용서를 구하면 됩니다. 마지막으로 잘못을 범한 그 대상이 돌아가신 분이면 시신에 대고 "용서를 구합니다"라고 해도 되고, 화장을 해서 사리탑을 세운 것을 알게 됐다면 탑으로 가서 용서를 구해도 허물이 용서가 됩니다.

성자비방업은 허물이 매우 크지만 이렇게 각각에 맞게 합장하고 예경하고 용서를 구하면, 용서를 구하는 것만으로 11가지 나쁜 결과에서 벗어날 수 있습니다.

위빳사나 수행을 하려면 좋은 스승과 도반이 필요합니다. 올바르게 수행을 실천하고 가르치는 스승이나 도반 없이 혼자 수행하면 잘못된 길로 빠질 위험이 있습니다.

스리랑카의 강가 강 근처에 마하와짜깔라Mahāvācakāla라는 재가자 한 명이 있었습니다. 마하와짜깔라는 32가지 신체부분의 혐오스러움을 관조하는 더러움asubha 수행을 30년 동안 계속했습니다. 그러나 제대로 배우지 않고 수행했기 때문에 별다른 진전이 없었습니다. 오랜 기간 수행해도 표상조차 드러나지 않자 '부처님의 가르침은 윤회에서 벗어나게 하는 법이라고 하지만 그렇지 않다. 몸의 고통과 마음의 고통만 생기게 하는 법이다. 전혀 도움이 되지 않는다'라고 잘못된 견해를 가지게 됐습니다. 그렇게 잘못된 견해를 가진 마음으로 죽었을 때 강가 강에 9우사바usabha 크기의 악어 아귀로 태어났습니다. 이 악어 아귀는 태어난 이후로 단 한 번도 배불리 먹은 적이 없었습니다. 어느 날, 깟

차까 나루터로 난 길을 따라 소들이 60대의 수레에 돌을 싣고 왔습니다. 너무 배가 고팠던 악어 아귀는 그 모습을 보고서 소와 수레에 실린 돌까지 모두 잡아먹었다고 합니다.(AA.ii.108)

이와 같이 아무리 열심히 수행하더라도 올바른 견해, 올바른 마음가짐이 없으면 잘못된 견해를 가지게 되고 그로 인해 악처에 태어날 수 있습니다.

선·과보의 상설과 상세한 마음들

43 Sattatiṁsavidhaṁ puññaṁ, Dvipaññāsavidhaṁ tathā.
Pākamiccāhu cittāni, Ekavīsasataṁ budhā.

해 석

공덕은 37가지이고, 과보는 52가지여서
마음은 121가지라고 각자覺者들은 말한다.

대 역

Puññaṁ공덕은; 선 마음은 sattatiṁsavidhaṁ37가지 종류가 (bhave)된다. tathā그리고 pākaṁ과보는; 과보 마음은 dvipaññāsavidhaṁ52가지가 된다. iti=tasmā이리하여; 선 마음이 37가지이고 과보 마음이 52가지이기 때문에 cittāni마음들을 ekavīsasataṁ121가지라고 budhā각자覺者들은; 깨달은 분들은; 지혜 있는 이들은 āhu=kathenti말한다; 설한다.

§43은 자세하게 나눈 121가지 마음을 종류에 따라 분류한 내용입니다. 불선과 작용은 간략하거나 자세한 차이가 없습니다. 선과 과보만

차이가 있습니다. 그래서 차이가 있는 선과 과보만 집론게송에서 언급하고, 차이가 없는 불선과 작용은 언급하지 않았습니다. 앞서 §35에서 이미 언급한 대로 알면 됩니다.

정리하자면 자세하게 나눈 121가지 마음 중에 선 마음은 37가지, 과보 마음은 52가지, 불선 마음은 12가지, 작용 마음은 20가지, 모두 121가지 마음입니다.

선 마음 37가지는 세간 선 마음 17가지와 출세간 선 마음 20가지입니다.

과보 마음 52가지는 세간 과보 마음 32가지와 출세간 과보 마음 20가지입니다.

마음 전체 헤아리기

탄생지에 따른 분류

간략하게

- 욕계 54가지 + 색계 15가지 + 무색계 12가지 + 출세간 8가지 = 89가지

자세하게

- 욕계 54가지 + 색계 15가지 + 무색계 12가지 + 출세간 40가지 = 121가지

종류에 따른 분류

간략하게

- 불선 12가지 + 선 21가지 + 과보 36 가지 + 작용 20가지 = 89가지

자세하게

- 불선 12가지 + 선 37가지 + 과보 52 가지 + 작용 20가지 = 121가지

느낌에 따른 분류

간략하게

- 즐거움과 함께하는 것 38가지(출세간 마음 8가지 중복) + 평온과 함께하는 것 55가지(출세간 마음 8가지 중복) + 행복과 함께하는 것 1가지 + 고통과 함께하는 것 1가지 + 근심과 함께하는 것 2가지 = 97가지(중복된 출세간 마음 8을 빼면 89가지)

자세하게

- 즐거움과 함께하는 것 62가지 + 평온과 함께하는 것 55가지 + 행복과 함께하는 것 1가지 + 고통과 함께하는 것 1가지 + 근심과 함께하는 것 2가지 = 121가지[239]

결합에 따른 분류

간략하게

- 결합한 것 55가지 + 결합하지 않은 것 34가지 = 89가지

239 참고로 욕계 마음에서 즐거운 느낌과 결합한 마음은 불선 마음 4가지 + 원인 없는 마음 2가지 + 욕계 아름다운 마음 12가지로 합하면 모두 18가지이다. 위의 세간 선정과 출세간 선정까지 합치면 즐거운 느낌과 함께하는 마음은 자세하게 헤아려서 62가지이다. 욕계 마음에서 평온한 느낌과 함께하는 것은 불선 마음 6가지 + 원인 없는 마음 14가지 + 욕계 아름다운 마음 12가지로 합하면 모두 32가지이다. 위의 세간 선정과 출세간 선정까지 합치면 평온한 느낌과 함께하는 마음은 자세하게 헤아려서 55가지이다. 몸의 행복인 행복한 느낌과 함께하는 마음은 욕계 원인 없는 마음에 포함되는 한 가지뿐이다. 몸의 괴로움인 고통스러운 느낌과 함께하는 마음도 욕계 원인 없는 마음에 포함되는 한 가지뿐이다. 정신적 괴로움인 근심과 함께하는 마음은 욕계 불선 마음에 포함되는 2가지이다.

자세하게

- 결합한 것 87가지 + 결합하지 않은 것 34가지 = 121가지

형성에 따른 분류

간략하게

- 형성 없는 것 17가지 + 형성 있는 것 17가지 + 형성에서 벗어난 것 55 = 89가지

*형성에서 벗어난 것 = 어리석음뿌리 2 + 원인 없는 18 + 색계 15 + 무색계 12 + 출세간 8 =55가지

자세하게

- 형성 없는 것 17가지 + 형성 있는 것 17가지 + 형성에서 벗어난 것 87 = 121가지

*형성에서 벗어난 것 = 어리석음뿌리 2 + 원인 없는 18 + 색계 15 + 무색계 12 + 출세간 40 =87가지

이렇게 해서 마음의 장이 모두 끝났습니다.

| 도표14 | 마음 전체 헤아리기

분류 / 마음			종류				느낌					결합		형성	
			불선	선	과보	작용	행복	고통	즐거움	근심	평온	○	×	×	○
A	불선 마음	12	12						4	2	6	8	4	5*	5*
B	원인없는 마음	18			15	3	1	1	2		14		18	*	*
C	욕계 아름다운 마음	24		8	8	8			12		12	12	12	12	12
D 욕계 마음		54	12	8	23	11	1	1	18	2	32	20	34	17*	17*
E	색계 마음	15		5	5	5			12		3	15		*	*
F	무색계 마음	12		4	4	4					12	12		*	*
G 고귀한 마음		27		9	9	9			12		15	27		*	*
H 세간 마음		81	12	17	32	20	1	1	30	2	47	47	34	17*	17*
I	출세간 마음 간략히	8		4	4				8#		8#	8		*	*
J	출세간 마음 자세히	40		20	20				32		8	40		*	*
K	마음 간략히	89	12	21	36	20	1	1	38	2	55	55	34	17*	17*
L	마음 상세히	121	12	37	52	20	1	1	62	2	55	87	34	17*	17*

(D=A+B+C, G=E+F, H=D+G, K=H+I, L=H+J)

#간략하게 헤아린 출세간 마음은 즐거운 평온somanassupekkahā이라고 둘 다 취할 것.

*형성에 따라서 다른 견해는 본서 p.170, 213, 311 참조.

| 도표15 | 마음 전체 간략하게 89가지

		불선 12	선 21	비확정 56	
				과보 36	작용 20
세간	욕계 54	**탐욕 뿌리 8**		**불선 과보 7**	
		즐거움, 사견○, 형성×		평온, 눈 의식	
		즐거움, 사견○, 형성○		평온, 귀 의식	
		즐거움, 사견×, 형성×		평온, 코 의식	
		즐거움, 사견×, 형성○		평온, 혀 의식	
		평온, 사견○, 형성×		고통, 몸 의식	
		평온, 사견○, 형성○		평온, 접수	
		평온, 사견×, 형성×		평온, 조사	
		평온, 사견×, 형성○		**원인 없는 선 과보 8**	**원인 없는 작용 3**
				평온, 눈 의식	평온, 오문전향
		성냄 뿌리 2		평온, 귀 의식	평온, 맘문전향
		근심, 적의○, 형성×		평온, 코 의식	즐거움, 미소짓는
		근심, 적의○, 형성○		평온, 혀 의식	
				행복, 몸 의식	
		어리석음 뿌리 2		평온, 접수	
		평온, 의심		즐거움, 조사	
		평온, 들뜸		평온, 조사	
				원인 있는 선 과보 8	**원인 있는 작용 8**
			즐거움, 지혜○, 형성×	즐거움, 지혜○, 형성×	즐거움, 지혜○, 형성×
			즐거움, 지혜○, 형성○	즐거움, 지혜○, 형성○	즐거움, 지혜○, 형성○
			즐거움, 지혜×, 형성×	즐거움, 지혜×, 형성×	즐거움, 지혜×, 형성×
			즐거움, 지혜×, 형성○	즐거움, 지혜×, 형성○	즐거움, 지혜×, 형성○
			평온, 지혜○, 형성×	평온, 지혜○, 형성×	평온, 지혜○, 형성×
			평온, 지혜○, 형성○	평온, 지혜○, 형성○	평온, 지혜○, 형성○
			평온, 지혜×, 형성×	평온, 지혜×, 형성×	평온, 지혜×, 형성×
			평온, 지혜×, 형성○	평온, 지혜×, 형성○	평온, 지혜×, 형성○
	색계 15		초선정	초선정	초선정
			제2선정	제2선정	제2선정
			제3선정	제3선정	제3선정
			제4선정	제4선정	제4선정
			제5선정	제5선정	제5선정
	무색계 12		공무변처	공무변처	공무변처
			식무변처	식무변처	식무변처
			무소유처	무소유처	무소유처
			비상비비상처	비상비비상처	비상비비상처
출세간	출세간 8		수다원도	수다원과	
			사다함도	사다함과	
			아나함도	아나함과	
			아라한도	아라한과	

| 도표16 | 마음 전체 상세하게 121가지

		불선 12	선 37	비확정 72	
				과보 52	작용 20
세간	욕계 54	**탐욕뿌리 8**		**불선 과보 7**	
		즐거움, 사견○, 형성×		평온, 눈 의식	
		즐거움, 사견○, 형성○		평온, 귀 의식	
		즐거움, 사견×, 형성×		평온, 코 의식	
		즐거움, 사견×, 형성○		평온, 혀 의식	
		평온, 사견○, 형성×		고통, 몸 의식	
		평온, 사견○, 형성○		평온, 접수	
		평온, 사견×, 형성×		평온, 조사	
		평온, 사견×, 형성○		**원인 없는 선 과보 8**	**원인 없는 작용 3**
				평온, 눈 의식	평온, 오문전향
		성냄뿌리 2		평온, 귀 의식	평온, 맘문전향
		근심, 적의○, 형성×		평온, 코 의식	즐거움, 미소짓는
		근심, 적의○, 형성○		평온, 혀 의식	
				행복, 몸 의식	
		어리석음뿌리 2		평온, 접수	
		평온, 의심		즐거움, 조사	
		평온, 들뜸		평온, 조사	
				원인 있는 선 과보 8	**원인 있는 작용 8**
			즐거움, 지혜○, 형성×	즐거움, 지혜○, 형성×	즐거움, 지혜○, 형성×
			즐거움, 지혜○, 형성○	즐거움, 지혜○, 형성○	즐거움, 지혜○, 형성○
			즐거움, 지혜×, 형성×	즐거움, 지혜×, 형성×	즐거움, 지혜×, 형성×
			즐거움, 지혜×, 형성○	즐거움, 지혜×, 형성○	즐거움, 지혜×, 형성○
			평온, 지혜○, 형성×	평온, 지혜○, 형성×	평온, 지혜○, 형성×
			평온, 지혜○, 형성○	평온, 지혜○, 형성○	평온, 지혜○, 형성○
			평온, 지혜×, 형성×	평온, 지혜×, 형성×	평온, 지혜×, 형성×
			평온, 지혜×, 형성○	평온, 지혜×, 형성○	평온, 지혜×, 형성○
	색계 15		초선정	초선정	초선정
			제2선정	제2선정	제2선정
			제3선정	제3선정	제3선정
			제4선정	제4선정	제4선정
			제5선정	제5선정	제5선정
	무색계 12		공무변처	공무변처	공무변처
			식무변처	식무변처	식무변처
			무소유처	무소유처	무소유처
			비상비비상처	비상비비상처	비상비비상처
출세간	출세간 40		수다원도 1-5선정	수다원과 1-5선정	
			사다함도 1-5선정	사다함과 1-5선정	
			아나함도 1-5선정	아나함과 1-5선정	
			아라한도 1-5선정	아라한과 1-5선정	

마음 장의 결어

Iti abhidhammatthasaṅgahe cittasaṅgahavibhāgo nāma Paṭhamo paricchedo.

해 석

아비담맛타상가하에서 마음의 집론이라고 하는 첫 번째 판별은 이와 같다.

대 역

Abhidhammatthasaṅgahe『아비담맛타상가하』에서; 아비담마 7권에서 설해진 의미를 요약해 취할 곳은 취하고 모을 곳은 모아서 『아비담맛타상가하』라고 불리는 문헌에서 cittasaṅgahavibhāgo nāma마음의 집론에 대한 분석이라고 하는; 마음의 집론을 분석한 것이라는 paṭhamo 첫 번째인 paricchedo판별은 iti이와 같다; 이와 같이 끝났다.

부 록

부록 I

번역술어 해설

ǀ kusala는 '선'으로 번역했습니다. 이 단어는 뒤에 '법', '업', '마음' 등 많은 단어와 결합하기 때문에 간략하게 번역하는 것이 좋다고 판단했습니다. 아비담마 문헌을 읽는 독자이기 때문에 단지 '착하다'라는 뜻으로 이해하는 경우는 드물 것입니다. 혹시 혼동의 염려가 있는 jhāna는 '선정'으로 번역했습니다.

예) 선법, 선업, 선 마음(cf. 선정 마음)

ǀ akusala는 '불선'으로 번역했습니다.

예) 불선법, 불선업, 불선 마음

ǀ kusala, akusala와 연관되는 abyākata는 '비확정'으로 번역했습니다. '선이나 불선으로 확정해서 말해지지 않은'이라는 뜻입니다.

예) 비확정법

ǀ dhamma는 '법', 혹은 '가르침'으로 번역했습니다. dhamma의 의미를 어떤 문헌에서는 14가지로 밝혔습니다.(AbṬ.784게) 그렇게 각각 다양한 문장에서 부처님께서는 나타내는 의미에 따라 바꾸지 않고 'dhamma'라는 단어로만 표현하셨습니다.

예) 법 거듭관찰, 깨달음 동반법, 법 상속자

▮ saṅkhāra는 '형성'으로 번역했습니다. 어원 자체가 '형성시키다'에서 파생됐고, 여러 의미로 쓰이기 때문에 형성으로 번역한 뒤 더 구체적인 의미는 설명이나 주석으로 밝혔습니다.

예) 형성 무더기, 형성 취착무더기, 형성 있는 마음

▮ bhavaṅga는 '존재요인'으로 번역했습니다. '존재bhava의 구성요소aṅga'라는 단어분석에 따라 구성요소를 '요인'으로 간추렸습니다.

예) 존재요인 역할, 존재요인 마음

▮ paramattha는 '절대 성품'으로 번역했습니다. 이전 불방일에서 펴낸 문헌에서는 '실재성품'으로 번역했는데, '고정불변하는 실체'라고 오해할 여지가 있다는 내용을 받아들여서[240] 바꿨습니다. 하지만 '궁극'이라고 하면 '더 이상 분해할 수 없는'이라는 의미가 강해집니다. '물질'은 절대 성품이지만 근본물질과 파생물질로 나눌 수 있습니다. 그래서 '절대로 옳은 성품'이라는 뜻으로 '절대 성품'으로 번역했습니다.

예) 절대 성품법

▮ saṁvega는 '경각심驚覺心'으로 번역했습니다. 이 단어는 원래 '놀라다saṁvijjati'라는 단어에서 유래했습니다. 단순히 사자 등을 보고 놀라는 것은 마음동요 경각심cittutrāsa saṁvega이고 법체로는 성냄dosa일 뿐입니다. 악행을 행하는 것을 두려워하는 것은 두려움 경각심ottappa saṁvega이고 법체로는 두려움ottappa입니다. 선행, 특히 수행을 하도

240 『아비담마 길라잡이』 제1권, p.90 참조.

록 놀라게 하고 경책하고 깨닫게 하는 것은 지혜 경각심ñāṇa saṁvega입니다. 법체로는 두려움과 결합한 어리석음없음amoha, 즉 통찰지 마음부수입니다. 특히 아라한들이 갖춘 지혜 경각심을 '법 경각심dhamma saṁvega'이라고 합니다.[241] 그래서 '경각심驚覺心'에서 '경각'은 한자로 보통 '警覺'으로 표현하지만 '놀라다'라는 의미를 표현하기 위해 '驚覺'이라고 표현했습니다. 그리고 성냄, 두려움, 지혜 등 여러 법체가 포함되기 때문에 정신법들의 대표인 마음을 덧붙여서 '경각심'이라고 번역했습니다. '경각심'이라는 단어가 많이 사용되기도 하고 특히 수행과 관련된 지혜 경각심은 법체가 '지혜'이기 때문에 '覺'이라는 표현과도 잘 어울립니다.

❙ mano는 '맘'으로 번역했습니다. 'mano'는 '생각함manana'이라는 단어에서 유래했습니다. '단지 아는 성품'을 뜻합니다.(mananamattaṁ mano 단지 아는 것을 'mano'라고 한다.) 법체로는 'citta', 'viññāṇa'와 동일합니다. 하지만 부처님께서 각각 상황에 따라 다른 표현을 하셨기 때문에 되도록 빠알리어 원어를 가늠할 수 있도록 'citta'를 마음으로, 'viññāṇa'를 '의식'으로 번역했고, 'mano'라는 단어에 대한 역술어를 고민한 끝에 '맘'이라는 용어를 선택했습니다. '마노'와 소리도 비슷하고, 다른 단어와 결합하기에도 적당합니다.

예) 맘문전향, 맘 의식, 맘 감각장소, 맘 요소

241 『부처님을 만나다』, pp.338~339; 『가르침을 배우다』, p.379 참조.

‘viññāṇa’는 ‘의식意識’으로 번역했습니다. “vijānātīti viññāṇaṁ 분별해서 알기 때문에 ‘의식’이라고 한다”라는 단어분석에서 알 수 있듯이 ‘의식’은 ‘분별해서 안다’는 뜻을 나타냅니다.

다섯 의식 쌍前五識 10가지는 현재, 직접paccakkha 분명한 대상들을 보는 것 등의 작용이 있기 때문에 어느 정도 분별해 아는 작용과 결합합니다. 따라서 분별해서 아는 힘이 있는 ‘viññāṇa’라는 단어로 특별히 보여 눈 의식cakkhuviññāṇa · 眼識 등으로 불립니다. 또한 단지 아는 것만이 아니기 때문에 ‘mano’라는 단어로는 부르지 않습니다.

오문전향과 접수 마음 2가지는 다섯 문에서 단지 전향하는 것, 받아들이는 것만 행할 수 있습니다. 그러한 전향, 접수 작용들은 그리 큰 작용이 아닙니다. 따라서 ‘vijānana’, ‘viññāṇa’라고 특별하게 부를 수 없습니다. 단지 아는 것 정도만이기 때문에 맘 요소manodhātu · 意界라고 부릅니다.

조사 등의 나머지 76가지 마음은 조사, 결정, 속행, 여운, 재생연결 등의 작용을 수행합니다. 그래서 매우 특별한 ‘vijānana’ 힘과 결합합니다. 따라서 조사 등의 마음은 오문전향과 접수 마음처럼 단지 아는 ‘mano’ 정도가 아닙니다. 또한 다섯 의식 쌍 10가지 마음처럼 단지 ‘의식’ 정도도 아닙니다. ‘mano’라는 단어와 ‘vinnāṇa’라는 단어, 2가지로 특별하기 때문에 ‘맘 의식 요소manoviññāṇa dhātu · 意識界’라고 부릅니다. ‘매우 특별하게 아는 요소’라는 뜻입니다. 이것은 의미가 비슷한 두 단어를 함께 사용해 매우 특별한atisaya 의미를 보이는 것입니다. 예를 들면 ‘devadevo 천신 중의 천신’, ‘brahmabrahmā 범천 중의 범천’ 등의 표현이 있습니다.[242]

242 『아비담마 해설서』 제1권, 2009, pp.420~421; *Ashin Janakā Bhivaṁsa*, 『*Thinghyouk Bhāsāṭīkā*(아비담맛타 상가하 집론서)』, pp.205~206; 『위빳사나 수행방법론』 제1권, p.422 주426 참조.

❙ 'sikkhā'를 수련修練으로, 'sekkha'를 수련자修練者로, 'asekkha'를 완수자完修者로 번역했습니다. sikkhā를 '공부지음'이나 '배움'으로 보통 번역하는데 이렇게 번역하면 뒤에 이와 관련된 'sekkha'나 'asekkha'를 통일성 있게 번역하기가 힘들어집니다. 그래서 sikkhā를 먼저 '닦고 실천하는 것'이라는 의미로 '수련'으로 번역했습니다. 계와 삼매와 통찰지라는 세 가지 'sikkhā'는 '세 가지 수련三學'이라고 번역했습니다.

그리고 'sekkha'는 보통 유학有學이라고 표현하지만 앞의 sikkhā와 관련성도 드러나지 않고 '유학儒學'으로 오해할 여지가 있어서 '아직 수행할 것이 남아서 계속 수행하고 있는 이'라는 의미로 수련자라고 번역했습니다.

'asekkha'는 보통 무학無學이라고 표현하지만 역시 앞의 sikkhā와 관련성도 드러나지 않고 기존의 한문 불교 용어에 익숙하지 않은 이들에게는 생소할 수 있어서 '해당 학문의 과정이나 과목을 순서대로 공부해서 마친 사람'이라는 의미로 '완수자'라고 번역했습니다.

❙ 'hiri'를 부끄러움으로, 'ottappa'를 두려움으로 번역했습니다. 원래 hiri는 자신의 지위를 생각해서 악행을 저지르는 것을 부끄러워하는 성품이고, ottappa는 악행의 나쁜 과보를 생각해서 악행을 저지르는 것을 두려워하는 성품입니다. 이전의 번역본에서는 '부끄러움'을 사람들 앞에 나서는 것 등을 부끄러워하는 성품으로 오해할 수 있어 '도덕적 부끄러움'으로, 두려움도 사자를 두려워하는 것 등으로 오해할 수 있어 '도덕적 두려움'으로 표현했지만, 한 번 설명을 들으면 충분히 이해할 수 있을 것이라 생각해서 아비담마 번역본에서는 '부끄러움', '두려움'이라고 번역했습니다.

부록 Ⅱ

보충 설명

마음부수 52가지

공통 마음부수 13가지

- 공통 반드시들 7가지

1. 접촉phassa·觸
2. 느낌vedanā·受
3. 인식saññā·想
4. 의도cetanā·思
5. 하나됨ekaggatā·一境性
6. 생명기능jīvitindriya·命根
7. 마음기울임manasikāra·作意

- 공통 때때로들 6가지

8. 사유vitakka·尋
9. 고찰vicāra·伺
10. 결심adhimokkha·勝解
11. 정진vīriya·精進
12. 희열pīti·喜
13. 열의chanda·欲

불선 마음부수 14가지

• 불선 반드시들 4가지

14. 어리석음moha·痴
15. 부끄러움없음ahirika·無慚
16. 두려움없음anottappa·無愧
17. 들뜸uddhacca·悼擧

• 불선 때때로들 10가지

◆ 탐욕 관련 3가지

18. 탐욕lobha·貪
19. 사견diṭṭhi·邪見
20. 자만māna·慢

◆ 성냄 관련 4가지

21. 성냄dosa·瞋
22. 질투issā·嫉
23. 인색macchariya·慳
24. 후회kukkucca·惡作

◆ 해태 관련 2가지

25. 해태thīna·懈怠
26. 혼침middha·昏沈

◆ 의심 1가지

27. 의심vicikicchā·疑

아름다운 마음부수 25가지

• 아름다운 반드시들 19가지

28. 믿음saddhā·信
29. 새김sati·念
30. 부끄러움hiri·慚
31. 두려움ottappa·愧
32. 탐욕없음alobha·無貪
33. 성냄없음adosa·無瞋
34. 중립tatramajjhattatā·捨
35. 몸*의 경안kāyapassaddhi·身輕安
36. 마음의 경안cittapassaddhi·心輕安
37. 몸의 가벼움kāyalahutā·身輕快性
38. 마음의 가벼움cittalahutā·心輕快性
39. 몸의 부드러움kāyamudutā·身柔軟性
40. 마음의 부드러움cittamudutā·心柔軟性
41. 몸의 적합함kāyakammaññatā·身適業性
42. 마음의 적합함cittakammaññatā·心適業性
43. 몸의 능숙함kāyapāguññatā·身練達性
44. 마음의 능숙함cittapāguññatā·心練達性
45. 몸의 올곧음kāyujukatā·身端直性
46. 마음의 올곧음cittujukatā·心端直性

*35~45의 '몸'은 '마음부수'를 뜻한다.

- 아름다움 때때로들 6가지
  - 절제virati·節制 3가지
    - 47. 바른 말sammāvācā·正語
    - 48. 바른 행위sammākammanta·正業
    - 49. 바른 생계sammāājīva·正命
  - 무량appamaññā·無量 2가지
    - 50. 연민karuṇā·憐憫
    - 51. 같이 기뻐함muditā·隨喜
  - 미혹없음amoha·無痴 1가지
    - 52. 통찰지 기능paññindriya·慧根

인식과정

눈 문 인식과정

눈 문에 매우 큰 형색 대상이 드러나면 다음의 차례로 인식과정이 진행됩니다.

1. 경과 존재요인atīta bhavaṅga
2. 동요 존재요인bhavaṅga calana
3. 단절 존재요인bhavaṅga uccheda
4. 오문 전향pañcadvāra āvajjana
5. 눈 의식cakkhu viññāṇa
6. 접수sampaṭicchana
7. 조사santīraṇa
8. 결정voṭṭhapana

9~15. 속행javana

16~17. 여운tadārammaṇa

욕계 맘 문 인식과정

맘 문에 선명한 법 대상이 드러나면 경과 존재요인이 한 번 지나가지 않는 경우*에 다음의 차례로 인식과정이 진행됩니다.

1. 동요 존재요인bhavaṅga calana
2. 단절 존재요인bhavaṅga uccheda
3. 맘문 전향manodvāra āvajjana

4~10. 속행javana

11~12. 여운tadārammaṇa

*경과 존재요인이 한 번 지나가지 않는 법 대상에는 ① 마음 · 마음 부수, ② 열반 · 개념, ③ 과거 · 미래의 물질, ④ 현재 추상적 물질이 있습니다. 현재 구체적 물질 중 일부는 그 물질이 생겨날 때 경과 존재요인에 떨어지지 않고 드러날 수 있으나 일부 물질은 그 물질이 생겨난 후 경과 존재요인이 어느 정도 지나가야 맘 문에 드러납니다.

물질 28가지

구체적 물질nipphanna rūpa 18가지

- 근본 물질bhūta rūpa·大種 四大 4가지
  1. 땅 요소paṭhavī dhātu·地界
  2. 물 요소āpo dhātu·水界
  3. 불 요소tejo dhātu·火界
  4. 바람 요소vāyo dhātu·風界
- 감성 물질pasāda rūpa·淨色 5가지
  5. 눈 감성물질cakkhu pasāda·眼淨
  6. 귀 감성물질sota pasāda·耳淨
  7. 코 감성물질ghāna pasāda·鼻淨
  8. 혀 감성물질jivhā pasāda·舌淨
  9. 몸 감성물질kāya pasāda·身淨
- 대상 물질gocara rūpa·行境色 4가지
  10. 형색rūpa·色
  11. 소리sadda·聲
  12. 냄새gandha·香
  13. 맛rasa·味
- 성 물질bhāva rūpa·性色 2가지
  14. 여성물질itthibhāva·女性
  15. 남성물질pumbhāva·男性
- 심장 물질hadaya rūpa·心腸色 1가지
  16. 심장 토대hadaya vatthu·心基

• 생명 물질jīvita rūpa·命色 1가지

17. 생명 기능jīvitindriya·命根

• 음식 물질āhāra rūpa·食色 1가지

18. 영양분ojā·食素

추상적 물질anipphanna rūpa 10가지

• 한정 물질pariccheda rūpa·限定色 1가지

19. 허공 요소ākāsa dhātu·空界

• 암시 물질viññatti rūpa·表色 2가지

20. 몸 암시kāya viññatti·身表色

21. 말 암시vacī viññatti·口表色

• 변화 물질vikāra rūpa·變化色 3가지

22. 물질의 가벼움rūpassa lahutā·色輕快性

23. 물질의 부드러움rūpassa mudutā·色柔軟性

24. 물질의 적합함rūpassa kammaññatā·色適業性

• 특성 물질lakkhaṇa rūpa·相色 4가지

25. 생성upacaya·積集

26. 상속santati·相續

27. 쇠퇴jaratā·老性

28. 무상함aniccatā·無常性

• 근본 물질 4가지를 제외한 나머지 24가지 물질을 파생 물질upādāya rūpa·所造色이라고 한다.

31 탄생지

탄생지 31			영 역				수 명
무색계 탄생지		4		31		비상비비상처천	84,000대겁
				30		무소유처천	60,000대겁
				29		식무변처천	40,000대겁
				28		공무변처천	20,000대겁
색계탄생지		16	4선정천	27	정거천	색구경천	16,000대겁
				26		선견천	8,000대겁
				25		선현천	4,000대겁
				24		무열천	2,000대겁
				23		무번천	1,000대겁
				22		무상유정천	500대겁
				21		광과천	500대겁
			3선정천	20		변정천	64대겁
				19		무량정천	32대겁
				18		소정천	16대겁
			2선정천	17		광음천	8대겁
				16		무량광천	4대겁
				15		소광천	2대겁
			초선정	14		대범천	1아승기겁
				13		범보천	1/2아승기겁
				12		범중천	1/3아승기겁
욕계탄생지 11	욕계선처 7	6	육욕천	11		타화자재천	16,000천상년
				10		화락천	8,000천상년
				9		도솔천	4,000천상년
				8		야마천	2,000천상년
				7		도리천	1,000천상년
				6		사대왕천	500천상년
		1	인간	5		인간	정해지지 않음
	악처	4	악처	4		아수라 무리	정해지지 않음
				3		아귀계	정해지지 않음
				2		축생계	정해지지 않음
				1		지옥	정해지지 않음

4가지 분석지와 6가지 신통지

4가지 분석지paṭisambhidā · 四無碍解는 분명하게 구분해서 아는 4가지 분석적인 통찰지다.

① 뜻 분석지attha paṭisambhidā · 義無碍解: 말하려는 의미나 결과법들을 자세히 구분해서 아는 지혜

② 법 분석지dhamma paṭisambhidā · 法無碍解: 말 자체나 원인법들을 자세히 구분해서 아는 지혜

③ 언어 분석지nirutti paṭisambhidā · 詞無碍解: 여러 언어, 특히 빠알리어를 자세히 구분해서 아는 지혜

④ 영감 분석지paṭibhāna paṭisambhidā · 辯無碍解: 3가지 모든 지혜에 대해 자세히 구분해서 아는 지혜, 즉 어떤 상황이 발생했을 때 그것에 관한 비유, 근거, 적당한 단어들이 빠르게 드러나는 지혜

6가지 신통지abhiññā는 보통 사람의 수준을 초월한 특별한 능력과 관련된 6가지 지혜다.

① 신족통지iddhividhañāṇa · 神足通智: 여러 몸을 나투거나 하늘을 날아가는 등의 신통지

② 천안통지dibbacakkhuñāṇa · 天眼通智: 보통의 눈으로는 볼 수 없는 대상을 보거나 다른 중생들이 죽고 태어나는 것을 보는 신통지

③ 천이통지dibbasotañāṇa · 天耳通智: 보통의 귀로는 들을 수 없는 여러 소리를 듣는 신통지

④ 타심통지cetopariyañāṇa · 他心通智: 다른 이의 마음을 아는 신통지

⑤ 숙명통지pubbenivāsānussatiñāṇa · 宿命通智: 전생을 기억하는 신통지

⑥ 누진통지āsavakkhayañāṇa · 漏盡通智: 모든 번뇌가 다한 지혜

업의 종류 4가지

업은 과보를 받게 하는 시간에 따라 다음과 같이 4종류로 구분합니다.

① 현생감수업diṭṭhadhammavedanīyakamma · 現生感受業: 현생에 과보를 받게 합니다.

② 차생감수업upapajjavedanīyakamma · 次生感受業: 바로 다음생에 과보를 받게 합니다.

③ 반복감수업aparāpariyavedanīyakamma · 反復感受業: 세 번째 생부터 계속해서 과보를 받게 합니다.

④ 무효업ahosikamma · 無效業: 과보를 받게 하지 못합니다.[243]

243 『아비담마 길라잡이』 제1권, pp.503~505; 『가르침을 배우다』, pp.327~329 참조.

7가지 범계

비구나 비구니의 범계에는 7가지가 있습니다.

① 추방죄pārājika · 波羅夷罪

4가지가 있으며 이 죄를 범하면 승단에서 축출됩니다.

② 승단잔류죄saṅghādisesa · 僧殘罪

13가지가 있으며 이 죄를 범하면 그 죄를 숨긴 날수만큼 격리돼 생활해야 하는 격리처벌parivāsa를 받은 후, 6일 동안 다시 격리돼 참회하면서 생활해야 하는 참회처벌mānatta을 또 받고, 마지막으로 20명의 승가 앞에서 원상회복의 절차를 거쳐 출죄됩니다.

③ 추악죄thullaccaya · 粗罪

추방죄와 승단잔류죄를 범하려다가 미수로 끝난 죄입니다. 이 죄를 범하면 분명히 실토해 죄를 명백히 드러낸 후 그 죄목에 해당되는 처벌을 받고 출죄됩니다.

④ 속죄죄pācittiya · 單墮罪

92가지가 있으며 참회하는 것으로 출죄됩니다.

⑤ 고백죄pāṭidesanīya · 悔過罪

4가지가 있으며 참회하는 것으로 출죄됩니다.

⑥ 악설죄dubbhāsita · 惡說罪

모욕하려는 의도 없이 종족 등에 대해 농담했을 때 적용되는 죄입니다. 참회하는 것으로 출죄됩니다.

⑦ 악작죄dukkaṭa · 惡作罪

75가지 수련항목sekhiya을 범한 경우의 죄입니다. 참회하는 것으로 출죄됩니다.

이외에 부정죄aniyata · 不定罪(죄는 불분명하지만 혐의를 받을 만한 죄), 상실죄nissaggiya · 喪失罪(얻은 것을 버리고 난 뒤 속죄해야 하는 죄)가 있습니다.[244]

25가지 두려움

① 친척의 무너짐
② 질병의 괴롭힘
③ 재산의 무너짐
④ 계의 무너짐
⑤ 견해의 무너짐, 이상 5가지 무너짐
⑥ 왕의 두려움
⑦ 도둑의 두려움
⑧ 원수의 두려움
⑨ 기근의 두려움
⑩ 불의 두려움
⑪ 물의 두려움
⑫ 파도의 두려움
⑬ 소용돌이의 두려움
⑭ 악어의 두려움
⑮ 꿈빌라Kumbhīla · 蛟龍의 두려움
⑯ 자책의 두려움
⑰ 타인의 비난 두려움

244 『청정도론』 제1권, p.159; 용어는 전재성 역주, 『비나야삐따까』, pp.44~47 참조.

⑱ 처벌의 두려움

⑲ 사악도의 두려움

⑳ 대중 속에서 떳떳하지 못한 두려움

㉑ 삿된 생계로 인한 두려움

㉒ 태어남의 두려움

㉓ 늙음의 두려움

㉔ 병듦의 두려움

㉕ 죽음의 두려움[245]

245 『*Visuddhimagga Myanmarpyan*(위숫디막가 미얀마어 번역)』 제4권, pp.592~593 주3 참조.

부록 Ⅲ

빠알리어에 대해

부처님께서 출현하시기 전에 이미 인도 중부지방에는 마가다어Māgadhabhāsā가 사용되고 있었습니다. 마가다국 사람들이 사용하는 언어라서 마가다어라고 불렸습니다. 이 마가다어는 범천들이 사용하는 언어라서 우주가 무너져도 무한한 공간 세상에서 사라지지 않는 '고유성품표현어sabhāva niruttibhāsā'입니다.

Sā māgadhī mūlabhāsā, narā yāyādikappikā.
Brahmāno cāssutālāpā, sambuddhā cāpi bhāsare.

(Padarūpasiddhi, 41)

해 석

그 마가다어, 근본언어니
겁초에 태어난 사람들이나
범천이나 다른 언어 못 들은 이들이나
또한 정등각자가 그 말을 한다네.

대 역

Yāya어떤 언어로 ādikappikā겁초에 태어난 narā사람들이나 brahmāno ca범천이나 assutālāpā다른 언어를 들어보지 못한 이들이나 sambuddhā cāpi정등각자가 bhāsare 말을 하는데, māgadhī마가다국에 속하는 sā그 언어가 mūlabhāsā기본이 되는 언어이다.

마가다어를 익히는 이, 마가다어로 표현된 문헌을 배우는 것은 언어분석지niruttipaṭisambhidāñāṇa를 얻는 데 바탕이 됩니다. 언어분석지를 얻은 이는 따로 배우지 않고도 여러 언어의 문법과 어휘에 능통합니다. 그래서 부처님들께서 출현하셨을 때는 마가다어로만 법을 설하십니다.

그러한 마가다어는 'sīla' 등 거룩한 법들을 표현하는pa 부처님의 말씀 차례라서āḷi 빠알리어pāḷibhāsā라고 불립니다.(SdṬ.i.77) 혹은 부처님의 가르침을 보존하고 보호하는 언어라서(pā+ḷi) 빠알리어라고 불립니다. 이러한 의미에 따라서 빠알리어란 마가다어 전체를 뜻하지 않고 성전이나 주석서, 복주서 등 거룩한 부처님의 가르침을 뜻합니다.[246]

246 *Dhammacariya U Ei Nain*, 『*Buddha Abhidhammā mahānidān*』, pp.27~28.

부록 Ⅳ

아비담마는 부처님의 직설이다

"아비담마는 부처님의 직설이다"라는 사실은 여러 문헌을 통해 알 수 있습니다. 그중 특히 『담마상가니 주석서』에서 이 사실을 분명히 밝히고 있습니다. 먼저 서문에서 아비담마는 부처님의 직설임을 언급한 뒤 다양한 근거를 제시하고 있습니다.

율장을 통한 근거로 "(계율을) 비방할 의도가 없이 '그대는 경이나 게송이나 아비담마를 배우고 나중에 율을 배우시오'라고 말하는 것은 범계가 아니다"라는 비구 속죄죄의 구절과(Vin.ii.188/§442) "(비구니가) 경에 관한 질문을 허락받은 뒤 아비담마나 율에 대해 질문하거나, 아비담마에 관한 질문을 허락받은 뒤 경이나 율에 대해 질문하거나, 율에 관한 질문을 허락받은 뒤 경이나 아비담마에 대해 질문하면 속죄죄를 범한 것이다"라는 비구니 속죄죄의 구절을(Vin.ii.460/§1221) 들었습니다.

이어서 경장을 통한 근거로는 "도반 사리뿟따여, 여기 두 비구가 있어 아비담마에 대해 논의를 하는데 그들은 서로에게 질문을 하고 각자 받은 질문에 대답합니다. 흐리멍덩하지[247] 않습니다. 법과 관련된 그들의 대화는 계속됩니다. 도반 사리뿟따여, 이러한 비구가 고싱가살라 숲을 빛나게 합니다"라는 「마하고싱가살라숫따Mahāgosiṅgasālasutta(고싱

247 'saṁsārenti'라고 읽으면 질문과 대답을 확실하게 하지 못한 채 흐리멍덩한 것을 말한다. 'saṁsādenti'라고 읽으면 트집을 잡으려고 하는 것을 말한다. *Ashin Janakā Bhivaṁsa*, 『*Aṭṭhasālinī Bhāsāṭīkā*』, 제1권, pp.128 참조.

가살라 숲 긴 경)」의 구절을(M32/M.i.343) 들었습니다.

『담마상가니 주석서』에서는 이 내용에 대해 "아비담마를 논하는abhidhammikā 비구들이야말로 참으로 법을 논하는 이들dhammakathikā이다"라는 등으로 설명했습니다.

그리고 「마하고싱가살라숫따」 외에도 「상기띠숫따Saṅgītisutta(합송경)」 등 11경에 아비담마라는 용어가 나옵니다.[248]

『담마상가니 주석서』에서는 이어서 아비담마가 부처님의 직설이 아니라고 주장하는 것의 허물을 분명하게 밝힙니다.

> "아비담마를 거부하는 자는 이 승자의 바퀴jinacakka에 주먹을 날리는 것이고, 일체지를 거부하는 것이고, 스승의 무외지vesārajjañāṇa를 되돌리는 것이고, (법을) 듣고자 하는 대중에게 잘못 말하는 것이고, 성스러운 도에 장애물을 설치하는 것이고, (승단이) 분열되게 하는 18가지 사유 중 하나에 분명하게 해당돼 권리정지ukkhepanīya갈마나 견책tajjanīya갈마를[249] 받게 된다. 이 업을 지은 뒤에는 '가시오. 먹다 남은 음식을 먹는 자로 살아가시오'라고 하면서 축출돼야 한다."(DhsA.29)

그리고 "만일 아비담마가 부처님께서 설하신 것이라면 왜 다른 경들처럼 '한때 세존께서는 라자가하에 머무셨다'라는 등으로 기원을 밝히지 않았는가"라고 반문한 뒤 "『자따까』와 『숫따니빠따』와 『담마빠다』 등

248 자세한 내용은 각묵 스님 옮김, 『담마상가니』 제1권, p.48 참조.
249 『비나야삐따까』, pp.47~48 참조.

도 기원을 밝히지 않았다. 그렇다고 그 경들이 부처님께서 설하시지 않은 것이 아니다"라고 반박했습니다.

마지막으로 "아비담마는 이러한 부처님들만의 영역이지 다른 이들의 영역이 아니다"라고 마무리했습니다.(DhsA.29)[250]

250 "아비담마는 부처님의 직설이다"라는 부록 내용은 각묵 스님 옮김, 『담마상가니』 제1권, pp.46~49를 주로 참조했다. 참고문헌의 페이지가 다른 것은 PTS 본과 제6차 결집본과의 차이이다. 중요한 내용의 번역은 『*Aṭṭhasālinī Bhāsāṭīkā*』, 제1권, pp.128~134를 참조했다.

편역자 후기

이 세상에는 광대하여 바다에 비유할 수 있는 것이 네 가지 있습니다. 윤회의 바다, 물의 바다, 방법의 바다, 지혜의 바다입니다. 그중에서 아비담마를 방법의 바다nayasāgara라고 합니다. 아비담마라는 무한한 바다를 믿음과 존경심을 갖추고 지혜가 예리한 선남자들이 숙고하면 한없는 희열과 즐거움이 일어나기 때문입니다.(DhsA.11)

부처님께서 먼저 그 바다를 보여주셨습니다. 오랫동안 덮여 있던 방법의 바다가 드디어 세상에 드러났습니다. 1만 우주의 천신과 범천들이 아비담마 바다의 맛을 처음 만끽했고, 사리뿟따 존자와 제자 500명도 비슷한 시기에 그 맛을 보았습니다. 이후로도 열의를 가진 많은 참사람들이 그 바다로 나아가 마음껏 즐겼습니다. 그중에서 연민과 지혜를 갖춘 이들은 자신만 즐기는 것에 그치지 않고 후대의 많은 이들도 심오하고 복잡한 아비담마 방법의 바다를 헤쳐 나가고 즐길 수 있도록 다양한 '항해 지도'를 남겼습니다.

그 항해 지도 중 하나가 아누룻다 존자(12세기 이전)가 남기신 『아비담맛타상가하』입니다. 한국마하시선원에서는 2008년 5월 20일부터 매주 2시간씩 이 지도를 지침으로 한국마하시 우 소다나 사야도 선장을 따라 아비담마의 바다를 항해하기 시작했습니다. 2021년 5월 현재 어느덧 햇수로 13년, 횟수로는 460강이 넘었고, 지금은 『아비담맛타상가하』 전체 9장 중 8장 강의가 진행 중입니다.

사실『아비담맛타상가하』원본은 매우 얇아서 '손가락 두께 주석서'라고 불릴 정도로(본서 332쪽) 그리 광범위한 책은 아닙니다. 핵심만 전하고자 했다면 강의하는 데 그리 오랜 시간이 필요하지 않을 것입니다.

하지만 이 책의 의미를 완벽하게 알면 아비담마뿐만 아니라 교학과 수행을 포함한 부처님의 가르침 전체를 아는 데 큰 도움이 됩니다. 그래서 우 소다나 사야도께서는 시간에 구애받지 않고 관련된 경전 내용(본서 207쪽,「마가데와숫따」등), 일화(본서 157쪽, 까삘라 일화 등), 경각심을 일으키는 내용(본서 288쪽, 와나와시 사미의 일화 등), 위빳사나 수행과 관련된 내용(본서 193쪽, 다섯 의식과 위빳사나 등), 더 나아가 아비담마를 배울 때 주의해야 할 점(본서 156쪽) 등을 삼장에 관한 풍부한 지식과 장엄한 표현으로 차근차근 강의하셨습니다.

본 강의는 개인적인 견해가 아니라 미얀마의 여러 수준 높은 아비담마 해설서들을 참조한 것입니다. 우 소다나 사야도께서는 더 좋은 강의를 전하고자 매년 미얀마를 방문할 때마다 아비담마와 관련된 중요 문헌들을 구해 오셨습니다. 때문에 이 책을 읽는 한국 불자들은 레디 사야도, 마하시 사야도의 집필서를 비롯해 오랜 세월에 걸쳐 널리 알려진, 중요한 미얀마 문헌들을 접할 수 있습니다.

이제『아비담마 강의』출판의 첫걸음을 내딛습니다. 제1장은 마음에 관한 내용입니다. 제1장을 잘 이해해야 아비담마 전체를 잘 이해할 수 있기 때문에 우 소다나 사야도께서는 제1장을 다양하고 광범위하게 설하셨습니다. 그래서 제1장은 한 권으로 정리했고, 이후에는 여러 장을 묶어서 출간할 예정입니다. 지면 관계상 편집 과정에서 생략할 수밖에 없었던 좋은 내용이 많이 있으니 한국마하시선원 네이버 카페에 차례대로 게시된 법문을 직접 듣기를 권합니다.

이 책은 우 소다나 사야도가 계시지 않았다면 나오지 못했을 것입니다. 출간을 위해 원고를 정리하다 보니 문득 사야도와 함께 강의를 준비해 왔던 일들이 떠오릅니다. 아비담마 강의 통역을 하는 저는 혹시나 잘못 전달할까 염려스러워 강의 내용을 미리 알려달라고 사야도께 부탁드렸습니다. 사야도께서는 여러 자료를 참조해서 강의안을 노트에 친필로 적어 강의 전날 저에게 건네주셨습니다. 강의안을 받으러 사야도의 방에 들어갈 때마다 관련된 문헌들이 책상에 수북이 쌓여 있는 것을 볼 수 있었습니다. 2002년에 위빳사나 수행방법과 테라와다의 정법을 전하고자 한국에 오신 뒤 그 의무를 실천하기 위해 혼신의 노력을 해주신 사야도께 우선 감사의 예경을 올립니다.

언제나 감사한 분들이 많습니다. 법산스님과 범라스님 등 여러 큰스님, 일묵스님을 비롯한 도반스님들, 또한 각묵스님과 대림스님, 전재성 박사님을 비롯해 빠알리 문헌들을 훌륭하게 번역해 주신 많은 분께 감사드립니다.

그리고 한국마하시선원에서 아비담마 강의를 시작하도록 권청해 주신 난다마따 님과 오랜 시간 지속될 수 있도록 강의를 들어 주신 많은 분의 청법 선업에 사두를 외칩니다. 선원이 개원하고 자리를 잡는 데 아비담마 강의가 많은 도움이 됐습니다. 13년 동안 아비담마 강의를 들은 청법자 여러분들의 믿음과 정진에도 사두를 외칩니다. 청법자가 없다면 법문이 지속되지 않았을 것입니다. 그리고 제1장 강의를 녹취해 주신 완니따 님께도 사두를 외칩니다. 사투리가 섞인 통역자의 빠른 말을 녹취하느라 수고가 많으셨겠지만 그 선업이 출간의 바탕이 됐습니다.

아직 아비담마 강의가 완결되지 않아 책으로 펴내는 작업은 미루고 있을 때 강릉의 와야마 님의 '강력한 권청'이 있었습니다. 법문을 듣고 바로 법보시부터 하셔서 서둘러 1권이 나오게 됐습니다. 이 책을 출판하는 데 비용을 법보시해 주신 와야마 님과 가족분들의 신심에도 사두를 외칩니다.

그리고 한국마하시선원과 호두마을, 녹원정사 회원들을 비롯해 필수품과 법으로 불법을 뒷받침하면서 도움을 주신 여러 재가불자 여러분과 가족들, 끝으로 언제나 거친 문장을 잘 다듬어 주시는 홍수연 작가님, 꼼꼼히 원고를 교정해 주신 까루나 님, 향원 님, 수뭇따 님, 난다싸리 님, 담마뭇따 님, 좋은 책을 만들어 주신 나눔커뮤니케이션 관계자 여러분의 정성에도 사두를 외칩니다.

이 책을 읽는 독자,
아비담마 법문을 듣는 청법자,
여러분 모두가
방법의 바다라는
아비담마의 가르침을 통해
심오한 법의 맛을 만끽하기를.
또한 여기에 그치지 않고
위빳사나 수행을 실천하여
열반의 행복까지 누리기를.

불기 2565년 서기 2021년 5월
한국마하시선원과 호두마을을 오가며
비구 일창 담마간다Dhammagandha 삼가 씀

참고문헌

빠알리 삼장 및 번역본

The Chaṭṭha Saṅghāyana Tipitaka Version 4.0 (CST4), VRI.

Ashin Janaka Bhivaṁsa, 『Aṭṭhasālinī Bhāsāṭīkā』, Amarapūra, New Burma office Piṭakapounhneiktaik, 2002.

Ashin Paññissara, 『Aṅguttara Nikāya Pāḷito Nissaya』, Yangon, Mougounkinpounhneiktaik, 2010(3쇄).

Bhaddanta Sajjanā Bhivaṁsa, 『Itivuttaka Pāḷito Nissaya thi』, Yangon, Mougounkinpounhneiktaik, 2007.

Mahāsi Sayadaw, 『Visuddhimagga Myanmarpyan』 4vols, Yangon, Buddhasāsanānuggaha aphwe, 1992.

______________, 『Visuddhimagga Mahāṭikā Nissaya』 4vols, Yangon, Buddhasāsanānuggaha aphwe, 1968.

각묵스님 옮김, 『디가 니까야』 전3권, 초기불전연구원, 2006.

__________, 『상윳따 니까야』 전6권, 초기불전연구원, 2009.

__________, 『담마상가니』 전2권, 초기불전연구원, 2016.

대림스님 옮김, 『청정도론』 전3권, 초기불전연구원, 2004

__________, 『앙굿따라 니까야』 전6권, 초기불전연구원, 2006~2007.

동봉 역, 『밀린다왕문경』 ①, 민족사, 2003 (제3쇄)

마하시 사야도 지음, 비구 일창 담마간다 옮김, 『마하사띠빳타나숫따 대역』, 불방일, 2016.

비구 일창 담마간다 편역, 『빳타나-조건의 개요와 상설』, 불방일, 2018, 개정판.
__________, 『보배경 강설』, 불방일, 2020.
전재성 역주, 『청정도론-비쑷디막가』, 한국빠알리성전협회, 2018.
__________, 『비나야삐따까』, 한국빠알리성전협회, 2020.

문법류

Buddhappiya, 『Padarūpasiddhi』, CST4, VRI.

사전류

Ashin Aggadhammā Bhivaṁsa, 『Abhidhān Nissaya thi』, Yangon, Saccāmaṇḍainsapei, 1992(7쇄)
Nava Moggallāna, 『Abhidhānappadāpikāṭīkā』, CST4, VRI.
전재성, 『빠알리-한글사전』, 한국빠알리성전협회, 2005.

기타 참고도서

Ashin Janaka Bhivaṁsa, 『Thinghyouk Bhāsāṭīkā』, Amarapura, New Burma office Piṭakapounhneiktaik, 2002.
__________, 『Ṭīkā kyo Nissaya』, Amarapūra, New Burma office Piṭakapounhneiktaik, 2002.
Ashin Kumāra, 『Abhidhammatthasaṅgaha Pangoung』, Mhobhī, Sāsanawansaunkyaungtaik, 2015.

Dhammacariya U Ei Nain, 『Buddha Abhidhammā mahānidān』, Yangon, Alinthisapei, 2011.

Ledi Sayadaw, 『Anudīpanīpāṭha』, CST4, VRI.

__________, 『Paramatthadīpanī Myanmarpyan』, Mikhineravati saouktaik, 2010.(2쇄)

__________, 『Paramattha Saṁkheikyan』, Yangon, Mikhineravati saouktaik, 2012.(2쇄)

__________, 『Sāsanavisodhanī』, Monyuwa, Lediyaungyi computer sapei, 2002.

__________, 『Nibbānapucchāvisajjanā』, Yangon, Mikhineravati saouktaik, 2012.

Pathama Bākarā Sayadaw, 『Abhidhammatthasaṅgahapāṭha Nissaya』, Yangon, Sudhammavatī sāpounheiktaik, 1994 (12쇄).

Saya U Kyothwe, 『Mañjūsakapaṭṭhān』, Yangon, Sāsanāyeiwangyiṭhāna Sāsanāyeiujyiṭhāna pounheiktaik, 1984.

강종미 편역, 『아비담마 해설서』 전2권, 도다가 마을, 2009.

대림스님/각묵스님 옮김, 『아비담마 길라잡이』 전2권, 초기불전연구원, 2002, 전정판 2017.

마하시 사야도 법문, 비구 일창 담마간다 옮김, 『담마짝까 법문』, 불방일, 2019.

______________________, 『헤마와따숫따 법문』 불방일, 2020.

마하시 사야도 지음, 비구 일창 담마간다 옮김, 『위빳사나 수행방법론』 전2권, 불방일, 2016.

무념 · 응진 역, 『법구경 이야기』 전3권, 옛길, 2008.

비구 일창 담마간다 지음, 『부처님을 만나다』, 불방일, 2018(개정판 1쇄).

__________, 『가르침을 배우다』, 불방일, 2017.

비구 일창 담마간다 편역, 『보배경 강설』, 불방일, 2020.

우 소다나 사야도 법문, 비구 일창 담마간다 옮김, 『어려운 것 네 가지』, 불방일, 2017.

__________, 『통나무 비유경』, 한국마하시선원, 2015.

번역술어

A

abhedabhedūpacara 비분리 분리 유사
abhidhamma 아비담마
abhijjhā 탐애
abhiññā dve 신통지 둘
abhiññā 신통지/ 특별지
abyākata 비확정
adhikāra 수승한 행위
adosa 성냄없음
āghāta 원한
āghātavatthu 원한의 토대
ahetuka diṭṭhi 무인견
ahetuka 원인 없는
akaniṭṭhā 색구경천色究竟天
ākasānañcāyatana 공무변처空無邊處
ākiñcaññāyatana 무소유처無所有處
akiriya diṭṭhi 무작용견
akusala 불선
alagaddūpamā 독사비유
Alaṅka 작시作詩
alobha 탐욕없음
amoha 어리석음없음
anāgāmī 아나함
anāgāmimagga 아나함도
anāgāmiphala 아나함과
anāgataṁsañāṇa 미래지未來智
āṇāvītikkamantarāya 명령어김 장애
āneñjābhisaṅkhāra 부동 업형성
aṅgātikkamajhāna 요인초월선정
animitta vimokkha 표상없음 해탈
antarā parinibbāyī 중간 완전열반자
anupādisesa nibbāna 무여열반
apahasita눈물웃음
appanāsamādhi 몰입삼매
appaṇihita vimokkha 원함없음 해탈
apuññābhisaṅkhāra 비공덕 업형성
arahanta 아라한
arahattamagga 아라한도
arahattaphala 아라한과

ārammaṇa 대상
ārammaṇānusayakilesa 대상 잠재번뇌
ārammaṇātikkamajhāna 대상초월선정
ārammaṇūpanijjhāna 대상집중선정
ariyūpavādantarāya 성자비방 장애
arūpataṇhā 비물질갈애
arūpāvacara 무색계
asaṅkhāra parinibbāyī 무형성 완전열반자
asaṅkhārika 형성 없는
asaññasatta 무상유정천 중생
āsava 누출
asekkha 완수자完修者
asobhana 아름답지 않은
atappā 무열천無熱天
atihasita 온몸웃음
atta 자아
attha 의미
aṭṭhāna kopa 이유 없는 분노
aṭṭhapuggalā 팔배八輩
āvajjana 전향
avihā 무번천無煩天
avijjā 무명
avuttasiddhi 자연성취
ayonisomanasikāra 비합리적 마음기울임

B

bhājanīyanaya 분석방법
bhaṇḍāgārika 창고지기
bhāvanā kicca 수행 작용
bhavaṅga 존재요인
bhaya 위험, 두려움
bhūmi 탄생지
byāpāda 분노
byasana 불행
byatireka 반대

C

cāga 버림
cakkavāḷa 우주
cakkavatti 전륜성왕
cakkhudvāra 눈 문
cakkhuviññāṇa 눈 의식眼識
cattāri yugāni 사쌍四雙
cetasika 마음부수
chaḷabhiññā 육신통자
citta 마음
citta vipallāsa 마음의 전도
cittavisuddhi 마음청정
cutūpātañāṇa 죽음과 다시 태어남을

아는 지혜

D

dāna 보시
dassana 보는 것
dhamma 가르침, 법
dhammānusārī 법 수종자
dibbacakkhuñāṇa 천안통지天眼通智
diṭṭhi vipallāsa 견해의 전도
diṭṭhigatasampayutta 사견과 결합한
diṭṭhigatavippayutta 사견과 결합하지 않은
diṭṭhippatta 견해 증득자
domanassa 근심
dosa 성냄
dubbhāsita 악설죄惡說罪
duccarita 악행
dukkaṭa 악작죄惡作罪
dukkaṭakamma 악행업
dukkha sacca 괴로움의 진리
dukkha 고통
dukkha 괴로움
dukkhapaṭipadā 괴로운 실천
dvepañcaviññāṇa 다섯 의식 쌍前五識

E

ekabījī 한생
ekaggatā 하나됨

G

gantha dhura 문헌의 의무
gatapaccāgatika 오가며 실천하기
ghānaviññāṇa 코 의식鼻識

H

hasita 미소웃음
hasituppādacitta 미소 짓는 마음
hiri 부끄러움

J

jātissarañāṇa 숙명지
jhāna samāpatti 선정 증득
jhānalābhī 선정증득자
jhānaṅga 선정 구성요소
jīva 영혼

jivhāviññāṇa 혀 의식舌識

K

kāmacchanda 감각욕망
kāmataṇhā 감각욕망갈애
kāmāvacara 욕계
kammapatha 업 궤도
kammāvaraṇa 업 장애
kasiṇa 두루채움
kāyasakkhi 몸 체험자
kāyaviññāṇa 몸 의식身識
khaṇikasamādhi 찰나삼매
kilesa 번뇌
kilesāvaraṇa 번뇌 장애
kiriya 작용
kolaṅkola 가문가문
kusala 선善

L

lakkhaṇa 특성
lakkhaṇūpanijjhāna 특성집중선정
lobha 탐욕
lohakumbhī 화탕지옥
loka 세상
lokasammuti 세속의 관습
lokuttarā 출세간

M

magga sacca 도의 진리
magga 도
maggasiddhajhāna 도 성취 선정
mahaggata 고귀한
manasikāra 마음기울임
mano 맘
manodvāra 맘 문
manodvārāvajjana 맘문전향
manoviññāṇa 맘 의식
mātughātakamma 모친살해업
micchādiṭṭhi 사견
moha 어리석음
musāvāda 거짓말

N

ñāṇa 지혜
nātivittāra nātisaṅkhepa naya 너무 자세하지도 않고 너무 간략하지도 않은

방법
natthika diṭṭhi 허무견
nevasaññānāsaññāyatana 비상비비상처非想非非想處
nibbāna 열반
nikanti 갈망
nirodha sacca 소멸의 진리
nirodha samāpatti 멸진 증득
nissaraṇa pahāna 벗어남 제거
nissaraṇattha 탈피목적
nīvaraṇa 장애
niyatamicchādiṭṭhi 결정사견

O

omaka 저열한
ottappa 두려움

P

paccupaṭṭhāna나타남
pācittiya 단타죄單墮罪
pādakajhāna 토대선정
pādakajhānavāda 토대선정설
padaṭṭhāna 가까운 원인
pahāna 제거
pahātabba kicca 제거 작용
pañcadvārāvajjana 오문전향
pañcānantariyakamma 오무간업
paṇhāpucchākanaya 문답 방법
paññā dhura 통찰지우선
paññā 통찰지
paññāsaṁvattanika kamma 통찰지를 일으키는 업
paññatti 개념
paññāvimutti 통찰지 해탈자
papañca 사량확산
pārājika 바라이죄波羅夷罪
paramattha sacca 절대적 진리
paramattha 절대 성품
pariccāga 버림
parikammanimitta 준비 표상
parikappacita attha 조작의미
pariññā kicca 구분 작용
pariyatti 교학
paṭibhāganimitta 닮은 표상
pāṭidesanīya 회과죄悔過罪
paṭigha 적의
paṭipadā 실천
patipatti 실천
paṭippassaddhi pahāna 재경안 제거
paṭisambhidāñāṇa 분석지無碍解

pāṭisambhidāpatta 분석지자
paṭivedha 통찰
phala samāpatti 과 증득
phala 결과/ 과
phassa 접촉
phusana 접촉하는 것
pīti 희열
pitughātakamma 부친살해업
pubbenivāsañāṇa 숙명통지宿命通智
puggala 개인
puggalajjhāsaya 개인성향
puggalajjhāsayavāda 개인성향설
puñña 공덕
puññābhisaṅkhāra 공덕 업형성
puññakiriyāvatthu 공덕행 토대

R

rāga 애착
rasa 역할
rūpa 물질
rūpataṇhā 물질갈애
rūpāvacara 색계

S

sabbaññutāñāṇa 일체지
sabhāva lakkhaṇa 고유성질특성
sabhāvacita attha 고유성질의미
sacca 진리
sacchikaraṇa kicca 실현 작용
sadda 소리
saddhā dhura 믿음우선
saddhā 믿음
saddhānusārī 믿음 수종자
saddhāvimutti 믿음 해탈자
sakadāgāmī 사다함
sakadāgāmimagga 사다함도
sakadāgāmiphala 사다함과
Sakka 제석천왕
sāmañña lakkhaṇa 공통특성
samāpatti 증득
samatha yānika 사마타 행자
samathānuyogapaṭiladdhajhāna 사마타 매진 획득 선정
sammasitajhāna 명상선정
sammasitajhānavāda 명상선정설
sammuti sacca 관습적 진리
sampaṭicchana dve 접수 쌍
sampaṭicchana 접수
samuccheda pahāna 근절 제거

samudaya sacca 생겨남의 진리
saṁvega 경각심驚覺心
saṁyojana 족쇄
saṅghādisesa 승잔죄僧殘罪
saṅkhāra 형성
saṅkhepa 간략한
saññā vipallāsa 인식의 전도
saññā 인식
santati 상속
saṇṭhāna 형체
santīraṇa 조사
sasaṅkhāra parinibbāyī 유형성 완전열반자
sasaṅkhārika 형성 있는
satta 중생
sattakkhattuparama 최대칠생
sattaloka 중생 세상
savana 듣는 것
sāyana 먹는 것
sekhiya 실천항목
sekkha 수련자修練者
sikkhā 수련修練
sīla 계
sita눈웃음
sobhana 아름다운
somanassa 즐거움
somanassasahagata 즐거움과 함께하는
sotāpanna 수다원
sotapattimagga 수다원도
sotapattiphala 수다원과
sotaviññāṇa 귀 의식耳識
sucarita 선행
sudassā 선현천善現天
sudassī 선견천善見天
suddhāvāsa 정거천
sukaṭakamma 선행업
sukha 행복(한)
sukhapaṭipadā 행복한 실천
sukkhavipassaka 메마른 위빳사나 행자
suññata vimokkha 공함 해탈
suta āvudha 배움이라는 무기
suta 배움

T

tadaṅga pahāna 부분 제거
taṇhā 갈애
tathalakkhaṇa 여실한 특성
tevijjā 삼명자
thīnamiddha 해태 · 혼침
ṭhitakappī 겁 중지자
thullaccaya 조죄粗罪

U

ubhatobhāgavimutti 양면 해탈자

uddhaccakukkucca 들뜸 · 후회

uddhaṁsota akaniṭṭhagāmī 최상 색구경행자

uggahanimitta 익힌 표상

ukkaṭṭha 수승한

upacārasamādhi 근접삼매

upādāna 취착

upahacca parinibbāyī 후반 완전열반자

upahasita 흔들웃음

upapajjavedanīyakamma 차생감수업次生感受業

upapattisiddhajhāna 탄생 성취 선정

upekkhā sahagata 평온과 함께하는

V

vasitā 자유자재

vera 위험

vicāra 고찰

vicikicchā 의심

vihasita 호걸웃음

vijjācaraṇasampanno 명행족明行足

vikkhambhana pahāna 억압 제거

viññāṇañcāyatana 식무변처識無邊處

vipāka 과보

vipākāvaraṇa, vipākantarāya 과보 장애

vipallāsa 전도

vipassanā dhura 위빳사나의 의무

vipassanā yānika 위빳사나 행자

vipassanā 위빳사나

vitakka 사유

vīthi 인식과정

vitthāra naya 자세한 방법

viveka 멀리떠남

vuṭṭhānagāminī vipassanā 출현인도 위빳사나

Y

yamakapāṭihāriya 쌍신변

yonisomanasikāra 합리적 마음기울임

찾아보기

ㄱ

가까운 원인padaṭṭhāna 70
가띠까라Ghaṭīkāra 도공 206
가르침dhamma 23, 436
가문가문kolaṅkola 수다원 367
가왐빠띠Gavampati 존자 285
간략한 방법saṅkhepa naya 32
갈망nikanti 159
갈애taṇhā 105
감각욕망kāmacchanda 298
감각욕망갈애kāmataṇhā 105
개념paññatti 48
개인puggala 91, 195
개인성향puggalajjhāsaya 403
개인성향설puggalajjhāsayavāda 403
거짓말musāvāda 94
겁 중지자ṭhitakappī 410
견해 증득자diṭṭhippatta 417
견해의 전도diṭṭhi vipallāsa 96
결과phala 112
결정사견niyatamicchādiṭṭhi 242
경각심saṁvega · 驚覺心 23, 437
계sīla 357
고귀한mahaggata 304
고디까Godhika 존자 130
고백죄pāṭidesanīya · 悔過罪 452
고유성질 의미sabhāvacita attha 60
고유성질특성sabhāva lakkhaṇa 67
고찰vicāra 298
고통dukkha 23, 190
공덕 업형성puññābhisaṅkhāra 304
공덕puñña 133
공덕행 토대puññakiriyāvatthu 112
공무변처ākasānañcāyatana · 空無邊處 319
공통특성sāmañña lakkhaṇa 67
공함 해탈suññata vimokkha 415

과 증득phalasamāpatti 256, 334
과보 장애vipākāvaraṇa, vipākantarāya 242, 316
과보vipāka 112, 189
관습적 진리sammuti sacca 91
괴로운 실천dukkhapaṭipadā 315
괴로움dukkha 23
괴로움의 진리dukkha sacca 97
교학pariyatti 42
구분 작용pariññā kicca 103
귀 의식sotaviññāṇa · 耳識 180
근심domanassa 23, 124, 126
근절 제거samuccheda pahāna 249, 297
근접삼매upacārasamādhi 294
까꾸산다Kakusanda 부처님 342
까삘라Kapila 157
까타왓투Kathāvatthu 36
깔라Kāḷa 379
깟사빠Kassapa 부처님 33, 74
꼬삼비Kosambhi 174

ㄴ

나가세나Nagasena 존자 264
나타남paccupaṭṭhāna 70
난다Nanda 학도 83
너무 자세하지도 않고 너무 간략하지도 않은 방법nātivitthāra nātisaṅkhepa naya 33
누출āsava 117
눈 문cakkhudvāra 99, 201
눈 의식cakkhuviññāṇa · 眼識 99, 189
눈물웃음apahasita 203
눈웃음sita 203
니간타 나타뿟따Nigaṇṭha Naṭhaputta 208

ㄷ

다뚜까타Dhātukathā 35
다섯 의식 쌍dvepañcaviññāṇa · 前五識 191
닮은 표상paṭibhāganimitta 294
담마상가니Dhammasaṅganī 35
대상 잠재번뇌ārammaṇānusayakilesa 297
대상ārammaṇa 53
대상집중선정ārammaṇūpanijjhāna 337, 405

대상초월선정ārammaṇātikkamajhāna 335
데와닷따Devadatta 163
도 성취 선정maggasiddhajhāna 336
도magga 350
도 구성요소maggaṅga 385
도의 진리magga sacca 103
독사비유alagaddūpamā 교학 42
두려움bhaya 358, 453
두려움ottappa 23, 440
두루채움kasiṇa 294
듣는 것savana 98
들뜸 · 후회uddhaccakukkucca 167, 298
띳사Tissa 비구 80

ㄹ

릿차위Licchavi 131

ㅁ

마간디야Māgaṇḍiya 바라문 174
마간디야Māgaṇḍiyā 부인과 딸 174
마음citta 53
마음기울임manasikāra 54
마음부수cetasika 76
마음의 전도citta vipallāsa 96
마하깟짜야나Mahākaccayana 존자 80
마하다나Mahādhana 상인 209
마하수밧다Mahāsubhadda 378
맘mano 23, 438
맘 문manodvāra 99
맘 의식manoviññāṇa 99, 439
맘문전향manodvārāvajjana 201
맛따꾼달리Maṭṭakuṇḍali 237
먹는 것sāyana 98
멀리떠남viveka 249
메마른 위빳사나 행자sukkhavipassaka 400
멸진 증득nirodha samāpatti 334
명령어김 장애āṇāvītikkamantarāya 317
명상선정sammasitajhāna 402
명상선정설sammasitajhānavāda 402
명행족vijjācaraṇasampanno · 明行足 411
모친살해업mātughātakamma 93
몰입삼매appanāsamādhi 294
몸 의식kāyaviññāṇa · 身識 190
몸 체험자kāyasakkhi 417

무명avijjā 98, 172
무번천avihā · 無煩天 413
무상유정천 중생asaññasatta 195, 339
무색계arūpāvacara 106, 338
무소유처ākiñcaññāyatana · 無所有處 320
무여열반anupādisesa nibbāna 352
무열천atappā · 無熱天 413
무인견ahetuka diṭṭhi 242
무작용견akiriya diṭṭhi 242
무형성 완전열반자asaṅkhāra parinibbāyī 381
문답 방법paṇhāpucchākanaya 28
문헌의 의무gantha dhura 258
물질rūpa 79
물질갈애rūpataṇhā 106
미래지anāgataṁsañāṇa · 未來智 209
미소 짓는 마음hasituppādacitta 203
미소웃음hasita 203
믿음 수종자saddhānusārī 417
믿음 해탈자saddhāvimutti 418
믿음saddhā 357, 411
믿음우선saddhā dhura 411
밀린다Milinda 왕 264

ㅂ

바라나시Bārāṇasī 343
반대byatireka 방법 223
배움suta 357
배움이라는 무기suta āvudha 122
버림cāga 138, 357
버림pariccāga 138
번뇌kilesa 117
번뇌 장애kilesāvaraṇa, kilesantarāya 242, 316
법 수종자dhammānusārī 417
법dhamma 23, 436
벗어남 제거nissaraṇa pahāna 249
보는 것dassana 98
보시dāna 138, 357
부끄러움hiri 23, 440
부동 업형성āneñjābhisaṅkhāra 304
부분 제거tadaṅga pahāna 249, 297
부친살해업pitughātakamma 93
분노byāpāda 125, 161, 298
분석방법bhājanīyanaya 28, 35
분석지paṭisambhidāñāṇa · 無碍解 450
분석지자pāṭisambhidāpatta 419
불선akusala 23, 436
불행byasana 144

비공덕 업형성apuññābhisaṅkhāra 304
비물질갈애arūpataṇhā 106
비분리 분리 유사abhedabhedūpacara
방법 354
비상비비상처nevasaññānāsaññ-
āyatana · 非想非非想處 320
비합리적 마음기울임ayonisomana-
sikāra 133, 145
비확정abyākata 23, 436
빔비사라Bimbisāra 왕 163
빠따짜라Paṭācārā 261
빠야시Pāyāsi 태수 285
빳타나Paṭṭhāna 37
뿍갈라빤냣띠Puggalapaññatti 36

ㅅ

사견micchādiṭṭhi 111
사견과 결합하지 않은diṭṭhigatavipp-
ayutta 111
사견과 결합한diṭṭhigatasampayutta
111
사다함sakadāgāmī 359
사다함과sakadāgāmiphala 364
사다함도sakadāgāmimagga 359
사량확산papañca 98
사마타 매진 획득 선정samathānuyog-
apaṭiladdhajhāna 336
사마타 행자samatha yānika 400
사쌍cattāri yugāni · 四雙 410
사유vitakka 295
산뜻시따Santussita 천신 29
삼명자tevijjā 419
상속santati 91
색계rūpāvacara 106
색구경천akaniṭṭhā · 色究竟天 413
생겨남의 진리samudaya sacca 103
선kusala · 善 23, 248, 436
선견천sudassī · 善見天 413
선정jhāna 292
선정 구성요소jhānaṅga 294
선정 증득jhāna samāpatti 334
선정증득자jhānalābhī 400
선행sucarita 112
선행업sukaṭakamma 112
선현천sudassā · 善現天 413
성냄dosa 124, 152
성냄없음adosa 152
성자비방 장애ariyūpavādantarāya 316
세리사까Serīsaka 궁전 285
세상loka 106

세속적 관습lokasammuti 91
소레이야Soreyya 장자 80
소리sadda 46
소멸의 진리nirodha sacca 103
속죄죄pācittiya · 單墮罪 452
수다원sotāpanna 355
수다원과sotapattiphala 364
수다원도sotapattimagga 351
수련sikkhā · 修練 23, 440
수련자sekkha · 修練者 23, 197, 440
수련항목sekhiya 452
수마나데위Sumanadevi 379
수승한 행위adhikāra 311
수승한ukkaṭṭha 282
수완나사마Suvaṇṇasāma 47
수행 작용bhāvanā kicca 103
숙명지jātissarañāṇa 119
숙명통지pubbenivāsañāṇa · 宿命通智 206
숫딴따 삐따까suttantapiṭaka · 經藏 19
숫딴따담마suttantadhamma 27
승단잔류죄saṅghādisesa · 僧殘罪 452
식무변처viññāṇañcāyatana · 識無邊處 319
신통지abhiññā 450
신통지 둘abhiññā dve 309
실천paṭipadā 314, 410
실천patipatti 44
실현 작용sacchikaraṇa kicca 103
쌍신변yamakapāṭihāriya 34

ㅇ

아나타삔디까Anāthapiṇḍika 장자 378
아나함anāgāmī 360
아나함과anāgāmiphala 364
아나함도anāgāmimagga 360
아노땃따Anotatta 호수 31
아누룻다Anuruddha 존자 44
아라한arahanta 361
아라한과arahattaphala 364
아라한도arahattamagga 361
아름다운sobhana 223
아름답지 않은asobhana 219
아리야 멧떼야Ariya Metteyya 부처님 329
아비담마 삐따까abhidhammapiṭaka · 論藏 19
아비담마abhidhamma 27
아비담맛타상가하 Abhidhammatthasaṅgaha 46

아자따삿뚜Ajātasattu 163
악설죄dubbhāsita · 惡說罪 452
악작죄dukkaṭa · 惡作罪 452
악행duccaritta 112
악행업dukkaṭakamma 112
알라라 깔라마Āḷāra Kālāma 327
애착rāga 117
야마까Yamaka 36
양면 해탈자ubhatobhāgavimutti 417
어리석음moha 152
어리석음없음amoha 152
억압 제거vikkhambhana pahāna 249, 297
업 궤도kammapatha 130
업 장애kammāvaraṇa, kammantarāya 242, 315
여실한 특성tathalakkhaṇa 405
역할rasa 69
열반nibbāna 82
영혼jīva 95
오가며 실천하기gatapaccāgatika 27
오무간업pañcānantariyakamma 242
오문전향pañcadvārāvajjana 201
온몸웃음atihasita 203
와나와시Vanavāsī 사미 288
왁깔리Vakkali 존자 130
완수자asekkha · 完修者 197, 440
왑빠Vappa 존자 234
요인초월선정aṅgātikkamajhāna 335
욕계kāmāvacara 105
우다까 라마뿟따Udaka Rāmaputta 327
우빠세나Upasena 존자 81
우주cakkavāḷa 112
욱가Ugga 장자 381
웁바리Ubbarī 공주 342
웁빨라완나Uppalavaṇṇā 비구니 83
웃따라Uttara 학도 285
웃따라꾸루Uttarakuru 31
원인 없는ahetuka 179
원한āghāta 126
원한의 토대āghātavatthu 126
원함없음 해탈appaṇihita vimokkha 415
웨살리Vesāli 131
웻산따라Vessantara 왕자 138
위나야 삐따까vinayapiṭaka · 律藏 19
위방가Vibhaṅga 35
위빳사나 행자vipassanā yānika 400
위빳사나의 의무vipassanā dhura 258
위사카Visākhā 부인 372
위험bhaya, vera 329, 358

유형성 완전열반자sasaṅkhāra parinibbāyī 381
육신통자chaḷabhiññā 419
의미attha 46
의심vicikicchā 137
이유 없는 분노aṭṭhāna kopa 127
익힌 표상uggahanimitta 294
인식saññā 62
인식과정vīthi 29
인식의 전도saññā vipallāsa 96
일체지sabbaññutaññāṇa, sabbaññutāñāṇa 207

ㅈ

자세한 방법vitthāra naya 31
자아atta 91
자연성취avuttasiddhi 방법 173, 223
자유자재vasitā 295
작시Alaṅka · 作詩 문헌 203
작용kiriya, kriya 201, 265
장애nīvaraṇa 167, 298
재경안 제거paṭippassaddhi pahāna 249
저열한omaka 284
적의paṭigha 124, 126
전도vipallāsa 95
전륜성왕cakkavatti 376
전향āvajjana 201
절대 성품paramattha 23, 50, 437
절대적 진리paramattha sacca 93
접수 쌍sampaṭicchana dve 191
접수sampaṭicchana 189
접촉phassa 194
접촉하는 것phusana 98
정거천suddhāvāsa 413
제거 작용pahātabba kicca 103
제거pahāna 249
제석천왕Sakka 376
조사santīraṇa 180, 189
조작 의미parikappacita attha 61
족쇄saṁyojana 117
존재요인bhavaṅga 23, 202, 437
죽음과 다시 태어남을 아는 지혜 cutūpātañāṇa 209
준비 표상parikammanimitta 294
중간 완전열반자antarā parinibbāyī 380
중생 세상sattaloka 106, 198
중생satta 91
즐거움somanassa 23, 110
즐거움과 함께하는somanassasahagata 110, 143

증득samāpatti 334
지제실수知除實修 103
지혜ñāṇa 227
진리sacca 91
쭐라수밧다Cūḷasubhadda 379

ㅊ

차생감수업upapajjavedanīyakamma · 次生感受業 307, 451
찰나삼매khaṇikasamādhi 296
창고지기bhaṇḍāgārika 교학 43
천안통지dibbacakkhuñāṇa · 天眼通智 209, 450
최대칠생sattakkhattuparama 수다원 365
최상 색구경행자uddhaṁsota akaniṭṭhagāmī 381
추방죄pārājika · 波羅夷罪 452
추악죄thullaccaya · 粗罪 452
출세간lokuttarā 106
출현인도 위빳사나vuṭṭhānagāminī vipassanā 401
취착upādāna 117

ㅋ

코 의식ghānaviññāṇa · 鼻識 179

ㅌ

탄생 성취 선정upapattisiddhajhāna 336
탄생지bhūmi 105
탄생지차례 수다원 371
탈피목적nissaraṇattha 교학 43
탐애abhijjhā 117
탐욕lobha 152
탐욕없음alobha 152
토대선정pādakajhāna 402
토대선정설pādakajhānavāda 402
통찰paṭivedha 44
통찰지paññā 62
통찰지를 일으키는 업paññāsaṁvattanika kamma 229
통찰지우선paññā dhura 411
통찰지 해탈자paññāvimutti 417
특별지abhiññā 315, 410
특성lakkhaṇa 67
특성집중선정lakkhaṇūpanijjhāna 337, 405

ㅍ

팔배aṭṭha puggalā · 八輩 410
평온과 함께하는upekkhāsahagata 144
표상없음 해탈animitta vimokkha 413

ㅎ

하나됨ekaggatā 295
한생ekabījī 수다원 368
합리적 마음기울임yonisomanasikāra 134, 168
해태 · 혼침thīnamiddha 298
행복(한)sukha 23, 111
행복한 실천sukhapaṭipadā 315
허무견natthika diṭṭhi 242
혀 의식jivhāviññāṇa · 舌識 179
형성saṅkhāra 23, 437
형성 없는asaṅkhārika 170
형성 있는sasaṅkhārika 170
형체saṇṭhāna 91
호걸웃음vihasita 203
화탕지옥lohakumbhī 163
후반 완전열반자upahacca parinibbāyī 380
흔들웃음upahasita 203
희열pīti 295

법문

우 소다나**U Sodhana** 사야도

1957년 미얀마 머그웨이 주에서 출생. 1972년 사미계, 1978년 비구계를 각각 수지했다. 1992년 담마짜리야 법사 시험에 합격했고 잠시 먀다웅 강원에서 강사로 재직했다. 1995년 마하시 수행센터에서 수행한 뒤 외국인 법사학교에서 5년간 수학했다. 그 뒤 마하시 수행센터에서 수행지도법사로 수행자를 지도하다 2002년 처음 한국에 왔다. 2007년 8월부터 한국마하시선원 선원장으로 지내며 경전과 아비담마를 강의하면서 강릉 인월사와 호두마을 등지에서 위빳사나 수행을 지도하고 있다. 2013년 양곤 마하시 수행센터 국외 나야까 사야도로 임명됐고, 2017년 12월 공식적으로 칭호를 받았다. 2019년 3월 미얀마 정부에서 수여하는 마하깜맛타나짜리야 칭호를 받았다.

역자

비구 일창 담마간다**Dhammagandha**

1972년 경북 김천에서 출생. 1996년 해인사 백련암에서 원융 스님을 은사로 출가했다. 범어사 강원을 졸업했고 2000년과 2005년 두 차례 미얀마에 머물면서 비구계를 수지한 뒤 미얀마어와 빠알리어, 율장 등을 공부했으며 찬매 센터, 파옥 센터, 마하시 센터 등에서 수행했다. 현재 진주 녹원정사에서 정기적으로 초기불교 강의를 하고 있으며, 한국마하시선원과 호두마을을 오가며 우 소다나 사야도의 법문을 통역하면서 위빳사나 수행의 기초를 지도하고 있다. 2019년 12월 양곤 마하시 수행센터에서 깜맛타나짜리야 칭호를 받았다. 저서로 『부처님을 만나다』와 『가르침을 배우다』, 역서로 『위빳사나 수행방법론』(전2권), 『위빳사나 백문백답』, 『통나무 비유경』, 『마하사띠빳타나숫따 대역』, 『어려운 것 네 가지』, 『담마짝까 법문』, 『알라와까숫따』, 『헤마와따숫따 법문』, 『보배경 강설』 등이 있다.

법보시 명단

법 문 | 우 소다나 사야도
감 수 | 우 소다나 사야도
편 역 | 비구 일창 담마간다
녹 취 | 완니따
교 정 | 까루나, 홍수연, 향원, 수뭇따, 난다싸리, 담마뭇따
보 시 | 이장천, 권봉화, 김춘화, 김동율, 이종철, 김정림, 이진비

삽바다낭 담마다낭 지나띠.
Sabbadānaṁ dhammadānaṁ jināti.
모든 보시 중에서 법보시가 으뜸이니라.

이당 노 뿐냥 닙바낫사 빳짜요 호뚜.
Idaṁ no puññaṁ nibbānassa paccayo hotu.
이러한 우리들의 공덕으로 열반에 이르기를.

이망 노 뿐냐바강 삽바삿따낭 바제마.
Imaṁ no puññabhāgaṁ sabbasattānaṁ bhājema.
이러한 우리들의 공덕몫을 모든 존재에게 회향합니다.

사두, 사두, 사두.
Sādhu, Sādhu, Sādhu.
훌륭합니다, 훌륭합니다, 훌륭합니다.

• 이 책에서 교정할 내용을 아래 메일주소로 보내주시면 다음에 책을 펴낼 때 큰 도움이 될 것입니다. 많은 관심 부탁드립니다.(nibbaana@hanmail.net)

• 한국마하시선원에서 운영하는 도서출판 불방일에서는 마하시 사야도의 법문은 「큰북」 시리즈로, 우 소다나 사야도의 법문은 「불방일」 시리즈로, 비구 일창 담마간다의 법문은 「법의 향기」 시리즈로, 독송집이나 법요집은 「큰북소리」로 출간하고 있습니다. 여러분의 많은 법보시를 기원합니다.(농협 355-0041-5473-53 한국마하시선원)

우 소다나 사야도의

아비담마 강설 1

초판 1쇄 발행일 | 2021년 5월 25일

법　　문 | 우 소다나 사야도
편　　역 | 비구 일창 담마간다

펴 낸 이 | 사단법인 한국마하시선원
디 자 인 | (주)나눔커뮤니케이션 02)333-7136

펴 낸 곳 | 도서출판 불방일
등　　록 | 691-82-00082
주　　소 | 경기도 안양시 만안구 경수대로 1201번길 10
(석수동 178-19) 2층
전　　화 | 031)474-2841
팩　　스 | 031)474-2841
홈페이지 | http://koreamahasi.org
카　　페 | https://cafe.naver.com/koreamahasi
이 메 일 | nibbaana@hanmail.net

* 잘못된 책은 구입하신 서점에서 바꿔드립니다.

값 28,000원
ISBN 979-11-970021-2-0

ISBN 979-11-970021-2-0